Das antike Rom

① Jupiter-Tempel	① QUIRINAL
② Arx mit Juno-Tempel	② VIMINAL
③ Vesta-Tempel	③ ESQUILIN
④ Apoll-Tempel	④ CAELIUS
⑤ Thermen des Agrippa	⑤ AVENTIN
⑥ Dis und Proserpina-Tempel	⑥ PALATIN
⑦ Circus Maximus	⑦ KAPITOL
⑧ Kaiserforen mit Trajanssäule	
⑨ Mausoleum Augusti	
⑩ Colosseum	
⑪ Kaiserpaläste	
⑫ Trajansthermen	
⑬ Ara pacis	
⑭ Caracalla-Thermen	
⑮ Diokletiansthermen	
⑯ Pompeiustheater	

VIVA Gesamtband

Lehrgang für Latein ab Klasse 5 oder 6

von
Verena Bartoszek
Verena Datené
Sabine Lösch
Inge Mosebach-Kaufmann
Gregor Nagengast
Christian Schöffel
Barbara Scholz
Wolfram Schröttel

Beratung: Theo Wirth (Wortschatz und Grammatik)

Illustrationen: Miriam Koch

Vandenhoeck & Ruprecht

Bibliografische Information der Deutschen Nationalbibliothek

Die Deutsche Nationalbibliothek verzeichnet diese Publikation in der
Deutschen Nationalbibliografie; detaillierte bibliografische Daten sind
im Internet über http://dnb.d-nb.de abrufbar.

ISBN 978-3-525-71093-7

Redaktion: Susanne Gerth
Layout, Gestaltung, Satz und Litho: SchwabScantechnik, Göttingen
Druck und Bindung: Westermann Druck, Zwickau

Gedruckt auf alterungsbeständigem Papier.

Liebe Schülerin, lieber Schüler,

willkommen in der Welt der Römer!

Dieses Buch führt dich in eine ferne Vergangenheit und eine ganz eigene Welt: Sklaven, Kaiser, Gladiatorenkämpfe, eine Hochzeit, Piraten, Götter und Sagen – all das wird dir in diesem Buch begegnen.

Zu Beginn lernst du eine römische Familie kennen – die Selicii – und erlebst mit, was sie im Jahr 17 v. Chr. bewegt. Auf den Seiten 14–15 stellen sie sich vor! Zugleich lernst du erste Sätze auf Latein – und kannst dich auf Latein vorstellen.

In Lektion 18 lernst du eine zweite Familie kennen: Die Familie des Gaius Bruttius Praesens.

Hier noch einige Tipps zum Arbeiten mit dem Buch:
- Zu Beginn einer jeden Lektion erzählt dir ein kurzer lateinischer Text von einem Ereignis im Leben der Familie. Dabei lernst du immer einige neue Wörter und neue Grammatik.
  Wenn du mehr lesen willst, kannst du dich ab Lektion 4 zusätzlich in kleine Geschichten im Zusatztext vertiefen – das ist aber keine Pflicht; darum sind sie mit einem Sternchen* gekennzeichnet.
- Damit du auch wirklich fit wirst und Freude an Latein hast, findest du viele Übungen. Natürlich musst du nicht alle machen – dein Lehrer hilft dir sicher auch bei der Auswahl. Die Übungen kommen immer in der gleichen Reihenfolge:
  1. Einführungsübungen: Die Übungen in der ersten Zeile sind dafür da, die neue Grammatik kennenzulernen. Sie enthalten noch keine neuen Wörter.
  2. Wortschatzübungen: Wenn man eine neue Sprache lernt, ist es immer das Wichtigste, die Wörter zu können und zu wissen, was sie bedeuten. Deshalb gibt es dazu besonders viele Übungen. Weil jeder anders lernt, sind die Übungen unterschiedlich: Malen, pantomimisch spielen oder die Bedeutung einem Mitschüler erklären – du wirst sicher bald merken, welche Übung dir am besten hilft, dir die Wörter zu merken.
  3. Formen- und Syntaxübungen: Mit diesen Übungen trainierst du, Wörter im Satz richtig zu erkennen und zu übersetzen.
  Wiederholungsübungen sind blau gekennzeichnet; Übungen, die ein bisschen kniffliger sind, sind grün.

Nach drei (bzw. zwei) Lektionen findest du weitere Informationen zur römischen Welt, methodische Hinweise, die dir das Arbeiten im Lateinunterricht erleichtern, und zusätzliche Übungen (z. B. für die Vorbereitung auf eine Klassenarbeit).

Wir wünschen dir viel Freude mit VIVA!

Die Familie stellt sich vor

Die Selicii

Die Säkularfeier

Stadt und Land

Familienstreit

Erfolg und Niederlage

Hochzeit

Familienbesuch in Kampanien: Alte Zeiten

In der Kunstgalerie: Mythen um Troja

Die Römer und das Fremde

Römische Geschichte(n)

Ein spektakulärer Mordprozess

Erste Lektüre: Mittelalter – Heilige und Teufel (fakultativ)

Erste Lektüre: Unter Wölfen (fakultativ)

Aurēlius
(avus)

Et quod nōmen
est tibī?

Gallus (servus)

Paulla
(fīlia)

Mārcus
(fīlius)

Gāia
(fīlia)

Aurēlia
(māter)

Sextus Selicius Cōmis
(pater)

Immer Ärger mit dem lieben Vieh

Ein warmer römischer Frühlingstag geht zu Ende. Im Hause der Selicii ist es bald Zeit fürs Abendessen. Doch noch sind nicht alle da …

Hīc domicilium Seliciī[1] est.
Sextus Selicius Cōmis dominus est, Aurēlia domina est. Mārcus fīlius est, Gāia et Paulla fīliae sunt. Etiam Gallus servus hīc habitat.
1 Seliciī: des Selicius

Sextus Selicius iam adest et exspectat.
»Silentium placet. Sed ubī sunt līberī? Cūr nōn veniunt?«

Aurēlia intrat. »Negōtia multa[2] sunt. Sed Gallus servus nōn venit. Cūr nōn pāret? Servī pārēre dēbent!«
2 multa: viele

Subitō līberī intrant: »Gallus in viā[3] est. Venīre et spectāre dēbētis[4]!«
3 in viā: auf der Straße   **4 dēbētis:** ihr müsst

Caper nōn venit.
Cūr nōn pāret?
Caprī pārēre
dēbent!

1 Suche alle Begriffe heraus, die die Personen bezeichnen, und stelle sie in einem Stammbaum zusammen.

2 Spielt die Szene so nach, dass die Eigenschaften der Personen deutlich werden.

3 Wie würdest du Gallus aus der Patsche helfen?

Namen

Vielleicht ist dir aufgefallen, dass der Vater drei Namen trägt. Das war bei den Römern üblich. Jeder männliche Römer hatte ein *praenomen* (Vorname), ein *nomen gentile* (Familienname) und ein *cognomen* (Beiname). Das *cognomen* bezeichnete ursprünglich eine typische Eigenart seines Trägers, wurde aber später einfach weitervererbt, wie ja auch bei uns viele Leute Müller oder Schneider heißen, ohne dass sie diese Berufe ausüben. Römerinnen führten als Namen entweder ein *praenomen* (Gaia, Paulla) und die weibliche Form des *nomen gentile* ihres Vaters (Selicius → Selicia) oder nur die weibliche Form des *nomen gentile* (Aurelius → Aurelia).

1 Wer ist wer?
Ordne die Namen und Bezeichnungen richtig zu.

Aurelia	dominus
Gallus	liberi
Paulla et Gaia	servus
Sextus	domina
Gaia et Paulla et Marcus	filiae

2 Wer macht was?
Bilde kleine Sätze und übersetze sie.

servus	intrant
Selicii	adest
liberi	non venit
dominus	non paret
filiae	hic habitant
caper	spectat
Paulla	veniunt

3 Ordne folgende Wörter den Bildern zu.

a) intrare
b) caper
c) habitare
d) liberi
e) spectare

4 Für Sprachforscher.
Von welchem lateinischen Wort stammen diese Fremdwörter? Finde heraus, was sie bedeuten.

a) Service
b) Spektakel
c) dominant
d) Habitat

5 Erzähle deinem Nachbarn auf Deutsch eine kleine Geschichte, die fünf Wörter aus dem Lernwortschatz enthält. Findet er sie?

6 Wiederhole die Vokabeln der Lektion 1.
Ordne sie dann in einer Tabelle:
Substantiv – Verb – unveränderlich

7 Ordne die Substantive nach ihrem Geschlecht (= Genus) in einer Tabelle: mask. – fem. – neutr.

dominus	servi
silentium	dominae
caper	liberi
negotia	filia

8 Singular und Plural. Bilde die fehlenden Formen.

domina	–	
filius	–	
caper	–	
negotium	–	
	–	filiae
	–	domini

9 Bilde Sätze, indem du jedem Subjekt ein Prädikat zuordnest. Übersetze.

Sextus   non veniunt.
Capri   placet.
Paulla   adest.
Silentium   exspectat.

10 Ergänze folgende Sätze und übersetze.

a) Gallus ▨▨▨▨ servus.
b) Marcus et Gaia liberi ▨▨▨▨.
c) Sextus ▨▨▨▨ dominus.
d) Sextus iam ▨▨▨▨.
e) Sed Gallus non ▨▨▨▨.
f) Servus parere ▨▨▨▨.
g) Etiam liberi parere ▨▨▨▨.

11 Bestimme die Satzglieder und übersetze.

a) Sextus adest.
b) Aurelia intrat.
c) Marcus et Gaia veniunt.
d) Servus non venit.

12 Fülle die Lücken und übersetze.

Aurelia: »Cur Gall▨ non pare▨? Servi pare▨ debe▨.« Sed subito liberi intra▨: »Gall▨ in via[1] ▨! Caper non veni▨.«
1 in via: auf der Straße

13 Richtig oder falsch?
Das Lösungswort verrät es dir.

	richtig	falsch
Gallus dominus est.	fe	se
Caper non venit.	li	lib
Negotia multa sunt.	ci	in
Capri parere non debent.	vus	i

14 Ubi oder cur?
Bilde Fragen zu folgenden Sätzen und übersetze.

Hic familia habitat. – Ubi familia habitat?
a) Gallus in via est.
b) Liberi non veniunt.
c) Marcus non paret.
d) Hic Selicii sunt.

15 Bilde kurze lateinische Sätze zu dem Bild und lass deinen Nachbarn übersetzen.

Und er bewegt sich doch!

Der arme Gallus! Der störrische Ziegenbock macht große Probleme. Zum Glück gibt es die Kinder Gaia, Marcus und Paulla, die gleich Hilfe holen.

Statim dominus et domina et līberī forās[1] currunt. Ibī Gallum servum vident.

Domina: »Cūr caper nōn currit?«

Gallus: »Nōn pāret. Caprum incitāre nōn possum[2].«

5 Domina: »Sed servī semper caprōs incitant et caprī carrōs trahunt. Cūr Gallus caprum nōn verberat?«

Mārcus: »Bēstiās verberāre nōn licet! Gallus blanditiās[3] dīcere dēbet.«
Gallus trahit, Gallus clāmat, Gallus blanditiās[3] dīcit. Sed caper sē[4] nōn movet.

10 Paulla: »Caper dōnum cupit. Caprī semper dōna cupiunt.«

Dominus: »Ita est. Necesse est apportāre … capram[5]!«

Gallus: »Hmmm … sed capram invenīre nōn possum[2].«

Domina: »Gallus negōtia nōn cūrat. Nōn est servus, sed caper!«
Statim domina sē[4] vertit: Sextum et līberōs et Gallum servum relinquit.

15 Subitō Mārcus: »Heurēka[6]! Caper cibum cupit!«

Gāia: »Ita est. Necesse est apportāre herbās et frūmentum!«

Līberī cibum apportant et tandem caper sē[4] movet.

1 forās:	hinaus, nach draußen
2 possum:	ich kann
3 blanditiae:	Schmeicheleien, Lockworte
4 sē:	sich
5 capra:	*Femininum zu* caper
6 Heurēka!:	*griech.:* Ich hab's!

1 Stelle alle Verben zusammen und sortiere: Was macht der Ziegenbock und was geschieht mit ihm?

2 Welche Lösungen für das Problem werden demnach vorgeschlagen?

3 Wieso ist jede Idee für die Person, die sie vorschlägt, typisch?

4 Stellt einzelne Szenen der Geschichte im Standbild dar. Die anderen Schülerinnen und Schüler benennen die dargestellte Etappe.

5 Welche Konsequenzen könnte das Verhalten von Gallus haben?

Familie

Vater, Mutter, Kinder, vielleicht noch Oma und Opa – so stellen wir uns eine normale Familie vor. Aber was hat das mit dem Lateinunterricht zu tun? Nun, unser deutsches Wort *Familie* kommt von dem lateinischen *familia*. Damit verwandt ist das Adjektiv *familiaris = vertraut, freundschaftlich*. Eine Familie ist demnach ein Ort, wo man vertrauensvoll und freundschaftlich miteinander umgeht. Genau so sollte es in einer Familie ja sein. Zur römischen *familia* gehörten neben den engeren Familienmitgliedern auch die Sklaven. Sie genossen Vertrauen, doch erwartete man im Gegenzug ihre Treue.

Oberhaupt der *familia* war der *pater familias*. Er hatte – theoretisch – die Gewalt über Leben und Tod aller (!) Familienmitglieder. Allerdings machte eigentlich niemand davon Gebrauch, denn die Römer hatten einen ausgeprägten Familiensinn. Nach dem *pater familias* war die wichtigste Person die *mater familias*. Sie erzog die Kinder, verteilte die Aufgaben an die Dienerschaft und kümmerte sich darum, dass es allen Mitgliedern der *familia* an nichts mangelte. Sie war das Herz der *familia* und darum begegnete man ihr mit äußerstem Respekt.

1 Übersetze und beschreibe dann
die neuen Erscheinungen.

a) Sextus Selicius filium exspectat.
b) Aurelia filiam exspectat.
c) Sextus et Aurelia liberos exspectant.
d) Caper donum exspectat.
e) Liberi herbas apportant.
f) Caper dona cupit.
g) Capri carros trahunt.

2 Eselsbrücken.
Lies mit deinem Partner die neuen Wörter
der Lektion 2 abwechselnd vor. Überlegt euch
möglichst viele Eselsbrücken! Stellt diese der
Klasse vor.

3 Rap – Vokabeln mit Pepp!
Texte einen Rap, in dem mindestens zehn Wörter
aus den Lektionen 1 und 2 vorkommen! Trage
diesen der Klasse vor.

»Dominus heißt Herr, mit cur fragt man warum. Ita est –
so ist es! Der Servus steht nur rum.«

4 »Und er bewegt sich doch …«
Stelle alle Verben zusammen, die eine Bewegung
ausdrücken.

5 Mindmap.
Erstelle eine Mindmap zum Sachfeld Familie.

6 Nominativ und Akkusativ: Ergänze die fehlenden
Formen.

Nom. Sg.	Akk. Sg.	Nom. Pl.	Akk. Pl.
filius			
	carrum		
		dona	
			filias

7 Welches der Wörter passt nicht in die Reihe?
Begründe deine Entscheidung.

a) herba – caprum – donum – bestiam
b) caper – filius – domina – servum
c) liberos – dona – bestiae – filias
d) negotia – carros – servi – filiae

8 Ergänze die Reihe.

movere	– movet	– movent
	– paret	–
	–	– cupiunt
apportare	–	–
	–	– trahunt

9|1 Fülle die Lücken und übersetze.

a) Serv░ negoti░ curare debe░.
b) Marc░ don░ exspecta░.
c) Domin░ liber░ relinqu░.
d) Fili░ herb░ apport░.
e) Cap░ carr░ trah░.

2 Verwandle die Sätze vom Singular in den Plural und umgekehrt, wo das sinnvoll ist.

10 Bestimme die Satzglieder und übersetze.

a) Aurelia liberos incitat.
b) Paulla cibum apportat.
c) Gaia Marcum videt.
d) Gallus caprum verberat.
e) Carrum trahit.

11 Bilde sinnvolle Sätze aus dem Wortspeicher und übersetze diese.

Sextus	Gallum	apportat
filia	liberos	relinquit
servus	caprum	incitat
Aurelia	cibum	cupit

12 Römer sind sparsam, auch wenn es um Sprache geht. Welches Possessivpronomen kann man jeweils im Deutschen ergänzen?

a) Dominus filium exspectat.
   Der Herr erwartet ░░░░░ Sohn.
b) Aurelia: »Liberi venire debent.«
c) Sextus: »Gallus negotia non curat.«
d) Caper cibum cupit.
e) Capra[1] caprum non relinquit.

1 capra: *Femininum* zu caper

13 »Tabu!« – Fachbegriffe sind gefragt.
Bildet Zweierteams. Immer abwechselnd erklärt einer von euch seinem Partner einen Begriff, ohne diesen zu nennen. Für jeden erratenen Begriff gibt es einen Punkt. Welches Team gewinnt?

»Ein Kasus, nach dem man mit ›wen?‹ fragt?« – »Akkusativ!«

14|1 Stelle alle lateinischen Wörter zusammen, die du brauchst, um dieses Bild zu beschreiben.

2 Bilde kurze lateinische Sätze und lass deinen Nachbarn übersetzen.

Augen auf beim Sklavenkauf

Jetzt reicht es Aurelia: Gallus ist einfach zu nichts zu gebrauchen. Deshalb hat sie beschlossen, endlich eine tüchtige Sklavin zu kaufen. Die Familie ist auf dem Weg zum Markt.

Aurēlia: »Gallus servus malus est. Negōtia nōn cūrat.«

Paulla: »Inīquum est! Gallus servus bonus est! Puer est et fortūnam miseram tolerāre dēbet.«

Sextus: »Tacē, Paulla! Necesse est emere ancillam probam.«

5   Aurēlia: »Ita est!«

Mārcus: »Hīc virī probī frūmentum et cibum bonum et multās aliās rēs[1] vēndunt. Sed ubī sunt servī?«

Gāia: »Ecce! Ibī virī catellās[2] pulchrās vēndunt. Ō pater, eme mihī[3] dōnum!«

10   Paulla: »Ō pater, mihī[3] quoque dōna pulchra eme!«

Aurēlia: »Tacēte, fīliae! Pater nōn dōnum, sed ancillam probam emere dēbet.«

Sextus: »Vidēte! Ibī multī servī sunt. Venīte tandem, līberī!«

Aurēlia: »Ecce ancilla bona! Certē mihī[3] adest et pāret.«

15   Sextus: »Hmmmm …«

Paulla: »Gāia, cūr pater verba nōn iam audit? Cūr subitō familiam relinquit?«

Gāia: »Puellam pulchram videt. Ancillam statim emere cupit.«

Mārcus: »Et puella vērē pulchra est!«

20   Aurēlia: »Sexte! Sexte!!! Dēsine errāre! Necesse est ancillam bonam, nōn pulchram emere.«

1 multās aliās rēs *(Akk. Pl.)*: viele andere Dinge
2 catella: Kette
3 mihī: mir

---

1   Lies den Einleitungstext. Beschreibe das Bild und äußere Vermutungen über den weiteren Verlauf der Handlung.

2   Überlege dir, aus welchen Gründen Aurelia keine allzu hübsche Sklavin will.

3   Lest den Text mit verteilten Rollen und versucht dabei, den Charakter der Personen und ihre Gefühle wiederzugeben.

4   Gestaltet in eurer Klasse eine Bildergeschichte zum Lektionstext und schreibt zu jedem Bild einen lateinischen Satz.

5   Natürlich kauft Sextus die hübsche Sklavin Asia. Finde mithilfe der Karte hinten im Buch heraus, woher sie und Gallus stammen.

Servi – Sklaven, Unfreie

Dass man Menschen kaufen und ihnen grundlegende Menschenrechte vorenthalten kann, finden wir schrecklich. Das antike Gesellschaftssystem beruhte aber genau darauf. Zumeist waren die Sklaven Kriegsgefangene oder Menschen aus eroberten Gebieten, manche auch verarmte Bauern. Sie alle waren vollkommen rechtlos und mussten ohne Murren tun, was man von ihnen verlangte. Viele hielten das nicht aus und versuchten zu fliehen. Wurden sie wieder eingefangen, drohte ihnen die Todesstrafe. Doch gab es auch zahlreiche Sklaven, die das uneingeschränkte Vertrauen ihrer Besitzer genossen und als wirkliche Mitglieder der *familia* behandelt wurden. Ihnen ging es vergleichsweise gut und man verzieh ihnen sogar gelegentliche Schwächen …

Nicht wenige bekamen Geld für ihre Arbeit und konnten sich später davon freikaufen. Andere wurden von ihren Besitzern freigelassen und blieben ihnen auch weiter eng verbunden, so der Freigelassene *Marcus Tullius Tiro*, der seinem früheren Herrn *Cicero* auch in größter politischer Bedrängnis treu zur Seite stand.

1 Nichts als Befehle.
Übersetze und beschreibe die neuen Erscheinungen.

Sextus: »Galle, veni!
            Statim curre!«
Aurelia: »Liberi, venite!
            Apportate cibum et herbas!
            Statim parete, filiae!«
Sextus: »Marce, Gaia, Paulla, currite!«

2 Alles gut? Übersetze. Woran erkennst du, auf welches Substantiv sich das Adjektiv bezieht?

a) Gallus servus bonus est.
b) Aurelia domina bona est.
c) Gaia et Paulla filiae bonae sunt.
d) Frumentum semper bonum est.
e) Filiae dona bona cupiunt.
f) Caper cibum bonum cupit.

3 | 1 Stelle alle lateinischen Wörter zusammen, die du brauchst, um dieses Bild zu beschreiben.

2 Bilde kurze lateinische Sätze und lass deinen Nachbarn übersetzen.

4 Montagsmaler.
Bildet Zweierteams. Immer abwechselnd zeichnet einer von euch ein lateinisches Wort in sein Heft, der andere muss raten. Welches Team kennt die meisten Wörter?

5 Für Sprachforscher.
Von welchem lateinischen Wort stammen diese englischen Begriffe? Finde heraus, was sie bedeuten.

misery – fortune – necessary – family – tolerate – error

6 Finde den lateinischen Gegensatz.

Sklave – dominus

gut –   hässlich –
weg sein –   wenige –
Lärm –   Frau –
nie –   sich widersetzen –

Mutter –   Sohn –
beruhigen –   hinausgehen –
flüstern –   weitermachen –

7 | 1 Grenze die Satzbausteine (Subjekt, Prädikat, Objekt) voneinander ab und bestimme sie.

a) Aurelia servos incitat.
b) Servus probus paret.
c) Familia adest.
d) Filiae multa dona cupiunt.
e) Viri catellas[1] pulchras vendunt.
1 catella: Kette

2 Übersetze.

8 Alles für den Bock …
Ergänze die Endungen und übersetze.

a) Caper cib▪ cupit.
b) Ecce! Gallus carr▪ trahit.
c) Gaia herb▪ apportat.
d) Cur caper herb▪ non cup▪?
e) Subito Marcus frument▪ inven▪.
f) Tandem caper curr▪.
g) Liberi don▪ exspect▪.

9 Ergänze die richtige Endung.

a) puellam pulchr▪
b) dona pulchr▪
c) viri prob▪
d) cibos bon▪
e) filias miser▪
f) domina iniqu▪

10 | 1 Bestimme die unterstrichene Form und übersetze den Ausdruck.

<u>filiam</u> spectare – Akk. Sg. Femininum
<u>servos</u> incitare – <u>dona</u> apportare – <u>ancillam</u>
emere – <u>puerum</u> videre – <u>carros</u> trahere

2 Ergänze die Ausdrücke um ein passendes Attribut.

11 Welches Wort passt? Entscheide und übersetze.

Paulla dona (multi, multos, multa) cupit.
Statim Sextus catellam[1] (pulchrum, pulchrae,
pulchram) emit. Sed Aurelia: »Ancillas
(bonos, bonas, bonum) emere necesse est.
Gallus servus (malus, malum, malas) est.«
Paulla: »(Iniquum, iniquam, iniqua) est!«
1 catella: Kette

12 | 1 Was wünschen sich die Selicii? Ergänze ihre Wünsche aus dem Wortspeicher auf Latein.

Caper frumentum cupit.
frumentum – domina – cibus – donum –
filius – silentium – herba – puer – familia –
vir – liberi – negotium

2 Ergänze die Sätze um ein passendes Attribut.

13 Aurelia befiehlt: Bringe ihre Worte in die Befehlsform und übersetze dann.

(caper, tacere) → »Caper, tace!«
a) servi, parere
b) ancilla, audire
c) filiae, statim venire
d) Gallus, caprum verberare
e) Paulla, cibum apportare

14 | 1 Aurelia erwartet viel von ihrer neuen Sklavin. Nenne ihre Wünsche auf Latein:

Aurelia: »Ancilla debet parere.«

2 Formuliere aus Aurelias Wünschen Befehle.

»Ancilla, pare!«

Die Selicii

1 Relief auf einem Sarkophag

2 Metallbänkchen

3 Knochenpuppe

Was wäre das Leben ohne Spiele?

Spielst du gern? Und warst du in ein Spiel schon einmal so versunken, dass du alles um dich vergessen hast? Gut so! Spielen gehört zum menschlichen Leben wie Essen und Schlafen. Im Spiel können wir auf angenehme Art aus dem Alltag aussteigen. Wir können uns ausprobieren und haben eine Menge Spaß dabei.

Spielend, im wahrsten Sinne des Wortes, lernen Kinder ihre Welt begreifen. Daher gibt man ihnen auch gern solches Spielzeug an die Hand, das ihre Lebenswirklichkeit widerspiegelt. Das war bei den Römern nicht anders als bei uns heute. Die Jungen machten sich beim Spiel mit Soldatenfigürchen und Holzschwertern mit Strategie und Militärtechnik der römischen Armee vertraut. Auch Gladiatorenkämpfe und Wagenrennen spielten sie gerne nach – und sei es mit einem kleinen Ziegenbock wie auf der Abbildung 8.

Den Mädchen schenkte man Puppen, Puppengeschirr und Puppenmöbel, damit sie sich spielerisch auf ihre spätere Rolle als Hausfrau und Mutter vorbereiten konnten. In einem Grab haben Archäologen die Ausstattung eines Puppenhauses gefunden: Die Gegenstände sind aus Blei gegossen und nur etwa 5 cm groß. Puppen hat man auch gefunden – einige waren aus Knochen hergestellt, andere aus Stoff oder Terrakotta. Manche hatten sogar bewegliche Arme und Beine, die mit Draht befestigt waren. Wie sie wohl angezogen ausgesehen haben?

Die Römer waren sehr kinderlieb. Das zeigen die vielen liebevoll gestalteten Kindersärge, auf denen die Lieblingsspielzeuge der verstorbenen Kinder mit abgebildet sind. Es gab sogar ein Fest, an dem die Kinder mit Spielzeug beschenkt wurden. Es hieß *sigillaria* (Tonpüppchen) und wurde zwischen dem 17. und 23. (später 31.) Dezember während der sogenannten Saturnalien gefeiert. Seinen Namen hatte dieses Fest von kleinen, aus Ton hergestellten Spielfigürchen. Die Saturnalien waren das fröhlichste Fest des Jahres. An ihnen waren viele Dinge erlaubt, die sonst verboten waren.

Gerne spielten die Kinder draußen und tobten sich ordentlich aus. Reifenschlagen war dabei besonders beliebt. Die Reifen waren oft aus Metall gefertigt. Es machte wunderschönen Krach, wenn so ein Reifen auf das Straßenpflaster fiel. Die Mädchen liebten es vielleicht etwas ruhiger und schaukelten gerne. Spiele mit Murmeln oder Nüssen mochten dagegen alle. Nuces castellatae (Nüsetürmchen) waren besonders populär. Man sieht sie oft dargestellt auf Sarkophagen (= Steinsärgen). Hier ging es darum, durch einen gezielten Wurf die Türmchen zu zerstören. Ein weiteres, sehr beliebtes Spiel war das Delta-Spiel. Es lässt sich ohne großen Aufwand nachspielen. Man zeichnet oder klebt ein großes gleichschenkliges Dreieck auf den Boden. Jeder Mitspieler bekommt fünf Nüsse oder Murmeln, die er in Felder mit möglichst hohem Zahlenwert wirft. Wer am Ende die meisten Punkte geworfen hat, hat gewonnen.

Ballspiele standen bei Jung und Alt gleichermaßen hoch im Kurs, besonders Trigon, ein Ballspiel, das man zu dritt spielt und das einiges Geschick erfordert. Dazu benötigt man drei Spieler und drei Bälle. Die Spieler bilden ein Dreieck und werfen sich im Uhrzeigersinn gleichzeitig die Bälle zu. Wer fünfmal einen Ball fallen lässt, hat in dieser Runde verloren.

Ebenso erfreuten sich Brettspiele, darunter das heute noch bekannte Mühlespiel, großer Beliebtheit. Sie konnten eigentlich überall gespielt werden. Die Spielfelder wurden einfach in den Boden (oder in den Marmor von Treppen!) geritzt. Als Spielsteine dienten Kiesel. Man hat zahlreiche Überreste solcher eilends eingeritzten Spielfelder gefunden. Aus all dem kann man schließen, dass Langeweile im alten Rom eigentlich ein Fremdwort gewesen sein müsste.

1 Ordne die Bilder den beschriebenen Spielen zu.

2 Spiele wie die Römer: Suche dir ein Spiel aus und probiere es mit deinen Mitschülern aus.

4 Figur aus Kalkstein

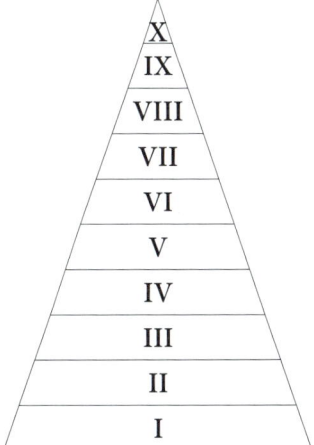

5 Straßenspiel

6 rotfigurige Vase

8 Relief auf einem Sarkophag

7 Zinnfigur

So geht's

Vokabeln lernen kann jeder

Ein berühmter Komiker hat einmal Folgendes gesagt: »Kunst ist schön, macht aber viel Arbeit.« Dieser Satz lässt sich gut auf das Lateinische übertragen. Latein ist auch schön, macht aber auch viel Arbeit.

Das beginnt bei den Vokabeln. Nur wer über einen gewissen Wortschatz verfügt, kann wirklich übersetzen. Wörter muss man einfach lernen und immer wieder üben. Es ist wie bei einem Musikinstrument. Aber wir haben einige Tipps für dich, die dir das Wörterlernen erleichtern können:

Nie zu viel auf einmal wollen!

Am leichtesten lernst du Wörter in Päckchen von höchstens zehn Stück. Diese Wörter solltest du mindestens einmal laut lesen und am besten – z.B. in ein Vokabelheft – auch aufschreiben. Nun deckst du erst die deutsche, dann die lateinische Seite zu und überprüfst dein Wissen. Wörter, die du nicht weißt, markierst du mit einem Minusstrich. Diese Wörter musst du natürlich noch einmal üben. Nach einer Pause solltest du deine neu erworbenen Wortschatzkenntnisse überprüfen.

Regelmäßig wiederholen!

Damit du die Wörter nicht wieder vergisst, solltest du sie regelmäßig wiederholen – am besten gleich wenige Stunden später und am Tag darauf.

Karteikarten

Mithilfe von Karteikarten lassen sich Wörter besonders gut lernen. Auf die Vorderseite schreibst du den lateinischen Begriff und auf die Rückseite die deutsche Übersetzung. Dann sortierst du die Karten in das erste Fach deines Karteikastens. Du übst immer eine kleine Anzahl Vokabeln. Wörter, deren Bedeutung du kennst, kommen ein Fach weiter, die anderen bleiben im ersten Fach. So kannst du ganz gezielt genau die Wörter üben, die dir Schwierigkeiten machen, und sie hoffentlich ebenfalls bald »befördern«.

Natürlich kannst du auch ein Computerprogramm (z.B. Phase 6) benutzen.

Abwechslung

Es gibt natürlich noch andere Möglichkeiten, erfolgreich Wörter zu lernen. Um die für dich passende Methode herauszufinden, musst du wissen, welcher Lerntyp du bist: Wie lernst du Wörter am besten?
- durch Aufschreiben
- indem du dir Bilder merkst oder selbst zeichnest
- durch Ausdenken einer Geschichte
- durch pantomimisches Spielen der Wörter
- über Hören und/oder lautes Lesen

- anhand von lustigen Eselsbrücken
- mit Fremdwörtern oder sogenannten Lehnwörtern
- anders

Probiere aus, welche Methode die richtige für dich ist. Erlaubt ist, was nützt! Doch egal, welcher Lerntyp du bist: Die Abwechslung macht's.

Wenn du ein Vokabelheft führst, kannst du beispielsweise zwischen der lateinischen und der deutschen Spalte eine dritte für Gedächtnisstützen einfügen: Fremdwörter oder Lehnwörter (das sind Wörter, die es sich in einer anderen Sprache so häuslich eingerichtet haben, dass man sie gar nicht mehr als fremd erkennt), Eselsbrücken, Bildchen o. Ä.

Mindmap

Eine Mindmap hilft dir, Wörter im Gedächtnis miteinander zu vernetzen. Du kannst neue Vokabeln an bereits bekannte »andocken« und sie dir so besser merken. Du kannst beispielsweise Wörter sammeln, die alle zu einer Wortfamilie gehören und den gleichen Ursprung haben (z. B. miser und miseria). Oder du stellst ein Sachfeld zusammen, z. B. zum Thema Familie: familia, filia, servus.

Es gibt mehrere Varianten von Mindmaps. Wir beginnen mit dem sogenannten Wortigel. Dafür sammelt man möglichst viele Wörter, die zu einem Begriff passen. Wir haben als Ausgangsbegriff das Wort caper gewählt.

1 Finde zusätzliche Wörter und erweitere den Wortigel.

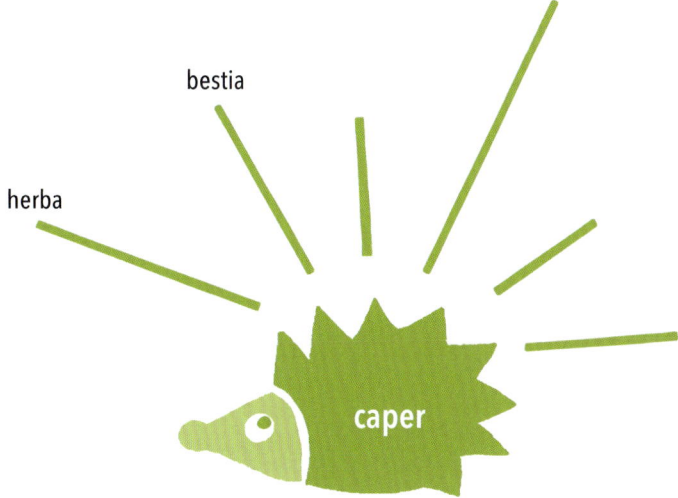

bestia

herba

caper

Das hast du schon gelernt:

Es gibt viele Möglichkeiten, Wörter zu lernen: Die Abwechslung macht's! Wichtig: Nie zuviel auf einmal lernen – und nach einer kleinen Pause gleich noch einmal wiederholen.

1 Singular oder Plural?
Wähle die richtige Form für das Subjekt und übersetze den Satz.

a) _____ (servus) exspectant.
b) _____ (dominus, domina) iam adsunt.
c) _____ (negotium) non placet.
d) _____ (caper) venire debent.

2 Singular oder Plural?
Wähle die richtige Form für das Prädikat und übersetze den Satz.

a) Hic Selicii _____ (habitare).
b) Silentium _____ (placere).
c) Ubi _____ (esse) Gaia et Paulla?
d) Filiae _____ (intrare).
e) Dominus et domina hic habitare non iam _____ (debere).

3 Setze die Bausteine zu lateinischen Wörtern zusammen. Gib jeweils auch die deutsche Bedeutung an. Wo gibt es mehrere Möglichkeiten?

domin – plac – serv – cap – silenti – exspect – negoti – deb – fili – ven	a – are – er – ere – ire – um – us

4 Welche Form passt nicht?
Begründe deine Auswahl.

a) tolerat – tacent – emit – adest
b) incitat – sunt – emunt – tacent
c) malus – iniqua – probum – pulchrae
d) frumenta – dona – verba – puella
e) fortuna – viri – ancillae – negotia
f) mala – miseras – pulchros – multum

5 Gib zu den Infinitiven ihre deutsche(n) Bedeutung(en) an und bilde von ihnen alle Verbformen, die du schon kennst.

adesse – audire – clamare – cupere – debere – relinquere

6 Wandle folgende Aussagesätze in Befehlssätze um und übersetze dann.

(Beispiel: Domina intrat. – Intra, domina! – Tritt ein, Herrin!)

a) Liberi cibum apportant.
b) Dominus dona emit.
c) Servi caprum incitant.

7 Wer ist das? Ergänze das Subjekt und übersetze.

a) _____ ancillam probam emere cupit.
b) _____ fortunam miseram tolerare debet.
c) _____ puellam pulchram emere cupit.
d) _____ frumentum et cibos vendunt.
e) _____ dona pulchra cupiunt.

8 Baue aus den Satzteilen sinnvolle lateinische Sätze zusammen. In jeder Spalte darfst du dich pro Satz maximal einmal bedienen.

cur	filius et filia	non	sunt
ubi	liberi	iam	placent
	dominus et domina		intrat
	servus		exspectant
	capri		est
	negotia		venit

9 Bilderrätsel. Die Bilder geben kleine Sätze vor. Formuliere sie auf Latein.

10 | 1 Übertrage die Tabelle in dein Heft und ergänze die Lücken.

Nom. Sg.	Nom. Pl.	Akk. Sg.	Akk. Pl.
caper			
	filiae		
		donum	
			carros

2 Ergänze die Wörter in der Tabelle mit dem Adjektiv »bonus«.

11 Ordne jedem Substantiv das passende Adjektiv zu.

a) donum   A) probos

b) pueros   B) iniqui

c) cibus   C) miseram

d) ancillam   D) bonus

e) verba   E) pulchrum

f) puellas   F) mala

g) domini   G) multas

12 | 1 Gib an, aus welchen Teilen der Eigenname eines freien Römers besteht.

2 Nenne den Unterschied zwischen einer römischen familia und einer Familie bei uns heute.

3 Erkläre, welche Rolle der pater familias und die mater familias spielten.

4 Erkläre, wie man in der Antike Sklave wurde.

5 Gib an, was und womit römische Mädchen und Jungen spielten.

13 Fremdwortspezialist
Gib zu folgenden Wörtern das lateinische Ursprungswort und seine deutsche Bedeutung an.

a) Toleranz – miserabel – Kurier – Lizenz – Advent

b) *debit* card – *capri*-corn – Filiale – parieren – to enter – dominant – in-*habitants* – to negotiate – servieren

Das Kapitol – religiöses Zentrum

Im Jahr 17 v. Chr. war Augustus auf dem Höhepunkt seiner Macht – und wollte dies auch feiern. So erneuerte er den alten Brauch der Säkularspiele, großer dreitägiger Feierlichkeiten zu Ehren der Götter, die ihren Abschluss auf dem Kapitol, dem religiösen Zentrum Roms, fanden. Freilich veränderte Augustus die Säkularspiele, indem er nicht mehr wie früher in erster Linie die Götter der Unterwelt feiern ließ, sondern die Schutzgottheiten des Reiches. Dies waren neben Jupiter und Juno, die seit alters Tempel auf dem Kapitol hatten, auch Apoll und Diana, die Augustus besonders verehrte.

1 Beschreibe die abgebildeten Götterstatuen und erschließe aus den Abbildungen ihre Zuständigkeiten.

1 Diana

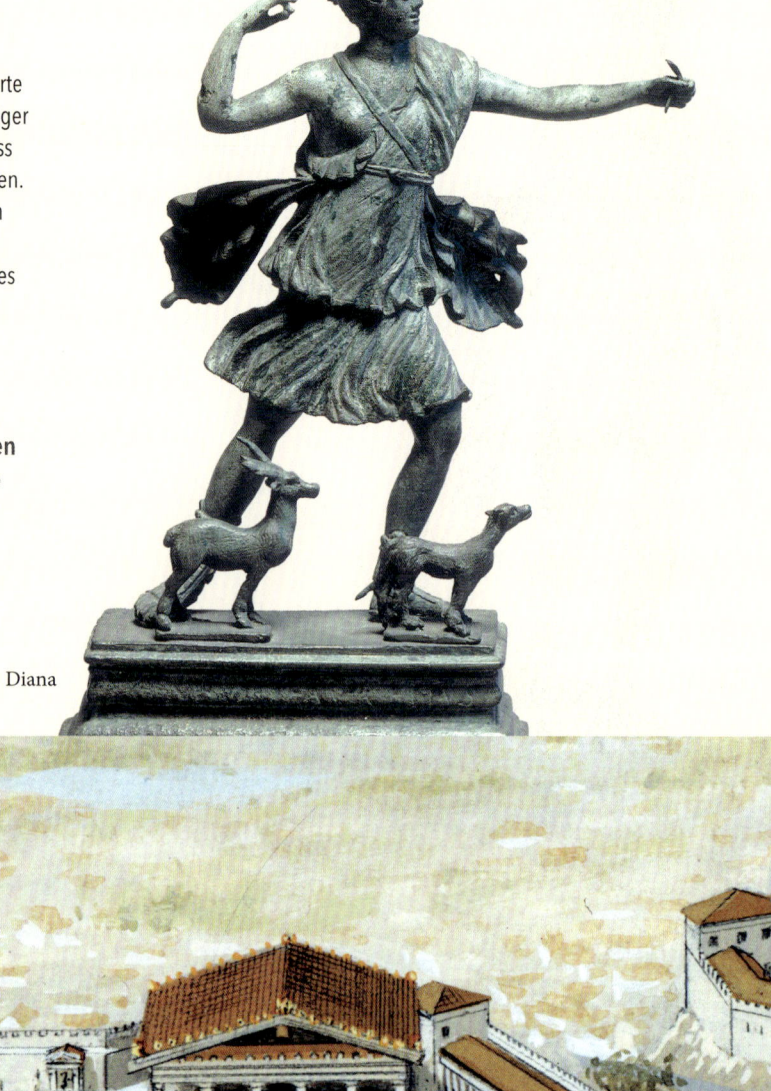

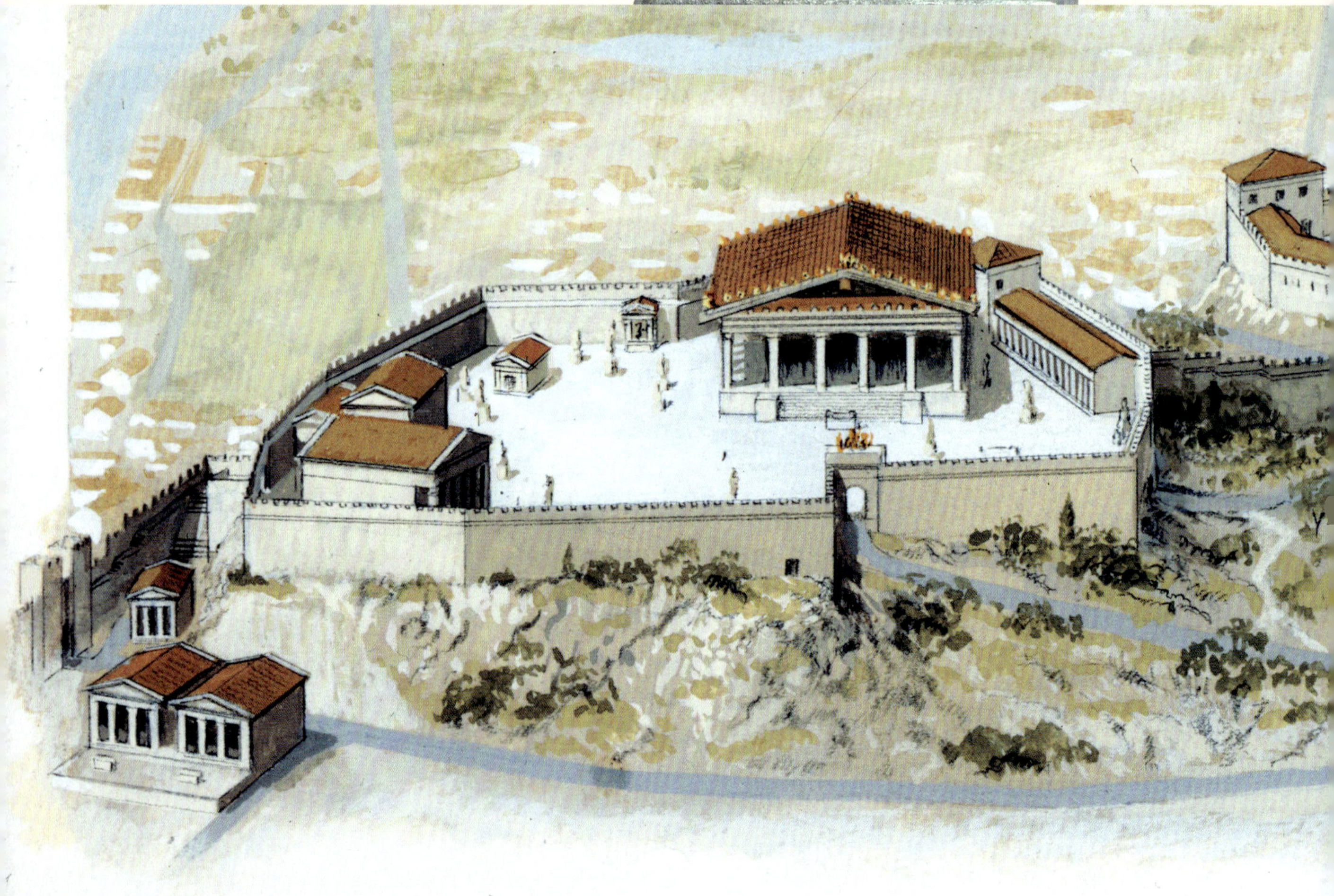

 | 6 Rekonstruktion der Stadt Rom mit dem Kapitolshügel

2 Apoll

3 Juno

4 Jupiter

5 Minerva

Nächtliches Opfer

*Heute ist ein großer Tag: Kaiser Augustus veranstaltet die große Säkularfeier
(ludi saeculares), es stehen verschiedene Opferfeierlichkeiten und Spiele an.
Der Großvater ist vom Land zu Besuch gekommen, denn alle Selicii wollen
schon am Eröffnungsabend gemeinsam zum Fest gehen.*

Tandem Seliciī in Campum Mārtium[1] veniunt. Ibī magnam turbam
vident. Multī hominēs iam adsunt; puellae et puerī laetī per campum
currunt et carmina cantant.

Subitō silentium est: Turba tacet et exspectat.

5   Mārcus: »Ecce sacerdōtēs et imperātor Augustus.«

Avus: »Tacē! Sacerdōtēs ad āram veniunt. Ecce, nunc etiam imperātor ibī
stat et deōs implōrat.«

Augustus: » … et accipite hostiās! Date fortūnam bonam et pācem
sempiternam[2]! …«

10 Tum sacerdōtēs novem[3] ovēs[4] et novem[3] caprās[5] immolant. Paulla hostiās
vident, timet, flet.

Mārcus: »Quid est[6]?«

Paulla: »Certē nostrum[7] caprum immolant!«

Sed frāter sorōrem plācat: »Caper noster[7] domī[8] est! Ecce! Caprae[5] sunt,
15 nōn caprī!«

1 Campus Mārtius: das Marsfeld
2 sempiternus, a, um: dauerhaft
3 novem: neun
4 ovis: Schaf
5 capra: *Femininum* zu caper
6 Quid est?: Was ist los?
7 noster, nostra, nostrum: unser
8 domī: zu Hause

1   Überfliege den Text. Finde mithilfe der Lernvokabeln heraus, wo die Selicii
    sind und was sie sehen.

2   Beschreibe die Stimmung zu Beginn der Säkularfeier auf dem Marsfeld
    und nenne die entsprechenden lateinischen Wörter.

3   Erläutere die Rolle des Augustus und die der Priester.

4   Du bist Marcus oder Paulla. Schreibe einen kurzen Tagebucheintrag über
    deine Erlebnisse bei den Opferfeierlichkeiten.

Opfer

Den Römern war die Verehrung ihrer Götter sehr wichtig. Es
gab zahlreiche Feiertage im Jahr, viele verbunden mit Opferfeierlichkeiten: Eine Gabe sollte die Götter freundlich stimmen
und zu einer Gegenleistung verpflichten – »ich gebe, damit du
gibst«. Neben Blumen und Früchten opferte man auch Tiere.
Makellos mussten sie sein und sich bereitwillig opfern lassen,
sonst galt ihr Opfer als wertlos. Auch die glückliche Rückkehr von Reisen feierte man mit Tieropfern. Ein Scherzbold
wünschte einmal Kaiser Augustus für eine bevorstehende
Reise im Interesse der Tiere, dass er nicht gesund zurückkehren möge. Das kam natürlich nicht so gut an, aber zum
Glück war Augustus nicht kleinlich …

*Wo ist Gaia?

Nach dem Opfer machen sich die Selicii wieder auf den Heimweg und bahnen sich einen Weg durch die Menschenmenge auf dem Marsfeld.

Subitō Paulla: »Ubī est Gāia?« – »Gāia! Gāia!« Paulla clāmat et clāmat, sed sorōrem nōn invenit. Seliciī timent, per campum currunt, clāmant: »Gāia! Gāia!« Māter etiam deōs bonōs implōrat.

Et Gāia? – Gāia ibī puerum pulchrum videt. Puer carmen cantāre vidētur[1],
5 sed Gāia verba nōn audit. Tum ad eum[2] venīre cupit. Tandem audit: Puer »Gāia! Gāia!« clāmat. – Sed puella errat! Nōn puer, sed frāter clāmat et Seliciī Gāiam exspectant!

1 vidētur: er/sie/es scheint
2 ad eum: zu ihm

1 Wie reagiert die Familie auf Gaias »Verschwinden«? Versetze dich in die Rolle eines Familienmitglieds und beschreibe deine Gedanken.

1 Vor dem Opfer
Bestimme die neuen Formen und übersetze die Sätze.

a) Liberi patrem exspectant. Sed pater non adest.
b) Multi homines iam adsunt. Liberi veniunt et multos homines spectant.
c) Liberi carmina multa cantant. Carmen pulchrum placet.

3 | 1 Stelle alle lateinischen Wörter zusammen, die du brauchst, um das Bild zu beschreiben.
2 Bilde kurze lateinische Sätze und lass deinen Nachbarn übersetzen.

4 Bilde die Grundform und gib die Bedeutung an. Ordne nach Deklinationen.

viri – imperatores – hominem – verbum – hostias – sacerdotes – turbam – sororem – dona – aram – fratrem – capros – carmen

5 Gib die Bedeutung an und ordne nach Konjugationen.

accipere – movere – cupere – flere – parere – dicere – currere – trahere – tacere – vertere – videre – timere

6 Sachfeld
Stelle Wörter zusammen, die zu einem dieser Sachfelder passen: Fest/feiern – Arbeit

7 Pantomime
Notiere fünf Verben. Spiele sie der Klasse vor, die Mitschüler notieren ihre Lösung. Wer errät alle?

2 Wo sind sie denn?
Übersetze und beschreibe dann, wie die Ortsangaben gebildet werden.

a) Familia in Campum Martium venit.
b) Liberi statim per campum currunt.
c) Tandem filiae ad patrem veniunt.
d) Sextus puellas ad aram exspectat.

8 Welche Form passt nicht?
Begründe deine Auswahl.

a) iam – magnam – aram – bonam
b) servi – multi – ibi – pueri
c) imperatorem – sororem – tandem
d) malum – tum – verbum – cibum
e) vere – certe – ibi – verte

9 Die Endungen zählen! Setze die Reihen fort:

veni! – venit – venite! – veniunt – venire
tace! – ▢ – ▢ – ▢ – ▢
clama! – ▢ – ▢ – ▢ – ▢
curre! – ▢ – ▢ – ▢ – ▢
accipe! – ▢ – ▢ – ▢ – ▢
audi! – ▢ – ▢ – ▢ – ▢

10 Nominativ und Akkusativ:
Ergänze die fehlenden Formen.

Nom. Sg.	Nom. Pl.	Akk. Sg.	Akk. Pl.
sacerdos			
	carmina		
		fratrem	
			homines

11 Einer – viele: Bilde die Singular- oder Pluralform.

a) imperator probus – ▢
b) ▢ – homines laeti
c) fratrem bonum – ▢
d) ▢ – sacerdotes magnos
e) carmen bonum – ▢
f) ▢ – sorores pulchras

12 Ergänze die fehlenden Endungen und übersetze.

a) Sextus ancill▢ pulchr▢ cupit.
b) Sed Gaia patr▢ implorat.
c) Pater don▢ mult▢ emere debet.
d) Paulla sacerdot▢ mal▢ timet.
e) Sacerdos capr▢ miser▢ immolat.
f) Paulla non iam laet▢ est,
sed pater don▢ pulchr▢ apportat.

13 Wann? Wie? Wo? Füge die passende Orts- oder
Zeitbestimmung ein und übersetze.

Turba ▢ venit. Sacerdos ▢ stat.
▢ deos implorat. ▢ silentium est.
Caper ▢ currit.

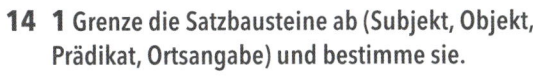

per campum – in Campum Martium –
ad aram – subito – ibi

14 **1** Grenze die Satzbausteine ab (Subjekt, Objekt,
Prädikat, Ortsangabe) und bestimme sie.
2 Übersetze.

a) Paulla Gaiam non invenit. Soror pulchra
non adest. Paulla timet.
b) Pater et mater per campum currunt,
clamant. Gaia tacet: Puerum pulchrum ad
aram videt.
c) Liberi sororem inveniunt, laeti sunt.

Mit Schwert und Netz

Am nächsten Tag stehen Gladiatorenspiele auf dem Festprogramm. Der Großvater und Marcus besuchen die Feierlichkeiten. Auch Gaia, die den berühmten Gladiator Afer sehr bewundert, darf dabei sein.

Gāia cum frātre et avō in Campō Mārtiō[1] stat et *gladiātōrēs* exspectat. Hodiē Āfer rētiārius[2] cum Lȳdō pūgnat.

Hōrā septimā[3] *gladiātōrēs arēnam* intrant; populus gaudet; adversāriī imperātōrem magnā vōce salūtant: »Avē[4], Caesar, imperātor, moritūrī[5] tē[6]
5 salūtant!«

Tum Augustus sīgnum dat et *gladiātōrēs* armīs pūgnāre incipiunt.

Gāia: »Āfer est *gladiātor* probus et pulcher! Ecce, adversārium magnā vī petit … Ah, Lȳdus resistit et …«

Mārcus: »Tacē tandem! Pūgna nōn placet, quia semper garrīs[7].«

10 Tum Gāia tacet.

Gladiātōrēs magnīs vīribus pūgnant. Nunc autem Lȳdus Āfrum gladiō petit, Āfer rēte[8] āmittit, iacet; Gāia tōtō corpore trepidat[9]. »Dolō pūgnat! Dēsine, Lȳde! Lȳdum ē campō trahite, arbitrī[10]!« Gāia flet.

Subitō populus tacet; Āfer ab imperātōre vītam petit, populus
15 imperātōrem spectat. Augustus manū[11] sīgnum dat et … – Gāia gaudet.

1 Campus Mārtius: Marsfeld
2 rētiārius: Netzkämpfer
3 septimus, a, um: siebte(r)
4 Avē!: sei gegrüßt!
5 moritūrī: die, die sterben werden; die Todgeweihten
6 tē: dich
7 garrīs: du plapperst
8 rēte *n.:* Netz
9 trepidāre: zittern
10 arbiter: Schiedsrichter
11 manū: mit der Hand

1 Lest den Informationstext und tragt euer Wissen über Gladiatoren zusammen.

2 Am Anfang und am Ende schauen alle auf den Kaiser. Warum?

3|1 Beschreibe die Gefühle von Marcus und Gaia und belege sie am Text.

2 Erzähle den Verlauf des Kampfes aus der Sicht von Marcus oder Gaia.

Gladiatoren

Nein, ein Ruhmesblatt römischer Kultur waren sie nicht, die blutigen Kämpfe der Gladiatoren. Seit 264 v. Chr. sind sie für Rom nachgewiesen. Damals ließ man bei einem Leichenbegängnis Sklaven mit Kurzschwertern (gladii – daher gladiator) gegeneinander antreten. Schnell erkannte man den hohen Unterhaltungswert solcher Kämpfe. Vor allem bei Wahlen wurden sie zum beliebten, wenn auch kostspieligen Mittel des Stimmenfangs. Kaiser Augustus beschränkte die Zahl der Veranstaltungen auf drei Termine im Jahr; bei der Säkularfeier machte er eine Ausnahme.

*Wagenrennen

Im weiteren Verlauf der Säkularfeierlichkeiten besuchen die Selicii auch ein Wagenrennen. Dieser »Sport« gehört zu den beliebtesten Freizeitvergnügungen in Rom. Sextus und seine Kinder sind Anhänger des Wagenlenkers Polynices und seiner Pferde, der »Grünen«.

Hodiē multī hominēs in Circum Maximum[1] veniunt: Syrum et Polynīcem et equōs[2] bonōs vidēre cupiunt. Syrus et Polynīcēs aurīgae[3] magnī sunt.

Iam equī[2] in campō stant, imperātor sīgnum dat; tum equī[2] currere incipiunt. Populus equōs[2] et virōs multīs verbīs incitat: »Petite adversāriōs,
5   Syre et caeruleī[4]!« – »Viridēs[5], currite!«

Etiam Sextus Selicius cum līberīs adest et spectat. Magnā vōce cum turbā clāmat: »Polynīcēs et viridēs[5], currite, venīte! Equōs[2] flagellō[6] verberā, Polynīcēs!« Tandem Polynīcēs audit, equōs[2] vī verberat, equī[2] pārent.

Subitō autem equī[2] Polynīcis[7] nōn iam pārent, resistunt. Polynīcēs in
10 campum cadit[8], iacet. Populus »Iō[9], iō, Syre et caeruleī[4]!« clāmat. Sed Sextus Selicius nōn gaudet.

1 Circus Maximus: Circus Maximus

2 equus: Pferd

3 aurīga *m.:* Wagenlenker

4 caeruleī: die »Blauen«

5 viridēs: die »Grünen«

6 flagellum: Peitsche

7 Polynīcis: des Polynices

8 cadere: fallen

9 iō: hurra

1 Vergleiche das Verhalten der Anhänger des Pferderennens in der Antike mit dem heutiger (Fußball-, Formel-1-) Fans.

1 Auf dem Marsfeld
Übersetze und beschreibe dann die neuen
Erscheinungen.

a) Magna turba in Campo Martio adest.
b) Silentio sacerdotem exspectat, tum magna
voce clamat: Sacerdos venit.
c) Sacerdos cum servis hostiam apportat.
d) Sacerdos hostia deos placare cupit.
e) Sed hostia non paret et e campo currit.

2 Wo oder wohin?
Übersetze und achte dabei besonders auf die
Ortsangabe: Wie fragst du danach?

a) Paulla et Marcus iam in campo sunt.
b) Etiam caper in campum venit.
c) Paulla timet et clamat: »Caper in
campo est, certe sacerdotes eum[1]
in ara immolant!«
d) Sed caper iam in turbam currit.

1 eum: ihn

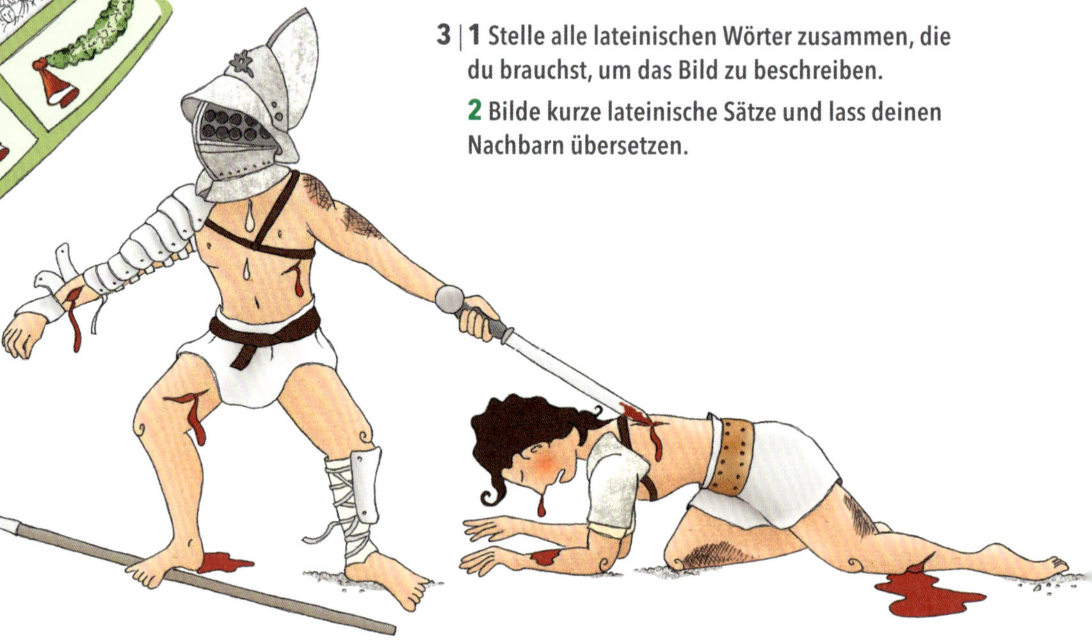

3 | 1 Stelle alle lateinischen Wörter zusammen, die
du brauchst, um das Bild zu beschreiben.

2 Bilde kurze lateinische Sätze und lass deinen
Nachbarn übersetzen.

4 Kleine Wörter – große Wirkung!
Gib die Bedeutung an.

vere – tum – ab – et – statim – autem – certe
– cum – ex – cur – ita – iam – ibi – nunc –
semper – in – quoque – sed – ubi – ad – quia

5 | 1 Für Sprachforscher: Ermittle die lateinische
Wurzel folgender Lehnwörter.

2 Erkläre die Begriffe.

resistent – Salut – Gladiole – signalisieren –
Gaudi – vital

6 Ein Verb – viele Bedeutungen
Wähle die jeweils am besten passende
Übersetzung für »petere«.

Campum Martium petere – pacem petere
– adversarium gladio petere – dona petere –
avum petere

7 »Verwandte« Wörter: Führe auf ein bekanntes
Wort zurück und erschließe die Bedeutung.
Achte auf die Wortart.

gaudium → gaudere → Freude
clamor – adversus, a, um – cupidus, a, um –
armare – timor – servire – vocare

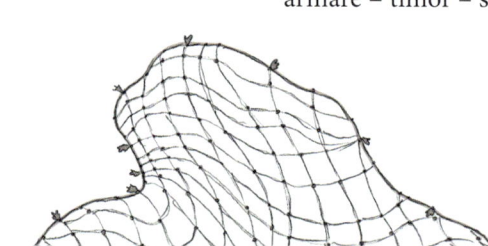

8 Deklinieren mit System.
Übertrage die Tabelle in dein Heft und ergänze die fehlenden Begriffe und Formen.

Dekl.	Nom.		Akk.		Abl.	
	Sg.	Pl.	Sg.	Pl.	Sg.	Pl.
	ara					
	servus					
	puer					
	donum					
	carmen					
	vox					

9 Adjektiv und Substantiv. Zu jedem Substantiv gibt es ein passendes Adjektiv. Finde die Paare, indem du KNG bestimmst.

a)

viri – campo – frumentum – puellis – ancillas – dolos – sacerdotibus

pulchris – bonum – Martio – miseri – bonis – malos – probas

b)

vi – dona – populus – filia – viribus – imperatore – corpore

pulchro – totus – laeta – bono – magnis – magna – pulchra

10 Welche Form passt? Wähle aus und übersetze.

Gaia cum (avum, avi, avo) in (circum, circus, circo)[1] stat. Aurigae[2] cum (equis, equos, equus)[3] veniunt. Turba (magna, magno, magnis) voce clamat. Subito unus[4] ex (aurigae, aurigas, aurigis)[2] in (*arenam, arenas, arena*) iacet. Gaia cum (viros, viri, viris) clamat, sed auriga[2] e (circum, circo, circas)[1] currit.

1 circus: Rennbahn – **2 auriga** *m.:* Wagenlenker – **3 equus:** Pferd – **4 unus:** einer

11 | 1 Der Ablativ – ein Fall für alle Fälle: Übersetze die Ausdrücke.

2 Bestimme die Funktion des Ablativs.

3 Formuliere die ganze Geschichte auf Deutsch oder Latein.

cum liberis spectare – magna voce salutare – gladio petere – magna vi pugnare – verbis incitare – dolo pugnare – in *arena* iacere

12 | 1 Grenze die Satzbausteine ab und bestimme sie.

2 Übersetze.

a) Multi homines in circo[1] adsunt.
b) Viri cum filiis imperatorem exspectant.
c) Multi aurigae[2] cum equis[3] in *arenam* veniunt.
d) Imperator non adest.
e) Augustus cibo bono gaudet.

1 circus: Rennbahn – **2 auriga** *m.:* Wagenlenker – **3 equus:** Pferd

Ein krönender Abschluss

Zum Abschluss der Säkularfeier findet auf dem Kapitol (Capitolium) noch einmal eine große Opferfeierlichkeit statt. Ein Kinderchor singt das eigens für diesen Anlass verfasste carmen saeculare *des berühmten Dichters Horaz. Die Selicii sind als große Anhänger des Augustus wieder dabei und treffen auf dem Kapitol ihre Nachbarn, Publius Vinnius Asellinus und dessen Frau Cornelia.*

Pūblius: »Salvēte, Seliciī! Cūr hīc estis?«

Sextus: »Salvē, Pūblī! Gaudēmus, quod tē vidēmus! Nōs iterum Augustum imperātōrem audīre et sacrificium spectāre cupimus. Et tū?«

Pūblius: »Egō imprīmīs chorum[1] et carmen Horātiī poētae[2] audīre cupiō.
5 Nōnne vidētis? Ibī ad āram nōn sōlum Augustus, sed etiam Horātius adest. Laetus sum, quia poētam tam clārum spectō. Sed ubī est uxor? Cornēlia, ubī es? Venī! Seliciī tē exspectant!«

Cornēlia: »Salvēte! Vōsne lūdī dēlectant, Selicī et Aurēlia? Egō dē sacrificiīs nōn gaudeō, sed marītus … – Et tū, Paulla? Num tē sacrificium dēlectat?«

10 Paulla: »Etiamsī nōn exspectās: Mē dēlectat, quia sacerdōtēs nūllōs caprōs immolant!«

Gāia: »Sed fortasse hodiē …«

Sextus: »Tacēte nunc, puellae! Puerī iam cantāre incipiunt!«

Chorus: »Phoebe silvārumque potēns Diāna[3] …«

1 chorus: Chor

2 Horātiī poētae: des Dichters Horaz (*Gen.*)

3 Phoebe silvārumque potēns Diāna: Phoebus Apollo und du, Diana, Herrin der Wälder

1 Arbeite heraus, aus welchen Gründen die beiden Familien zur Feier kommen. Nenne auch die entsprechenden lateinischen Wörter.

2 Paullas Antwort ist für Cornelia sicherlich überraschend. Warum?

3 Ergänze zusammen mit deinem Banknachbarn den Dialog zwischen Paulla und Gaia, den ihr Vater so abrupt beendet.

Horaz

Klein und dick sei er, einem Schweinchen gleich, so beschreibt er sich selbst, der große Dichter Quintus Horatius Flaccus. Geboren wurde er 65 v. Chr. in Venusia (Apulien) als Sohn eines freigelassenen Sklaven. Horaz besaß viel Humor, verfügte aber trotz seiner Herkunft auch über ein gesundes Selbstbewusstsein. Zu Recht! Schließlich hatte er die lateinische Sprache gegenüber der griechischen im Bereich der Dichtkunst endgültig »salonfähig« gemacht. Er war einer der engsten Vertrauten des Kaisers Augustus. Dabei konnte sein Lebensweg dramatischer kaum sein, doch dazu später. Hochgeachtet starb er 8 v. Chr. in Rom.

*Erziehungsfragen

*Marcus beginnt sich auf dem Fest zu langweilen und möchte sich
anderweitig vergnügen.*

Mārcus: »Lūdus mē nōn iam dēlectat. Cūr adhūc[1] in Capitōliō sumus et
cum multīs hominibus sacrificia spectāmus? Egō cibum emere cupiō!
Nōnne licet, pater?«

Sextus: »Licet! Nōs hīc in campō tē exspectāmus.«

5 Mārcus: »Venīsne tū quoque, Gāia?«

Gāia: »Veniō. Fortasse hodiē quoque puer pulcher adest et mē exspectat!«

Mārcus: »Certē nōn sōlum puer pulcher, sed etiam clārus et magnus et …«

Avus: »Cūr līberī nunc cibum emunt? Sacerdōtēs hostiās immolant et deōs
plācant. Imperātor pācem et fortūnam bonam petit ā dīs. Et tū? Fīlius et
10 filia per campum currunt et cibum apportant. – Tū autem et Aurēlia, vōs
nūllīs verbīs resistitis! Egō sī essem[2] pater …«

1 adhūc: immer noch
2 sī essem: wenn ich wäre

---

1 Der Großvater stellt seinen Enkel nach dessen Rückkehr zur Rede.
Gestaltet einen Dialog zwischen Marcus und seinem Großvater.

1 Beim Wagenrennen
Polynices und Syrus unterhalten sich mit dem Stallpersonal. Übersetze und beschreibe dann die neuen Erscheinungen.

Pol.: »Ego auriga[1] probus sum. Sed tu, Syre, malus es, quia equos[2] verberas.«
Syr.: »Tu times, sed ego equos[2] incito et celeriter[3] per campum curro.«
Servi: »Nos autem spectamus et gaudemus.«
Pol.: »Vos servi estis et parere debetis. Sed nos aurigae[1] magni sumus.«

1 auriga *m.:* Wagenlenker – **2 equus:** Pferd –
3 celeriter: schnell

2 Wieso? Weshalb? Warum?
Nachbarn treffen sich auf dem Marsfeld. Übersetze und beschreibe dann die neuen Erscheinungen.

Quintus: »Cur hic estis? Vosne Augustum exspectatis? Et ubi est uxor[1]?«
Lucius: »Exspectamus. Fabia cum servis cibum emit. Sed turba non placet. Nonne imperator adest?«
Titus: »Adest. Nonne videtis? Num caeci[2] estis? Ad aram stat et hostias immolat. Cur non venitis?«

1 uxor: Frau – **2 caecus,** a, um: blind

3 Eselsbrücken
Lies dir den Text »Ein krönender Abschluss« durch und notiere alle Vokabeln, die du nicht kennst. Ermittle die Grundform und frage deinen Partner nach der Bedeutung oder schlage nach. Überlegt euch gemeinsam Eselsbrücken für diese Wörter.

4 »Tabu!« – Heute mal mit Vokabeln
Bildet Zweierteams. Immer abwechselnd erklärt einer von euch seinem Partner einen Begriff, ohne diesen zu nennen. Für jeden erratenen Begriff gibt es einen Punkt. Welches Team gewinnt?

5 In Rom ist was los!
Stelle Wörter zusammen, die zu einem dieser Sachfelder passen: Opferfeier/Gladiatorenspiel/Eltern und Kinder

6 Rap – Vokabeln mit Pepp!
Bringe mindestens fünf neue und fünf bereits bekannte Vokabeln in einem Rap unter. Trage diesen der Klasse vor.

7 Wer macht was?
Vervollständige die Sätze und lass deinen Partner übersetzen.

Maritus …
Imperator …
Poeta …
Ludi …
Avus …
Populus …
Uxores …

8 Ich – du – er, sie, es: Ordne die Verbformen nach Personalendungen und übersetze sie.

a) estis – gaudemus – salutamus – cupio – videtis – adest – sum – dant – habitas

b) specto – es – exspectant – delectatis – gaudet – pugnas – immolamus – amittunt

c) incipiunt – sumus – licet – venis – emunt – resistitis – erras – moveo – intramus

9 | 1 Konjugiere die Verben im Präsens.

clamo – taceo – cupio – curro – venio – sum

2 Suche für jede Konjugation ein weiteres Verb aus und lass deinen Partner konjugieren – und umgekehrt.

3 Und jetzt: Konjugiere rückwärts!

10 Pronomina – In den Texten zu dieser Lektion findest du viele Personalpronomina. Ordne sie in deinem Heft in eine Tabelle ein.

	1. Pers. Sg.	2. Pers. Sg.	1. Pers. Pl.	2. Pers. Pl.
Nominativ				
Akkusativ				

11 »Tabu!« – Fachbegriffe sind gefragt
Bildet Zweierteams. Immer abwechselnd erklärt einer von euch seinem Partner einen Begriff, ohne diesen zu nennen. Für jeden erratenen Begriff gibt es einen Punkt. Welches Team gewinnt?

12 Was ist los mit dem Großvater? Ergänze die passende Verbform und übersetze.

a) Liberi: »Ave, ubi _____ (esse)? Nos in campum currere _____ (cupere).«

b) Avus: »Et ego hodie campum _____ (petere). Cibum emere _____ (cupere). Vosne cibum bonum _____ (videre)?«

c) Liberi: »Etiam nos cibo bono _____ (gaudere).«

13 Ergänze passend zum Bild eine adverbiale Bestimmung (wo? womit? von wem? …) und übersetze.

a) Selicii _____ sunt.

b) Avus _____ cibum emere cupit.

c) Vir uxorem _____ trahit.

d) Puer fratrem _____ verberat.

e) Multi homines _____ gaudent.

f) Augustus _____ stat.

g) Augustus pacem petit _____.

1 Jupiter, Kamee von Chartres

2 Juno, Bronzestatuette

3 Apoll, Wandmalerei

Gaias Gedanken

Gaia steht auf dem Kapitol. Verträumt lauscht sie dem wunderbaren Gesang. Je siebenundzwanzig Mädchen und Jungen tragen im Wechsel das eigens von Horaz für die Säkularfeier gedichtete *carmen saeculare* vor.

Gaia stünde so gerne mit auf der Bühne. Sie stellt sich vor, wie sie später einmal ihren Kindern von dem bewegenden Moment erzählen würde, als sie im Schatten der Tempel des Iuppiter Capitolinus und der Iuno Moneta das *carmen saeculare* vortragen durfte. Gaia ist eine große Bewunderin des Horaz, vor allem, weil dieser Dichter nie vergessen hat, was sein Vater, der ehemalige Sklave, für ihn getan hat. Er hinterließ ihm ein Landgut und sorgte für eine ausgezeichnete Ausbildung bei dem – von Horaz scherzhaft als *plagosus* (»schlagfertig«) beschriebenen – Grammatiklehrer Orbilius. Bei dem Gedanken muss Gaia schmunzeln; Lehrer sind schon ein Kapitel für sich.

Horaz

Was für ein bewegtes Leben Horaz hinter sich hat: Nach Caesars Ermordung (44 v.Chr.) kämpfte er in Philippi auf Seiten der Caesarmörder gegen Augustus, der damals noch Octavianus hieß. Trotz seiner Herkunft war er sogar zum Militärtribun aufgestiegen. Dann kam die Niederlage von Philippi und er verlor sein ganzes Erbe. Mit seinen letzten Mitteln kaufte er sich in Rom als *scriba* (Amtsschreiber) ein. Damals begann er zu dichten. Zwei enge Vertraute des Augustus, der mittlerweile verstorbene Dichter Vergil und der reiche Ritter Maecenas, wurden auf ihn aufmerksam. Sie machten ihn mit Augustus bekannt, der ihn in den Kreis seiner engsten Freunde aufnahm.

Eine neue Zeit: Die Säkularfeier

Gaia ist froh, die schreckliche Zeit der Bürgerkriege nicht miterlebt zu haben. Jetzt herrscht Frieden, die *pax Augusta*. Die Säkularfeier ist Ausdruck dieser neuen Zeit. Aber vor allem ist sie ein Fest der Familie. Die Jungen und Mädchen oben auf der Bühne stammen alle aus intakten vornehmen Elternhäusern. So wollte es das Orakel, das vom Priesterkollegium der Fünfzehnmänner vorher befragt worden war.

Drei Tage und Nächte dauerten die offiziellen Feierlichkeiten. Es gab genau vorgeschriebene Tier- und Speiseopfer für die Götter. Spiele und Theateraufführungen wurden veranstaltet. 110 Matronen (verheiratete Mütter) verrichteten Gebete an die Göttinnen der Geburt. Ihre Zahl steht für den Abstand zwischen den einzelnen Säkularfeiern. Das *carmen saeculare* bildet den religiösen Abschluss. Hier auf dem Kapitol wird es zum zweiten Mal gesungen. Vorher wurde es auf dem Palatin zu Ehren Apolls aufgeführt. In den nächsten Tagen wird es noch weitere Spiele und andere Unterhaltungsveranstaltungen geben.

Der Ursprung des Festes

Gaia denkt an den Ursprung des Festes. Damals soll ein verzweifelter Vater während einer Pestepidemie seine Hausgötter angefleht haben, ihn statt seiner erkrankten Kinder sterben zu lassen. Eine Stimme riet ihm daraufhin, für die Kinder Wasser aus dem Tiber zu schöpfen. Dieses Wasser sollte auf dem Altar der Unterweltsgötter Pluto und Proserpina in Tarentum (das spätere Marsfeld) erwärmt und den Kindern verabreicht werden. Obwohl es eine beschwerliche Fahrt war, fuhr der Vater mit den Kindern den Tiber hoch bis zu einer Stelle, an der Rauch aufstieg. Dort füllte er einen Becher mit Wasser und erwärmte ihn auf dem Rauch. Nachdem die Kinder davon getrunken hatten, fielen sie in einen heilsamen Schlaf. Sie träumten, dass an dieser Stelle auf dem Altar Proserpinas und Plutos schwarze Opfertiere geschlachtet, Speiseopfer gebracht und Spiele veranstaltet werden sollten. Da aber kein Altar vorhanden war, ließ der Vater eine Grube für den Bau eines neuen Altars ausschachten. Dabei stießen die Arbeiter auf einen verschütteten Altar, auf dem die Namen Proserpina und Pluto eingraviert waren. Drei Tage – entsprechend der Zahl seiner Kinder – betete der Vater an dieser Stelle und erfüllte die Weisungen des Traums. Seit dieser Zeit wird alle 110 Jahre das Säkularfest auf dem Marsfeld gefeiert.

4 Opfermesser

1   Informiere dich über das Kapitol und den Palatin und suche die beiden Orte auf der Karte im Einband.

2   Iuppiter Capitolinus – Iuno Moneta – Apoll: Beschreibe die zugehörigen Bilder und benenne, an welchen Attributen du die Götter erkennen kannst.

3   Beschreibe die unten stehende Abbildung eines Stieropfers.

5 Trankopfer, rotfigurige Vase

7 Relief auf der Vorderseite des Altars, Tempel des Vespasian

6 Tempel des Vespasian, Altar

Wir erarbeiten eine Übersetzung

Es gibt verschiedene Methoden, um einen lateinischen Satz zu verstehen und richtig zu übersetzen.

Die Konstruktionsmethode

Jeder lateinische Satz besteht aus einzelnen Bausteinen, die man – ähnlich wie Legosteine – in der richtigen Reihenfolge zusammensetzen muss. Dabei hilft es mit Farben zu arbeiten, wie in folgendem Beispielsatz aus Lektion 5:

Adversarii imperatorem magna voce salutant.

Beginne deine Konstruktion grundsätzlich immer mit dem Prädikat, da es die wichtigste Information zum Satzinhalt gibt. Du unterstreichst es daher rot.

Anschließend suchst du das Subjekt des Satzes (es steht im Nominativ) und unterstreichst es blau. Vorsicht: Nicht immer findest du ein ausgewiesenes Subjekt – es kann auch im Verb enthalten sein.
Nun übersetzt du: Die Gegner grüßen.

An diesen Satzkern baust du nun die weiteren Bausteine an. Damit dieser Satz vollständig ist, fehlt noch etwas: Wen begrüßen die Gegner? Du brauchst also ein Akkusativobjekt: *imperatorem.* Das Akkusativobjekt unterstreichst du grün. Du baust es in die Übersetzung ein: Die Gegner grüßen den Kaiser.

Jetzt ist nur noch der Ausdruck *magna voce* übrig, die adverbiale Bestimmung. Sie gibt die Umstände an, wie etwas geschieht. Du unterstreichst sie gelb. Wir ergänzen den letzten Baustein:
Die Gegner grüßen den Kaiser mit lauter Stimme.

Die Pendelmethode

Einen Satz kann man auch pendeln. Nein, nicht als Orakel! Die Pendelmethode hilft dir, in drei Schritten einen lateinischen Satz zu übersetzen. Sie heißt deshalb auch Drei-Schritt-Methode.

Im 1. Schritt übersetzt du grundsätzlich das erste Satzglied, in diesem Fall *adversarii,* im 2. Schritt »pendelst« du zum Prädikat, hier *salutant.* Im deutschen Hauptsatz steht das Prädikat nämlich immer an zweiter Stelle, sodass du für deine Übersetzung schon die »richtige« Satzreihenfolge hast: Die Gegner (1) grüßen (2) …

Von da aus geht es im 3. Schritt zu Akkusativobjekt und Adverbiale, du übersetzt also den restlichen Satz: … den Kaiser mit lauter Stimme (3)

Im Lateinischen sieht das dann so aus:
Adversarii imperatorem magna voce salutant.

1 Probiere beide Methoden nun einmal selbst aus:

Imperator pacem et fortunam bonam petit a dis.

Das Rondogramm

Du hast bei der Übersetzung sicher schon gemerkt, dass die gelernte Bedeutung aus dem Lernwortschatz nicht immer am besten passt. Vielmehr musst du überlegen, was genau das Wort in einem bestimmten Zusammenhang meint.

Wörter haben nicht einfach eine oder mehrere Bedeutungen, sondern eher eine Bedeutungswolke – also einen Bedeutungskern mit einem weit dehnbaren Umfeld. Diese Vielfalt lässt sich erst in einem konkreten Zusammenhang einengen.

In einem solchen Fall ist es hilfreich, sich vor allem den Kern des Wortes, das Konzept, zu merken: Wenn du diesen Kern begriffen hast, kannst du selbst erschließen, was das Wort in einem bestimmten Zusammenhang heißen muss.

Hier ein Beispiel: Das Verb *petere* hat etliche scheinbar sehr verschiedene Bedeutungen. Als Kernbedeutung hilft dir das Wort »anpeilen«. Das ist natürlich keine brauchbare Endübersetzung, hilft dir aber, im jeweiligen Zusammenhang die passende deutsche Bedeutung zu finden. Du kannst dir darunter einen Pfeil auf ein Ziel hin vorstellen:

2 Versuche nun, in folgender Geschichte die passende Bedeutung von *petere* zu erschließen:

Die Stimmung in Rom ist schlecht, die Menschen haben große Angst.
Darum macht der Priester Folgendes: *Templum petit.*
Dort will er den Göttern ein Opfer bringen: *Aram petit.*
Dann betet er zu den Göttern: *Auxilium (Hilfe) petit.*
Denn es stehen Feinde vor den Toren der Stadt Rom: *Romam petunt.*

3 Denke dir selbst eine kleine Geschichte aus und erfinde weitere Zusammenhänge, in denen das Wort *petere* »anpeilen« verwendet werden könnte. (Für die Übersetzung musst du vielleicht noch weitere deutsche Wendungen finden, deshalb stehen im Rondogramm die roten X und Y mit »etc.«)

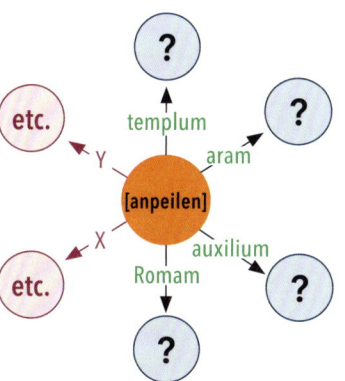

Das hast du schon gelernt:

Mit der Konstruktions- und der Pendelmethode kannst du die Struktur eines lateinischen Satzes erkennen und für deine Übersetzung nutzen; das Rondogramm hilft dir beim Lernen von schwierigen Wörtern.

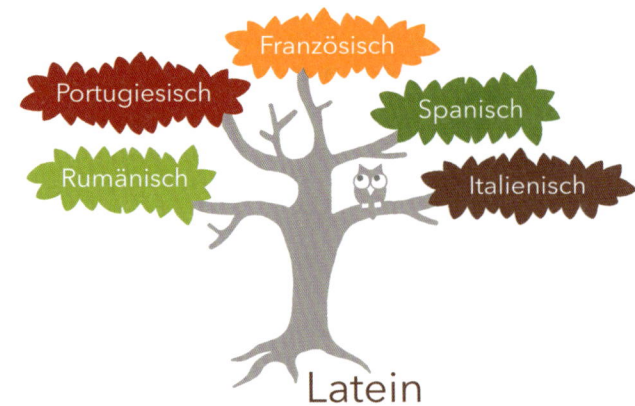

Latein

1 | 1 Mutter Latein und ihre Töchter – Französisch: Nenne die lateinischen Ursprungswörter und ihre deutsche Bedeutung.

2 Lass dir die Begriffe von jemandem vorlesen, der Französisch lernt. Formuliere eine Ausspracheregel.

apporter – implorer – résister – tolérer – délecter – habiter – immoler – inciter – entrer – chanter – saluer

2 Übertrage die Tabelle in dein Heft und ergänze die Formen der folgenden Wörter.

Nom. Sg.	Nom. Pl.	Akk. Sg.	Akk. Pl.
puella	puellae	puellam	puellas

a) homo – b) carmen – c) soror – d) imperator magnus – e) sacerdos laeta

3 Ordne jedem Substantiv ein inhaltlich und grammatisch passendes Adjektiv zu.

a) homo   A) nulla
b) carmina   B) malus
c) sacerdotem   C) miseras
d) pacem   D) laeta
e) fratres   E) iniquam
f) vis   F) clarum
g) verbum   G) probi
h) voces   H) bonum

4 Übersetze die Präpositionalausdrücke und zeichne jeweils eine kleine Skizze dazu.

in campum – per turbam – ad imperatorem – ex *arena* – in campo – cum fratre

5 Übertrage die Tabelle in dein Heft und ergänze die Formen der folgenden Wörter.

Nom. Sg.	Nom. Pl.	Abl. Sg.	Abl. Pl.
puella	puellae	puella	puellis

a) signum – b) gladius – c) corpus – d) vox – e) frater – f) adversarius miser – g) uxor proba

6 Welche Form passt nicht? Begründe deine Auswahl.

a) tu – nos – me – vos
b) de – ex – per – cum
c) arma – corpora – hostia – signa
d) populis – gladiis – corporibus – vis
e) homo – silentio – domino – marito

7 Und nun Verben: Welche Form passt nicht?
Begründe deine Auswahl.

a) timere – parere – cupere – placere
b) incipere – dicere – trahere – gaudere
c) habito – curro – canto – tolero
d) vendo – peto – erro – amitto

8 Konjugiere folgende Verben im Indikativ
Präsens Aktiv.

a) esse – b) habitare – c) delectare – d) timere
– e) invenire – f) resistere – g) accipere

9 Übersetze und gib an, wie jeweils nach dem
Ablativ gefragt wird.

a) Liberi patrem *magna voce* salutant.
b) Filia *donis pulchris* gaudet.
c) Gladiatores *armis* pugnare debent.
d) Gaia *toto corpore* trepidare[1] incipit.
1 trepidare: zittern

10 Ergänze die passenden Fragewörter
(cur, nonne, num, ubi, -ne) und übersetze.

a) Sextus: »Cupitis   pugnas videre,
liberi?
b) Sed   est filia?
c)   non venit?
d)   ludos spectare cupit?
e)   puerum pulchrum exspectat?«

11 | 1 Leben in der Antike: Fasse zusammen, was du
über den Dichter Horaz weißt.

2 Stelle alle Veranstaltungen zusammen, von
denen du im Zusammenhang mit den »ludi
saeculares« gehört hast.

3 Gib an, welche dieser Veranstaltungen du
gerne besuchen würdest und welche nicht, und
begründe deine Entscheidung.

4 Beschreibe das Bild: Benenne aufgrund deiner
Kenntnis des Lektionstextes 5 die Personen und
die abgebildeten Gegenstände.

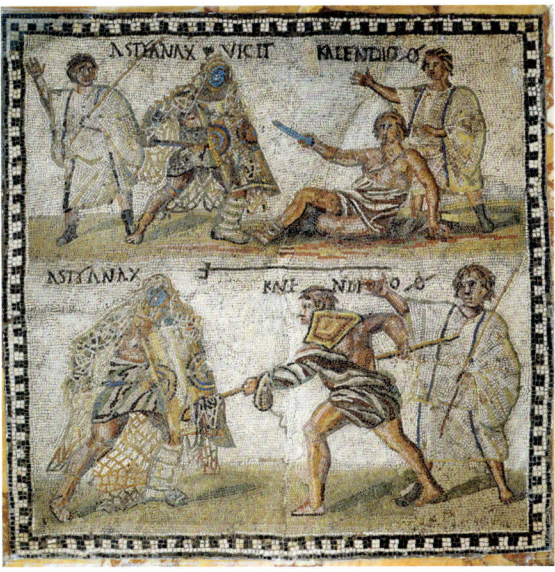

römisches Mosaik

Leere Straßen, die Hitze steht in den verwinkelten Gassen – so sieht in Rom der Sommer aus. Wer an Ferragosto (Feriae Augusti am 15. August) in Rom ist, kann nur Tourist sein – oder arm. Reiche Römer ziehen sich aus der Gluthitze aufs Land *(rus)* zurück, um dem drückenden Klima (und den gesellschaftlichen Pflichten) der Stadt *(urbs)* zu entgehen. Doch nicht alle Landbewohner konnten das *otium* genießen: Die Bauern mussten in mühsamer Arbeit Felder bestellen und konnten sich davon oft nur ein bescheidenes Auskommen erwirtschaften. Noch härter war das Los der Landsklaven, etwa auf den Großbetrieben (Latifundien), auf denen im großen Stil Viehzucht sowie Wein- und Olivenanbau betrieben wurde.

1 Das Foto stammt von der rekonstruierten »villa rustica« im saarländischen Borg. Recherchiere, was man unter einer »villa rustica« versteht und wähle ein Beispiel (aus deiner Nähe?) aus, das du deinen Klassenkameraden vorstellst.

2 Typisch für das Landleben ist einfache Kost: Aus Schafskäse, Knoblauch, Kräutern und Öl stellte man eine Käsepaste, das *Moretum,* fürs Frühstück her. Suche im Internet ein Rezept. Würde es dir schmecken?

1 Fußfessel aus der römischen Villa Liestal Munzach (Schweiz)

2, 3 Ausschnitte aus Fußbodenmosaik in Tunesien

4 Archäologiepark Römische Villa Borg

In der Subura

Gallus soll die Kleidung, die seine Herrin bei einem Schneider bestellt hat, abholen. Marcus begleitet ihn. Der Schneider wohnt in der Subura, einem berüchtigten Stadtviertel Roms, wo es noch lauter, heißer und stickiger ist als im Rest der Stadt. Auf dem Weg werden die beiden aufgehalten …

Subitō turbam hominum vident. Clāmōrem virōrum et mulierum audiunt: »Flammae! Flammae! Taberna mercātōris ārdet!« Vigilēs[1] iam adsunt. Iterum atque iterum hamīs[2] aquam apportant et in flammās fundunt. Auxilium vigilum[1] magnum est, sed vīs flammārum

5 vincit: Incendium tōtam tabernam dēlet.

Mercātor clāmat: »Mē miserum[3]! Mercēs meae, lucrum meum, taberna mea! Lucrum quīnque annōrum[4] ārdet!« Uxor mercātōris magnā vōce deōs implōrat: »Vidēte miseriam nostram. Flammae bona nostra dēlent. Date fortūnam bonam!« Līberī flent.

10 Miseria familiae Mārcum movet. Fīlium mercātōris vocat: »Dēsine flēre. Salūs vestra māiōris mōmentī est quam[5] taberna ac mercēs vestrae. Gaudē salūte tuā, gaudē salūte patris et mātris et sorōrum!«

Puer autem flet: »Miseria nostra tam magna est.« Subitō Mārcus: »Fīlius Sextī Seliciī sum. Pater meus vir probus est. Certē familiam tuam iuvāre

15 potest[6]. Venīte et auxilium petite ā patre meō!« Tandem puer flēre dēsinit et ad patrem suum currit. Mercātor verba puerī accipit et auxiliō gaudet.

1 vigilēs: *hier:* Feuerwehrleute

2 hama, ae: Eimer

3 Mē miserum!: Ich Elender!

4 quīnque annōrum: von fünf Jahren

5 māiōris mōmentī quam: wichtiger als

6 potest: er kann

1 Beschreibe das Bild und äußere erste Vermutungen über den Inhalt des Textes.

2 Erstelle eine Liste mit allen im Text genannten Personen und Personengruppen. Gib auch den Nominativ an.

3 Versetze dich in Marcus oder Gallus und erzähle von den Eindrücken in der Subura.

4 Überlege, wie Sextus Selicius dem Kaufmann helfen könnte. Inwiefern nützt es ihm auch selbst, wenn er dem Kaufmann hilft?

Feuerwehr

Ein Dauerbrenner – im wahrsten Sinne des Wortes! Irgendwo brannte es in Rom nämlich immer. Die Gründe waren vielfältig: Schlechte Bausubstanz, trockenes Wetter, leichtfertiger Umgang mit Feuer. Es bedurfte nur eines Funkenflugs und schon stand wieder ein Dachstuhl in Flammen. Während des Sommers war das Kochen in Mietwohnungen strengstens verboten. Mutwillige Brandstiftung wurde hart bestraft.

23 v. Chr. gab es einen verheerenden Brand in Rom. Augustus gründete daraufhin die erste staatliche Feuerwehr. Sie verfügte über ausgebildete Fachkräfte und war mit entsprechendem Löschmaterial ausgestattet, darunter auch Feuerspritzen *(siphones)*, die den gezielten Einsatz größerer Wassermengen erlaubten. Eine solche Feuerspritze hat man ausgegraben und auch nachgebaut.

*Nur ein Traum?

In der Nacht nach den aufregenden Ereignissen um den Brand liegt Marcus noch lange wach, ehe er einschlafen kann. Schließlich fallen ihm doch die Augen zu …

Ad tabernam stō ac mātrem patremque exspectō. Tum carrum mercātōris spectō. Iuxtā[1] tabernam est. Videō nōn sōlum multās herbās siccās[2], sed etiam frūmentum et … flammās? Ecce parvum[3] incendium! Subitō ventī[4] incendium incitant – iam tōta taberna ārdet!

5 Etiamsī adesse dēbeō, resistō. Timeō et trepidō[5]. Sed quid[6] est? Nōnne vōcem mercātōris audiō? Iterum atque iterum auxilium petit. Nunc tandem aquam apportō, in tabernam currō, aquam in flammās fundō. Hīc corpora iacent – tōta familia mercātōris! Corpus ancillae ē tabernā trahō. Quod magnā vōce clāmō ac sīgna dō, turba hominum
10 ad tabernam venit …

Posteā[7] clāmōrem populī audiō: »Mārcus est salūs mercātōris et familiae! Mārcus vērē probus est! Salūtāmus tē, Mārce.«

1 Was ist wohl vor dem Schlusssatz noch geschehen?

1 **iuxtā** + *Akk.:* neben
2 **siccus,** a, um: trocken
3 **parvus,** a, um: klein
4 **ventus,** ī: Wind
5 **trepidāre:** zittern
6 **quid?:** was?
7 **posteā:** später

1 Feier auf dem Kapitol
Übersetze und beschreibe dann die neuen Erscheinungen.

Gaia: »Video et audio
– magnam turbam hominum,
– carmen liberorum et Horatii poetae,
– vocem sacerdotis,
– sacrificium hostiarum,
– signa deorum,
– uxorem imperatoris Augusti …
– … etiam puerum pulchrum!«

2 Marcus streitet sich mit dem Sohn des Nachbarn,
welche Familie besser ist. Übersetze und beschreibe dann die neuen Erscheinungen.

Marcus: »Familia nostra magna est. Tu es filius servi, sed pater meus Sextus Selicius est. Nomen[1] matris meae est Aurelia ab Aurelio avo meo. Quod est nomen avi tui?
Ibi sorores meas vides. Per campos nostros currunt. Etiam servi nostri in campis sunt. Ubi sunt servi vestri? Certe probi non sunt!«
1 nomen, nominis n.: Name

3 Ein Wort – viele Sinnrichtungen
Wähle die jeweils passende Übersetzung.

a) aquam fundere – adversarios fundere – turbam hominum fundere – vinum[1] in aram fundere
b) Gallus caprum movet. – Caper se[2] movet. – Miseria Marcum movet.
1 vinum, i: Wein – **2 se:** sich

4 Für Sprachforscher
Was bedeuten wohl folgende Wörter? Nenne das lateinische Ursprungswort.

Englisch: to delete – tavern
Spanisch: mujer – año – bueno
Italienisch: moglie – anno – bene
Französisch: incendie – an – bon

5 Eselsbrücken
Lies dir den Text »In der Subura« durch und notiere alle Vokabeln, die du nicht kennst.
Ermittle die Grundform und frage deinen Partner nach der Bedeutung oder schlage nach. Überlegt euch gemeinsam Eselsbrücken für diese Wörter.

6 Gegensätze
Finde das passende Gegenstück. Übersetze dann die Wortpaare.
uxor – maritus

vir – ....   silentium – ....
gaudere – ....   movere – ....
meus – ....   bonus – ....
emere – ....   salus – ....

7 | 1 Brand in Rom! Stelle alle lateinischen Wörter zusammen, die du brauchst, um dieses Bild zu beschreiben. Gliedere die Wörter nach Sachfeldern (Besitz, Feuer, Gefühle …).

2 Bilde kurze lateinische Sätze und lass deinen Nachbarn übersetzen.

VESTIARIUS

8 Deklinieren mit System
Übertrage die Tabelle in dein Heft und ergänze die fehlenden Begriffe und Formen.

Dekl.	Nominativ		Genitiv	
	Sg.	Pl.	Sg.	Pl.
	flamma			
		pueri		
			doni	
	mulier			
				carminum

9 | 1 Gleiche Endung! Welche Form ist kein Genitiv?

a) sacerdotis – pueris – matris – hominis
b) puellarum – lucrum – poetarum
c) magnum – mercatorum – hominum
d) mariti – veni – mei – populi

2 Welche Form ist kein Ablativ?

a) domino – dico – meo – campo
b) trahe – uxore – fratre – carmine
c) servis – puellis – invenis – pulchris
d) sororibus – viribus – cibus – vocibus

10 Genitiv oder nicht?
Bestimme die unterstrichenen Formen und übersetze den Ausdruck.

taberna <u>mercatoris</u> – <u>mercatores</u> relinquere – multae <u>familiae</u> adsunt – miseria <u>familiae</u> – vis <u>flammarum</u> – <u>flammas</u> vi vincere – clamorem <u>viri</u> audire

11 Wessen Sachen sind das?
Ergänze die Endung (in manchen Fällen gibt es mehrere Möglichkeiten). Übersetze.

arma *gladiator*▮ – gladius adversari▮ – ara de▮ – negotium mercator▮ – carrus serv▮ – cibus besti▮

12 Glück im Unglück?! Ergänze die passende Form des Pronomens.

Mercator: »Taberna (meus) ardet. Incendium merces (meus), lucrum (meus), bona (noster) delet. Ubi est auxilium (vester)? Nonne miseria (noster) vos movet?«
Selicius: »Sed vide familiam (tuus)! Gaude salute uxoris (tuus) ac liberorum (tuus). Auxilio (meus) vos iuvare cupio. Fortuna (vester) magna est, quod tota familia (vester) vivit[1].«
1 vivere: leben

13 | 1 Grenze die Satzbausteine ab und bestimme sie.
2 Übersetze.

a) Filiae aulam[1] patris petunt.
b) Clamor liberorum patrem non delectat.
c) Aurelia turbam filiarum in aula[1] videt.
d) Mercator merces pulchras in aulam[1] apportat.
e) Merces mercatoris Aureliam delectant.
1 aula, ae: Hof

14 In der Subura: Ergänze die Endungen und übersetze.

Turba homin▮ magn▮ est. Tabern▮ mercator▮ ardet. Iam multi homin▮ aqu▮ apport▮. Sed vis flamm▮ totam tabern▮ del▮.
Marcus filium mercator▮ voc▮: »Pater me▮ vos iuvare cup▮. Vir prob▮ est.«
Puer cum patr▮ su▮ auxilium Selici▮ accipit.

Ein feines Kräutchen

In der Stadt wird es langsam unerträglich: Die Sonne brennt, die Hitze steht in den Straßen. Ein Glück, dass Gaia, Marcus und Paulla einen Großvater auf dem Land haben, der sich immer über einen Besuch freut! Aurelius Fortunatus ist ein tüchtiger Mann, der Felder, einige Tiere und einen schönen Garten besitzt. Ein Pflänzchen aus seinem Garten liegt ihm besonders am Herzen …

Avus: »Vidēte petroselīnum[1] meum! Petroselīnum maximē mihī placet, quia herba bona atque dēlicāta[2] est!«

Līberīs magis placet bēstiās cūrāre: »Licetne nōbīs frūmentum equō praebēre?«, Gāia et Paulla rogant. »Certē vōbīs licet«, avus puellīs

5   respondet. »Mēcum venīte! Et tū, Mārce, pecoribus herbās dā!« Gāia »Asinus« inquit »aquam nōn iam habet.« Avus respondet: »Asinō aquam apportāre dēbeō. Līberī, hīc exspectāte!«

Sed Paulla exspectāre nōn potest. Itaque frātrem incitat: »Cape mē, cape mē, capere mē nōn potes!« Statim currere incipit. »Tibī dīcō: Certē tē

10   capere possum!« Mārcus Paullam comprehendere cupit.

Gāiae autem lūdus nōn placet: »Venīte! Avus auxilium petit ā nōbīs.« Sed Paulla et Mārcus sorōrī nōn pārent.

Während Gaia versucht, ihre Geschwister wieder einzufangen, achtet keiner mehr auf den Esel. Bald kommt Aurelius mit frischem Wasser zurück, doch der Esel ist verschwunden.

Avus līberōs reprehendit: »Cūr mihī pārēre nōn potestis? Nunc asinum quaerere dēbēmus!« Sed asinum invenīre nōn possunt: Neque in stabulō[3]

15   neque in campīs est. Dēnique ad hortum properant et – līberī tacent, avus autem clāmat: »Vae[4] mihī! Petroselīnum meum!!!«

1 **petroselīnum**, ī: Petersilie
2 **dēlicātus**, a, um: lecker, delikat
3 **stabulum**, ī: Stall
4 **Vae!:** Wehe!

1   Stelle alle Begriffe aus dem Text zusammen, die zum Sachfeld »Landleben« gehören.

2   Gliedere den Text und gib den Abschnitten Überschriften.

3   Trage möglichst viele Informationen über das antike »Kräutchen« zusammen, das nicht nur der Großvater so gerne mag. Woher stammt es, welche Bezeichnungen dafür gibt es, wie wurde es verwendet?

Kochen

Wer wird nicht schwach beim Duft köstlicher Speisen? Kochen ist eine der größten Kulturleistungen der Menschheit. Es geht um nichts weniger als die Entdeckung, dass Nahrungsmittel durch Kräuter und Gewürze geschmacklich verfeinert werden und dies sogar der Gesundheit förderlich ist. Viele Kräuter und Gewürze besitzen nämlich auch eine heilende Wirkung.

Den Römern war das natürlich bekannt. Manche gaben für ein gutes Essen bisweilen ein Vermögen aus. Großvaters Ärger ist nur allzu verständlich. Denn ein Salat ohne raffinierte Salatsauce, fein abgestimmt mit frischen Kräutern wie Petersilie, Salz, Pfeffer, Essig und Öl, wäre langweilig, oder?

*Wo ist Paulla?

Am Nachmittag gehen die Kinder dem Großvater lieber aus dem Weg und vergnügen sich auf den Wiesen am Waldrand.

Paullae pāpiliōnēs[1] maximē placent. Itaque per prāta[2] currit atque pāpiliōnēs[1] capit. Subitō Gāia sorōrem vidēre nōn potest. »Mārce« inquit »ubī est Paulla?« Mārcus autem neque audit neque respondet. Pecora et equum spectat.

5 Gāia: »Mēne audīs!? Paulla ab-est! Tē rogō: Ubī est soror? Respondē mihī!«

Mārcus: »Āh, equī mihī placent. Gladium bonum habeō, nūllus adversārius mihī resistere potest, egō semper vinc…«

Gāia: »Sānus«[3] inquit »nōn es! Tuae sorōris salūtem cūrāre dēbēs! Neque 10 equī neque gladiī nōbīs Paullam dant! Properā! Quaere Paullam!«

Mārcus: »Tū nōn es sāna[3]! Ecce! In asinō sedet[4] et ›bēstiās‹ capit.« Tum Paullam vocat: »Venī! Gāia timet dē tē! Fortasse pāpiliōnēs ferī[5] et malī tē capiunt.«

1 pāpiliō, pāpiliōnis *m.*: Schmetterling

2 prātum, ī: Wiese

3 sānus, a, um: vernünftig; bei Verstand

4 sedēre: sitzen

5 ferus, a, um: wild

---

1 Begründe, warum Gaias Angst um Paulla nicht völlig unbegründet ist.

2 Erzähle Marcus' Tagtraum weiter.

1 Auf dem Markt
Übersetze und beschreibe dann die neuen
Erscheinungen.

Mercator ancillae herbas dat. Domino
frumentum vendit.
Sextus filiis dona pulchra emit. Sed uxori
merces non placent. Etiam hominibus miseris
cibum emere cupit.

2 Keine Tiere!
Übersetze und beschreibe dann die neuen
Erscheinungen.

Paulla: »Pater, eme mihi bestiam.« Sextus:
»Certe tibi bestiam emere non cupio.« Gaia:
»Licetne nobis capram[1] emere?« Sextus:
»Silentium a vobis peto. Vobis dona, non
bestias emere cupio.«

1 capra: *Femininum* zu caper

**3 Verbfix – Nenne zu jedem Bild
das entsprechende Verb.**

4 Ein Verb – mehrere Sinnrichtungen
Übersetze zum Zusammenhang passend.

Paulla verba avi non comprehendit.
Marcus Paullam comprehendit.
Vigiles[1] virum comprehendunt.

1 vigil, is *m.:* Wache

5 Pantomime
Notiere fünf Verben aus Lektion 8. Spiele sie der
Klasse vor, die Mitschüler notieren ihre Lösung.
Wer errät alle?

6 Formen über Formen …
Bilde die Grundform und gib die Bedeutung an.

a) puerum – liberorum – fratris – bestiae
– signo – uxoribus – voci – puellis –
sacrificiis
b) habent – reprehenditis – possunt –
praebemus – potes – respondeo – capiunt

7 | 1 Der Opa und das liebe Vieh. Notiere alle Wörter,
die Tiere bezeichnen (auch allgemeine Ausdrücke)
und dekliniere sie im Singular und Plural.

2 Ergänze jeweils ein Adjektiv. Dekliniere den
ganzen Ausdruck.

8 Bestimme die unterstrichenen Formen und übersetze die Sätze. Achte genau auf den Zusammenhang.

a) Avus cum <u>servis</u> aquam apportat.
   Avus <u>servis</u> cibum praebet.

b) Liberi <u>ancillae</u> non parent.
   Negotia <u>ancillae</u> multa sunt.
   <u>Ancillae</u> familiam cibo delectant.

c) Marcus <u>avo</u> respondet.
   Marcus cum <u>avo</u> pecus curat.

d) Paulla <u>dona</u> patris comprehendit.
   <u>Dona</u> patris pulchra sunt.

9 Für alle Fälle …
Du hast jetzt alle Kasus kennengelernt. Stelle in einer Tabelle die Fragen nach den Satzgliedern und die Funktion im Satz zusammen.

Kasus	Frage	Funktion
Nominativ	Wer/was?	Subjekt
Genitiv		
Dativ		
Akkusativ		
Ablativ		

10 Deklinieren – liegt auf der Hand!
Zeichne die Umrisse deiner Hände auf ein Blatt und schneide sie aus.
Trage jetzt zunächst die Endungen der o-Dekl. ein, dann – in unterschiedlichen Farben – die der anderen Deklinationen sowie die Pronomina.
Jetzt übe das Deklinieren mit den Händen!

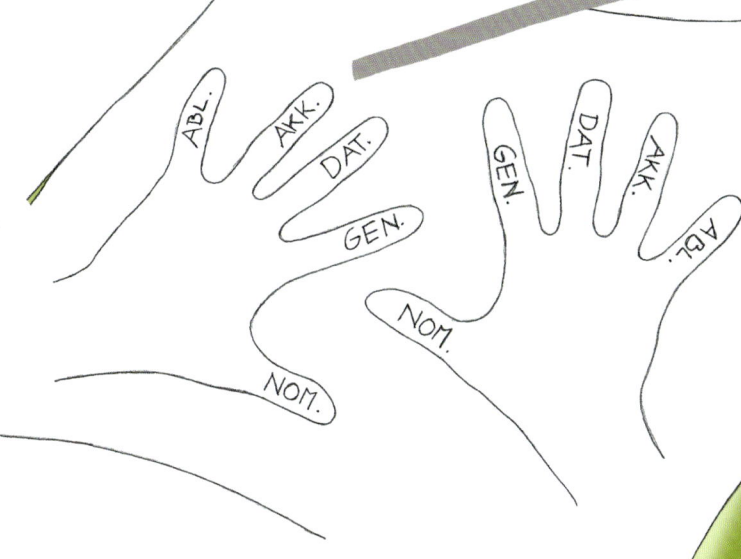

11 | 1 Die Geschmäcker sind verschieden! Ergänze das Dativ-Objekt in der richtigen Form und übersetze.

a) *Petroselinum* (avus) placet.
b) Ludus (liberi) placet.
c) (Paulla) placet Marcum capere.
d) Ancilla pulchra (pater) placet.
e) Herbae (pecora) placent.
f) Ludi *gladiatorum* (homines) placent.
g) Equi (filiae) placent.

2 Was ändert sich, wenn du statt »placere« das Verb »delectare« einsetzt? Forme die Sätze entsprechend um.

12 *esse*: ein Verb, viele Gesichter!
Ebenso wie *adesse* ist auch *posse* mit *esse* verwandt. Bilde die fehlenden Formen und übersetze:

esse	adesse	posse
est		
	adsumus	
		potestis
sum		
	adsunt	
		potes

Großvaters Lektion

Großvater Aurelius ist sehr verärgert, weil seine Enkel nicht auf ihn gehört und auf den Esel aufgepasst haben.

Avus: »Līberī, venīte et audīte! Sī dīcō ›asinum cūrāte‹, vōs pārēre dēbētis!«

Paulla: »Sed … «

Avus: »Tacē! Līberī semper pārēre dēbent! Etiam Catō cēnset līberōs

5   semper pārēre dēbēre.«

Gāia: »Nōnne iam diū mortuus est?«

Avus: »Tacē et tū! Catōnem iam diū mortuum esse nōn īgnōrō. Tamen līberī probī verbīs Catōnis pārent. Itaque putō līberōs bonōs pārēre et labōrāre dēbēre.«

10 Subitō Mārcus: »Sed pater iterum atque iterum dīcit līberōs laetōs esse et lūdere dēbēre.«

Avus: »Silentium! Necesse est līberōs quoque officium facere. Nam officium virtūs vērē Rōmāna est. Itaque Catō iubet līberōs lūdōs dēsinere.«

15 Mārcus: »Cōnstat Catōnem tuum līberōs nōn amāre. Pater libenter videt līberōs gaudēre. Sed nūllum gaudium est in verbīs Catōnis. Num tū cupis miseriam nostram?«

Avus magnā vōce clāmat: »Iam tē verberō, male puer!!!«

Tum Gāia: »Nōnne Catōnī placet īram plācāre?«

1 Lies die Informationen über Cato und finde Gründe, weshalb der Großvater Aurelius sich in Erziehungsfragen gerne auf den alten Cato beruft.

2 Die Sätze »Liberi semper parere debent.« (Z. 4) und »Nonne iam diu mortuus est?« (Z. 6) werden jeweils im Text noch einmal in veränderter Form aufgegriffen. Beschreibe, was sich geändert hat.

3 Wie könnte der Großvater auf Gaias letzten Satz reagieren? Setze die Unterhaltung auf Deutsch fort.

4 Schreibe aus Gaias Sicht einen Tagebucheintrag über die Ereignisse mit dem Esel und die anschließende Unterhaltung.

Cato

Der antike Historiker Plutarch schildert uns Marcus Porcius Cato mit dem Beinamen *Censorius* (234–149 v. Chr.) als recht zwiespältige Persönlichkeit. Er übermittelt uns das Bild eines strengen und konservativen Römers, der für Disziplin und Sparsamkeit steht. Jedoch merkt er kritisch an, dass diese bisweilen an Geiz grenzende Sparsamkeit Cato u.a. dazu trieb, den Verkauf alter, »nutzlos« gewordener Sklaven zu empfehlen. Unverständlich für Plutarch, denn Cato war sich nicht zu schade, mit seinen Sklaven gemeinsam zu arbeiten und an einem Tisch zu essen. Cato – harte Schale mit weichem Kern? Dafür spricht vielleicht, dass es für ihn als liebevollen Ehemann und Vater nichts Wichtigeres gab, als seiner Frau beim Baden und Stillen des gemeinsamen Sohnes zuzusehen.

*Dädalus und Ikarus

*Am Abend erzählt Aurelius seinen Enkeln – gewissermaßen als Wieder-
gutmachung für die harschen Töne am Vormittag – die Geschichte von
Dädalus und Ikarus. Paulla, Gaia und Marcus hören gebannt zu, denn
ihr Großvater ist ein toller Geschichtenerzähler.*

»Daedalus iam diū cum Īcarō fīliō in Crētā[1] habitāre dēbet. Mīnōs,
imperātor Crētae[1], nōn cupit patrem et fīlium Crētam[1] relinquere. Sed
Daedalus dolum invenit: ›Īcare‹ inquit ›quod iam diū sine[2] familiā hīc
habitāmus, laetī esse nōn possumus. Sed cupiō fīlium meum laetum esse.

5   Imperātōrem inīquum tandem relinquere dēbēmus. Itaque venī mēcum
per āëra[3]! Sed audī verba mea: Lūdus nōn est! Nōlī appropinquāre sōlī![4]
Flammās timēre dēbēs!‹
Iam puerō placet cum patre per āëra[3] currere. Sed quia tam laetus est,
verbīs patris nōn pāret. Subitō Īcarus magnā vōce clāmat: ›Ēheu![5] Sōl[6]

10 ārdet!‹ Daedalus videt incendium ālās[7] fīliī dēlēre. Neque auxilium neque
salūs puerō miserō est. Īcarus iam mortuus est! Daedalus autem fortūnam
malam flet.«

1 Crēta, ae: Kreta (*griechische
Insel*)

2 sine *(+ Abl.):* ohne

3 per āëra: durch die Luft

4 Nōlī appropinquāre sōlī!:
Nähere dich nicht der Sonne!

5 Ēheu!: O weh!

6 sōl, sōlis *m.:* Sonne

7 āla, ae: Flügel

---

1   Überlege dir, was Ikarus auf die Warnung seines Vaters
geantwortet haben könnte.

1 Auf dem Landgut
Übersetze und beschreibe dann die neuen Erscheinungen.

Paulla videt
– equos per campos currere.
– Marcum cum Gaia venire.

Paulla dicit
– avum exspectare.
– etiam asinum per campos errare.

2 Pantomime
Notiere fünf Verben. Spiele sie der Klasse vor, die Mitschüler notieren ihre Lösung. Wer errät alle?

3 Rap – Vokabeln mit Pepp!
Bringe mindestens fünf neue und fünf bereits bekannte Vokabeln in einem Rap unter. Trage diesen der Klasse vor.

4 Kleine Wörter – Gib die Bedeutung an. Wähle drei Wörter aus und finde Eselsbrücken.

diu – nam – etiam – tam – tamen – tandem – quoque – atque – itaque – ita – iam – ibi – libenter – certe – vere – hic – hodie – magis – maxime – nec

5 Komposita – Finde entsprechende Bedeutungen.
ad-venire = herbei-kommen
ad-vocare – ad-movere – ad-vertere – ac-currere – ac-clamare

6 | **1** Stelle alle lateinischen Wörter zusammen, die du brauchst, um das Bild zu beschreiben.
2 Bilde kurze lateinische Sätze und lass deinen Nachbarn übersetzen.

7 Bestimme den Kasus der unterstrichenen Substantive und übersetze den Ausdruck.

caprum <u>familiae</u> quaerere – <u>signum</u> dare – <u>dominae</u> parere – verbis <u>avi</u> parere – <u>uxori</u> dona praebere – <u>avo</u> respondere – <u>officia</u> facere

8 | 1 Bestimme die Formen und übersetze.

2 Gib die Grundform an.

amittunt – cupis – venite – dicit – puto – datis – tace – salutant – amamus – censet – possumus – habitatis

9 | 1 Nominativ und Akkusativ. Gib die Bedeutung an und bilde dann den Akkusativ Singular und Plural.

gaudium – puer – miseria – ludus – corpus – verbum – pater – virtus – soror – puella

2 Bilde die Grundform und gib die Bedeutung an.

gladios – equum – salutem – sacrificia – mercatores – dominos – dona – merces – ancillas – iram

10 Gleich – und doch nicht gleich! Bestimme die unterstrichene Form und übersetze.

a) Avus <u>sorores</u> vocat. Neque <u>sorores</u> parent.
b) *Petroselinum* avum delectat. Asino *petroselinum* cupere non licet.
c) <u>Vires</u> asini magnae sunt, multos <u>viros</u> trahere potest. Marcus <u>vires</u> asini magnas esse videt.
d) Avus <u>frumentum</u> apportat. <u>Frumentum</u> asino placet.

11 | 1 Es brennt! Übersetze.

Marcus tabernam ardere <u>videt</u>. Homines aquam apportare <u>necesse est</u>. Marcus vigiles[1] currere iam <u>audit</u>. Subito vir servos aquam in flammas fundere <u>iubet</u>.
Tandem mercator flammas tota bona delere <u>dicit</u>. Sed Marcus patrem suum auxilium praebere <u>cupit</u>.

1 vigil, is *m.: hier:* Feuerwehrmann

2 Die unterstrichenen Verben können einen AcI einleiten. Finde übergeordnete Begriffe, die ihre Funktion erläutern.

12 Klammertechnik
Markiere in deinem Heft den AcI mit einer Klammer. Unterstreiche Subjektsakkusativ und Prädikatsinfinitiv. Dann übersetze.

Avus dicit Daedalum Cretam[1] relinquere non posse. Itaque Icarus patrem dolum invenire cupit. Sed Icarum solem[2] timere necesse est. Subito Daedalus Icarum verbis non iam parere videt. Pater puerum miserum mortuum esse dolet[3].

1 Creta, ae: Kreta (Insel) – **2 sol,** solis *m.:* Sonne – **3 dolere:** betrübt sein

13 AcI-Auslöser
Forme die wörtliche Rede jeweils in einen AcI um und übersetze dann.

a) Avus dicit: »Cato vir magnus est.«
b) Marcus putat: »Cato liberos non amat.«
c) Marcus dolet[1]: »Liberi laborare debent.«
d) Pater gaudet: »Puellae in horto ludunt.«
e) Avus gaudet: »Turba tandem tacet.«
f) Paulla cupit: »Avus liberos non verberat.«

1 dolere: betrübt sein

1 Peristyl eines Hauses in Pompeji

Rom

Sein nacktes Leben habe er retten können, aber seine Habseligkeiten wurden beim Brand des Mietshauses ein Raub der Flammen. So schildert uns der Satirendichter Juvenal den armen Poeten Cordus. Ja, wenn er reich gewesen wäre, dann hätte man Mitleid mit ihm gehabt. Aber was besaß Cordus schon, ein Zimmerchen unterm Dach, ein winziges Bett, einen Tisch, etwas Geschirr, eine verrottete Kiste mit griechischen Gedichten – seine eigenen! –, und die taugten ohnehin nur noch als Futter der Mäuse.

Leben in der Großstadt Rom

Rom – eine Stadt mit zwei Gesichtern, schon damals Millionenmetropole. Wir bestaunen heute die Überreste römischer Prachtbauten. Ein zuverlässiges Wasserversorgungssystem sorgte überall in der Stadt für frisches Wasser. Großzügige Sport- und Freizeitanlagen boten vielfache Zerstreuung. Wunderschöne, mit allem Komfort ausgestattete *domus* (Stadthäuser) zogen sich die Hänge der Hügel hinauf.

Eine solche *domus* war für das Klima in Italien ideal. Sie bestand in der Regel aus zwei Gebäudeteilen. Durch die *fauces* (Haustür) betrat man den Eingangsbereich mit dem *atrium* (Innenhof). Von hier aus gelangte man in die vorderen Wohn- und Arbeitsräume. Die Mitte des Atriums bildete das *impluvium,* in dem sich das Regenwasser sammelte. Der wichtigste Raum war das *tablinum,* der Empfangs- und Arbeitsraum des Hausherrn. Das *tablinum* trennte den öffentlich zugänglichen Teil des Hauses von den Privaträumen der Familie. Diese waren mit aufwändigen Wandgemälden geschmückt und hatten alle Zugang zum *peristylium,* einem sonnendurchfluteten Innengarten mit Grünanlage, Ruheplätzen, Statuen, Brunnen und einem Säulengang.

Das war freilich nur die eine Seite der Medaille Rom. Es gab nämlich noch eine andere, weniger schöne: Unbezahlbare Grundstückspreise und Mietwucher zwangen viele Einwohner zu einem armseligen Leben in den sogenannten *insulae,* den Mietskasernen der *Subura.* Lärm, Gestank, Dreck, Sommerhitze, Winterkälte, dazu Häusereinstürze, weil man beim Bau der Häuser minderwertiges Baumaterial verwendet hatte, und die allgegenwärtige Brandgefahr machten den Bewohnern das Leben hier bisweilen zur Hölle. Die Feuerwehr war im Dauereinsatz. Tagsüber war es verboten, mit einem Wagen durch die überfüllten Straßen zu fahren. Der gesamte Liefer- und Warenverkehr musste daher nachts abgewickelt werden. Dass dabei nicht allzu viel Rücksicht auf das Ruhebedürfnis der Anwohner genommen wurde, versteht sich von selbst.

Leben auf dem Land

Wer es sich leisten konnte, zog zumindest während der Sommermonate aufs Land. In der Umgebung Roms gab es zahlreiche, bestens ausgestattete *villae* (Landsitze) mit riesigen Ländereien. Zu diesen *villae* gehörten Ge-

2 Möbel aus Pompeji

treidefelder, Obst- und Weingärten, Bienenstöcke, Geflügelhöfe und Viehweiden. Viele dieser *villae* waren auf dem Grund und Boden verarmter Bauern errichtet worden. Landflucht hatte sie nach Rom gespült, wo sie nun als *proletarii* (= Menschen, deren einziger Besitz Kinder sind) mit staatlicher Unterstützung ihr Leben fristeten.

Horaz war nicht gern in Rom. Aber nur hier konnte er einen Maecenas treffen, der sein Talent erkannte und ihm zu finanzieller Unabhängigkeit verhalf. Denn eines Tages erfüllte er den Herzenswunsch des Horaz …

Wie sehr sich Horaz über dieses Geschenk freute, zeigt er mit dieser kleinen Geschichte: Eine Stadtmaus besucht ihre Freundin auf dem Lande. Das Essen ist einfach, ein paar Körner, etwas Obst, Rosinen, Erbsen. Nach einigen Bissen fängt die Stadtmaus an, von den Köstlichkeiten der städtischen Küchen zu erzählen. Der Feldmaus läuft das Wasser im Mund zusammen. Sie beschließt einen Gegenbesuch. Und tatsächlich, die Stadtmaus serviert im Haus eines Reichen Leckereien, von denen die Feldmaus bisher nicht zu träumen wagte. Doch dann geschieht das Unglück. Unter lautem Gebell springt ein Hund ins Zimmer. Den Mäusen bleibt nur die Flucht. Die Feldmaus reist sofort wieder ab und lobt sich ihr friedvolles Mauseloch im Walde. Ahnst du, welches Geschenk Maecenas dem Horaz gemacht hat?

1 Zwei Gesichter einer Stadt – Erläutere diese Aussage aus dem Textzusammenhang.

2 Beschreibe das unten stehende Foto und nenne auch die lateinischen Begriffe. Gib an, um welchen Gebäudetyp es sich handelt.

4 Haus in Pompeji

3 Möbel aus Pompeji

Detektivarbeit

Kennst du Sherlock Holmes, den berühmten englischen Detektiv? Seine Spezialität ist die Spurensuche. Zahlreiche Verbrechen hat er auf diese Weise aufgedeckt.

Recherche

Eine seiner Arbeitsmethoden war das *Recherchieren*. Dieser Begriff stammt aus dem Französischen und bedeutet »gezieltes Suchen«. Das funktioniert natürlich auch im Lateinunterricht. Wichtig ist, dass du schon vor einer Recherche eine gewisse Vorstellung von dem hast, was du suchst. Das kann eine historische Person sein, ein Ereignis der Geschichte, ein Fachbegriff, ein Fremdwort oder ein ganz alltäglicher Gegenstand.

Ist dir ein Suchbegriff im Lateinischen völlig fremd, dann schau zunächst in dein Lateinbuch. Meistens findest du hier schon einen wichtigen Hinweis. Für eine detaillierte Suche solltest du *Medien* (Hilfsmittel) verwenden, mit denen du gut arbeiten kannst. Du kannst Lexika, Bild- und Filmmaterial benutzen; du kannst dich in Museen und Ausstellungen informieren und selbstverständlich kannst du auch im Internet recherchieren. Dazu gibst du deinen Suchbegriff in eine der Suchmaschinen ein. In der Regel bekommst du hier schon etliche Hinweise. Am hilfreichsten ist es dann, mit der Internetplattform *Wikipedia* zu beginnen. Neben wichtigen Informationen hält *Wikipedia* nämlich auch hilfreiche Links bereit. Aber Vorsicht! Verlasse dich nie nur auf *Wikipedia* oder eine andere Internetseite alleine. Informationen solltest du immer auch durch mindestens eine weitere Internetseite absichern.

Bisweilen muss man im Internet weitere Begriffe zum eigentlichen Suchbegriff mit eingeben, um wirklich aussagekräftige Informationen zu erhalten. Am Beispiel des Suchbegriffs »Petersilie« siehst du, wie das funktioniert: Wenn du bei Google den Suchbegriff »Petersilie« eingibst, findest du als ersten Eintrag die Seite von *Wikipedia*. Hier erhältst du wichtige allgemeinbiologische Informationen zur Petersilie; über die historische Bedeutung erfährst du dagegen nur wenig. Fügst du nun bei Google zu dem Begriff »Petersilie« den Begriff »Antike« hinzu, dann triffst du auf Seiten, die die Petersilie auch als Gewürz- und Heilpflanze der Antike im Blick haben, und kannst so deine Kenntnisse zur Petersilie abrunden.

Kleiner Tipp: Es gibt spezielle Schülerseiten, die sehr hilfreich sind. Du findest sie unter dem Begriff »Kinderseiten« in deiner Suchmaschine. Meistens bieten diese Kinderseiten auch wertvolle und informative Links. Aber natürlich gilt hier ebenfalls die Devise: »Vertrauen ist gut, Kontrolle ist besser«, also lieber Informationen durch andere Internetseiten nochmals absichern!

Vorerschließung

Wäre Sherlock Holmes ein Schüler wie du, würde er vielleicht nach

Spuren im lateinischen Text suchen, die ihm die Übersetzung erleichtern. Mach's wie er und geh ebenfalls auf Spurensuche. Das heißt dann aber nicht Spurensuche, sondern Textvorerschließung.

Die Textvorerschließung ist eine feine Sache. Man kann vor der Übersetzung nach ganz verschiedenen Spuren suchen. Beispielsweise kannst du im lateinischen Text nach Konnektoren fahnden, oder nach Sachfeldern, Personen, Eigennamen, Ortsangaben, besonderen Vokabeln oder Konjugations- bzw. Deklinationsformen, Satzelementen und, und, und … Die Möglichkeiten sind schier unbegrenzt. Sie haben allerdings eines gemeinsam: Sie erleichtern dir das Übersetzen.

Meistens kannst du übrigens schon aus der Textüberschrift und dem Einleitungstext erschließen, worum es in der Übersetzung gehen wird. Lass deine Fantasie ein bisschen spielen, überlege, wie die Geschichte verlaufen könnte und geh anschließend auf die Suche nach Begriffen, die deine Vermutung untermauern können.

Das funktioniert natürlich auch mit einer Bildanalyse. Bilder haben nämlich den großen Vorteil, dass sie auf einen Blick zeigen, was man mit Worten erst umständlich erklären müsste. Auf Bildern gibt es viel zu entdecken. Du kannst eine Handlung herauslesen, du kannst Sachkenntnisse erwerben, du kannst dich in bestimmte Situationen versetzen. Auch hier ist wieder Fantasie gefragt. Wichtig ist allerdings, dass du, was du dir mit Hilfe eines Bildes überlegt hast, durch Begriffe oder entsprechende Vokabeln aus dem Übersetzungstext belegen musst.

1 Beschreibe das Bild und überlege, worum es in einer Geschichte dazu gehen könnte.

Das habe ich schon gelernt:

Unter einer Recherche versteht man die gezielte Suche nach Personen, Ereignissen, Sachbegriffen u.ä.; die Textvorerschließung bereitet die Übersetzung eines lateinischen Textes vor.

1 | 1 Mutter Latein und ihre Töchter – Italienisch: Nenne die lateinischen Ursprungswörter und ihre deutsche Bedeutung.

2 Lass dir die Wörter von jemandem vorlesen, der Italienisch spricht. Formuliere Aussspracheregeln.

clamore – acqua – merce – ira – taverna – ausilio – incendio – salute – asino – orto – pecora – virtù – gaudio – moglie – buono – morto

2 Bestimme die unterstrichenen Formen und übersetze den Ausdruck.

verba viri boni – servos malos reprehendere – clamor vocum magnarum – officio meo gaudeo – puellis probis dona dare

3 Verwandle in den Singular bzw. Plural.

virtutis Romanae – flammis malis (!) – corpori pulchro – hortorum nostrorum – puero laeto – mulieribus probis (!) – tabernarum suarum – patris tui – filiis vestris (!)

4 Ordne jedem Substantiv das passende Pronomen zu.

> mulierem – merces – miseriae – salute – pecoribus – asini – virtutis – mercatori

> vestro – vestri – suam – suas – meae – nostrae – tua – meis

5 Ergänze das in Klammern angegebene Possessivpronomen in der passenden lateinischen Form. Manchmal gibt es zwei Lösungen.

virtutes (mein) – ira (sein) – clamoris (euer) – equis (dein) – equorum (unser) – miseria (euer) – mulieris (dein) – pecora (unser) – saluti (sein)

6 Welche Form passt nicht? Begründe deine Auswahl.

a) pecoris – horti – gladio – flammae
b) salutem – miseriae – bono – mulieri
c) miseriae – horti – mercis – pecori
d) fundis – quaeris – clamoris – dicis
e) respondeo – horto – vinco – iuvo
f) vocas – miserias – laboras – rogas

7 Bilde die Formenschlangen.

a) tabernarum → Sg. → Akk. → Pl.
b) lucri → Dat. → Pl. → Abl.
c) merx → Pl. → Dat. → Sg.
d) imperatorem Romanum → Pl. → Gen. → Sg.
e) viros mortuos → Gen. → Sg. → Dat.
f) officiis meis → Akk. → Sg. → Gen.

8 Singular oder Plural? Bestimme die Formen und übersetze.

debet – habitamus – parent – audi – cupis – habeo – capiunt – potestis – venite

9 Bilde die Formenschlangen.

a) potest → Pl. → 1. P. → Sg.
b) relinquimus → 2. P. → Sg. → 3. P.
c) respondeo → Pl. → 3. P. → Sg.
d) rogant → 1. P. → Sg. → 2. P.
e) capimus → Sg. → 3. P. → Pl.

10 Kombiniere beide Teile zu logischen Sätzen und übersetze.

a) Avus putat liberos   A) diu mortuum esse.
b) Necesse est servos   B) asinum non curare.
c) Pater gaudet liberos   C) libenter currere.
d) Constat equos   D) parere debere.
e) Cato censet liberos   E) laetos esse.
f) Non ignoramus   F) dominis parere.
   Catonem

11 Bilde die AcIs und übersetze.

Avus dicit …

a) »Liberi semper parere debent.«
b) »Virtus Romana clara est.«
c) »Vir bonus officia sua non ignorat.«
d) »Viri probi libenter laborant.«
e) »Pueri in ludo gaudium petere non possunt.«
f) »Mercatores mali maxime suum lucrum quaerunt.«

12 Ergänze die passenden Endungen und übersetze.

a) Liberi Selici▢ cibum asin▢ praebere cup▢.
b) Av▢ fratri et soror▢ respondet:
c) »Non asino, sed equ▢ cib▢ apportare debetis!«
d) Gaia et Marcus pare▢, Paulla autem verb▢ av▢ non audit.
e) Itaque avus Paull▢ reprehend▢.
f) Sed gaudi▢ asin▢ magnum est.

13 Wahr oder falsch? – Stelle falsche Aussagen richtig.

a) Im alten Rom gab es nie eine staatliche Feuerwehr.
b) Die Subura war ein ärmliches und gefährliches Stadtviertel.
c) Viele Römer kochten sich einfache, ungewürzte Speisen in ihren Mietwohnungen.
d) Cato war ein liebevoller Ehemann und Vater.

14 Suche dir eine der beiden Rechercheaufgaben aus und fasse deine Ergebnisse für deine Mitschüler zusammen.

a) Sagen wie die von Dädalus und Ikarus können wir beim Dichter Ovid lesen. Informiere dich über dessen Leben und Werk.

b) Cato ist bekannt für den Satz »Ceterum censeo Carthaginem esse delendam!«. Informiere dich über diesen Satz und die drei »Punischen Kriege«.

Forum Romanum = Nur ein Markt? Nein! Hier wurde nicht nur Handel betrieben. Hier gab es bedeutende Tempel. Hier wurde öffentlich Recht gesprochen. Hier wurde Politik betrieben. Hier schlug das Herz Roms und des gesamten Römischen Reiches! Kurz: Hier wurde Weltgeschichte geschrieben. Rings um das Forum baute man später weitere Foren, die sogenannten Kaiserforen. Berühmt ist das Trajansforum mit seinen zahlreichen Geschäften, sozusagen das erste Kaufhaus der Welt. Aber auch in den übrigen Straßen der Stadt gab es unzählige Handwerksbetriebe mit ihren kleinen Läden, so wie es auch heute noch in Rom vielerorts üblich ist.

1 Beschreibe das Forum Romanum (Abb. 3). Wo findest du noch Hinweise auf die große Vergangenheit Roms?

2 Auf Abb. 2 siehst du die Einkaufsstraße des Trajansforum. Wie könnte es hier in der Antike ausgesehen haben? Vergleiche dazu auch die Zeichnung zu Lektion 10.

3 Oberhalb des Forum Romanum steht eine ungewöhnliche Figur (Abb. 1). Welche Bedeutung hat sie für Rom? (Kleiner Tipp: Lektion 11.)

1 Kapitolinische Wölfin

3 Forum Romanum heute

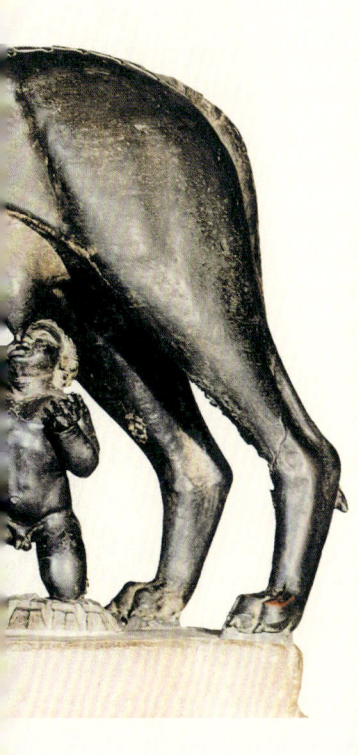

2 Die Via Biberatica in den Trajansmärkten

Wehe den Besiegten!

Zurück in Rom: Am frühen Morgen machen sich die Selicii auf den Weg zum Forum – die Kinder müssen in die Schule, und Sextus braucht dringend eine ordentliche Toga.

Aurēlia: »Sexte, venī ad eam tabernam! Videō mercātōrēs ibī vestēs variās vēndere. Quid cēnsēs dē eā togā?«

Sextus: »Uxor cāra, mihī iam toga est. Et ea mihī minimē placet.«

Aurēlia: »Nōnne intellegis? Eques es. Equitibus necesse est vestēs novās
5 habēre.«

Sextus: »Nōnne tū intellegis eam togam mihī minimē placēre?«

Aurēlia marītum ad aliam tabernam trahit: »… Et quid cēnsēs dē eā togā?«

Sed Sextus verba uxōris neglegit, aliās rēs[1] in forō petit: »Ecce pānis
10 bonus! Eum pānem cupiō. Nam meus venter[2] nōn exspectat libenter.«

Aurēlia: »Tibī profectō venter[2] cupidus est! Sed moneō tē: Resiste ei cupiditātī! Ergō: Quid cēnsēs dē eā togā? Vērē idōnea tēque digna est.«

Sextus: »Nōnne vidēs pretium eārum togārum? Eō pretiō vestem emere nōn cupiō. Numquam!«

15 Aurēlia: »Vincere nōn potes. Sī eam togam emere nōn cupis, aliam emere dēbēs. Asia, dā mihī pecūniam. Accipe vestēs et domum[3] apportā! Atque ea ōrnāmenta …«

Sextus: »Vae victīs![4]«

1 aliās rēs *(Akk. Pl.):* andere Dinge

2 venter, ventris *m.:* Bauch

3 domum: nach Hause

4 Vae victīs!: Wehe den Besiegten!

1 Lies den Einleitungstext und beschreibe die Situation auf dem Bild. Äußere Vermutungen über den Inhalt des Dialogs.

2 Bestimme den zentralen Begriff und begründe deine Wahl.

3 Beschreibe die Haltung Aurelias auf dem Bild. Nenne den Satz im Text, der zu ihrer Geste passt. Welches Wort unterstreicht ihre Geste?

4 Charakterisiere Sextus und Aurelia. Belege deine Beobachtungen am Text.

5 Spielt die Szene möglichst ausdrucksstark in der Klasse nach.

Toga

Togati – so bezeichnete man römische Bürger, denn das Tragen einer Toga war allein ihnen erlaubt. Eine Toga bestand aus mehreren Metern Wollstoff, war oval geschnitten und konnte nur mit Hilfe angelegt werden. Zweifellos verlieh sie ihrem Träger eine gewisse Würde, aber im Grunde war sie recht unpraktisch. Sie schränkte die Bewegungsfreiheit ein, musste stets fleckenlos sauber sein und war für viele ohnehin kaum erschwinglich. Sie war so unbeliebt, dass Augustus die Ädilen sogar anwies, nur wirklichen *togati* (und Frauen mit Stola) das Betreten des *Forum Romanum* zu gestatten.

*Haltet den Dieb!

Auf dem Rückweg von der Schule kommen die Kinder an einer Gaststätte vorbei …

Mārcus videt virum quendam[1] ē tabernā currere. Sorōrēs vocat: »Vidēte eum virum!« Gāia respondet: »Eī certē negōtium magnum est.« Paulla: »Putō eum hominem templum[2] petere.«

Subitō caupō[3] ē tabernā properat. Līberī clāmōrem eius audiunt: »Quid
5 spectātis tamquam[4] pecora? Eum comprehendite! Is fūr[5] est! Tōtam pecūniam meam habet.«

Īra clāmorque caupōnis[3] līberōs incitant: Mārcus statim currere incipit, fūrem[5] capit. Iam caupō[3] adest, fūrem[5] verberat; nec dēsinit eum verberāre! Līberī intellegunt fūrem id tolerāre nōn posse.

10 Fūr[5] nōn sōlum dē salūte, sed etiam dē vītā timet. Ecce! Iam magnā vōce pācem petit et caupōnī[3] pecūniam dat.

1 **quendam:** *hier:* einen
2 **templum,** ī: Tempel
3 **caupō,** ōnis *m.:* Wirt
4 **tamquam:** so wie
5 **fūr,** fūris *m.:* Dieb

1 Beschreibe den Spannungsverlauf des Textes. Wo ist der Höhepunkt?
2 Beschreibe das Verhalten des Wirts und bewerte es.

1 Grün und gesund – Großvaters Kräuter
Übersetze und beschreibe dann die neuen
Erscheinungen.

Avus: »Id est petroselinum[1]. Ea herba vere
bona est. Eius vires magnae sunt. Semper
eis herbis gaudeo. Spectate eum hortum, eos
campos, ea pecora! Aspectus[2] eorum mihi
maxime placet. Ecce, servus cum capro venit.
Nonne ei petroselinum apportare cupitis,
liberi?«
Gaia: »Ei – servo aut[3] capro?«

1 petroselinum, i: Petersilie – **2 aspectus:** Anblick –
3 aut: oder

3 | 1 Stelle alle lateinischen Wörter zusammen, die
du brauchst, um dieses Bild zu beschreiben.

2 Bilde kurze lateinische Sätze und lass deinen
Nachbarn übersetzen.

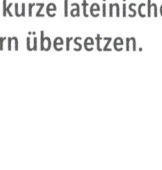

2 Stolze Besitzer
Übersetze und beschreibe dann die neuen
Erscheinungen.

a) Sexto Selicio multa bona sunt.
b) Aureliae uxori hortus pulcher est.
c) Aurelio asinus est.
d) Servis multa negotia sunt.
e) Atque liberis … caper est!

4 | 1 Toga oder Brot? Aurelia möchte Kleidung
kaufen, Sextus etwas zu essen. Ordne die neuen
Vokabeln einem von beiden zu.

2 Ergänze passende ältere Begriffe.

5 | 1 Ordne den Substantiven inhaltlich passende
Adjektive zu.

2 Passe die Adjektive in KNG an und übersetze die
Ausdrücke.

toga – vestis – equites – orna- mentum – panis – asinus – pretium	dignus – idoneus – cupidus – varius – novus – alius – carus

6 | 1 Für Sprachforscher: Nenne die lateinischen
Ursprungswörter und gib die Bedeutung an.

2 Erkläre die Bedeutung der Begriffe.

Weste – Preziose – variabel – intelligent –
pekuniär – alias

7 | 1 Bestimme die Form und übersetze.

2 Bilde den Infinitiv und ordne nach
Konjugationen.

facit – moneo – cupis – habetis – placet
– censes – accipe – vertitis – intellegunt –
delemus – trahunt

8 | 1 Ordne den Substantiven jeweils eine passende Form von »is, ea, id« zu und bestimme die Form.

uxoris – ad tabernam – cupiditati – corpus – ornamenta – togarum – homines

eos – id – ea – eam – ei – earum – eius

2 Bilde jeweils den anderen Numerus.

9 Auf frischer Tat ertappt
Ergänze die passende Form von »is, ea, id« und übersetze.

Marcus: »Ecce, ex ▮ taberna vir currit. ▮ virum furem[1] esse puto.«

Caupo[2]: »▮ pecunia mea est! Comprehendite ▮ furem[1]!«

Paulla: »Fortuna ▮ hominis me movet.«

1 fur, furis *m.:* Dieb – **2 caupo,** onis *m.:* Gastwirt

10 Auf Einkaufstour
Markiere in deinem Heft den AcI mit einer Klammer. Dann übersetze.

a) Aureliam cum Asia vestes emere videtis.
b) Subito Asia mercatorem clamare audit.
c) Dominae dicit furem[1] e taberna currere.
d) Mercator homines furem[1] comprehendere debere clamat.
e) Vigiles[2] furem[1] capiunt. Asia mercatorem furem[1] verberare gaudet.

1 fur, furis *m.:* Dieb – **2 vigil,** is *m.:* Wache

11 | 1 Formen-Detektor: Suche alle Dativ-Formen heraus.

2 Bestimme auch die anderen Formen.

uxori – tibi – vertitis – signo – irae – vestibus – officia – paci – corporibus – gaudetis – ei – sacrificiis – magis – vocis – ornamentis

12 Ergänze in deinem Heft die fehlenden Formen.

Nom. Sg.	Dat. Sg.	Dat. Pl.
	pecori	
		togis
pretium		
		mercibus
gladius		

13 Grenze die Satzbausteine ab (Subjekt, Prädikat, Akk.-Objekt, Dat.-Objekt) und übersetze.

a) Daedalus dolum novum invenit.
b) Daedalus Icaro filio alas[1] dat.
c) Daedalus filium carum monet.
d) Icarus verbis patris non paret.
e) Vis flammarum alas[1] Icari delet.

1 ala, ae: Flügel

14 Dativus possessivus: Übersetze.

a) Virtus tua magna est.
   Tibi magna virtus est.
b) Servi Selicii boni sunt.
   Selicio boni servi sunt.
c) Mea toga pulchra est.
   Mihi toga pulchra est.

Romulus und Remus

Paulla hat heute in der Schule die Sage über den Stadtgründer Romulus und seinen Zwillingsbruder Remus gehört. Jetzt will sie diese mit Gaia nachspielen, die zunächst recht gutmütig mitmacht. Da kommt auch der große Bruder hinzu.

Paulla: »Salvē, Mārce! Īmus in hortum ac fābulam agimus Rōmulī et Remī. Gāia est Remus, egō Rōmulus sum – et tū, Mārce, es rēx malus.«

Mārcus: »Aha – et caper noster est lupa[1] …?!«

Paulla: »Vōbīs nārrō fābulam: Rhēa Silvia, quamquam virgō Vestālis
5 est, geminōs[2] filiōs parit, Rōmulum et Remum. Pater eōrum Mārs est. Sed rēx, avunculus[3] mātris, dē rēgnō suō timet. Hominēs nārrant eum servum fīdum habēre. Itaque rēx servum vocat: ›Tē iubeō abīre et puerōs in flūmine necāre. Mārs, sī rē vērā est pater puerōrum, eōs servāre potest.‹ Tum – tum – …« Paulla haeret.

10 Mārcus: »*Mihī* autem fābula nōta est: Līvius scrīptor[4] trādit servum rēgis haud libenter pārēre.«

Gāia: »Itaque servus ›Abeō‹ dīcit. Rē vērā simulat sē puerōs necāre: Flūmen adit, eōs in alveum[5] pōnit, alveum[5] aquae trādit. Bēstiae ad aquam eunt, puerōs capiunt, necant …«

15 Paulla: »Stulta nārrās! Nōn īgnōrō lupam[1] puerōs invenīre. Quia flūmen altum nōn est, eōs servat. Sīc Mārs dēmōnstrat sē patrem puerōrum esse. – Īte tandem in hortum!«

1 **lupa,** ae: die Wölfin
2 **geminus,** a, um: Zwillings-
3 **avunculus,** ī: Onkel
4 **scrīptor,** scrīptōris *m.*: Schriftsteller
5 **alveus,** ī: Trog, Wanne

1 Sammle aus dem Einleitungstext erste Informationen über Romulus und Remus. Trage aus Paullas Erzählung (Z. 4–9) zusammen, welche Personen noch eine Rolle spielen.

2|1 Erzähle die Geschichte von Romulus und Remus in eigenen Worten.

  2 Nenne mögliche Gründe für das Handeln des Königs und seines Dieners und beurteile es.

3|1 Arbeite heraus, wie Gaia und Marcus ihre kleine Schwester behandeln. Belege deine Beobachtungen am Text.

  2 Spielt die Szene in der Klasse nach.

4 Erstelle ein Poster / eine Collage zu Romulus und Remus.

Vestalinnen

Das heilige Feuer im Tempel der Göttin Vesta durfte niemals ausgehen. Darüber wachten die hoch angesehenen Priesterinnen der Vesta, die Vestalinnen. Bereits im Mädchenalter wurden sie für dreißig Jahre in das Haus der Vestalinnen auf dem *Forum Romanum* aufgenommen. In dieser Zeit lebten sie ehelos. Sie waren die einzigen Frauen Roms, die nicht unter männlicher Vormundschaft standen. Sie hatten sogar Anspruch auf die Begleitung durch staatliche Leibwächter, sogenannte Liktoren. Dieses Recht stand sonst nur Konsuln und Praetoren zu.

*Und so geht es weiter

Inzwischen ist das Theaterstück voll im Gange: Nach ihrer Rettung durch die Wölfin wachsen Romulus (Paulla) und Remus (Gaia) bei einem Hirten auf. Schließlich wollen sie eine neue Stadt gründen. Doch wer soll sie regieren? Ein Götterspruch soll entscheiden …

›Remus‹: »Nunc abīre et ā dīs ōrāculum[1] petere dēbēmus.«

Itaque ›Rōmulus‹ et ›Remus‹ abeunt et caelum[2] spectant, quia ōrāculum[1] ē caelō[2] missum[3] exspectant:

›Remus‹: »Ecce! Ibī sunt sex avēs[4] – dī fidī sunt! Mihī rēgnum dant!«

5   ›Rōmulus‹: »Ah! Egō duodecim avēs[5] videō! Eō ex ōrāculō[1] intellegō deōs rē vērā mē iuvāre! Eōs tē nōn amāre cēnseō!«

Tum ›Rōmulus‹ lapillōs[6] aliōs super aliōs[7] pōnit: »Reme, spectā mūrum[8] meum!«

›Remus‹: »Haha! Cōnstat mūrum[8] Rōmulī altum nōn esse. Sed mūrus[8]

10 *tuus* – nūllus est, Rōmule!!«

›Rōmulus‹: »Stulta es, Gāia! Nunc vērē tēcum pūgnō!«

Subitō māter in hortum venit: »Quid agitis? Dēsinite pūgnāre, puellae!«

Paulla: »Sed Rōmulus sum! Gāiam – ah – Remum necāre dēbeō!«

1 ōrāculum, ī: Orakel, Entscheidung

2 caelum, ī: Himmel

3 missus, a, um: geschickt

4 sex avēs: *(Nom. und Akk. Pl. f.):* sechs Vögel

5 duodecim avēs: *(Nom. und Akk. Pl. f.):* zwölf Vögel

6 lapillus, ī: Steinchen

7 aliōs super aliōs: übereinander

8 mūrus, ī: Mauer

1   Erkläre, weshalb Paulla plötzlich aus ihrer Rolle fällt.

1 Wo ist die Toga?
Übersetze und beschreibe dann die neuen Erscheinungen.

a) Sextus vestem suam quaerit. Dicit se vestem suam quaerere.
b) Aurelia eum vestem quaerere videt. Gallum vocat. Neque Gallus togam eius invenit.
c) Tandem Sextus se vestem suam videre dicit.
d) Caper vestem eius apportat … Aurelia Gallum eum verberare iubet.

2 Verloren - gefunden
Übersetze und beschreibe dann die neuen Erscheinungen.

Pater caprum quaerit. In hortum it. »Marce, mecumne is? Puellae, mecumne itis?« Liberi in hortum eunt. Sed Asia: »Vos certe itis, ego numquam in hortum eo!«
Tandem Sextus: »Aurelia, in tabernam ire cupio. Ibi silentium est.« Aurelia: »Te novam togam emere necesse est …«

3 Ein Wort - viele Bedeutungen
Wähle die jeweils passende Übersetzung.

a) pecora per campum agere – liberos agere – negotia agere – de pace agere
b) ad aram adire – regem adire – adversarios adire

4 »Verwandte« Wörter: Führe auf ein bekanntes Wort zurück und erschließe die Bedeutung. Achte auf die Wortart.

gaudium → gaudere → Freude
timor – regere – fides – regius, a, um – narratio – altitudo – simulator – nex

**5 | 1 Stelle alle lateinischen Wörter zusammen, die du brauchst, um dieses Bild zu beschreiben.
2 Bilde kurze lateinische Sätze und lass deinen Nachbarn übersetzen.**

6 Eselsbrücken
Lies dir den Text »Romulus und Remus« durch und notiere alle Vokabeln, die du nicht kennst. Ermittle die Grundform und frage deinen Partner nach der Bedeutung oder schlage nach. Überlegt euch gemeinsam Eselsbrücken für diese Wörter.

7 Begriffe verbinden
Verbinde passende Wörter und übersetze die Begriffe.

liberos – regem – flumen – fabulam – adversarium – servus – regnum – fabula

necare – narrare – nota – altum – tradere – parere – adire – fidus

8 Deklinieren – liegt auf der Hand!
Zeichne noch einmal die Umrisse deiner Hände
auf ein Blatt. Jeder Finger steht für einen Kasus.
Dekliniere »is, ea, id«.

9 | 1 Ordne nach Wortarten (Substantive, Adjektive,
Verben).

2 Bilde die Grundform und gib die Bedeutung an.

a) demonstro – abitis – rege – fide – haere –
fluminis – mortuis – habemus – notus – facitis
b) officio – varii – pariunt – pani – pono –
monetis – merce – digno – salutate – salute –
neglego

10 Klammertechnik
Markiere in deinem Heft den AcI mit einer
Klammer. Dann übersetze.

a) Paulla Rheae Silviae geminos[1] esse narrat.
b) Martem patrem geminorum[1] esse constat.
c) Sed avunculus[2] se pueros timere dicit.
d) Ad servum se vertit: »Te liberos necare
iubeo.«
e) Is autem se pueros necare simulat.
1 geminus, i: Zwilling – **2 avunculus,** i: Onkel

11 | 1 Wer ist gemeint? Übersetze.

2 Nenne jeweils das Bezugswort für »se« bzw.
»eum«.

a) Sextus dicit se togam non invenire. Servum
vocat. Iubet eum togam quaerere.
b) Aurelia dicit se cibum cupere. Asiam vocat.
Iubet eam cibum in foro emere.
c) Avus dicit se aquam apportare non posse.
Marcum vocat. Iubet eum sibi adesse.

12 AcIs bilden
Mache die Aussagesätze abhängig von:

a) Dico …
– Tu puella pulchra es.
– Pueri semper pugnant.
– Ego libenter per campos curro.
– Nos libenter ludos spectamus.
b) Paulla dicit …
– (Ego) soror Gaiae sum.
– Dona pulchra cupio.
– In hortum non eo.

13 Welche Form passt? Wähle aus und übersetze.

Romulus et Remus (abeant, abeunt, abint).
Romulus: »Oraculum[1] (adeo, adeunt, aditis).
Ecce, turba iam in campum (is, it, imus).«
Remus: »(i, eo, it) tu! Necesse est me aram
(adimus, adire, aditis). Viri, (ite, itis, ita)
mecum!«
1 oraculum, i: Orakel

Der Raub der Sabinerinnen

Heute erwarten die Selicii die Familie der Sabinii als Gäste zum Essen. Schließlich ist Gaia schon im heiratsfähigen Alter. Gaia will sich dafür besonders hübsch machen, doch die Sklavin Asia lässt auf sich warten.

Gāia: »Tē iam diū exspectāvī! Ubī fuistī, Asia?!«

Asia: »Adsum, domina, multa agere dēbuī. Cūr tam excitāta[1] es?«

Gāia: »Sabīniōs exspectāmus, gentem clāram atque antīquam.«

Asia: »Gentem antīquam? Quid sīgnificās[2]? Nārrā, quaesō[3]!«

5 Gāia: »Postquam Rōmulus urbem Rōmam cum amīcīs aedificāvit, ūnus ex eīs ›Multum‹ inquit ›labōrāvimus. Nōbīs urbs pulchra et multa bona sunt – neque uxōrēs. Num putāvistī nōs sine iīs per multōs annōs vīvere posse?‹ – Rōmulus nōn diū dēlīberāvit: ›Certē audīvistis Sabīnōrum mulierēs esse fōrmōsās[4]. Sabīnī autem minimē salūtem nostram cūrant.

10 Itaque mulierēs eōrum dolō in mātrimōnium[5] dūcere dēbēmus!‹

Rōmānī lūdōs parāvērunt et Sabīnōs invītāvērunt. Sed nōn licuit lūdum diū spectāre. Nam subitō Rōmānī equīs ad-volāvērunt et fīliās Sabīnōrum rapuērunt.

Tum Sabīnī bellum contrā Rōmānōs parāvērunt. Sed mulierēs Sabīnae

15 Rōmānōs ad-amāvērunt[6] et fīnem bellī petīvērunt. Sīc Rōmānī sōlī nōn iam fuērunt.«

Asia: »Intellegō. Tē iam cōmpsī[7] – fōrmōsa[4] es tamquam virgō Sabīna!«

1 excitātus, a, um: aufgeregt

2 sīgnificāre: *hier:* sagen wollen

3 quaesō: (ich) bitte

4 fōrmōsus, a, um: hübsch, schick

5 mātrimōnium, ī: Ehe

6 ad-amāre: sich verlieben

7 tē cōmpsī: ich habe dich frisiert

1 Beschreibe die Situation auf dem Bild und äußere Vermutungen über den Inhalt des Textes. Benenne das zentrale Sachfeld und das Thema.

2 Gliedere Gaias Erzählung (Z. 5–16) und gib den einzelnen Abschnitten Überschriften.

3 Charakterisiere das Verhalten der Römer und der Sabinerinnen. Belege deine Aussagen am Text.

Asia erzählt

Ich stamme aus Asien, aber nicht aus der Provinz *Asia*, sondern aus dem viel weiter östlichen Königreich Baktrien. Dort wird wunderbarer Goldschmuck hergestellt. Auch haben wir eine ganz andere Religion als die Leute hier in Rom. Wir verehren die großen Lehrer Buddha und Zoroaster. Unsere Verbindungen reichen bis nach Indien und China. Von dort werden über die Seidenstraße kostbare Güter in das römische Reich importiert. Großvater gehört zum stolzen Stamm der Saken. Man erkennt sie an ihren bunten Spitzhüten. Die Saken mussten vor den aus China stammenden Yüe-tschi nach Baktrien fliehen. Dabei hat er Großmutter kennengelernt und geheiratet.

*Reise nach Griechenland

Beim Essen ergibt sich nun für Gaia die Gelegenheit, Sabinius ein wenig kennenzulernen.

Gāia: »Audīvī tē libenter urbem Rōmam relinquere. Ubī fuistī?«

Sabīnius: »Ita est. Terrās aliēnās[1] spectāre mihī placet. Nūper[2] cum patre in Graeciā fuī. Ibī multās urbēs pulchrās atque antīquās spectāvimus. Etiam Delphōs[3] petīvimus et ōrāculum[4] clārum.«

5 Gāia: »Nōnne etiam Pȳthia, Apollinis sacerdōs, appāruit[5]? Audīvī eam dēlīrāre[6]. Quid spectāvistis?«

Sabīnius: »Postquam Pȳthia nōmen[7] Apollinis in-vocāvit, deus eam incitāvit. Tum verba audīvimus. Quamquam verba eius nōn intellēximus[8], tamen nōn dēlīrat[6]. Nam cōnstat Pȳthiam deō pārēre et
10 verba Apollinis dīcere.«

Gāia: »Ō …! Egō quoque tēcum Delphōs adīre et Pȳthiam vidēre cupiō.«

1 **terra aliēna:** fremdes Land
2 **nūper:** neulich
3 **Delphī,** ōrum: Delphi
4 **ōrāculum,** ī: Orakel
5 **appārēre:** erscheinen
6 **dēlīrāre:** verrückt sein
7 **nōmen** *n.*: Name
8 **intellēximus:** *Perfekt zu* intellegere

1 **Stelle aus dem Text Informationen über das Delphische Orakel zusammen. Vertiefe dein Wissen mithilfe eines Lexikons.**

2 **Warum möchte Gaia wohl auch nach Delphi reisen?**

1 Ein Gespräch unter Sklaven
Übersetze und erstelle danach ein Konjugationsschema für »esse« bzw. »laborare« im Perfekt. Erschließe die fehlenden Formen.

Gallus: »Hodie omnino[1] non laboravi. Fortasse servus bonus non fui, sed negotia non multa fuerunt. Num tu laboravisti?«
Asia: »Ego pecora curavi, etiam aquam apportare debui.«
Servus alius: »Stulti fuistis, dominus non adfuit.«
Gallus: »Nonne nos spectavit? Re vera stultus fui. Cur non in horto iacuimus?«
1 omnino: *hier:* überhaupt

2 Mit einem Wort
Übersetze mit einem Begriff. Gehe dabei von unseren heutigen Vorstellungen aus.

finis belli – negotia servorum – ludus amicorum (Fußball?!) – aqua fluminis – amicus hominum

3 Komposita
Erschließe die Bedeutung.

ad-venire = herbei-kommen; ab-ire = weg-gehen
a) advolare – adire – adducere – apponere – adhaerere
b) abducere – abripere

4 | 1 Stelle alle Wörter zusammen, die zum Sachfeld »Krieg« passen.
2 Bilde kurze Sätze. Lass deinen Nachbarn übersetzen.

5 Pantomime
Notiere fünf Verben. Spiele sie der Klasse vor, die Mitschüler notieren ihre Lösung. Wer errät alle?

6 Wortfix – Nenne zu jedem Bild das entsprechende lateinische Wort.

7 Kauderwelsch
Wähle zehn lateinische Wörter aus. Dein Nachbar muss eine Geschichte erfinden, in der alle vorkommen (auf Deutsch oder Latein).

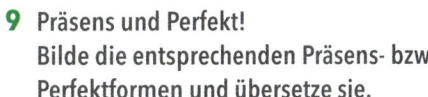

8 | 1 Präsens oder Perfekt?
Ordne die Verbformen nach Präsens / Perfekt und übersetze sie.

paraverunt – putavimus – sunt – deliberavi – fuisti – paret – fuerunt – licet – curat – debuisti – spectamus – monuit – placuistis – laboro

2 Bilde zu den einzelnen Formen jeweils auch das andere Tempus.

9 Präsens und Perfekt!
Bilde die entsprechenden Präsens- bzw. Perfektformen und übersetze sie.

demonstras – _____

_____ – aedificavit

praebemus – _____

_____ – fuerunt

delibero – _____

_____ – audivistis

10 | 1 Das dicke Ende: Ordne die Personalendungen den Pronomina zu.

ego – tu–	-s – -tis	-imus – -it
is – nos –	– -t – -o –	– -isti – -i
vos – ii	-nt – -mus	– -istis – erunt

2 Konjugiere *monere, servare* und *audire* im Präsens und Perfekt. Setze die Pronomina zu den Formen hinzu.

11 Asias Arbeitstag: Bilde die passende Perfektform und übersetze.

a) Asia: »Multa negotia curavi:
 – cibum (apportare),
 – alios servos (incitare).«
b) Gallus: »Non multum laboravisti:
 – caper tibi non (parere),
 – servi te non (timere),
 – tandem tu dominam vocare (debere).«

12 | 1 Ein Treffen im Garten: Markiere in deinem Heft den AcI mit einer Klammer und übersetze.

Sabinius hortum Seliciorum intrat. Gaia statim videt eum virum pulchrum esse. Et non ignorat etiam se Sabinio placere.
Itaque Sabinium se adire cupit. Sed videt Sabinium resistere. Gaia deliberat: »Sabinium patrem meum timere puto.«

2 Schreibe einen Schluss für die Geschichte.

13 Keine Ruhe für Sextus: Bilde die passenden Perfektformen und übersetze.

Sextus multum (laborare). Postquam cibo bono se (delectare), paulum dormivit[1]. Sed subito Aurelia (intrare): »Nonne me (audire)? Te (vocare). Stulta (esse)! Numquam mihi (parere).«

1 paulum dormire: ein wenig schlafen

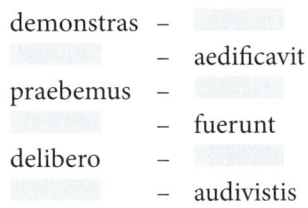

1 Stilus, Tintenfass
und Papyrus

Römische Pädagogik

»Was hast du für ein Problem mit mir, du verfluchter Lehrer, du bei Mädchen und Jungen verhasstes Haupt der Schule? Die Kamm tragenden Hähne haben noch nicht die Stille der Nacht unterbrochen, da lärmst du schon herum mit wütendem Getöse …« (Martial, 9,68)

Elementarschule
Keine Frage, bei dieser Schule handelt es sich um eine Elementarschule in der *Subura.* Auf der Straße, notdürftig abgetrennt durch einen Vorhang, versuchte ein schlecht bezahlter Elementarlehrer, Mädchen und Jungen das ABC beizubringen – ein mühsames Unterfangen ohne ausreichendes Lehrmaterial. Wichtigstes Arbeitsmittel war die Wachstafel, in die man mit einem Griffel Buchstaben einkratzte.

Kinder besuchten die Elementarschule in der Regel vom siebten bis zum zwölften Lebensjahr; eine allgemeine Schulpflicht gab es nicht. Der Unterricht begann sehr früh morgens. Um diese Zeit war es noch halbwegs ruhig auf den Straßen und das Unterrichten dadurch weniger anstrengend. Das Schlafbedürfnis der Nachbarn war da nachrangig.

Der Unterricht war die meiste Zeit eintönig und ermüdend. Die Schüler saßen, ihre Wachstafeln auf dem Schoß, auf einfachen Schemeln und übten das Schreiben von Wörtern (oder auch nur Silben), die ihnen der Lehrer vorgab. Fehler wurden nicht selten mit Schlägen bestraft. Viele Lehrer waren nämlich überzeugt, dass Prügel das beste Mittel seien, um Lernfortschritte zu erzielen. Erst der Rhetoriklehrer Quintilian räumte im 1. Jhdt. nach Christus mit dieser irrigen Vorstellung auf. Er forderte, dass die Kinder anhand von vorgefertigten Buchstaben lernen sollten, sinnvolle Wörter zusammenzusetzen. Für ihn war ein *paedagogus* tatsächlich schon ein Lehrer im modernen Sinne.

Grammatikschule
Nach der Elementarschule war für die meisten Kinder, besonders für die Mädchen, Schluss. Nur wer es sich leisten konnte, schickte seinen Sohn zu einem Grammatiklehrer, damit er dort tiefere Kenntnisse der griechischen und römischen Literatur erwerben konnte. Der Unterricht war ähnlich langweilig wie der Elementarunterricht. Texte wurden (vor-) gelesen, besprochen und moralisch bewertet. Gerne bearbeitete man Geschichten aus der römischen Vergangenheit im Unterricht. Beliebt waren die sogenannten *Exempla* (Vorbilder); das waren Menschen, die sich besonders vorbildlich verhalten hatten, wie z. B. Cloelia und Mucius Scaevola; sie waren beide mutig dem Etruskerkönig Porsenna entgegengetreten. Cloelia war deswegen sogar mit einem Reiterstandbild geehrt worden.

Eine tiefergehende Auseinandersetzung mit den Inhalten fand nicht statt. Dafür waren auch im Grammatikunterricht Schläge an der Tagesordnung. Horaz hatte seinen Grammatiklehrer Orbilius sogar als *plagosus,*

2 Frau mit Buchrolle

als »schlagfertig«, beschrieben. Orbilius ist sicher ein Beispiel für die vielen frustierten und schlecht entlohnten Lehrer – er lebte übrigens bis ins hohe Alter in einer armseligen Mansarde.

Im Zentrum der literarischen Arbeit stand natürlich die Mythologie. Dabei wurden auch die Geschichten um Aeneas erzählt. Als Römer war man stolz darauf, Nachfahre der Trojaner zu sein. Jedes Kind in Rom wusste, dass Aeneas mit seinem Vater und seinem Sohn aus dem brennenden Troja entkommen war und in Latium eine neue Heimat gefunden hatte. Von ihm stammen auch die Zwillingsbrüder Romulus und Remus ab, weshalb Aeneas als Ahnherr des römischen Volkes gilt.

Erst kürzlich hatte der Dichter Vergil in einem umfangreichen Epos die Geschichte des Aeneas neu erzählt. Eigentlich hatte Vergil verfügt, dass diese *Aeneis,* weil sie noch nicht endgültig fertig war, nach seinem Tod verbrannt werden sollte. Doch Augustus hatte dies im letzten Augenblick eigenhändig verhindert. Schon wenige Jahre nach Vergils Tod hielt die *Aeneis* Einzug in die Schulen. Dass die *Aeneis* dabei nicht immer nur Begeisterung auslöste, zeigt eine kleine Spottinschrift, die man in Pompeji gefunden hat.

Rhetorikschule

Nur wenigen, vor allem adligen Jungen blieb es vorbehalten, auch noch die dritte Schulphase, die Rhetorikschule, zu durchlaufen. Diese Phase war ein Mittelding zwischen gymnasialer Oberstufe und Jurastudium. Die Schüler lernten die Grundlagen des römischen Rechts kennen, erweiterten ihr Allgemeinwissen und übten die Kunst der Rede (Rhetorik). Denn die Ausbildung in der Rhetorik war wichtige Voraussetzung, um ein öffentliches Amt zu bekleiden.

1 Erläutere die drei Phasen der römischen Schulausbildung.

2 Informiere dich im Internet oder mithilfe eines Lexikons über Cloelia und Scaevola. Trage zusammen, was die beiden Gestalten verbindet, und begründe, weshalb sie sich als Thema in der römischen Schule eigneten.

3 Wachstafel (nachgebaut)

fullones ululamque

cano non arma virumque

4 Graffiti aus Pompeji: »Tuchwalker und ein Käuzchen besinge ich, nicht Waffen und den Mann«

5 Hausunterricht, Relief von einem Grabmal aus Neumagen

Wir bauen weiter ...

Wie du weißt, waren die Römer große Meister im Bauen. Aber sie bauten nicht nur Gebäude, sondern auch Sätze und Wörter.

Wortbildung

Wie im Deutschen kannst du auch im Lateinischen aus zwei Wörtern ein neues zusammensetzen. Diese zusammengesetzten Wörter heißen Komposita (*componere* = zusammensetzen).
Die Römer verbinden sehr oft eine Präposition mit einem Verb:
ab-ire = weg-gehen

So kannst du aus etlichen schon gelernten Wörtern viele neue Wörter bilden. Und das Beste ist: Du weißt oft schon, was sie bedeuten – ohne dass du sie mit viel Aufwand lernen musst!

Manchmal passt sich allerdings die Vorsilbe (=Präfix) lautlich an, wir sprechen dann von Assimilierung. Auch der Vokal kann sich ändern oder, wie es in der Fachsprache heißt, abschwächen, sodass das Wort etwas anders klingt.
ap-portare < ad-portare
ac-cipere < ad-capere

1 Versuche, die fehlenden Bedeutungen zu erschließen:

ire =	gehen	ad-ire =	?
		in-ire =	?
		ex-ire =	?
esse =	sein	ad-esse =	?
		in-esse =	?
portare =	?	ap-portare =	herbeitragen
		im-portare =	?
		ex-portare =	?
fundere =	gießen	ef-fundere =	?

Einrückmethode

Du hast schon zwei Methoden kennengelernt, die dir bei der Übersetzung eines lateinischen Satzes helfen.

Nun kommt als dritte Methode die Einrückmethode hinzu. Sie hilft dir, bei hypotaktisch gebauten Sätzen (also bei Sätzen, die aus einem Haupt- und einem oder mehreren Nebensätzen bestehen) die Übersicht zu behalten.

Bei der Einrückmethode wird der lateinische Satz grafisch in Hauptsatz (HS) und Nebensätze (NS) unterteilt. Weil der Nebensatz dem Hauptsatz untergeordnet ist, wird er eingerückt.

(HS)   <u>Mars</u>,

(NS 1)   <u>si</u> re vera est pater puerorum,

(HS)   eos servare potest.

Natürlich kann von diesem Nebensatz auch wieder ein Nebensatz abhängig sein – wir sprechen dann von Nebensätzen erster, zweiter, dritter Ordnung. Diese werden dann entsprechend jeweils etwas weiter eingerückt.

So erkennst du Haupt- und Nebensätze
Den Hauptsatz erkennst du daran, dass er alleine stehen kann – bei einem Nebensatz geht das nicht. Wo ein Nebensatz beginnt, erkennst du jeweils am Einleitungswort (z.B. *si, quamquam, quod, quia* …).

Darauf musst du bei der Übersetzung achten
Natürlich kannst du den grafisch aufbereiteten Satz erst einmal wörtlich der Reihe nach wiedergeben:

(HS)   <u>Mars</u>,

(NS 1)   <u>wenn</u> er wirklich der Vater der Jungen ist,

(HS)   kann sie retten.

Allerdings merkst du sicher, dass das auf Deutsch komisch klingt. Das liegt daran, dass die Sprachen Deutsch und Latein manchmal in ihrer Struktur unterschiedlich sind. Für eine gute Übersetzung musst du diesen Unterschied so auflösen, dass es im Deutschen ein richtiger Satz wird. So ziehen wir im Deutschen das Subjekt des Hauptsatzes in den Nebensatz mit hinein:
<u>Wenn</u> <u>Mars</u> wirklich der Vater der Jungen ist, kann er sie retten.

2 Probiere die Einrückmethode einmal selber aus und übersetze den Beispielsatz:

Rhea Silvia, quamquam virgo Vestalis est, geminos filios parit.

Das habe ich schon gelernt:
Ein Kompositum besteht oft aus einer Präposition als Präfix (Vorsilbe) und einem Verb – dieses Wissen hilft mir, die Bedeutung zu erschließen. Die Einrückmethode hilft beim Erkennen von übergeordneten und untergeordneten Sätzen.

1 | 1 Mutter Latein und ihre Töchter – Rumänisch: Nenne die lateinischen Ursprungswörter und ihre deutsche Bedeutung.

2 Lass dir die Begriffe von jemandem vorlesen, der Rumänisch kann. Formuliere Ausspracheregeln.

a) ornament – rege – virgină – fluviu – gen – amic – final – pâine

b) a înțelege – a neglija – a simula – a pune – a invita – a răpi – a demonstra

Portugiesisch – Französisch – Spanisch – Rumänisch – Italienisch

Latein

2 | 1 Sprachlabor: Nenne die lateinischen Ursprungswörter und ihre Bedeutung.

2 Erkläre, was die Wörter bedeuten.

a) Novelle, Variante, Monitor, ornamental, Ko-härenz, Simulator, Asservat, volatil

b) Englisch: virgin, notorious, altitude, edifice, deliberately, parents

c) Italienisch: il panificio, idoneo, il fiume, dimostrare

3 Sapientia Romanorum – Übersetze die lateinischen Spruchweisheiten und erkläre sie.

a) Multum, non multa.

b) Vox populi, vox dei.

c) Errare humanum[1] est.

d) Et tu, mi fili!

e) Homo homini lupus[2].

1 humanus, a, um: *Adj. zu* homo – **2 lupus,** i: Wolf

4 | 1 Ordne den Substantiven jeweils die passende Form von »is, ea, id« zu.

2 Setze anschließend die Singularformen in den Plural und umgekehrt.

vestibus – togae – corpori – pretia – cupiditatem – fluminum

eius – eorum – eam – eis – ei – ea

5 | 1 Bilde zu den Substantiven die jeweils passende(n) Form(en) von »is, ea, id«.

2 Setze anschließend die Singularformen in den Plural und umgekehrt.

tabernam – ornamenta – regum – gentis – regno (2) – virgines (2)

6 Ordne die Formen nach Präsens bzw. Perfekt und übersetze.

timuerunt – aedificamus – paratis – demonstravi – invitaverunt – audit – potestis – habuisti – fuistis – simulo – monuit – volant

7 Welche Form passt nicht? Begründe deine Auswahl.

a) is – iis – itis – imus

b) eo – eunt – ei – eius

c) vocavistis – monuistis – resistis – fuistis

d) trahitis – venditis – neglegitis – clamavistis

8 Der Raub der Sabinerinnen
Markiere den AcI in deinem Heft mit einer Klammer und übersetze. Achte auf se bzw. eum: Wer ist jeweils gemeint?

a) Amici Romuli dicunt se uxores quaerere. Romulus intellegit eos sine uxoribus diu vivere non posse.
b) Romani dicunt se mulieres rapere debere. Nam constat eas pulchras esse.
c) Sabini dicunt se bellum contra Romanos parare debere. Etiam mulieres Sabinae non ignorant eos bellum parare. Itaque dicunt se viros Romanos amare.

9 Rhea Silvia und ihr Onkel: Wandle die direkte Rede jeweils in einen AcI um und übersetze anschließend.

Rhea Silvia dicit:
a) »Romulus et Remus pueri gemini[1] sunt.«
b) »Mars pater Romuli et Remi est.«
c) »Itaque rex de regno timet.«

Rex dicit:
d) »Ego liberos non habeo.«
e) »Timeo de regno meo.«
f) »Regnum meum servare cupio.«
g) »Liberos necare debeo.«

1 geminus, a, um: Zwilling

10 Quis est? – Ergänze die Sätze inhaltlich und grammatikalisch passend und übersetze.

a) Virgo Vestalis ▒▒▒▒ Romulum et Remum parit.
b) Pater eorum ▒▒▒▒ est.
c) ▒▒▒▒ XII aves[1] videt et intellegit deos se iuvare.
d) ▒▒▒▒ bellum contra Romanos parant, quod Romani filias eorum rapuerunt[2].

1 avis, is *f.*: Vogel – **2 rapuerunt:** *Perf. zu* rapere

11 Fehlerteufel: In den folgenden Sätzen hat sich jeweils ein Fehler eingeschlichen. Korrigiere.

a) Beim Grammatiklehrer lernten römische Kinder die Redekunst.
b) Modebewusste Römer trugen eine Toga mit Purpursaum.
c) Schon im Kindesalter wurden Jungen und Mädchen für das Priesterkollegium der Vesta ausgewählt.

12 Überblick: Schreibe die Geschichte nach der Einrückmethode in dein Heft. Bestimme dann die Satzbausteine und übersetze.

Romulus: »Quamquam urbem pulchram aedificavimus, uxores non habemus. Sed non ignoramus nos, si liberi nobis non sunt, non per multos annos vivere posse. Itaque a Sabinis, quia eorum mulieres formosae[1] sunt, uxores rapere debemus.«

1 formosus, a, um: schön

Die Römer, auch die aus der Oberschicht, waren ausgesprochene Frühaufsteher. Man nutzte das frühe Tageslicht und die angenehme Vormittagskühle zum Erledigen der *negotia.* Meist warteten bereits *clientes* im *Tablinum,* um den *patronus* zu begrüßen und Geld, Nahrungsmittel oder Kleiderspenden entgegenzunehmen. Das Tablinum war die Verbindung zwischen den privaten und öffentlich zugänglichen Räumen. Für das gesellschaftliche Ansehen war eine hohe Zahl an Klienten sehr wichtig. Man pflegte mit ihnen zunächst über das Forum zu gehen und widmete sich anschließend den Pflichten, die einem die gesellschaftliche Position auferlegte. Während der heißen Tagesstunden entspannte man sich beim Sport und Baden. Am späten Nachmittag traf man sich zur *cena.* Sie bestand aus mehreren Gängen und konnte sich über etliche Stunden hinziehen. Man liebte es, Gäste zur *cena* einzuladen oder selbst eingeladen zu werden.

1 Beschreibe die einzelnen Bilder und ordne sie den jeweiligen Sachauskünften zu.

2 Informiere dich genauer über eine römische *cena.*

2 Rekonstruktion eines Tricliniums aus dem Museum in Aquincum

3 Rekonstruktion eines zentralen Versammlungsraumes in einer Therme

Der Laden läuft!

Die Selicii bekommen Besuch vom Händler aus der Subura, dessen Geschäft ausgebrannt ist.

Mercātor: »Salvē, Selicī!«

Sextus Selicius: »Salvē! Cūr ad mē vēnistī?«

Mercātor: »Vēnī, quod grātiās tibī agere cupiō. Nūper taberna mea ārsit. Vigilēs[1], quamquam magnā virtūte flammās exstīnxērunt, tamen mercēs
5 meās servāre nōn iam potuērunt. Incendium bona mea dēlēvit, nihil praeter vītam nōbīs remānsit.«

Sextus Selicius: »Mārcus fīlius mē adiit ac nārrāvit miseriam tuam magnam esse.«

Mercātor: »Dēspērāvimus dē calamitāte nostrā. Uxor deōs implōrāvit,
10 līberī flēvērunt. Cōnspectum[2] tabernae dēlētae tolerāre nōn potuimus. Tū autem beneficia mihī tribuistī pecūniamque dedistī. Eā pecūniā tabernam restituī: Laterculōs[3] ruptōs remōvī, novīs laterculīs[3] mūrōs reparāvī. Dēnique tabernam mercibus novīs complēvī. Nunc etiam plūs hominum tabernam frequentant[4] quam anteā. Et – lucrum rūrsus faciō.«

15 Sextus Selicius: »Libenter tibī affuī. Dīc[5] amīcīs tuīs Sextum Selicium virum bonum esse et fāmam meam augē!«

Mercātor: »Familiam meam servāvistī. Itaque dōnum tibī apportāvī: Fortasse tibī opus est veste novā?«

Sextus Selicius: »Vae[6] mihī! Vestēs, vestēs, iterum vestēs!«

1 **vigilēs:** *hier:* Feuerwehrleute
2 **cōnspectus:** Anblick
3 **laterculus, ī:** Ziegelstein
4 **frequentāre:** oft besuchen
5 **dīc:** *Imperativ zu* dīcere
6 **Vae!:** Wehe

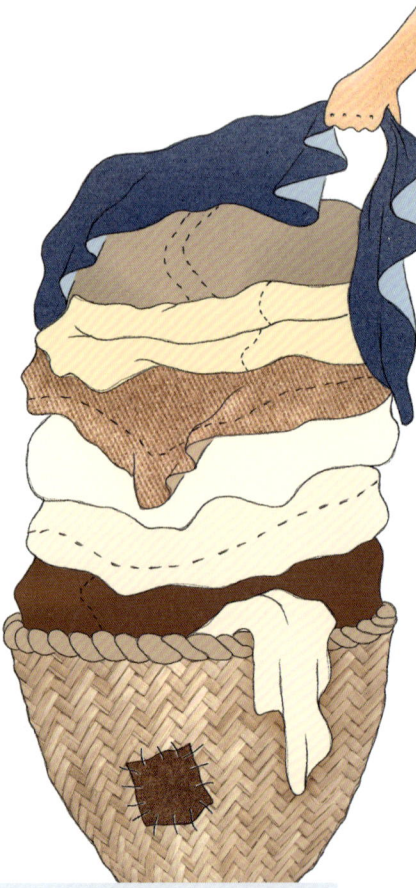

1|1 Äußere anhand der Überschrift und des Einleitungstexts Vermutungen über den Inhalt des Textes.

2 Benenne die Textsorte. Erläutere, welche typischen sprachlichen Merkmale zu erwarten sind.

2 Beschreibe die Beziehung zwischen Sextus Selicius und dem Händler. Nenne den Schlüsselbegriff.

3 Welche Hilfe könnte der Händler heute in Anspruch nehmen?

Patron und Klient

Vor Tagesanbruch herrscht bereits lebhaftes Treiben im Haus eines reichen Römers: Aus ganz Rom kommen *clientes* zur morgendlichen Begrüßung ihres *patronus*. *Clientes* sind römische Bürger aus dem Mittelstand, die oft seit Generationen im Patronatsverhältnis einer Adelsfamilie stehen. Viele Klienten zu haben ist wichtig, denn sie bedeuten Wählerstimmen. Dafür gewährt der Patron ihnen Rechtsschutz, setzt sich politisch für sie ein und unterstützt sie materiell. Nach der Begrüßung bricht er in ihrer Begleitung zum Morgenspaziergang über das Forum auf. Jeder soll sehen, wie viele Klienten er hat.

*So eine Schweinerei!

*Bei einem Spaziergang durch die Stadt sieht Marcus plötzlich Schreckliches:
Sein Freund Gaius wird von mehreren Jungen erpresst!*

»Dā nōbīs pecūniam tuam!« – »Nūper iam vōbīs dedī omnia[1]!«

Statim Mārcus puerōs adiit et magnā vōce clāmāvit: »Ē … Abīte,
latrōnēs[2]!« Puerī abiērunt.

Amīcus remānsit, tacuit, flēvit. Tandem »Grātiās« inquit »tibī agō!«

5 Mārcus amīcum monuit: »Iī puerī nihil nisī[3] mala faciunt. Eīs pecūniam
dare nōn dēbēs!«

Gāius: »Sed eōs timeō. Dēspērātus sum. Nihil facere possum. Neque
virtūs neque vīrēs magnae mihī sunt.«

Mārcus diū dēlīberāvit, tacuit, tum ex-clāmāvit: »Opus est nūllam
10 pecūniam, sed dōnum eīs dare! Dōnum idōneum … Vōsne domī[4]
porcum[5] habētis?«

Proximō diē[6] puerī rūrsus vēnērunt, sed pecūniam capere nōn
potuērunt: Nam postquam Gāius sīgnum dedit, Mārcus stercus[7] porcī[5]
dē mūrō iactāvit[8].

1 **omnia** *(Akk. Pl.):* alles

2 **latrō,** latrōnis *m.:* Räuber

3 **nihil nisī:** nur

4 **domī:** zu Hause

5 **porcus,** ī: Schwein

6 **proximō diē:** am nächsten Tag

7 **stercus,** oris *n.:* Kot; Mist

8 **iactāre:** werfen

1 Beschreibe die Reaktion von Gaius (Z. 4–8) und beurteile sie.

2 Diskutiert in der Klasse, was ihr in einer solchen Situation tun könntet.

1 Nach dem Rendezvous
Übersetze und beschreibe dann die neuen Erscheinungen.

Gaia Paullae sorori de T. Sabinio narrat: »T. Sabinius in hortum venit, statim arsi. Sed eum adire non potui. T. Sabinius me adiit, donum dedit, dixit se familiam nostram amare. Paene flevi[1]!«

1 paene flevi: fast hätte ich geweint

2 Glück im Unglück!
Übersetze und beschreibe dann die neuen Erscheinungen.

Taberna mercatoris arsit. Flammae bona familiae deleverunt. Mercator spectavit
– tabernam deletam,
– hortum deletum,
– merces deletas.

3 | 1 Stelle alle lateinischen Wörter zusammen, die du brauchst, um das Bild zu beschreiben.
2 Bilde kurze lateinische Sätze und lass deinen Nachbarn übersetzen.

4 Eselsbrücken
Überlege dir (mit deinem Nachbarn) Eselsbrücken zu folgenden Wörtern:

a) virtus   e) negotium
b) beneficium   f) officium
c) calamitas   g) salus
d) cupiditas

5 Für Sprachforscher: Was bedeuten wohl folgende Wörter? Nenne das lateinische Ursprungswort und seine Bedeutung.

a) Englisch: to extinguish – to remain – calamity – tribute – to remove – to complete
b) Französisch: plus que – désespéré (Adj.) – mur – bénéfice – éruption – fameux (Adj.)

6 Kleine Wörter – große Wirkung!
Gib die Bedeutung an und finde Eselsbrücken.

a) quam – quia – quid
b) aqua – antea – atque – autem
c) praeter – per – pater – ergo – ego
d) nunc – nuper – numquam – nihil – mihi
e) cum – tum – num – vis – vir – virtus

7 Stammformen
Gib die Bedeutung an und bilde die Stammformen.

desperare – reparare – monere – rumpere – restituere – remanere – removere – tribuere – augere – complere – exstinguere

8 Sortiere die Formen und übersetze sie.

Präsens	Perfekt	PPP

servavisti – possumus – habeo – exstinctum
– imploravit – remansistis – ruptum – ago
– tributum – facimus – fleverunt – dictum –
potuerunt – opus est – completum – desperat

9 Welches Verb steckt dahinter?
Bilde den Infinitiv und die fehlenden
Stammformen.

compleo – datum – tribui – rumpo – deletum
– dixi – factum – auxi – aditum – remotum

10 Abgebrannt! Übersetze.

a) Incendium tabernam delevit.
b) Mercator flevit.
c) Multi homines venerunt.
d) Turba bona deleta removit.
e) Sextus Selicius mercatori pecuniam tribuit.
f) Mercator tabernam restituit.
g) Tabernam mercibus novis complevit.

11 Wie du mir, so ich dir
Bilde Sätze, in denen Sextus Selicius und der
Händler berichten, was sie getan haben. Ergänze
Adjektive oder Adverbien. Übersetze.

Sextus: beneficium tribuere – pecuniam dare
– familiam servare
Mercator: murum reparare – tabernam mercibus complere – gratias agere

12 | 1 Marcus in der Klemme! Markiere in deinem Heft
die AcIs mit einer Klammer und übersetze.

Marcus cum filio mercatoris ludere cupivit.
Mater pueros Gallo servo adesse putavit. Re
vera autem Marcus amicusque muro deleto
appropinquaverunt[1].
Subito murus rumpit. Amicus Marcum sub
laterculis[2] iacere videt. Constat Marcum se
movere non posse. Quid nunc?

1 **appropinquare** + *Dat.*: sich nähern –
2 **sub laterculis:** unter den Steinen

2 Erkläre den auffälligen Tempuswechsel.

3 Erzähle die Geschichte auf Deutsch zu Ende.

Gerüchte am Badetag

Marcus und sein Vater gehen einem typisch römischen Zeitvertreib nach:
Sie besuchen die Thermen. Im Warmwasserbad trifft Marcus seinen Freund
Publius, der neue Gerüchte aus der Provinz Gallien zu berichten hat.

Pūblius: »Iamne audīvistī dē clāde Lolliī?«

Mārcus: »Minimē. Nārrā!«

Pūblius: »Trēs[1] nātiōnēs Germānōrum Rhēnum[2] trānsiērunt et in Galliā[3]
mīlitēs Rōmānōs petīvērunt. Nec Mārcus Lollius imperātor Germānōs
5 repellere potuit. Mīlitēs nostrī, quamquam magnā virtūte contendērunt,
dēnique sē recēpērunt.«

Mārcus: »Vae! Ea patrī nārrāre dēbeō!«

Mārcus patrem in tepidāriō[4] invenit, ubī servus tergum eius oleō
perunguit[5]. »Pater«, eum adit, »modo comperī trēs[1] nātiōnēs
10 Germānōrum Rhēnum[2] trānsisse ac mīlitēs Rōmānōs petīvisse. Pūblius
dīxit Germānōs cōpiās nostrās vīcisse.«

Sextus »Vix« inquit »crēdere possum. Mārcus Lollius imperātor
praeclārus est.« Rūrsus voluptātī sē dat.

Sed servus dēsinit tergum fricāre[6]: »Egō quoque eam fāmam accēpī.
15 C. Calvīsius Sabīnus senātor modo nārrāvit Germānōs legiōnem
Rōmānam fūdisse. Contendit eōs etiam aquilam[7] nostrīs ēripuisse.«

Mārcus clāmat: »Aquilamne[7] nōbīs ēripuērunt? Indignum est mīlitēs
Rōmānōs tantam clādem accēpisse!«

Sextus: »Nōn oportet Augustum eam calamitātem tolerāre. Spērō
20 imperātōrem aquilam[7] recuperāre[8] posse! Perge, serve!«

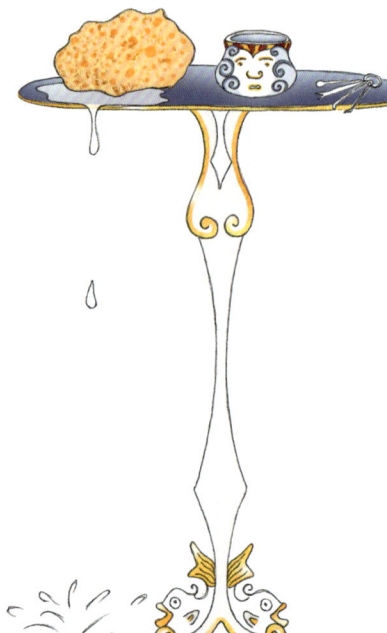

1 **trēs:** drei

2 **Rhēnus, ī:** Rhein

3 **Gallia,** ae: Gallien *(in etwa heutiges Frankreich)*

4 **tepidārium, ī:** *Raum in den Thermen mit Warmwasserbad und Massage*

5 **oleō perunguere:** mit Öl einreiben

6 **fricāre:** massieren

7 **aquila,** ae: Legionsadler

8 **recuperāre:** wiedergewinnen

---

1 Äußere Vermutungen über den Inhalt des Gerüchts (Z. 3–6): Um welche
   Personen(gruppen) geht es? Welches Sachfeld beherrscht den Text?

2 Vergleiche die Zeilen 3 ff. und 9 ff. Was hat sich geändert?

3 Benenne, was Sextus Selicius von Kaiser Augustus erwartet. Erläutere, was
   du daraus über das römische Selbstverständnis erfährst.

4 Beschreibe, welche Funktion Thermen im Leben eines Römers hatten.
   Nutze dazu Informationen aus dem Bild und den Text auf S. 104 f.

Legionsadler

Welche Katastrophe! Die Germanen haben Lollius die *aquila*
(Legionsadler) der 5. Legion entrissen. Der Verlust einer
aquila galt als große Schande. Für die Römer war die *aquila*
das Symbol des Juppiter Capitolinus und damit mehr als nur
ein Feldzeichen. Sie zu verlieren war demzufolge eigentlich
das Schlimmste, was einem römischen Heer in einer Schlacht
widerfahren konnte. Jede Legion besaß eine *aquila*. Sie bestand aus vergoldetem Silber (später ganz aus Gold) und
wurde der Legion auf einer langen Stange vorangetragen. Ihr
Anblick sollte den Legionären Kraft und Mut im Kampf geben.

*Wer was erlebt, hat viel zu erzählen

Nach der Schule trifft sich Marcus gerne mit seinem Freund in den Thermen. Nach dem Warmwasserbad lassen sich die beiden Jungen erst einmal auf Liegen nieder und sind gerade eingeschlafen.

Subitō vōx patris procul[1] sonuit[2] et Mārcum ē somnō[3] ēripuit: »Mārce, ubī es? Tē quaerō!«

Mārcus patrī nōn respondit[4]. Ad amīcum autem: »Hodiē magister[5] mē verberāvit. Nam multa nārrāvit dē gentibus Germānōrum, sed egō nōn
5 audīvī … Abeō in caldārium[6], dum[7] pater adest.«

Ibi servus Mārcum adiit et dīxit: »Audīvī verba vestra. Germānus sum. Itaque tibī multa nārrāre possum, sī id cupis.«

Tum servus puerō nārrāvit dē nātiōnibus Germānōrum atque dē vītā suā. Etiam nārrāvit dē mīlitibus legiōnibusque Rōmānīs, dē bellō, dē
10 miseriā Germānōrum. Nārrāvit mīlitēs Rōmānōs vīcum[8] suum adiisse multōsque necāvisse: »Magnā virtūte pūgnāvimus, sed vincere nōn potuimus. Rōmānī nōs cēpērunt[9]. Itaque nunc servī sumus.«

1 procul: in der Ferne

2 sonāre, sonuī: (er)tönen

3 somnus, ī: Schlaf

4 respondit: *Perfekt von* respondēre

5 magister, magistrī: Lehrer

6 caldārium, ī: Warmwasserbad

7 dum: während

8 vīcus, ī: Dorf

9 cēpērunt: *Perfekt zu* capere

---

1 Erläutere, warum Marcus nicht auf seinen Vater treffen möchte.

2 Spielt das Gespräch zwischen Marcus und dem Sklaven nach. Stellt euch vor, wie das Leben in Germanien gewesen sein könnte.

1 Eine hoffnungslose Situation?
Marcus ist vom Spielen nicht nach Hause
gekommen. Die Familie macht sich Sorgen.
Übersetze und beschreibe dann die neuen
Erscheinungen.

Subito amicus venit, narrat …
– Marcum sub[1] muro iacere et auxilium
   exspectare.
– Marcum tabernam mercatoris petivisse.
– murum rupisse.
– nunc Marcum se movere non posse.
– se ei auxilium praebuisse.
– vires suas parvas[2] fuisse.

1 **sub** *(+ Abl.)*: unter – 2 **parvus,** a, um: (zu) klein

2 Sachfeld: Soldatenleben
Stelle alle Wörter zusammen, die das Leben und
die Aufgaben von Soldaten beschreiben. Erstelle
eine Mindmap.

3 Rap – Vokabeln mit Pepp!
Bringe mindestens fünf neue und fünf bereits
bekannte Vokabeln in einem Rap unter.
Trage diesen der Klasse vor.

4 Ein Wort – viele Bedeutungen
Wähle die jeweils passende Übersetzung.

– Gallus magna vi cum capro contendit.
– Gallus caprum movere contendit.
– Avus semper liberos parere debere
   contendit.
– Liberi se caprum curavisse contendunt.
– Sextus in forum contendit.

5 Eselsbrücken
Lies dir den Text »Gerüchte am Badetag« durch
und notiere alle Vokabeln, die du nicht kennst.
Ermittle die Grundform und frage deinen Partner
nach der Bedeutung oder schlage nach. Überlegt
euch gemeinsam Eselsbrücken für alle Wörter.

6 Wortfix: Nenne zu jedem Bild das entsprechende
lateinische Wort.

7 Infinitiv Perfekt
Nenne den Infinitiv Präsens und seine Bedeutung.

audivisse – dedisse – accepisse – petivisse – transisse – vicisse – fudisse – toleravisse – recepisse – perrexisse – desiisse – fuisse

8 Infinitive gesucht!
Nenne zu den PPP-Formen den Infinitiv Präsens und den Infinitiv Perfekt.

narratum – ereptum – compertum – contentum – creditum – repulsum

9 Die Kasus-Connection
Nenne zu den Substantiven die Grundform und die Deklination. Bestimme Kasus, Numerus und Genus.

cladem – copiarum – nationes repellere – cum militibus – imperatori – legionis – verba audire – calamitas – amicis dicere – vis

10 Tabu! – Infinitive und AcI
Bildet Zweierteams. Immer abwechselnd erklärt einer von euch seinem Partner einen grammatischen Begriff, ohne diesen zu nennen. Für jeden erratenen Begriff gibt es einen Punkt. Welches Team gewinnt?

11 Zeitverhältnis I – die lieben Schwestern
Bestimme das Zeitverhältnis und übersetze.

Marcus narrat …
– sorores stultas esse.
– eas nuper ludum Romuli non comprehendisse.
– eas etiam ›murum‹ silicibus[1] aedificavisse.
– tandem Paullam Gaiam stultam vocavisse.
– nunc se silentium cupere.
1 silex, silicis *m.:* Kieselstein

12 Zeitverhältnis II – eine neue Freundin
Bestimme das Zeitverhältnis und übersetze.

Paulla se cum avo forum adiisse narrat. Etiam aliam puellam affuisse dicit. Mater Paullam amicam novam invenisse comprehendit. Sed nunc Paullam frumentum apportare iubet. Nam liberos sibi adesse exspectat. Puellas probas negotia semper curare dicit.

13 Marcus Lollius und die Germanen
Ergänze den passenden Infinitiv und übersetze.

accepisse – esse – quaerere – contendisse – vicisse

Marcus Paullae fabulam Lollii narrat. Dicit …
– M. Lollium imperatorem Romanorum

– legionem eius cladem malam _____ .
– milites Romanos magna virtute _____ .
– tamen Germanos _____ .
– nunc Augustum imperatorem novum
  _____ .

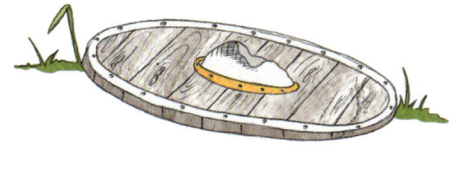

Heimliche Leidenschaft

Marcus Vipsanius Agrippa (64–12 v.Chr.): Feldherr, engster Vertrauter und Schwiegersohn des Augustus – und genialer Architekt. Er hat sich viele Verdienste erworben, aber seine größte Leidenschaft galt dem Bauen. Noch heute wird der bekannteste Brunnen Roms, die *Fontana di Trevi* (das ist der Brunnen, in den man die Münzen wirft), von einer Wasserleitung gespeist, die Agrippa konstruiert hat. Sie heißt *Aqua Virgo* (Jungfrau), weil durch sie reinstes Quellwasser fließt. Zwar gab es schon vorher Wasserleitungen in Rom, aber mit der *Virgo* kam so viel sauberes Wasser nach Rom, dass Agrippa nun ganz neuartige *thermae* bauen konnte. Sie sollten nicht nur der Körperreinigung, sondern auch der Freizeitgestaltung dienen. Zwar gab es schon vorher zahlreiche Badeanstalten in Rom, aber deren Ausstattung war noch meilenweit von dem entfernt, was wir mit römischer Badekultur verbinden.

Die Thermen des Agrippa

Der Name *thermae* stammt aus dem Griechischen und bedeutet Warmbad. Wenn man Glück hatte, konnte man dazu warmes Wasser aus Thermalquellen (wie beispielsweise in Aachen) gewinnen. Ansonsten musste das Wasser vor Ort aufwändig mit Holzkohle erhitzt werden. Diese Hitze nutzte man gleichzeitig für die sogenannte Hypokaustenheizung, bei der heiße Luft durch einen Zwischenraum zwischen Fußboden und Fundament und teilweise über Wandröhren in die Höhe geleitet wurde. Auf diese Weise konnte man die Räume so erwärmen, dass sie auch für Dampfbäder und Saunen genutzt werden konnten. Nicht ohne Grund nannte Agrippa daher seine ersten großen *thermae* auch *laconicum* (Warmluftsauna).

Nun hat der Name *laconicum* eigentlich überhaupt nichts mit Sauna zu tun, aber Agrippa wählte ihn, um an die Badekultur der Spartaner (= Lakonier) zu erinnern. Seiner Meinung nach betrieben sie die kultivierteste Form der Körperpflege, weil sie nach dem Dampfbad mit Hilfe eines Striegels zusammen mit dem Schweiß auch Verunreinigungen der Haut abschaben. Dieser Bezug war Agrippa so wichtig, dass er im Eingangsbereich sogar die berühmte Statue des »Schabers« (griech. *apoxyomenos*) von dem spartanischen Bildhauer Lysipp aufstellen ließ.

Das *laconicum* war Teil einer groß angelegten Tempel- und Sportanlage im *Campus Martius*. Zu Baubeginn war der *Campus Martius* ein sumpfiges Gelände, das erst noch trockengelegt werden musste. Heute befinden sich hier weite Teile der römischen Altstadt.

Ausstattung der Thermen

Zu gut ausgestatteten Thermen gehörten ein *frigidarium* (Kaltwasserbad), ein *caldarium* (Heißwasserbad), ein *tepidarium* (Wärmeraum) und das *laconicum*. Dazu konnte man sich massieren lassen, in der *palaestra* Sport treiben, essen, Kontakte knüpfen, Gespräche führen und (dabei) die wasserbespülten – ein Luxus! – Toilettenanlagen nutzen. Es gab übrigens

1 Hypokausten

2 »Der Schaber von Lysipp«

auch die Möglichkeit, sich rasieren oder die Körperhaare epilieren zu lassen (sehr unangenehm!). Ein unrasierter und behaarter Körper war für Römer nämlich absolut untragbar. Im Eingangsbereich befand sich das *apodyterium.* Hier legte man seine Kleidung ab und zog sich wegen des heißen Fußbodens Holzpantinen an. Da Kleidung sehr wertvoll war und immer wieder gestohlen wurde, ließ man sie entweder durch einen mitgebrachten Sklaven oder einen angestellten *capsarius* bewachen.

Freizeitvergnügen für Jedermann

Das Baden in Thermen war für die Römer das Freizeitvergnügen schlechthin. Die Eintrittspreise waren für jeden erschwinglich. Oft wurden die Thermen von reichen Römern finanziert. Dann brauchte man gar nichts zu bezahlen. Das galt auch für das Agrippa-Bad. Agrippa hatte darüber hinaus verfügt, dass nach seinem Tod die laufenden Kosten für das Bad aus seinem Nachlass finanziert werden sollten und der Eintritt auch weiterhin frei bleiben solle.

3 Ölfläschchen und Striegel

1 *Aqua Virgo - laconicum - thermae:* Erläutere diese Begriffe aus dem Textzusammenhang.
2 Suche auf der Karte im Einband das Marsfeld und informiere dich über die eingezeichneten Gebäude.

4 Holzpantoffeln

6 Römische Thermen, Bath in Südengland

5 Frauen bei gymnastischen Übungen

Die Gerüchteküche kocht …

Textvorerschließung

Auf den Methodenseiten 7–9 hast du schon einiges über Textvorerschließung erfahren. Jetzt wollen wir dir am Beispiel des Lektionstextes 14
nochmal etwas ausführlicher zeigen, wie hilfreich eine Textvorerschließung sein kann:

*Marcus und sein Vater gehen einem typisch römischen Zeitvertreib nach:
Sie besuchen die Thermen. Im Warmwasserbad trifft Marcus seinen Freund
Publius, der neue Gerüchte aus der Provinz Gallien zu berichten hat.*

Publius: »Iamne audivisti de clade Lollii?«
Marcus: »Minime. Narra!«
Publius: »Tres nationes Germanorum Rhenum transierunt et in Gallia
milites Romanos petiverunt. Marcus Lollius imperator Germanos repel-
5   lere non potuit. Milites nostri, quamquam magna virtute contenderunt,
denique se receperunt.«
Marcus: »Vae! Ea facta patri narrare debeo!«
Marcus patrem in tepidario invenit, ubi servus tergum eius oleo perunguit. »Pater«, eum adit, »modo <u>comperi</u> tres nationes Germanorum Rhe-
10   num transisse (…). Publius dixit Germanos copias nostras vicisse.«

Indem du dein Augenmerk auf bestimmte sprachliche Erscheinungen
richtest, gewinnst du eine erste Vorstellung vom Inhalt des Textes – und
erleichterst dir damit die Übersetzung. In diesem Textabschnitt kannst du
vor der Übersetzung bereits Folgendes erschließen:

1) **Situation:** Die erste Frage, die man an einen Text stellen sollte, ist die
nach dem Ort des Geschehens. Hier erfährst du bereits aus dem Einleitungstext, dass sich Marcus und sein Vater in den Thermen befinden.

2) **Textsorte:** Du erkennst auf den ersten Blick, dass sich mehrere Personen im Text unterhalten. Es handelt sich folglich um eine Unterhaltung,
einen Dialog in den Thermen. Dieser Dialog ist Teil einer Rahmenhand-
lung (ab Z. 8). Seinen Inhalt kennst du allerdings noch nicht.

3) **Gesprächsinhalt:** Einen ersten Anhaltspunkt, worum es in einem Text
geht, geben dir die genannten Personen. In diesem Fall sind es ein *Imperator Marcus Lollius,* drei Germanenstämme *tres nationes Germanorum* und
römische Soldaten *milites Romanos.*

Der Ausdruck *milites Romanos* lässt vermuten, dass von einer Schlacht
erzählt wird. Dies wird durch das Schlüsselwort des Textes *de clade* (Z. 1)
untermauert. Die Vermutung bestätigt sich, wenn du dir die Prädikate
des zentralen Sachfeldes ansiehst, die alle mit Kriegführung zu tun haben.

Das ist aber noch nicht alles: Es gibt nämlich auch andere Übersetzungshilfen in diesem Text. Wenn du ihn noch einmal durchsiehst, findest du weitere Hinweise:

- Einzelne Informationen eines Textes sind in der Regel logisch miteinander verbunden; diese Verbindungen nennt man Konnektoren – das sind kleine Wörter im Text, die dir Informationen über diese Beziehung geben. Du erfährst beispielsweise, ob etwas sofort, später oder deswegen passiert, so in Z. 5f., in der die Soldaten, obwohl *(quamquam)* sie irgendetwas tun, schließlich doch *(denique)* …
- Marcus will seinem Vater erzählen, was er erfahren hat *(modo comperi)*. Wenn du mehrere solche Verben des Sagens/Meinens findest, solltest du verstärkt auf AcI-Konstruktionen achten.

1 Suche im Lektionstext weitere Verben des Sagens / Meinens und nach AcI-Konstruktionen. Vielleicht fällt dir dabei sogar auf, dass sich die Wortwahl allmählich verändert: Die Gerüchteküche kocht …

Übersetzungsmethoden: AcI

In den letzten Lektionen hast du den AcI als typisch lateinische Konstruktion kennengelernt und deine Kenntnisse nach und nach vertieft. Diese Zusammenfassung kann dir helfen, bei der Übersetzung systematisch vorzugehen.

1. **Erkennen:** Ein erster Anhaltspunkt, dass du mit einem AcI rechnen und danach schauen solltest, sind die AcI-Auslöser (Verben der Wahrnehmung, des Sagens und Meinens und unpersönliche Ausdrücke).

2. **Analysieren:** Um den Überblick zu behalten, setzt du Klammern um den AcI und unterstreichst den Subjektsakkusativ und den Infinitiv. Als zusätzliche Hilfe kannst du auch für die Satzanalyse im AcI die gewohnten Farben benutzen.

Publius dixit [Germanos copias nostras vicisse].
- Sieh dir nun den Infinitiv genauer an: Infinitiv Präsens oder Infinitiv Perfekt? Hier steht ein Infinitiv Perfekt, die Handlung im AcI ist also vorzeitig, d.h. sie ist passiert, bevor Publius davon erzählt.
- Zusätzlich solltest du darauf achten, ob im AcI ein reflexives Pronomen vorkommt (z.B. se, sibi, secum, suus …). Falls ja, musst du aufpassen (s. Begleitgrammatik, S. 29).

3. **Übersetzen:** Na, das geht doch jetzt von selbst …

Das habe ich schon gelernt:
Durch die Textvorerschließung kann ich einen Übersetzungstext grammatisch und inhaltlich vorentlasten.

1 | 1 Mutter Latein und ihre Töchter – Spanisch: Nenne die lateinischen Ursprungswörter und ihre deutsche Bedeutung.

2 Lass dir die Wörter von jemandem vorlesen, der Spanisch kann. Formuliere Aussracheregeln.

a) la gracia – la nación – la legión – el muro – la calamidad – la beneficencia

b) esperar – repeler – completar – recibir

2 | 1 Fremdwortspezialist: Nenne die lateinischen Ursprungswörter und ihre Bedeutung.

a) in <u>Kalamitäten</u> kommen
b) das Quartett <u>komplettieren</u>
c) eine <u>Transit</u>gebühr bezahlen
d) bei jemandem <u>Kredit</u> haben

2 Erschließe, was das Fremdwort in den Wendungen bedeutet.

3 Sapientia Romanorum – Übersetze die lateinischen Spruchweisheiten und erkläre sie.

a) Credo, quia absurdum[1] (est).
b) Sine ira et studio[2].
c) Veni, vidi[3], vici.
d) Ubi periculum[4], ibi lucrum.

1 absurdus, a, um: *vgl. dt. Fremdwort* – **2 studium,** i: Eifer – **3 vidi:** *Perf. zu* videre – **4 periculum,** i: Gefahr

4 | 1 Bilde die Stammformen zu folgenden lateinischen Verben:

adire – vocare – augere – recipere – comperire – pergere – credere – eripere – adesse

2 Bilde auch die deutschen Stammformen.

adire: herangehen – (ich) gehe heran – (ich) ging heran – herangegangen

5 Welche Form passt nicht? Begründe deine Auswahl.

a) contendit – reppulit – eripit – credit
b) rupistis – tribuitis – dicitis – exstinguitis
c) dedimus – petimus – recepimus
d) repellunt – fleverunt – fecerunt – venerunt
e) ereptum – tantum – perrectum – speratum

6 Bestimme die Perfektformen und übersetze sie. Ordne ihnen die entsprechenden Präsensformen zu.

adisti – contenderunt – credidi – deliberavimus – exstinxit – monuistis	credo – monetis – adis – contendunt – deliberamus – exstinguit

7 | 1 Bilde zu den Präsensformen die entsprechenden Perfektformen und übersetze diese.

2 Bilde zu den Verbformen den Infinitiv Präsens und den Infinitiv Perfekt.

remanes – restituunt – desperat – sum – rumpitis – tribuimus

8 Welche Form passt nicht? Begründe deine Auswahl.

a) terga – gratia – fama – copia
b) calamitatis – beneficii – muri – legioni
c) Germanis – copiis – equitis – nostris
d) clades – miles – nationes – voluptates
e) famas – amicas – calamitas – gratias

9 Nenne für folgende Grammatikbegriffe lateinische Beispiele, bis dein Nachbar den Begriff erraten hat.

Präposition – i-Konjugation – Ablativ – Infinitiv Perfekt – Partizip Perfekt Passiv – Personalpronomen

10 Entscheide, ob die Sätze den Infinitiv Präsens oder Perfekt verlangen und ergänze sie. Übersetze.

Marcus narrat …
a) … milites Romanos nuper magnam cladem _____ .
b) … Lollium imperatorem Germanos repellere non _____ .
c) … Augustum quoque eam famam _____ .
d) … novum imperatorem autem in Germaniam _____ .
e) … nunc copias magna virtute _____ .
f) … Germanos tandem se _____ .
g) … Romam tandem tutam[1] _____ .
1 tutus, a, um: sicher

11 | 1 Recherchiert, wo ihr in erreichbarer Nähe Ausgrabungen römischer Thermen besichtigen könnt und plant einen Klassenausflug.

2 Bereitet ein kurzes Referat vor, in dem ihr folgende Begriffe verwendet und erklärt:

Apodyterium – Caldarium – Frigidarium – Hypokaustenheizung – Palaestra – Striegel – Tepidarium – Toiletten

12 Wende die Methode der Textvorerschließung auf den Lektionstext 13 an. Versuche dabei folgende Sachverhalte zu klären:

Situation – Textart – beteiligte Personen – zentraler Inhalt – Konnektoren – AcI-Signalwörter

Al fresko – Wandbilder für die Ewigkeit

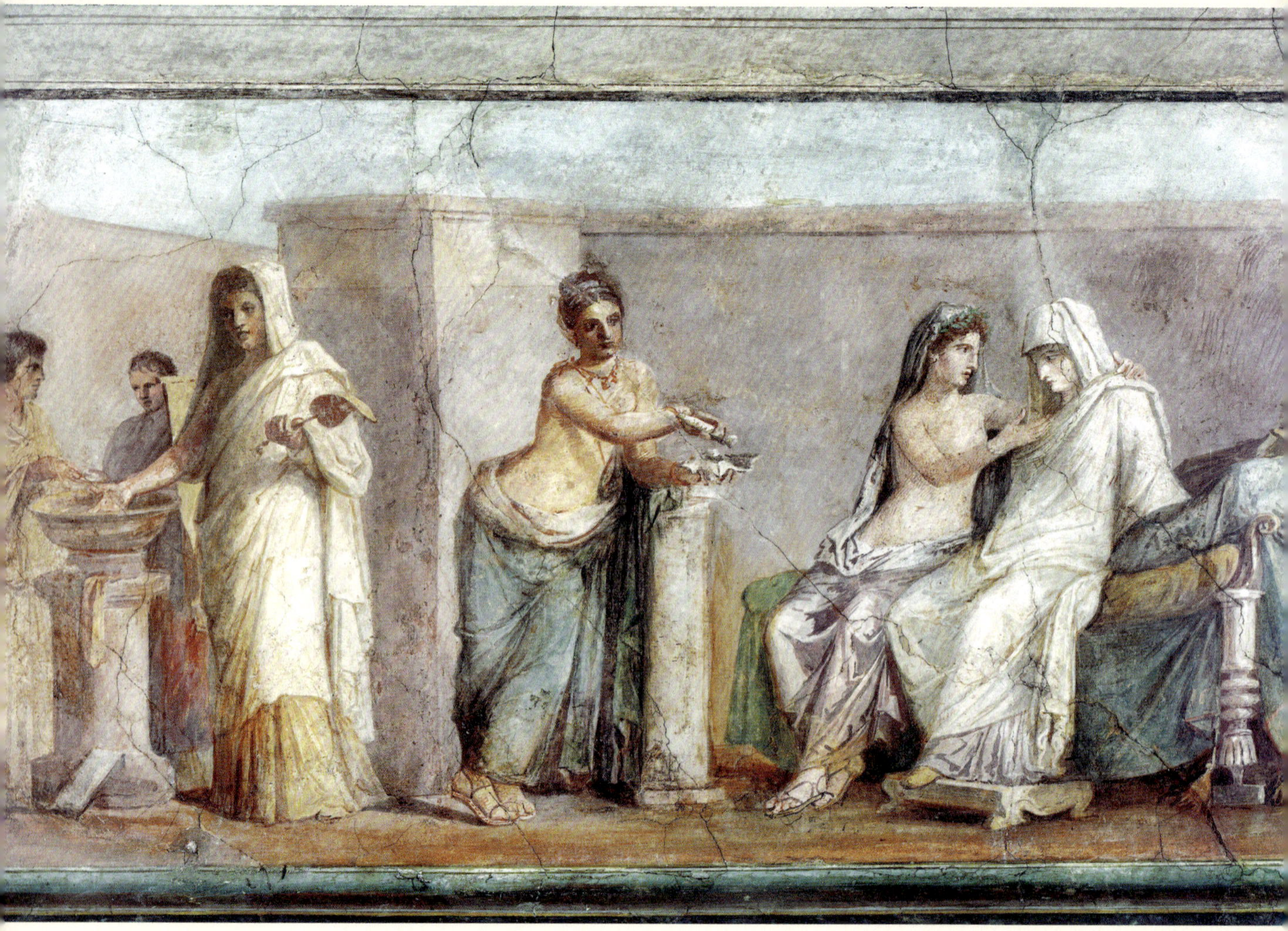

1 römisches Fresko aus augusteischer Zeit, sog. aldobrandinische Hochzeit

Römer schmückten ihre Häuser gerne mit Wandmalereien. Diese wurden direkt auf den feuchten Putz aufgetragen. Die Farbpigmente verbinden sich mit dem Kalkputz und erreichen so eine hohe Farbintensität und extrem lange Haltbarkeit – bis heute. Beliebt waren neben architektonischen und floralen (von *flos* – die Blume) auch Szenen des Alltagslebens und besondere Anlässe, wie hier eine Hochzeit. So können wir heute noch Zeugen werden, wie eine Braut geschmückt wird und wie die Ehepartner sich die Hände reichen und die Verbindung somit besiegeln. Auf der sogenannten »aldobrandinischen Hochzeit«, die aus der Zeit des Kaisers Augustus stammt, erkennen wir sogar wie in einem Comic mehrere Szenen: Auf diesem Ausschnitt siehst du die Vorbereitung des Brautgemachs und die Braut mit Brautmutter und Freundin mit einem Salbgefäß.

1 römisches Fresko, 1. Jh. v. Chr.

1 **Stelle anhand der Abbildungen alle an der Hochzeit beteiligten Personen zusammen.**

2 **Vergleiche mit heutigen Hochzeitsfesten. Nenne Gemeinsamkeiten und Unterschiede.**

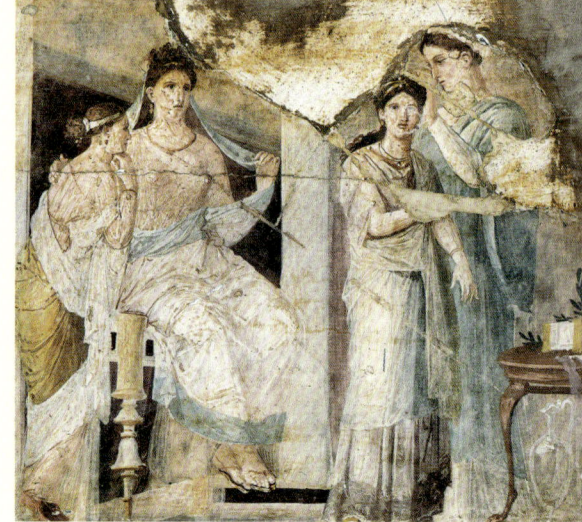

3 Darstellung einer römischen Eheschließung auf einer Urne

Vollendete Tatsachen

Während die Weltpolitik viele in Atem hält, geht das »normale« Leben der Selicii in den nächsten Wochen seinen gewohnten Gang. Gaia und Titus Sabinius sitzen im Garten und lernen sich näher kennen.

T. Sabīnius: »Quōmodo audīvistī patrēs nūptiās parāre?«

Gāia: »Cum patrēs convēnērunt, egō cum mātre in *thermīs* eram. Postquam domum vēnimus, Mārcus et Paulla nārrāvērunt hospitem affuisse et multa cum patre ēgisse. Iterum atque iterum dīcēbant: ›Nōs
5   iam scīmus, sed tū nescīs.‹ Et semper rīdēbant. Tum intellēxī … – Et tū, quandō accēpistī?«

T. Sabīnius: »In hortō litterīs Graecīs studēbam, cum subitō pater vēnit. ›Quid agis, Tite?‹ quaesīvit ex mē. – Respondī: ›Legēbam fābulam amōris: Daphnē virgō Apollinī nūbere nōn vult[1], sed deō puellam in
10 mātrimōnium[2] dūcere placet …‹

Alia nārrāre voluī[3], sed pater ›Optimē[4]!‹ inquit. ›Tū quoque mox uxōrem conveniēs[5]! Herī tuā causā[6] Rōmae[7] fuī. Sextum Selicium amīcum, virum honestum, convēnī. Dōtem amplam prōmīsit atque Gāia, fīlia eius, vērē est pulchra.‹«

15 Gāia: »Ō! Tāliane[8] dīxit!?«

T. Sabīnius: »Rē vērā egō dīxī. – Ah, et pater mē iussit tibī dōnum dare …«

1 **vult:** er will
2 **mātrimōnium, ī:** Ehe
3 **voluī:** ich wollte
4 **optimē:** prima
5 **conveniēs:** du wirst treffen
6 **tuā causā:** deinetwegen
7 **Rōmae:** in Rom
8 **tālia:** so etwas

1|1 Übersetze den ersten Satz und formuliere erste Erwartungen zum Inhalt des Texts.

  2 Lies den Informationstext und vergleiche die römischen Sitten mit unseren modernen.

2 Fasse in eigenen Worten den Bericht von Gaia und Titus Sabinius zusammen. Beschreibe die Situation, in der Gaia und Titus Sabinius jeweils die Neuigkeit erfuhren und belege am lateinischen Text.

Ehegesetze

Es ist eigentlich nicht zu glauben: Da erfahren Gaia und Sabinius als letzte, dass sie heiraten werden. Wie in Rom üblich, haben ihre Väter diese Entscheidung über ihre Köpfe hinweg getroffen. Väter Wort gleich Gottes Wort? Nein, die beiden sollen schon ihre Zustimmung geben und zum Glück lieben sie sich ja.

Gaia wird rechtlich in ihrer eigenen Familie und unter der Vormundschaft ihres Vaters bleiben. Sie behält ihr eigenes Vermögen, kann eigene Geschäfte tätigen und – sie kann sich auch scheiden lassen. Aber wer denkt in diesem rosaroten Moment an so etwas? Gaia sieht sich als treusorgende Ehefrau und liebevolle Mutter. Als *matrona* und *mater familias* wird sie hohes Ansehen genießen und man wird ihr mit großer Ehrerbietung begegnen.

*Schwierige Suche

Mārcus in hortō erat studēbatque litterīs Graecīs, cum Gallus vēnit. »Domine« inquit »mē iuvā, quaesō[1]!« – »Quid est?« Mārcus respondit.

Gallus: »Dominus, pater tuus, litterās mihī dedit et mē iussit adīre Ti. Caecilium Homērum senātōrem. Multās hōrās per urbem errābam, sed

5 nesciēbam, ubī habitāret[2]. Rogāvī virum quendam[3], sed is rīsit. Nec dēsiit nec respondit. Dēnique mē offendit[4], egō lāpsus sum[5] … Cūr etiam tū rīdēs?!«

Mārcus: »Ha-ha-ha, Homērum senātōrem convenīre vīs[6]! Nōnne scīs Homērum poētam Graecum iam diū mortuum esse? Dā mihī litterās!

10 Fortasse pater dīxit: … honestum senātōrem!?«

1 **quaesō:** bitte

2 **habitāret:** ~ habitābat

3 **quendam** *(Akk. Sg.):* einen

4 **offendit:** er gab einen kleinen Stoß

5 **lāpsus sum:** ich fiel hin

6 **vīs:** du willst

1 Nenne alle Personen, die im Text eine Rolle spielen.

2 Gliedere den Text in Abschnitte und gib ihnen Überschriften.

3 Erkläre Gallus' Problem.

1 **Aufregung in den Thermen**
Übersetze und beschreibe dann die neuen Erscheinungen.

Marcus: »Nuper ego cum patre in *thermis* eram. Maxime gaudebam, quod amici mei ad-erant. Pila[1] ludebant, sed ego et Publius nos aqua delectabamus.
Subito clamorem audivi et famam de clade Lollii audivi.«

1 pila *(hier Abl.):* mit dem Ball

2 **Ein Wort – viele Bedeutungen**
Wähle die jeweils passende Übersetzung.

a) Marcus amicum convenit. – Patres de dote conveniunt.
b) Avo campi ampli sunt. – Mercator lucrum amplum sibi paravit.
c) T. Sabinius litteras Graecas legit. – Puellae herbas legunt.
d) Patres de nuptiis agunt. – Liberi fabulam agunt. – Mercator Sexto Selicio gratias agit.

3 | 1 **Für Sprachforscher: Nenne die lateinischen Ursprungswörter und ihre Bedeutung.**
2 **Erkläre die Bedeutung der Fremdwörter.**

Auf der inter*nationalen* Konferenz der *Lektoren* für Unterhaltungs*literatur* wurde folgende *Konvention* verabschiedet: *Studenten* sollen künftig Romane aus der Sparte *Science*-Fiction lesen. Außerdem sollen *Gratifikationen* verteilt werden.

4 **Komposita**
Erschließe die Bedeutung der unbekannten Wörter und gib die Stammformen an.

a) con-venire, con-ducere, con-vocare
b) re-pellere, re-ducere, re-vocare, re-venire, red-ire, red-dere
c) e-ripere, e-ducere, e-ligere, ex-ire

5 **Pantomime**
Notiere fünf Verben. Spiele sie der Klasse vor. Die Mitschüler notieren ihre Lösung. Wer errät alle?

6 **Wortfix: Nenne zu jedem Bild das entsprechende lateinische Wort.**

7 Vergangenheit – und auf Deutsch? Übersetze sowohl mit Perfekt als auch mit Präteritum.

a) veniebant – ibat – dicebam – eramus – dabant – sciebamus – eripiebat – videbant – legebat – repellebat – rogabam
b) remanebas – abibatis – ducebas – iubebat – quaerebatis – videbatis – promittebas – ridebas

8 | 1 Präsens – Imperfekt – Perfekt: Sortiere die Formen nach Tempus und bestimme sie.

dixi – sumus – credidit – dicebant – affuit – nescivisti – rides – iussit – ducebam – agunt – respondebatis

2 Bilde zu den einzelnen Formen jeweils die beiden anderen Tempora.

9 Formengenerator
Bilde aus den Bestandteilen grammatisch korrekte Formen und übersetze sie.

promitt – cred – iuva – vide – viv – inveni – verbera – tace	ba – eba	m – s – t – mus – tis – nt

10 Verb – ja oder nein?
Suche alle Verbformen heraus und übersetze sie.

videbam – facio – claro – cantatis – hortis – turbam – ponimus – amabas – indignus – dabamus – iniqua – alias – gaudeo – gaudio – incita – iam – ibam

11 Eine heiße Schlacht: Übersetze und erkläre den Tempusgebrauch.

Germani iterum atque iterum copias Romanorum petebant ac magna vi pugnabant. Multi Romani iam mortui iacebant, sed ceteri[1] magna virtute resistere pergebant. Subito Germani magno cum clamore impetum[2] novum fecerunt et Romanis aquilam[3] eripuerunt.
1 ceteri: die Übrigen – **2 impetus:** Angriff – **3 aquila,** ae: Adler

12 Kleine Schwestern stören! Bilde die passende Form im Perfekt bzw. Imperfekt und übersetze.

T. Sabinius litteris (studere). Subito Gaia ei librum[1] novum (apportare). T. Sabinius ei diu fabulam (legere), cum Paulla (venire). »Abi!«, Gaia iterum atque iterum (dicere), sed Paulla non (parere). Nam cum sorore fabulam audire (cupere).
1 liber, libri: Buch

13 Apoll und Daphne
Übersetze und erkläre den Tempusgebrauch.

a) Apollo deus Daphnen[1] iam diu amabat, cum eam in silva[2] convenit.
b) Deus puellam per silvam[2] agebat, cum ea patrem vocavit:
c) »Pater, semper Apollinem timebam. Iuva me!«
d) Pater miseriam filiae videbat; tandem ei affuit: Virginem in arborem[3] vertit[4].
1 Daphnen: = *Akk.* – **2 silva,** ae: Wald – **3 arbor,** arboris *f.*: Baum – **4 vertit:** *Perfekt zu* vertere; *hier:* verwandeln in

Zukunftsträume

Morgen findet die Hochzeit statt, die Vorbereitungen sind in vollem Gange.
Doch die Geschwister sehen mit unterschiedlichen Gefühlen der Hochzeit
entgegen.

Paulla: »Ah, mihī quoque T. Sabīnius coniūnx imprīmīs propter ōs et oculōs placēret[1]. Etiam vōx ac fōrma sunt iūcundae.«

Gāia: »Sīc est. Laeta sum eumque tōtō corde dīligō. Dī mē iūvērunt! Iam crās uxor domō exībō. T. Sabīnius mihī praebēbit vītam optimam.«

5   Paulla: »In vīllā marītī habitābitis, mox etiam habēbitis multōs līberōs, fortasse trēs fīliōs et duās fīliās …«

Mārcus: »Dēsine! Prīmum Gāia dēbēbit parere ūnum puerum aut ūnam puellam. Sciō multās mulierēs parturientēs[2] et līberōs et vītam āmīsisse …«

10   Gāia: »Vērum est. Sed nōs semper Iūnōnem deam colēbāmus et egō quoque eam multīs verbīs ōrābō. Itaque deōrum auxiliō duō vel plūrēs[3] līberī nōs dēlectābunt. Nihil metuō. T. Sabīnius opēs et bona augēbit. – Vōs autem saepe vīllam nostram adībitis līberōsque cūrābitis.«

Mārcus: »Et tū ōtiō tē dabis … Errās! Invītā nōs: Vīllam vestram rē vērā
15   intrābimus, sed numquam ibī labōrābimus!«

1 **placēret:** er würde gefallen
2 **parturientēs:** bei der Geburt
3 **plūrēs:** mehr

1   Beschreibe die Gefühle der drei Geschwister in Bezug auf die bevorstehende Hochzeit und belege deine Aussagen am Text.

2   Erläutere Gaias Haltung und nenne typisch römische Aspekte.

3   Schreibe einen Tagebucheintrag aus Paullas oder Marcus' Sicht.

Hochzeitsbräuche

Ubi tu Gaius ego Gaia – Auch Gaia wird diesen Satz bei ihrer Hochzeit in Anwesenheit einer *pronuba* sprechen. Die *pronuba* ist eine ältere Frau, die immer noch in erster Ehe verheiratet ist; sie steht stellvertretend für Juno, die Göttin der Ehe und Geburt, deren Segen die Braut erbittet. Es ist das übliche Versprechen einer Braut an ihren Bräutigam, bevor er sie über die Schwelle seines Hauses tragen wird. Am Tag vor der Hochzeit wird Gaia ihr Spielzeug der Göttin Vesta und den Laren, den Hausgöttern, opfern. Sie wird für die Hochzeit frisiert und mit einem roten Schleier bekleidet. Dann wird sie mit Sabinius den Ehevertrag unterzeichnen. Beide sind sehr jung, aber das ist in Rom üblich. Am Hochzeitstag wird es ein Festmahl in ihrem Elternhaus geben. Dann wird Sabinius sie symbolisch der Mutter »entreißen« und in einem Festzug zu seinem Haus führen. Natürlich wird er sich dabei auch Spottverse seiner Freunde anhören müssen …

*Nach der Feier

Die Hochzeitsfeierlichkeiten bei den Sabinii sind vorbei; die Selicii sind wieder zu Hause.

Sextus: »Ah, nūptiae erant iūcundae, sed fatīgātus[1] sum. Multī hospitēs affuērunt. Itaque nunc ōtiō mē dabō.«

Paulla: »Vestēs coniugum variae mihī maximē placuērunt.«

Mārcus: »Mihī maximē placuērunt cibī optimī; et tū, māter, quid dīcis?«

5 Aurēlia: »Verba ›ubi tū Gāius, egō Gāia‹ herī mē vehementer[2] mōvērunt.«

Paulla: »Nōn intellēxī: Praenōmen[3] Sabīniī est Titus, haud Gāius … Et cūr Gāia oblectāmenta[4] dīs immolāvit nec mihī dedit?«

Mārcus: »Stulta es, Paulla. Mōs[5] est.«

Paulla: »Et quandō nūptiās tuās vidēbimus, Mārce vel – ›Gāī‹?«

10 Sextus: »Tacē tandem, Paulla! Ecce, māter maesta[6] est. Laeta es, Aurēlia! Amor Titī Sabīniī vērus est; officia sua nōn īgnōrat. Certē Sabīniī nōs mox invītābunt et nōs eōs adībimus.«

1 **fatīgātus,** a, um: müde

2 **vehementer:** stark, heftig

3 **praenōmen,** inis *n.:* Vorname

4 **oblectāmentum,** ī: Spielzeug

5 **mōs,** mōris *m.:* Brauch; Tradition

6 **maestus,** a, um: traurig

1 Sammle aus dem Text Informationen über römische Hochzeitstraditionen. Ergänze dein Wissen mit dem Informationstext.

2 Vergleiche die römischen mit unseren modernen Traditionen.

1 Marcus' Verabredung
Übersetze den Text und beschreibe dann die neuen Erscheinungen.

Marcus gaudet:
– Hodie amicum novum videbo.
– Is me visitabit[1].
– In *circum* ibimus et equos spectabimus.
– Ludi ei placebunt.

1 visitare: besuchen

2 Montagsmaler
Bildet Zweierteams. Immer abwechselnd zeichnet einer von euch ein lateinisches Wort aus Lektion 16 in sein Heft, der andere muss es erraten. Welches Team kennt die meisten Wörter?

3 Sachfeld: Familienfeste
Stelle alle lateinischen Wörter zum Sachfeld »Verlobung und Hochzeit« in einer Mindmap zusammen. Berücksichtige Aspekte wie: Menschen, Gefühle, Wohnen, Arbeiten …

4 Ein Wort – viele Bedeutungen
Wähle die jeweils passende Übersetzung.

a) liberos colere – campos colere – deos colere
b) imperator opes Romanas instruit[1] – mercator opibus gaudet
c) Gallus copiam frumenti apportat – copiae Romanorum Germanos vincunt
d) finis ludorum – fines horti

1 instruere: aufstellen

5 Verwechslungsgefahr!
Nenne die Bedeutung und überlege dir Eselsbrücken.

a) propter – properare – probus
b) pārēre – parāre – parere
c) diligere – delere – deliberare
d) oculus – optimus – officium
e) os – ops – opus est – oportet

6 Wortfix: Nenne zu jedem Bild das entsprechende lateinische Wort.

7 Verb – ja oder nein?
Sortiere nach Wortarten und bestimme die Verbformen.

otio – corde – curare – diligebam – dabis – metuo – opes – exspecto – auxilio – curavit – vitam – invita – formas – peperit – augebam – oras – oris – timebunt – optimi – paruistis

8 Formengenerator
Bilde aus den Bestandteilen grammatisch korrekte Formen und übersetze diese.

stude – iuva – pugna – vide – invita – time – tace – verbera	b – bi – bu – ba	o – m – s – t – mus – tis – nt

9 | 1 Imperfekt oder Futur? Sortiere die Verbformen in die passende Spalte.
2 Bilde auch das jeweils andere Tempus.

Imperfekt	Futur

dabis – parabamus – ridebant – remanebis – orabo – adibitis – studebam – exibit – videbas

10 Ein Stamm – viele Tempora
Bilde die Formen entsprechend und übersetze sie.

paret → parebat → parebit
a) censet
b) spectant
c) iubeo
d) rogas

11 Signalwörter
Wähle das passende Tempus und übersetze.

a) Gaia hodie (gaudet, gaudebat, gaudebit).
b) Cras T. Sabinium (videt, videbat, videbit).
c) Coniugem iam diu (amavit, amabat, amabit).
d) Mox in villa pulchra (habitat, habitabat, habitabit).
e) Nunc Iunonem deam (orat, orabat, orabit).

12 Übersetzungstechnik: Markiere in deinem Heft die AcIs mit einer Klammer und gib das Zeitverhältnis an. Übersetze.

a) T. Sabinius Gaiam virginem pulchram esse putat. Constat etiam eam T. Sabinium amare.
b) T. Sabinius patres convenisse nesciebat. Gaia a sorore audiebat patrem Sabinii affuisse.
c) Sextum dotem amplam promisisse scimus.

13 Gebet an die Göttin
Grenze die Satzbausteine ab (Subjekt, Prädikat, Objekt, adverbiale Bestimmung) und übersetze.

a) Sorores duae iam semper deas colebant.
b) Hodie sorores in foro sunt. Mox Iunoni deae immolabunt. Pro[1] salute Gaiae orabunt.
c) Ad aram deae adeunt. Gaia dona apportat.
d) Sacerdotes sacrificium iam paraverunt.
e) Liberi Seliciorum orant.
1 pro *(+ Abl.):* für

Manchmal kommt es anders

Gaia wohnt nun bei Titus Sabinius auf einem Landgut außerhalb von Rom. Mittlerweile hat sie sich an ihr neues Leben als Ehefrau gewöhnt. Doch die Politik bringt unerwartete Neuigkeiten.

T. Sabīnius: »Gāia, dēliciae[1] meae, modo nūntium ab imperātōre Augustō accēpī. Cum exercitū[2] in Galliam[3] contendere dēbeō.«

Statim nūntius cor Gāiae magnō dolōre complet: »Ō coniūnx! Num mē nunc post nūptiās neglegēs et relinquēs? Num tē barbarīs trādēs?
5 Imperātorne tē salvum mihī reddet? … Nōnne vidēs tē et saevum et inīquum esse?«

T. Sabīnius: »Cāra uxor: Audī verba mea, tum comprehendēs!«

Gāia: »…«

T. Sabīnius: »Scīs Germānōs legiōnem Lolliī superāvisse atque aquilam[4]
10 rapuisse. Eam prō patriā quaerēmus et capiēmus; mox redībimus. Vidēbis tempus fugere! Post victōriam autem cīvēs Rōmānī mē colent. Eō modō ad honōrēs amplōs perveniam: Imperātor tunicam lāticlāviam[5] senātōris mihī prōmīsit. Fortasse aliquandō praetor vel etiam cōnsul erō.«

15 Verba coniugis animum Gāiae movent: »Tantōsne honōrēs accipiēs? Bene – abī, sī dēbēs.«

T. Sabīnius: »Gāia, es fortis[6] tamquam mīles!«

1 **dēliciae,** ārum *(Pl.)*: Liebling
2 **exercitū** *(Abl. Sg.)*: Heer
3 **Gallia,** ae: Gallien *(in etwa heutiges Frankreich)*
4 **aquila,** ae: Legionsadler
5 **tunica lāticlāvia:** Tunika mit Purpurstreifen
6 **fortis:** stark; tapfer

1|1 Übersetze die ersten beiden Sätze (Z. 1-2) und erschließe das Thema des Textes.

2 Äußere Vermutungen über den weiteren Verlauf des Gesprächs.

2|1 Beschreibe die Stimmung zwischen Gaia und Sabinius in Z. 1-6.

2 Erkläre Gaias Reaktion in Z. 15-16 mit dem, was du über sie und über römische Werte weißt.

3 Schreibt Regieanweisungen für den Dialog und stellt ihn szenisch dar.

Cursus honorum

Sabinius hofft nach seiner Militärzeit auf einen Sitz im Senat. Daher wird er sich zunächst um die Quästur bewerben. Denn die erfolgreiche Wahl zum Quästor ist dafür die Voraussetzung. Als Quästor wird er Untersuchungsrichter sein und die Verantwortung für die Steuereinnahmen und die Ausrichtung von Gladiatorenspielen tragen. Falls sein Vermögen reicht, wird er sich nun zum Ädilen wählen lassen. Er wird Polizeiaufgaben übernehmen und für die Finanzierung der Gladiatoren-spiele sorgen – aus seiner Privatschatulle selbstverständlich. Vielleicht wird er sogar Prätor, also oberster Richter und Militär und gleichzeitig Stellvertreter eines der beiden Konsuln, der höchsten Beamten im Staat. Und wo Sabinius schon am Träumen ist, das Konsulat als Krönung der politischen Laufbahn und später die Statthalterschaft in einer Provinz zusammen mit Gaia, das wär's natürlich …

*Nachricht aus der Fremde

Titus Sabinius ist nun schon zwei Monate weg. In einem Brief berichtet er Gaia aus Gallien.

T. Sabīnius Gaiae Seliciae suae salūtem dīcit[1]

Fortasse quaeris: »Quandō Germānōs superābitis et redībitis?« Nesciō, sed sīgnum legiōnis Lolliī, etiamsī nōndum[2] invēnimus, certē mox inveniēmus.

5 Nam nūper Germānōs pūgnā saevā vīcimus: Diū pūgnābāmus, Germānī vehementer[3] resistēbant. Tandem Germānī sē recēpērunt et in silvās[4] fūgērunt. Iam victōriā gaudēbāmus, cum subitō magnus clāmor fuit. Statim comprehendimus barbarōs clādem simulāvisse et īnsidiās[5] parāvisse. Sed īra vīrēs nostrās auxit et – vīcimus! Fortūna profectō
10 virōs vērē Rōmānōs semper iuvat. Post pūgnam autem nūlla salūs fuit Germānīs: Eōs aut necāvimus aut servōs reddidimus.

Nunc, quamquam laetus sum, et vītam iūcundam et voluptātēs Rōmae et Gāiam meam dēsīderō[6]. Semper tē amābō. Valē[7]!

1 T. Sabīnius Gaiae Seliciae suae salūtem dīcit: Titus Sabinius grüßt seine Gaia Selicia *(typische Grußformel im Brief)*

2 nōndum: noch nicht

3 vehementer: *hier:* verbissen

4 silva, ae: Wald

5 īnsidiae, ārum *(Pl.):* Hinterhalt

6 dēsīderāre: vermissen

7 Valē!: Lebe wohl!

1 Gliedere den Brief in Abschnitte und gib ihnen Überschriften.

2 Fasse in eigenen Worten den Ablauf der Schlacht zusammen.

3 Schreibe einen Antwortbrief aus Gaias Sicht.

1 Titus Sabinius' Pläne
Übersetze und beschreibe dann die neuen
Erscheinungen.

Post[1] nuptias T. Sabinius deliberat:
»Primum in villa patris habitabimus. Sed
mox aliam ememus. Gaiam in villam novam
ducam. Certe multi amici venient, nobiscum
laeti erunt. – Gaia, quid cras facies? Villasne
mecum spectabis?«
1 post *(+Akk.):* nach

2 Marcus, was hast du vor?
Übersetze und beschreibe dann die neuen
Erscheinungen.

Aurelia: »Marce, quid hodie facies?«
Marcus: »Cum patre in foro ero. Multi alii
homines aderunt. Ita nuntios[1] de bello audire
poterimus.«
Aurelia: »Sed Paulla sola in villa erit. Cras
domi[2] remanere debebis. Ludere poteritis.«
1 nuntius, i: Nachricht – **2 domi:** zu Hause

3 | 1 Stelle alle lateinischen Wörter zusammen, die
du brauchst, um das Bild zu beschreiben.
2 Bilde kurze lateinische Sätze und lass deinen
Nachbarn übersetzen.

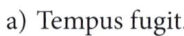

4 Eselsbrücken
Lies dir den Text »Manchmal kommt es anders«
durch und notiere alle Vokabeln, die du nicht
kennst. Ermittle die Grundform und frage deinen
Partner nach der Bedeutung oder schlage nach.
Überlegt euch gemeinsam Eselsbrücken für alle
Wörter.

5 Sprichwörter
Übersetze.

a) Tempus fugit.
b) O tempora, o mores[1]!
c) Ubi bene, ibi patria.
d) Patria mihi totus mundus[2] est.
1 mores: Sitten – **2 mundus,** i: Welt

6 So sprechen Politiker
Wähle eine passende Übersetzung.

ad honores pervenire – barbaros saevos
superare – salvus in patriam redire –
nuntius victoriae – Germanos cives reddere

7 »cursus honorum«
Gestalte eine Mindmap zum Thema »honores =
(Ehren-)ämter«. Verwende bekannte und neue
Vokabeln und informiere dich über die Aufgaben
der Beamten.

8 | 1 Langes oder kurzes »e«? Sortiere die Verben nach Konjugationen.

2 Bilde die 1. und 2. Person Sg. Futur.

a) tacere – colere – tradere – monere – pergere – vincere – movere – delere

b) fugere – metuere – iubere – legere – ardere – facere – ducere – complere

9 Welche Form passt nicht? Begründe deine Auswahl.

a) monebo – iuvabo – cibo – gaudebo

b) turbis – movebis – curabis – augebis

c) ducam – salvam – agam – perveniam

d) coles – pervenies – reddes – mones

e) intelleges – auges – repelles – facies

f) timetis – tribuetis – ponetis – metuetis

10 Gestern – heute – morgen
Sortiere die Verbformen nach Tempora (Imperfekt, Präsens, Futur) und übersetze.

a) mones – negleges – complebit – movebamus – rapimus – relinquam – tradent – redditis – fugietis – faciebat

b) perveniebas – videbis – accipiunt – superabunt – repellunt – fugiebant – transeunt – vivet – exibit

11 | 1 Jeder würfelt einmal pro Wort und bildet die entsprechenden Formen im Präsens, Futur und Imperfekt. Der Partner übersetzt.

1–3: Personen im Sg./4–6: Personen im Pl.

venire – volare – esse – quaerere – ducere – posse – monere – capere – ire

2 Wählt weitere Verben aus und würfelt.

12 Ein Traum: Als Titus Sabinius aufwacht, kann er sich nur noch an einzelne Bilder erinnern. Bilde kurze Sätze zu den Bildern (im Futur) und lass deinen Partner übersetzen.

13 Titus Sabinius' Zukunftspläne: Übersetze.

T. Sabinius gaudet: Aliquando cum uxore in villa pulchra habitabo. Familia magna erit. Liberis probis gaudebimus. Multi servi mihi aderunt. Ad honores magnos perveniam.

14 Bilde die passenden Futurformen und übersetze.

Gaia non gaudet: Cras T. Sabinium non iam (videre). Coniunx imperatori (parere). Post nuptias in Galliam (abire). Sed fortasse brevi tempore[1] (redire)? Certe T. Sabinius senator (esse).

1 brevi tempore: in kurzer Zeit

1 sumpfiger Wald

Das germanische Abenteuer

Terra incognita – unbekanntes Land. Das war für die Römer das Gebiet östlich des Rheins. Zwar hatte Caesar zweimal den Rhein überquert und war in das rechtsrheinische Germanien vorgedrungen, um römische Macht zu zeigen, aber dabei war es zunächst geblieben. Nun plante Augustus, das Reich nach Nordosten hin auszudehnen. Denn immer wieder kam es zu Übergriffen rechtsrheinischer Germanen auf gallisch-römisches Territorium und so sandte Augustus im Jahr 17/16 v. Chr. seinen Feldherrn Lollius nach Gallien, um dem Spuk ein Ende zu bereiten. Der Ausgang ist bekannt.

Nun konnte und wollte Augustus diese Beleidigung nicht auf sich sitzen lassen. Er brach für drei Jahre nach Gallien auf und beauftragte gleichzeitig seine Stiefsöhne Drusus und Tiberius, von Süden und Nordwesten aus nach Germanien vorzudringen. Zum Schutz der römischen Gebiete ließ Augustus bestens ausgestattete Militärlager rechts des Rheines anlegen. Von dort aus drangen die Römer immer weiter Richtung Osten vor. In Westfalen entstanden entlang der Lippe eine Reihe von Lagern als Stützpunkte für weitere Exkursionen. Da Germanien in weiten Teilen aus Urwald und Sumpfland bestand, durchquerten die Römer mit schnellen Transportschiffen über Flüsse das unwegsame Gelände.

Allmählich wurden weite Teile Westgermaniens römisch. Die freiheitsliebenden Germanen waren jetzt dem römischen Kaiser steuerpflichtig. Sie konnten sich nur schwer daran gewöhnen, zumal die Römer bei ihren Angriffen nicht gerade zimperlich vorgegangen waren. Immer wieder hatten sie Dörfer geplündert und niedergebrannt, Teile der Bevölkerung getötet oder versklavt. Außerdem brachten sie vor allem Kinder vornehmer Germanen als Geiseln nach Rom. Sie sollten hier die Vorzüge römischer Lebensart kennenlernen. Und tatsächlich nahmen viele von ihnen später die römische Lebensweise an oder machten sogar in Rom Karriere.

Zunächst sah es also aus, als sei die Germanenpolitik des Augustus erfolgreich, obwohl der plötzliche Tod des Drusus 9 v. Chr. ein herber Schlag für den Kaiser war. Mit Quinctilius Varus setzte er 7 n. Chr. einen aus seiner Sicht erfahrenen Statthalter in den neu eroberten Gebieten ein. Varus sollte der Bevölkerung römisches Recht und römische Kultur vermitteln. Die Wahl erwies sich als außerordentlich unglücklich. Glaubt man den antiken Quellen, dann war Varus nämlich ein Mann mit wenig Einfühlungsvermögen im Umgang mit den neu unterworfenen germanischen Stämmen. Als Varus mit der ganzen Härte römischer Gerichtsbarkeit gegen sie vorging, entschlossen sie sich zum Aufstand.

Ihren Anführer fanden sie in dem Cheruskerfürsten Arminius. Arminius war bereits im Kindesalter als Geisel nach Rom gekommen und hatte dort eine vorzügliche Ausbildung genossen. Er war zum Militärtribun aufgestiegen, hatte neben dem römischen Bürgerrecht auch den Titel *eques* erhalten und besaß als Führer germanischer Hilfstruppen das uneingeschränkte Vertrauen des Varus.

Im September des Jahres 9 n. Chr. war Varus mit seinem Tross auf dem Weg ins Winterlager, als Arminius ihm von einem drohenden Aufstand ei-

2 römischer Helm aus Bronze

3 Adler aus Bronze

niger Germanenstämme berichtete. Er riet zu einem kleinen Umweg, damit Varus diesen Aufstand niederschlagen könne. Segestes, der Schwiegervater des Arminius, ahnte den Hinterhalt und warnte Varus. Doch dieser schlug alle Warnungen in den Wind – und tappte in die Falle. Denn Arminius führte Varus in ein sumpfiges und hügeliges Gebiet, das keinen offenen Feldkampf zuließ. Hier warteten bereits die Germanen, um ihren Angriff auf den wehrlosen Tross zu starten. Ca. 20 000 Menschen, darunter viele Frauen und Kinder, wurden niedergemacht. Das Gemetzel dauerte drei Tage. Nur wenigen gelang die Flucht. Varus selbst nahm sich das Leben. Am Ende waren drei Legionen (XVII, XVIII und XIX) vollständig vernichtet, die drei *aquilae* in den Händen der Germanen.

Als Augustus von der Niederlage des Varus erfuhr, soll er sich monatelang weder Haar noch Bart geschnitten haben. Immer wieder habe er seinen Kopf gegen den Türpfosten gestoßen und dabei ausgerufen: »*Quinctili Vare, legiones redde!*« Die Namenszahlen der Legionen wurden nie mehr vergeben; die verlorenen *aquilae* aber konnten im Laufe der Zeit wiedergewonnen werden. Für das rechtsrheinische Germanien bedeutete die Varusschlacht das Ende jeder römischen Besatzung.

4 Münzfund vom Ort der Varusschlacht

1 Nenne Gründe für das Scheitern des Augustus in Germanien.

2 Übersetze den Ausruf des Augustus. Findest du eine Antwort auf die Frage, warum die Namenzahlen der verlorenen Legionen nie mehr vergeben wurden?

5 Soldaten; Relieffragment einer Säule

6 Soldaten auf dem Marsch

Latein-Design

Das Tempusrelief

Viele römische Grabmäler sind mit sogenannten Reliefs geschmückt. Ein Relief ist ein Bild, das nicht gemalt, sondern aus dem Untergrund herausgemeißelt wird. So entsteht ein dreidimensionaler Effekt.

Auch mit Texten lässt sich ein Relief herstellen. Nur werden hier verschiedene Zeitebenen herausgearbeitet. Man spricht daher von einem Tempusrelief.

Ein Tempusrelief ist eine weitere Methode zur Textvorerschließung. Es hilft dir, die Grobstruktur eines Textes zu erfassen und ihn zu gliedern.

Auch kannst du so Vorder- und Hintergrundhandlung leicht unterscheiden und damit leichter die wesentlichen Textinhalte (also worum es in dem Text hauptsächlich geht) finden.

Man kann das mit der Arbeit eines Trickfilmers vergleichen: Auf einem mehr oder weniger starren Hintergrund – dem entspricht das lateinische Imperfekt – animiert der Designer die Figuren – dem entspricht das lateinische Perfekt. Denn schon die Römer lehrten: Im Imperfekt bleibt die Rede stehen, im Perfekt schreitet sie weiter.

Weitere Hinweise erhältst du, wenn du auf die Konnektoren (z. B. *aliquando, semper, subito*) achtest. Sie drücken oft ein zeitliches Verhältnis aus.

Um die Zeitebenen eines Textes herauszufinden, musst du ihn zuerst scannen, alle Prädikate herausschreiben und nach ihren Tempora sortieren.

1 Unterscheide Vorder- und Hintergrundhandlung und äußere Vermutungen über den Inhalt der Erzählung.

Antiquis temporibus in domo regia[1] vivebat rex cum filia. Eam maxime amabat. Itaque virum bonum quaerebat; nam filiam ei in matrimonium dare[2] cupiebat. Sed filia semper omnes[3] viros neglegebat. Aliquando autem filia virum pulchrum equo ad-volare vidit. Statim eum adamavit …

1 in domo regia: in einem Schloss – **2 in matrimonium dare:** zur Frau geben – **3 omnes:** alle

Designer-Sprache

Die lateinische Sprache liebt klare Strukturen. Das gilt auch für die Verbformen. Es geht zu wie in einer Küche, bei der man zwischen verschiedenen Modulen wählen kann.

Denn ein Verb besteht immer aus einem unveränderlichen Wortstamm und einer veränderbaren Endung. Genau diese beiden Module musst du anschauen, wenn du eine Verbform sicher bestimmen willst:

Wortstamm: Präsensstamm oder Perfektstamm?
- Präsensstamm: Hier kennst du schon verschiedene Tempora. Um die Form richtig zu bestimmen, musst du die Endung genau ansehen.
- Perfektstamm: Hier kennst du bisher nur das Perfekt, das du außerdem auch an seiner speziellen Formenreihe erkennen kannst.

Damit du sicher erkennst, ob es sich um den Präsens- oder den Perfektstamm handelt – und zu welchem Wort der Stamm gehört – musst du die Stammformen im Wortschatz immer mitlernen.

Endungen
Um welches Tempus es sich handelt, erkennst du an den Endungen, d. h. am Tempuskennzeichen:

Vom Präsensstamm werden gebildet:

Präsens:	clama-t
Imperfekt:	clama-**ba**-t
Futur I:	clama-**bi**-t / accipi-**e**-t

Vom Perfektstamm werden gebildet:

Perfekt:	clamav-it
Plusquamperfekt:	*noch nicht bekannt*
Futur II:	*noch nicht bekannt*

Das habe ich gelernt:

Das Tempusrelief zeigt mir die verschiedenen Zeitebenen eines Textes. Die Stammformen helfen mir beim Bestimmen der Verbformen.

1 | 1 Mutter Latein und ihre Töchter – Portugiesisch: Nenne die lateinischen Ursprungswörter und deren deutsche Bedeutung.

2 Lass dir die Begriffe von jemandem vorlesen, der Portugiesisch kann. Formuliere Ausspracheregeln.

a) tempo – senador – vitória – núpcias – letra – honra – cônjuges

b) orar – rir – estudar – prometer – fugir

c) bárbaro – civil – ótimo – primeiro – ocioso – honesto – amplo

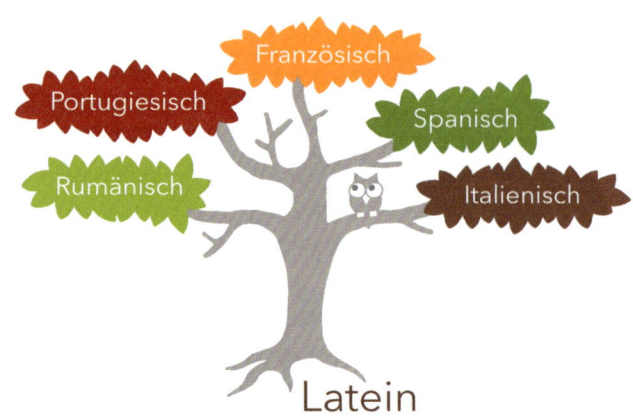

Latein

2 | 1 ēre oder ĕre: Sortiere die Verben in zwei Gruppen.

2 Bilde jeweils die 1. und 2. Pers. Sg. Futur.

tradere – movere – nubere – respondere – ridere – diligere – ducere – studere – promittere – iubere – parere

3 | 1 Präsens oder Futur? Sortiere die Formen.

2 Bilde zu den Präsensformen die entsprechenden Futurformen und umgekehrt.

iubebit – diliges – quaerent – perveniemus – ago – studes – videbitis – exit – iuvabo – respondent – promittet – tradetis – facitis

4 Übertrage die Tabelle in dein Heft und sortiere die Verben ein.

Präsens	Futur I	Imperfekt	Perfekt

abibo – parit – iuvisti – redibam – superabis – movet – vidit – scies – nubemus – fugiebatis – nescivimus – orabant – rapient – metuitis

5 Formentelefon: Wähle aus jeder Zeile eine Nummer und rufe dann einen Klassenkameraden auf, der die Form bilden muss. Ist die Form richtig, darf er weiter telefonieren.

1. fugere	2. redire	3. orare	4. ridere
1. Person		2. Person	3. Person
1. Singular		2. Plural	
1. Präsens	2. Futur I	3. Imperf.	4. Perf.

6 | 1 *esse* oder *ire*? Bestimme jeweils Person, Numerus und Tempus und übersetze die Form.

sumus – isti – erant – itis – eritis – eo – fuisti – ibo – este! – ierunt – ero – ibat – fuit – isse

2 Bilde zu den Formen von *esse* die entsprechenden von *ire* – und umgekehrt.

7 | 1 Sortiere die Formen von *ire* und *posse* in die Tabelle ein.

posse		ire	
Präsens	Imperfekt	Präsens	Imperfekt

poteras – ibat – possunt – is – potestis – ibatis – poteram – imus – potest – eo – poteramus – ibant

2 Ergänze die jeweils fehlenden Formen.

8 Titus Sabinius erzählt von einem Erlebnis im Feldlager. Übersetze und erkläre jeweils den Tempusgebrauch.

Sermonem[1] cum amico habebam, cum nuntius venit: »Ibamus per silvas[2] amplas. Silentium semper servabamus, quia imperator iterum atque iterum monebat. Et vere: Subito copias Germanorum audivimus. Insidias[3] nobis parabant. Itaque eos petivimus et superavimus. Certe imperator nunc dicet: ›Bene fecistis, milites!‹«

1 sermo, onis *m.:* Gespräch – **2 silva,** ae: Wald – **3 insidiae,** arum: Hinterhalt

9 | 1 Ordne Begriffe, die zueinander passen, zu Gruppen.

2 Suche jeweils eine passende Überschrift für die Gruppen.

Präposition – Verb – Dativ – Perfekt – Akkusativ – Femininum – Präsens – Substantiv – Imperfekt – Maskulinum – Neutrum – Subjunktion – Nominativ

10 »Tabu!« – Fachbegriffe sind gefragt Bildet Zweierteams. Immer abwechselnd erklärt einer von euch seinem Partner einen grammatikalischen Begriff, ohne diesen zu nennen. Natürlich dürft ihr auch eine Reihe von Beispielen geben. Für jeden erratenen Begriff gibt es einen Punkt. Welches Team gewinnt?

11 Ergänze die Sätze mit den passenden Namen. Die angegebenen Buchstaben ergeben ein Lösungswort.

a) Der ▮ ist der Grenzfluss zwischen dem Imperium Romanum und Germanien. (1)
b) ▮ sollte als Feldherr die Germanenhorden aus Gallien vertreiben. (2)
c) ▮ besiegte die römischen Legionen im Jahr 9 n. Chr. (3)
d) ▮ ist die lateinische Bezeichnung für die Legionsfeldzeichen. (1)

12 | 1 Stelle zusammen, was du über römische Hochzeitsbräuche weißt.

2 Lass dir von deinen Eltern erzählen, wie ihr Hochzeitstag abgelaufen ist. Vergleiche mit den römischen Hochzeitsbräuchen.

3 Beschreibe, was man heute unter einer Familie versteht, und benenne Unterschiede zu einer römischen *familia*.

Die Familie des Gaius Bruttius Praesens

Wir schreiben das Jahr 107 n. Chr. Die politischen Verhältnisse haben sich seit Trajans Regierungsantritt im Jahr 98 n. Chr. deutlich verbessert: Trajan tut viel für die Stadt. An den Grenzen des Imperiums herrscht Ruhe. Erst kürzlich hat Trajan einen großen Sieg über die Daker (Volk im heutigen Rumänien) davongetragen.

Doch eine Rückkehr in die Politik kann sich Bruttius trotzdem nur schwer vorstellen. Während der Herrschaft des Kaisers Domitian (81–96 n. Chr.) beschloss er, sich aus dem öffentlichen Leben zurückzuziehen und zusammen mit seiner Frau auf seinem Landsitz im süditalienischen Lucania zu leben. Hier ist er sein eigener Herr, unabhängig von den Launen der jeweiligen Kaiser. Lucania! Welch eine Landschaft! Und das Essen. Leckere Würstchen gibt es hier, *lucaniae,* raffiniert abgeschmeckt mit Pinienkernen, Lorbeerblättern, Pfeffer und Kräutern. Da braucht sein schriftstellernder Freund und Politikerkollege Plinius schon gute Argumente, um ihn zu einer Rückkehr nach Rom zu bewegen.

Lucius
(Sohn)

Flavia (Mutter)

Honorātus
(Großvater)

Fulvia
(Tochter)

Gāius Bruttius Praesens (Vater)

Marmor ist ein ideales Material zur Herstellung von Statuen. Er lässt sich leicht bearbeiten, ist sehr widerstandsfähig – und lässt sich gut bemalen. Die Antike liebte es nämlich bunt, wie Funde auf Marmorresten zeigen. Kein Wunder also, dass man Marmor gern zur Gestaltung privater und öffentlicher Häuser und Anlagen nutzte. Vor allem Politiker ließen sich (meistens etwas geschönt!) in Marmor meißeln. Damit erreichten sie, dass ihr Gesicht einer breiten Öffentlichkeit bekannt wurde. Das war vor allem in den entfernteren Teilen des Imperiums notwendig. Kaiser Augustus ließ im gesamten Imperium standardisierte Statuen von sich aufstellen. Vermutlich hinge heute ein (digital nachbearbeitetes?) Foto des Augustus in allen öffentlichen Einrichtungen.

1 Beschreibe die beiden Statuen von Caesar und Augustus und vergleiche sie: Wie sind sie gekleidet und was kannst du daraus schließen? Was drückt ihre Körpersprache aus?

1 Statue von Gaius Iulius Caesar

2 Farbige Rekonstruktion des Augustus von Primaporta

Die Aeneasskulptur stammt von Gian Lorenzo Bernini, einem Künstler des 17. Jahrhunderts. Erst wenige Jahrzehnte zuvor hatte man den Werkstoff Marmor und die antike Bearbeitungsmethode für die Bildhauerei wiederentdeckt.

Allerdings waren Statuen in der Antike ursprünglich bunt bemalt, was man zu dieser Zeit aber noch nicht wusste. Darum setzte sich die Vorstellung durch, dass griechische und römische Marmorskulpturen immer weiß waren, und man stilisierte diese falsche Sicht zum Ideal klassischer Kunst.

Aber noch etwas Anderes, bisher nicht Gekanntes hatte man den antiken Statuen abgeschaut. Es war deren Leichtigkeit und Lebendigkeit, die die Künstler faszinierte. Und in der Tat: Die Figuren Berninis scheinen zu leben. Beinahe schwerelos trägt Aeneas seinen Vater Anchises. Hinter ihm sein Sohn Ascanius. Doch diese Leichtigkeit gibt es nicht umsonst …

2 Vergleiche die Position des Ascanius mit der des kleinen Genius am Bein des Augustus. Anschließend sieh dir weitere antike Marmorstatuen an. Fällt dir etwas auf? Welches Problem stellte sich den Bildhauern?

3 Aeneas von Gian Lorenzo Bernini

Lernen, wo es am schönsten ist

Endlich hat Lucius die Ausbildung beim Grammatiklehrer abgeschlossen und genießt die freie Zeit auf dem Landgut in Lukanien. Doch sein Vater besteht darauf, dass er zur Rhetorik-Ausbildung nach Rom geht.

Lūcius: »In *scholam* īre mihī nōn placet! Fēriās[1] cupiō!«

Bruttius: »Sī nōn studēs, numquam vir nōbilis eris!«

Lūcius: »Cūr aliō locō litterīs studēre mihī nōn licet? Cōnstat etiam Cicerōnem Rhodum[2] petīvisse. Rhodos[2] – īnsula pulchra ac dulcis …«

5 Bruttius: »Cicerō Rhodī[2] apud Molōnem[3] ēloquentiam meliōrem facere cupīvit. Minimē ōtiō sē dēdidit.«

Lūcius: »In īnsulā dulcī discere iuvat, in *scholā* autem vix somnō resistere possum!«

Bruttius: »Scīsne, quid dīcant[4] dē Cicerōne?

10 Aliquandō Molō[3] dēclāmātiōnem[5] Cicerōnis audīre cupīvit, dum omnēs discipulī adsunt.

Cicerō coepit, mox animōs discipulōrum omnium ācrī ōrātiōne mōvit. Magnō clāmōre laudēs ei tribuērunt: ›Verba tam docta, elegantia, singulāria anteā nōn audīvimus!‹

15 Molō[3] autem diū tacēbat. Cicerō iam sollicitus[6] erat, cum Molō[3] tandem vōcem sustulit: ›Tē, Cicerō, laudō atque praedicō, simul autem Graeciam[7] fleō, quod videō etiam ultimum bonum nostrum nunc per tē ad Rōmānōs trānsīre: hūmānitātem et ēloquentiam.‹

Et tū, mī filī[8], disce parī studiō atque Cicerō!«

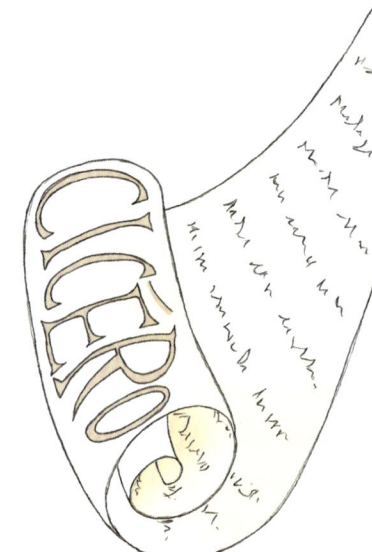

1 fēriae, ārum: Ferien

2 Rhodus, ī *f.*: Rhodos *(griech. Insel)*

3 Molō, Molōnis: *griech. Rhetoriklehrer* Molon

4 quid dīcant: was man sagt

5 dēclāmātiō, tiōnis *f.*: Übungsrede

6 sollicitus, a, um: besorgt, nervös

7 Graecia, ae: Griechenland

8 mī filī: *Vokativ*

1 Schreibe aus dem Text alle Adjektivformen heraus und ordne sie einer Deklinationsklasse zu. In welchen Fällen weicht die Endung vom bisher bekannten Deklinationsschema ab?

2 Erkläre das Zitat des Griechen Molon (Z. 16–18).

3 Benenne das stilistische Mittel in Z. 16 und beschreibe seine Wirkung.

4 Versetze dich in die Lage von Lucius: Wie würdest du auf die Erzählung des Vaters reagieren?

Marcus Tullius Cicero

Cicerone – so lautet der Spitzname für einen redegewandten Reiseführer. Das Wort geht auf Marcus Tullius Cicero zurück, der zum Inbegriff römischer Sprachkunst wurde. Er wurde am 3. Januar 106 v. Chr. in dem Städtchen Arpinum geboren. Im Alter von 18 Jahren kam er zur rhetorischen Ausbildung nach Rom. Dort machte er schon bald mit seinen brillanten Reden Furore. Aber das reichte ihm nicht. Sein Herz schlug für die Politik, wo er schnell Karriere machte und im Jahr 63 v. Chr. sogar Konsul wurde. Doch am Ende ist er gescheitert. Von seinen politischen Gegnern wurde er am 7.12.43 v. Chr. ermordet.

*Unterhaltung ist alles!

Das Volk auf dem Forum lauschte dem Redner Cicero begeistert, bis …

Forum Rōmānum hominum erat plēnum[1]: Nam populus ōrātiōnem
Cicerōnis exspectābat: »Hodiē prō Caecīnā ōrātiōnem habēbit[2]. Nōnne
scīs eum nūper adversāriīs Rosciī[3] ācrī ōrātiōne restitisse?«

Subitō turba clāmāvit, quia Cicerō dēnique in rostra[4] vēnit et magnā
5   vōce verba per forum mīsit[5]: »Cīvēs Rōmānī! Maximē mē dēlectat
hodiē ōrātiōnem[2] habēre prō virō nōbilī atque praeclārō: Caecīna! Num
crēditis id, quod[6] accēpistis dē eō?«

Omnēs intentīs auribus[7] verba magna, ēlegantia, singulāria Cicerōnis
audiēbant. Clāmābant: »Iō triumphe[8], Cicerō!« – »Tū vincēs!« –
10   »Optimus es!«

Sed subitō omnēs virī, cum virginēs pulchrās forum in-īre vīdērunt, eās
oculīs petīvērunt et iterum clāmāvērunt: »Iō triumphe[8], puella!« – »Tū
mē vincēs!« – »Optima es!«

1   plēnus, a, um *(+ Gen.):* voll von

2   ōrātiōnem habēre prō: eine
Rede für *jdn.* halten

3   Roscius, ī: Sextus Roscius
*(Angeklagter, den Cicero
verteidigt hat)*

4   rostra, ōrum *n.:* Rednerbühne

5   mittere, mittō, mīsī, missum:
schicken

6   id, quod: das, was

7   intentīs auribus: mit gespitz-
ten Ohren

8   Iō triumphe!: Triumph!

1   Erläutere, warum sich das Volk auf dem Forum versammelt.

2   Diskutiert, wie Cicero und die Mädchen die Situation
wahrgenommen haben könnten.

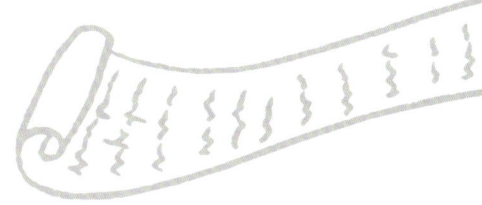

1 In der Schule …
Übersetze. Benenne die Deklination und erstelle
ein Deklinationsschema für das Adjektiv »acer«.

Omnes[1] pueri Romani ad *scholam* eunt.
Sed *schola* non omnibus[1] pueris placet: *Schola*
dulcis[2] non est. Nam magister[3] omnes[1] liberos
acri[4] clamore reprehendit. Etiam acribus[4] pla-
gis[5] eos verberat: Dolor omnium[1] liberorum
acer[4] est.

1 omnes: alle – **2 dulcis:** süß – **3 magister:** Lehrer –
4 acer: heftig – **5 plaga,** ae: Prügel

2 | 1 Stelle alle lateinischen Wörter zusammen, die
du brauchst, um das Bild zu beschreiben.

2 Bilde kurze lateinische Sätze und lass deinen
Nachbarn übersetzen.

3 »Verwandte« Wörter
Erschließe die Wortart und die Bedeutung.

a) nobilis → nobilitas, nobilitatis *f.*
b) dulcis → dulcitudo, dulcitudinis *f.*
c) elegans → elegantia, ae *f.*
d) locus → collocare, colloco

4 »Tabu!« – diesmal mit Verben
Bildet Zweierteams. Immer abwechselnd erklärt
einer von euch seinem Partner ein Verb aus
Lektion 18, ohne dieses zu nennen. Für jeden
erratenen (lateinischen!) Begriff gibt es einen
Punkt. Welches Team gewinnt?

5 Ein Wort - viele Bedeutungen
Wähle die jeweils passende Übersetzung.

a) insula dulcis – carmen dulce
b) vestes de lecto[1] tollere – clamorem tollere
c) dolor acer – pugna acris – clamor acer
1 lectus, i: Bett

6 Deklinieren – liegt auf der Hand!
Zeichne noch einmal die Umrisse deiner Hände
auf ein Blatt. Jeder Finger steht für einen Kasus.
Dekliniere:

a) homo elegans – b) corpus elegans –
c) domina elegans – d) vir elegans

7 Paare bilden
Ordne die Adjektive passenden Substantiven zu.

a) virorum	A) melioris
b) somno	B) singularem
c) studii	C) omnes
d) senatore	D) nobilium
e) poetis	E) nobili
f) discipuli	F) doctis
g) eloquentiam	G) dulci

8 Adjektiv-Tausch
Ersetze die unterstrichenen Adjektive durch eine
passende Form von »elegans« oder »dulcis«.
Übersetze.

a) Vir <u>probus</u> eris.
b) Imperator virum <u>probum</u> laudat.
c) Viris <u>probis</u> laudem tribuimus.
d) Orator[1] verba <u>docta</u> facit.
e) Verbis <u>doctis</u> nos delectat.
1 orator: Redner

9 Welche Form passt? Entscheide.

a) corpus (pulcher, pulchra, pulchrum)
b) studio (pari, par, paris)
c) viri (nobili, nobiles, nobilium)
d) eloquentiam (dulcis, dulce, dulcem)
e) dona (singularia, singulare, singularibus)
f) verbis (doctos, doctas, doctis)
g) clamorem (magnam, magnum, magnus)

10 Adjektive: bunt gemischt
Ergänze die passende Endung und übersetze.

a) magn▮ clamorem tollere
b) eloquentia singular▮ est
c) de insula dulc▮ audire
d) omn▮ discipuli adsunt
e) homini nobil▮ adesse
f) verba elegant▮ facere

11 Womit? Wie? Wann?
Übersetze und bestimme die Funktion des
Ablativs.

Puer non gaudet:
a) Semper in *schola* discere mihi non placet.
b) Nec magno studio laborare cupio.
c) In horto nostro otio me dabo.
d) Ibi cum fratribus ludere potero.
e) Pater: »Mi fili, statim ex horto veni! Nunc
te equo Romam petere necesse est!«

12 cum – »mit« oder »als«?
Übersetze und begründe deine Wahl.

a) Uxor, cum forum adit, vestibus elegantibus
gaudet.
b) Omnes merces spectat, cum maritus venit.
c) »Cum liberis domum redibo. Nonne nobiscum venis, deliciae meae[1]?«
1 deliciae meae: mein Liebling

Caesar bei den Piraten

Im Rhetorikunterricht muss Lucius eine Übungsrede halten. Er schlüpft in die Rolle Caesars, der auf dem Weg nach Rhodos von den Piraten gefangen genommen wurde.

»Nāvem, quā Rhodum[1] in īnsulam īre studēbam, oppressistis. Aliquot virōs, quōs māximē dīligēbam, necāvistis. Mē nunc vinculīs tenētis. Vae[2], obses nōn sum!

Num crēditis vōs mē terrēre? Nihil, quod est in omnī orbe terrārum,
5 timeō – neque perīcula neque hominēs!

Vīgintī talenta[3] poscitis prō mē. Hercle[4]! Minima[5] est pecūnia, quam poscitis! Vōbīs meā sponte quīnquāgintā[6] talenta[3] prōpōnō! Rēctē audīvistis – quīnquāgintā[6] talenta[3]! Egō sum C. Iūlius Caesar, deōrum fīlius, cuius opēs sunt magnae et cui fātum est orbem terrārum regere!
10 Pater pretium, quod vōbīs prōposuī, solvet – vel oppida Asiae!

Mox pecūniam accipiētis – sed cavēte: Vōs, quibus nunc pecūniam prōmittō, salūtī timēre dēbētis: Vōs superābō, poenam dabitis! Nēmō vestrum, quōrum captīvus nunc sum, effugiet, cum līber erō!«

1 Rhodus, ī *f.:* Rhodos (*griech. Insel*)

2 vae!: wehe

3 talentum, ī: Talent (*= ca. 26 kg Silber*)

4 Hercle: beim Herkules!

5 minimus, a, um: sehr wenig

6 quīnquāgintā: 50

---

1 Lies den Einleitungstext und formuliere deine Erwartungen zu Inhalt und Gestaltung des Textes. Beziehe dabei die Textsorte mit ein.

2 Gliedere den Text und gib den einzelnen Abschnitten Überschriften. Orientiere dich dabei am verwendeten Tempus.

3 Beschreibe, wie sich Lucius Caesar vorstellt: Charakterisiere Caesars Verhalten gegenüber den Piraten und belege deine Beobachtungen am lateinischen Text. Vergleiche sie mit deinen Erwartungen vor der Übersetzung.

Gaius Iulius Caesar

Caesar hat hoch gepokert, keine Frage. Man braucht schon mehr als Mut, um so mit den Piraten umzugehen, es sei denn, man heißt Gaius Iulius Caesar. Eigentlich stammte Caesar aus eher bescheidenen Verhältnissen. Dafür hatte sein Name einen großen Klang. Die *gens Iulia* führte sich auf Iulus, den Sohn des Aeneas, zurück. Geboren am 13.7.100 v. Chr. erwarb sich Caesar bereits mit 19 Jahren bedeutende militärische Verdienste in Kleinasien.

Den Weg zur Macht ebnete er sich mit der Eroberung Galliens: Nach seinem Konsulat 59 v. Chr. ging er als Prokonsul ins südliche Gallien. Von dort drang er immer weiter nach Norden vor, bis er Gallien 52 v. Chr. endgültig niederwarf. Aber Caesar wollte mehr – sein Ziel war die Alleinherrschaft in Rom. Doch die Zeit dafür war noch nicht reif. An den Iden des März, am 15.3.44 v. Chr., wurde er von etlichen Senatoren ermordet.

*Caesar zu Gast bei den Piraten

Caesar verbrachte 38 Tage in Gefangenschaft bei den Piraten. Doch er benahm sich nicht wie ein normaler Gefangener …

Caesar, quamquam captīvus erat, sē gessit tamquam esset[1] dominus pīrātārum:

»Fīlius deōrum sum! Solvite mihī vincula! – Tacēte, quia somnō mē dēdere cupiō!« Et *pīrātae* profectō ei pāruērunt et ea, quae poposcit,
5 dedērunt.

»Date mihī cōdicillōs[2] meōs! Ea cōnscrībere[3] cupiō, quae comperī!« Et *pīrātae* ea, quae magnā ēloquentiā fēcit, laudibus tollere dēbēbant.

Tamen Caesar iterum atque iterum eōs monuit: »Cavēte! Nēmō salvus effugiet! Vōs omnēs necābō, cum līber erō!« Et profectō *pīrātae* mox
10 intellēxērunt Caesarem nōn lūsisse[4]: Nam Caesar omnēs *pīrātās*, quōrum captīvus et obses fuerat[5], capere atque necāre iussit.

1 sē gessit tamquam esset: er benahm sich so, als sei er

2 cōdicillus, ī: Schreibtäfelchen

3 cōnscrībere: aufschreiben

4 lūsisse: *Infinitiv Perfekt zu* lūdere; *hier:* scherzen

5 fuerat: er war gewesen

1 Charakterisiere Caesar und belege deine Aussagen am lateinischen Text.

2 Schreibe einen Logbucheintrag aus der Sicht des Piratenkapitäns.

1 **Hilfe, Piraten!**
Übersetze und beschreibe die neuen
Erscheinungen.

Piratae navem[1] petunt. Capiunt
– viros, qui magna virtute pugnaverunt.
– puellas, quarum clamor magnus est.
– pueros, quos in servitutem[2] vendunt.
– caprum, cui vitam dono dant[3].
1 navis: Schiff – **2 servitus,** tutis *f.*: Sklaverei –
3 dono dare: schenken

2 | 1 Stelle alle lateinischen Wörter zusammen, die
du brauchst, um das Bild zu beschreiben.
2 Bilde kurze lateinische Sätze und lass deinen
Nachbarn übersetzen.

3 **Eselsbrücken**
Lies dir den Text »Caesar bei den Piraten« durch
und notiere alle Vokabeln, die du nicht kennst.
Ermittle die Grundform und frage deinen Partner
nach der Bedeutung oder schlage nach. Überlegt
euch gemeinsam Eselsbrücken für diese Wörter.

4 **Ein Wort – viele Bedeutungen**
Wähle die jeweils passende Übersetzung.

a) navem regere – orbem terrarum regere
b) pecuniam solvere – nodum[1] solvere
c) captivos tenere – locum tenere
d) navem opprimere – flammas opprimere
1 nodus, i: Knoten

5 **Für Sprachforscher**
Nenne die lateinischen Ursprungswörter und
erschließe die Bedeutung folgender Wörter.

a) Französisch: navire – terre – vingt – tenir –
proposer – régir
b) Italienisch: pericoloso (Adj.) – pena –
libero – terrore – fuggire

6 Deklinieren – liegt auf der Hand!
Zeichne noch einmal die Umrisse deiner Hände
auf ein Blatt. Jeder Finger steht für einen Kasus.
Dekliniere:

a) is, ea, id
b) qui, quae, quod

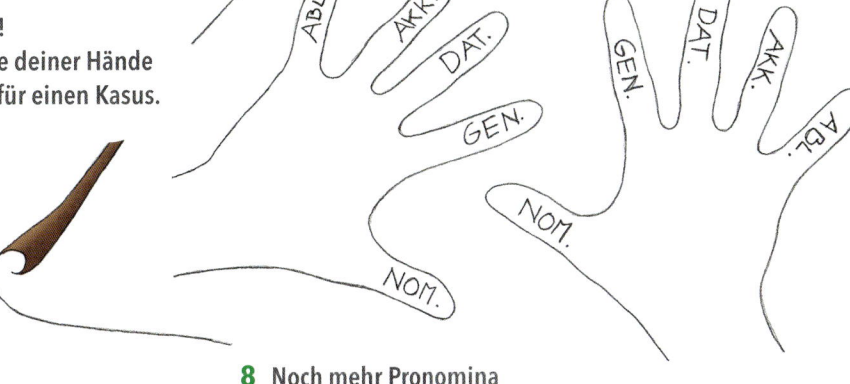

7 Bezugswort gesucht!
Entscheide, welches Bezugswort jeweils in
Numerus und Genus zum Relativpronomen passt,
und übersetze.

a) (dominus, filia, vinculum), quae venit
b) (navis, poena, captivi), qui *piratas* timent
c) (insulae, locus, ops), in quibus vivimus
d) (fata, forum, laus), quam dicimus

8 Noch mehr Pronomina
Bestimme die Formen von »is, ea, id« und bilde
die entsprechende Form des Relativpronomens –
und umgekehrt.

a) eorum – iis – eius – eos – earum
b) ii – id – eum – ea – ei – eae – eas
c) quod – cui – quibus – quem – quae

9 | 1 Und im Deutschen? Füge die passende Form des
Relativpronomens ein.

a) Ein Pirat, _____ Schiffe überfällt, ist eine
Gefahr.
b) Die Waffen, _____ er kämpft, sind scharf.
c) Er sucht nach Schiffen, _____ Vorräte er
rauben will.
d) Die Männer, _____ er gefangen nimmt,
will er als Sklaven verkaufen.
e) Die Frau, _____ die Piraten ihr Leben
geben, freut sich dennoch nicht.

2 Übersetze ins Lateinische.

10 Wenn einer eine Reise tut …
Ergänze die passende Form des Relativpronomens
und übersetze.

a) Urbs, e _____ venimus, magna est.
b) Amicum, _____ nos invitavit, videbimus.
c) Mercator, _____ navis tandem adest,
gaudet.
d) Insula, _____ adimus, pulchra est.
e) *Piratas,* de _____ audivimus, timemus.
f) Sed de periculo, _____ adimus, non
desperamus.
g) Tandem insulam, _____ praeclara est,
adimus.

11 Caesar bei den Piraten. Übersetze.

a) *Piratae* Caesarem, qui captivus eorum erat,
timebant.
b) Caesar, cui opes magnae erant, non despe-
ravit.
c) *Piratae* pecuniam, quam poposcerunt,
acceperunt.
d) Tum *piratae* poenas, quas Caesar promiserat[1], dederunt.
1 promiserat: er hatte versprochen

12 Ein unbequemer Gefangener. Benenne das
jeweilige Bezugswort der Pronomina. Markiere
anschließend die AcIs mit einer Klammer und
übersetze.

Velleius Paterculus narrat *piratas* Caesarem
cepisse. *Piratas* ab eo pecuniam poposcisse
constat. Caesar autem se magnam pecuniam
solvere posse dixit. Eum hostes[1] verbis acribus
petivisse legimus. Tandem eos poenas dedisse
scimus.
1 hostis, is *m.*: Feind

Aeneas in der Unterwelt

Fulvia dagegen muss nicht in die Schule: Sie wird von ihrem Privatlehrer, einem gebildeten Sklaven, zu Hause unterrichtet. Heute geht es um die Sage von Aeneas:

Aenēās animō sollicitus[1] ad portam rēgnōrum īnfernōrum[2] stetit: Cum amīcīs patriam iussū deōrum relīquerat et multōs annōs per maria errāverat. Iam diū cūrae gravēs eum oppresserant. Herī autem in somnō umbram Anchīsae[3], patris mortuī, vīderat. Quī iusserat: »Fīlī, venī ad mē
5 in Dītis[4] inānia rēgna! Tum fātum gentis tuae cognōscēs.«

Quā dē causā pius Aenēās ad īnferōs dēscendit, Stygem[5] flūmen trānsiit, ad rēgna īnferna[2] vēnit. Quō locō nōn sōlum ingentēs bēstiae, sed etiam animae mortuōrum et umbrae futūrōrum[6] hominum habitant.

Pater Anchīsēs, postquam Aenēam vīdit, dīxit: »Vēnistī tandem, tuaque
10 pietās vīcit iter dūrum. Es bonō animō! Tē fāta gentis nostrae docēbō:

Ecce umbra Rōmulī, quī urbem Rōmam condet septemque montēs mūrō circumdabit, cum frātrem vīcerit[7]. Hīc vidēs Caesarem, virum fortem, et omne genus Iūlī[8], filiī tuī. Ecce, is vir erit Augustus, quem omnēs patrem patriae appellābunt, cum orbī terrārum pācem imposuerit[7].«

15 Tum Anchīsēs fīlium ad portam redūxit. Quī laetus rēgna īnferōrum relīquit.

1 **sollicitus,** a, um: beunruhigt

2 **īnfernus,** a, um: unterirdisch, Unterwelts-

3 **Anchīsēs,** Anchīsae *m.:* Anchises *(Vater des Aeneas)*

4 **Dīs,** Dītis: Pluto *(Gott der Unterwelt)*

5 **Styx,** Stygis *f.:* Styx *(Fluss der Unterwelt)*

6 **futūrus,** a, um: zukünftig

7 **vīcerit, imposuerit:** *übersetze wie Perfekt*

8 **Iūlus,** ī: Iulus *(Sohn des Aeneas)*

---

1 Informiere dich über den Trojanischen Krieg und Aeneas' Flucht aus Troja.

2 Stelle aus dem Text Wörter zum Sachfeld »Unterwelt« zusammen.

3 Stelle die Sätze in Z. 11/12 und 13/14 anhand der Einrückmethode grafisch dar.

4 Gliedere den Text und gib den einzelnen Abschnitten Überschriften. Orientiere dich dabei am verwendeten Tempus.

5 Begründe, weshalb Aeneas am Ende »laetus« (Z. 15) ist.

Aeneas

Nur wenige sind dem Inferno entkommen. Vom Meer aus werfen sie einen letzten Blick auf das brennende Troja. In einer einzigen Nacht haben die Griechen alles zerstört. Für die Flüchtlinge unter Führung des Aeneas ist es eine Fahrt ins Ungewisse. Sie ahnen nicht, dass die Götter selbst ihre Rettung beschlossen haben. Schließlich finden sie in Italien eine neue Heimat. Doch bis dahin ist es ein langer Weg, und die Gefährten müssen viele Gefahren meistern und große Opfer bringen. Das größte Opfer aber wird Königin Dido abverlangt werden. Denn Aeneas, der Sohn der Göttin Venus wird ihr, der Frau, die ihn liebt, das Herz brechen …

*Eine traurige Begegnung

Nicht nur die Aussicht auf eine glückliche Zukunft nahm Aeneas aus der Unterwelt mit. Auch eine traurige Begegnung war ihm beschieden.

Iam diū Aenēās per rēgna īnferōrum errāverat, cum in itinere umbram Didōnis[1] vīdit. Quā dē causā recordātus[2] est: In eius rēgnum per maria vēnerat, postquam patriam cum amīcīs relīquit. Rēgīna[3] hospitem accēperat, urbem suam dēmōnstrāverat, quam condiderat et magnīs
5 mūrīs circumdederat. Didōnem[1] tantā pietāte amāverat – sed fātum nōn erat apud eam remanēre …

Tum eam appellāvit: »Misera et fortis Didō[1], tē hīc videō?! Vērus ergō nūntius ad mē vēnerat, quī dīxit tē mortuam esse et tē ipsam[4] gladiō exstīnxisse?! – Crēde mihī: Nōn meā sponte abiī dē rēgnō tuō! Iussū
10 deōrum, quī mē fātum docuērunt, tē relīquī. Cūr nōn respondēs?«

Didō[1] autem abiit ad aliās umbrās inānēs.

1 Didō, Didōnis: Dido *(karthagische Königin)*

2 recordātus est: er erinnerte sich

3 rēgīna, ae: *Femininum zu* rex

4 tē ipsam: dich selbst

1 Stelle zusammen, was du über die Beziehung zwischen Aeneas und Dido erfährst. Belege am lateinischen Text.

2 Versetze dich in Didos Lage. Warum antwortet sie Aeneas nicht?

1 Die Eroberung Troias …
Übersetze und beschreibe die neuen Erscheinungen.

Temporibus antiquis Troia[1] urbs magna fuerat. Sed Graeci[2] eam capere cupiverant et bellum paraverant. Tandem urbs, quam Graeci[2] multos annos oppresserant, arsit. Multi homines, quamquam magna vi pugnaverant, mortui iacebant.

1 Troia: Troja *(Stadt in Kleinasien)* –
2 Graeci: die Griechen

2 … und die Flucht des Aeneas
Übersetze und beschreibe die neuen Erscheinungen.

Dum urbs Troia[1] iam ardet, Aeneas[2] in somno vocem deae audivit. Quae Aeneam servare cupivit.
Itaque Aeneas ex urbe deleta fugere potuit. Quam magno cum dolore reliquit.
Sed patriam novam inveniet. Quae patria in Italia sita erit[3]. Ibi urbem novam condet.

1 Troia: Troja *(Stadt in Kleinasien)* – **2 Aeneas:** *trojanischer Held* – **3 situm esse:** liegen

3 Wortfix: Ordne folgende Wörter den Bildern zu.

murus – mare – porta – iter – mortuus – mons – umbra – urbs – somnus – insula

4 »pietas« – Übersetzen im Kontext
Was genau bedeutet der Begriff »pietas« jeweils? Finde die passende deutsche Übersetzung.

a) pietas filiae in matrem; pietas patris in filios
b) pietas Aeneae in deos
c) pietas imperatoris in milites
d) pietas senatorum in officiis

5 Ein Wort – viele Sinnrichtungen
Wähle eine jeweils passende Übersetzung.

dominus gravis: ein strenger Herr

graves curae – officium grave – cibus gravis – vox gravis – oratio gravis – poena gravis – bellum grave – terra gravis

6 Gegensätze: Finde das passende Gegenstück. Übersetze dann die Wortpaare.

carus – inanis

doctus –   mare –
durus –   effugere –
pax –   relinquere –

7 | 1 Stammformen: Nenne zu den Wörtern den Infinitiv Präsens und die Bedeutung.
2 Sortiere: Perfekt oder Plusquamperfekt?

iusserat – circumdedit – viderunt – fueramus – steterant – reduxerant – docueram – coepisti – reliquerat – oppresserunt – condiderant

8 Welches Wort passt nicht? Beachte die Tempora und begründe deine Auswahl.

a) affuerant – tradiderant – duxerunt
b) fleverunt – fugerant – fecerunt
c) apportaverunt – poposcerant – petiverant
d) dixerant – deleverant – affuerunt
e) circumdat – cognoverat – curat
f) vincebamus – egeramus – dabamus

9 Bilde die fehlenden Formen.

Präsens	Perfekt	Plqpf.
appellat	appellavit	
terrent		
docet		
circumdant		
cognoscis		
stamus		

10 Und auf Deutsch?
Bilde zu den Präsensformen jeweils das deutsche Perfekt und Plusquamperfekt.

er lernt → er hat gelernt → er hatte gelernt
a) er bezahlt – b) er lobt – c) sie bauen –
d) sie lernen kennen – e) er kommt –
f) er steigt hinab

11 Formengenerator
Bilde aus den Bestandteilen Plusquam-
perfektformen und übersetze sie.

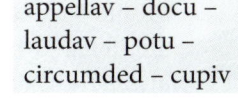 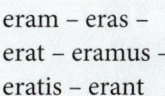

appellav – docu –
laudav – potu –
circumded – cupiv

eram – eras –
erat – eramus –
eratis – erant

12 Ausflug in die Thermen
Übersetze. Unterscheide die drei Zeitebenen.

Iam saepe Fulvia *thermas* adire cupiverat,
pater autem semper vetuerat[1]. Sed aliquando
frater Fulviam vix e somno eripuit, cum mater
vocavit: »Iulia adest. Te in *thermas* ducere
promisit. Num oblita es[2]?«

1 vetare, veto, vetui: verbieten –
2 oblita es: du hast vergessen

13 Dieser Aeneas
Relativischer Satzanschluss – leicht gemacht.
Übersetze.

Aeneas vir fortis erat.
– Qui Troiam reliquit.
– Cuius navis per mare erravit.
– Qui nulla pericula timebat.
– Quem pater ad regnum infernum[1] vocavit.
– Quem iter durum non terruit.
– Cui pater fatum demonstrat.
– De quo iam multa audivimus.

1 infernus, a, um: unterirdisch; Unterwelts-

14 Eine schwere Aufgabe
Ergänze das passende Relativpronomen und
übersetze.

a) Anchises pater Aeneae erat. (Qui, cuius, quem) per mare errabat.
b) Pater iam mortuus erat. (Quos, quae, quem) Aeneas in itinere amiserat.
c) Curae graves filium sollicitaverunt[1]. (Quarum, quorum, quibus) causae erant pericula maris.
d) Regnum Italiae petivit. (Cui, quod, quam) dei ei promiserant.

1 sollicitare: beunruhigen

1 Mosaik aus Tunesien,
3. Jh. n. Chr.: Vergil und zwei Musen

2 Cumae, Höhle der Sibylle

3 Farbdruck von 1929 nach einer
Zeichnung von Ottohans Beier:
Charon

Publius Vergilius Maro – der Schöpfer der Aeneis

Vergil legt seine Schreibfeder aus der Hand. Er schaut auf die eben geschriebenen Zeilen. Nun beginnt der schwierigste Teil der *Aeneis,* die Huldigung des Kaisers Augustus. Vergil lässt seine Gedanken schweifen. Liebevoll denkt er an seine Kindheit, seine Eltern, die damals alles daran gesetzt hatten, ihn in Rom studieren zu lassen. Wie hat er es ihnen gedankt! Ein einziges Mal war er als Redner aufgetreten, und das auch nur mit geringem Erfolg. Dann war Schluss. Er hatte seine wahre Bestimmung gefunden, die Dichtkunst. Hat er seine Eltern enttäuscht? Nein, immerhin gehört er zum engsten Freundeskreis des Augustus. Aber Augustus erwartet so viel von ihm. Wie lange schreibt er nun schon an seiner *Aeneis!* Vergil lässt die bisher erzählten Ereignisse Revue passieren.

Flucht aus Troja – Karthago – Sizilien

Nach ihrer Flucht aus Troja treibt ein Sturm die Flüchtlinge an die Küste Karthagos. Überaus gastfreundlich werden sie von der Königin Dido aufgenommen. Sie bietet ihnen an, in Karthago zu bleiben, denn sie liebt Aeneas und Aeneas liebt sie. Es hätte alles so gut sein können. Doch die Götter wollten es anders. Bei Nacht und Nebel verlässt Aeneas auf ihren Befehl hin Karthago. Dido verflucht ihn und nimmt sich anschließend das Leben.

Der Wind bringt die Flüchtigen nach Sizilien. Hier hoffen sie, endlich eine neue Heimat zu finden. Aber die Götter treiben sie unerbittlich weiter. Viele, vor allem die Frauen, wollen nicht mehr. Sie setzen die Schiffe in Brand, um die Weiterfahrt zu verhindern. Aeneas lässt sie auf Anraten seines mittlerweile verstorbenen Vaters *Anchises,* der ihm im Traum erschienen ist, zusammen mit den Alten und Schwachen zurück und nimmt nur die mit, die stark genug für die Weiterfahrt sind.

Cumae – Eingang in die Unterwelt

Nun sind sie in Mittelitalien gelandet. Hier liegt *Cumae,* der Eingang zur Unterwelt. Vergil schließt die Augen. Er stellt sich vor, wie Aeneas in Begleitung der Sibylle von *Cumae* die Unterwelt betritt, um dort Anchises zu treffen, der ihn über die Zukunft der trojanischen Flüchtlinge aufklären soll: Da ist zunächst das Gestade der *Styx.* Hier warten die Verstorbenen auf ihre Überfahrt in das Reich der Schatten. Bewacht wird dieses Reich vom dreiköpfigen Hund *Cerberus.* Die Verstorbenen lässt er nie mehr gehen, aber den Lebenden verweigert er den Zutritt. Um dennoch die Unterwelt betreten und verlassen zu können, schläfert die Sibylle ihn für eine Weile mit Honig und magischen Kräutern ein.

Beim Eintritt in die Unterwelt begegnen Aeneas und die Sibylle zunächst den Gefallenen aus dem trojanischen Krieg. Auf ihrem weiteren Weg gelangen sie in den Bezirk derer, die den Freitod gewählt haben. Hier trifft Aeneas Dido. Er will sich mit ihr aussprechen. Doch sie erkennt ihn nicht, will ihn nicht erkennen. Ihm bleiben nur Tränen der Reue und des Mitleids. Liegt in ihrem unversöhnlichen Hass die Ursache für den tödlichen Konflikt zwischen Karthago und Rom?

Die Sibylle drängt zur Eile. Die Zeit zur Rückkehr in die Oberwelt ist knapp. Der Weg teilt sich: Links geht es zum *Tartaros.* Hier leiden die Verdammten ewige Qualen. Ein grauenvoller Ort, aus dem es kein Entrinnen gibt. Aeneas und die Sybille schlagen den rechten Weg ein. Er führt sie vorbei an denen, die eine tausendjährige Strafe für ihre Sünden verbüßen. Diese dürfen dann aus der *Lethe,* dem Fluss des Vergessens, trinken, um entweder ins *Elysium,* die Insel der Seligen, einzugehen oder ein weiteres Mal geboren zu werden.

Die Zukunft Roms

Im Elysium erwartet sie Anchises. Er führt sie auf eine Anhöhe und zeigt ihnen eine Schar Geläuterter, die am Ufer der *Lethe* auf ihre Rückkehr in die Oberwelt warten. Er lenkt ihren Blick auf *Romulus,* den Gründer und ersten König Roms. Und der dort ist *Brutus.* Er wird den grausamen Tyrannen *Tarquinius Superbus* vertreiben und die Zeit der Republik einläuten. Etwas weiter entfernt lagern die Helden der *Punischen Kriege.* Da ist zum einen *Q. Fabius Maximus Cunctator,* der große Zauderer, der durch seine Hinhaltetaktik *Hannibal* in Italien zum Aufgeben zwingen wird. Neben ihm die *Scipionen,* beide später mit dem Beinamen *Africanus* geehrt, der eine für seinen Sieg über Hannibal in der Schlacht bei Zama, der andere für die Zerstörung Karthagos. Und sind das nicht *Caesar* und *Augustus?* Auf einmal versteht Vergil die wahre Bestimmung Roms. Wie von selbst formen sich in seinem Kopf diese drei Verse:

»Tu regere imperio populos, Romane, memento
– hae tibi erunt artes –, pacique imponere morem,
parcere subiectis et debellare superbos.«

»Du Römer, denke daran, die Völker mit deiner Herrschaft zu führen –
dies ist deine Begabung –, den Frieden in geordnete Bahnen zu lenken,
Unterworfene zu schonen und Aufständische niederzuwerfen.«

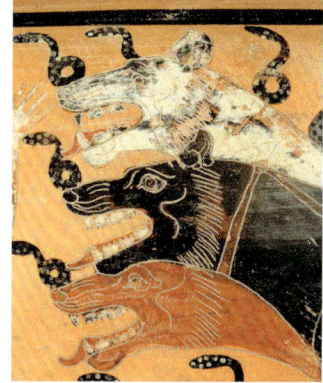

4 Bildausschnitt von einer schwarzfigurigen Vase, ca. 530 v. Chr.: Cerberos

5 Pluto mit dem Cerberos

1 Verfasse mithilfe eines Lexikons oder des Internets eine Kurzbiographie des Vergil.

2 Informiere dich im Namensverzeichnis über die genannten Persönlichkeiten der römischen Geschichte und ordne sie dem passenden Zeitraum auf der Zeittafel (S. 336) zu.

3 Rom – Karthago: Versuche, mehr über diesen Konflikt zu erfahren.

4 Diskutiert in der Klasse über Vergils Verse.

Repetitio est mater studiorum

Menschen mit fotografischem Gedächtnis haben es beim Lernen gut. Sie sehen sich eine Seite an und können sie jederzeit vor ihrem geistigen Auge abrufen. Für die meisten anderen gilt: Wiederholen, Wiederholen, Wiederholen, Wiederholen, Wiederholen, Wiederholen … Der gute alte Cassiodor hat nämlich recht: Erst die Wiederholung sichert den Lernerfolg.

Damit du gezielt wiederholen und üben kannst, solltest du zunächst herausfinden, wo deine Stärken und Schwächen liegen.

Dabei fühle ich mich …	sicher	eher sicher	eher unsicher	sehr unsicher
Wortschatz				
Formen				
Übersetzung				

Auf einen Blick siehst du jetzt, wo du »Baustellen« hast. Selbst wenn es vielleicht viele sind, lass dich nicht entmutigen! Das wird schon. Rom ist ja schließlich auch nicht an einem Tag erbaut worden:

- Nimm dir nicht zu viel auf einmal vor. Setze dir kleine und ganz konkrete Ziele (z. B. täglich 10 Wörter lernen und die sicher können).
- Sei ruhig ein wenig stolz, wenn du dein Ziel erreicht hast! Überlege dir (vielleicht zusammen mit deinen Eltern) eine Belohnung.
- Lerne so, wie es dir selbst am meisten Spaß macht! Verabrede dich z. B. mit einem Freund oder einer Freundin. Lernt gemeinsam.
- Gönne dir bewusst Freizeit! So solltest du dir in den Ferien die Hälfte der Zeit wirklich »frei nehmen«. An diesen Tagen ist die Schule tabu!

Wortschatztraining

Vokabellernen ist mühsam; deshalb ein paar Tipps von uns, wie es vielleicht mehr Spaß macht – und trotzdem effektiv ist!

Schreibe aus zwei Lektionen je fünf Vokabeln heraus, die dir besonders schwierig erscheinen, und lerne sie. Beim nächsten Mal nimmst du fünf andere. Wenn du mit anderen zusammen lernst, könnt ihr euch gegenseitig die herausgeschriebenen Vokabeln abfragen.

Abwechslung bringt das Vokabelmemory. Dazu brauchst du 30–40 Karteikarten; die eine Hälfte beschriftest du mit lateinischen Vokabeln, die andere mit der deutschen Bedeutung. Gespielt wird es wie das normale Memory. Lustig wird es, wenn du es mit anderen spielst.

Natürlich kannst du mit Freunden auch lateinische Bilderrätsel lösen – oder ihr spielt die Wörter pantomimisch oder überlegt euch gemeinsam Eselsbrücken. Wer gemeinsam lacht, lernt sogar noch was!

Formentraining

Mache dir das Baukastensystem bewusst! Wenn du verstanden hast, wie die Formenbildung funktioniert, musst du nämlich viel weniger lernen.
Verben: Sieh dir in deiner Formentabelle die Tempora an. Überlege, woran

du sie erkennst. Merke dir Tempuskennzeichen und Endungen. Du wirst sehen: Die Konjugationsklassen haben viele Gemeinsamkeiten und du musst dir gar nicht so viel merken!

Substantive: Wiederhole jeden Tag nur *eine* Deklination, z. B. die a-Deklination. Suche dir anschließend aus dem Wortschatz verschiedene Wörter zu der wiederholten Deklination heraus und dekliniere sie. Achte gezielt darauf, welche Endungen nicht eindeutig sind und welche auch in anderen Deklinationsklassen vorkommen.

Übersetzung durch *lineares Dekodieren*

Du kennst die Bedeutung der Wörter und kannst die Formen, doch mit der Übersetzung klappt es einfach nicht? Lass dich nicht entmutigen und versuche, planvoll vorzugehen. Meist passieren nämlich viele Fehler, wenn man »einfach so drauflos« übersetzt. Aber das lässt sich verhindern!

Stell dir vor, du willst ein Fachwerkhaus bauen. Dafür brauchst du zunächst ein Holzgerüst, das du später ausfüllst. Nichts anderes geschieht beim sogenannten *linearen Dekodieren*. Und so geht's:

- Lies dir den Satz langsam komplett durch.
- Lies ihn noch einmal und unterstreiche dabei alle Verbinformationen (also Prädikate, Infinitive etc.). Suche auch das passende Subjekt. Hilfreich ist es, wenn du die einzelnen Prädikatformen bestimmst. So weißt du, ob das Verb in der 1., 2. oder 3. Person steht und ob du nach einem Subjekt im Singular oder Plural suchen musst.
- Dann markiere wichtige Konnektoren (d. h. verbindende Wörter wie *et, itaque* bzw. unterordnende Wörter wie *postquam, qui* etc.).

Nun hast du das Satzgerüst und kannst es der Reihe nach übersetzen. So hast du schon eine grobe Vorstellung vom Inhalt des Satzes und kannst ihn anschließend ergänzen.

<u>Aeneas</u> cum amīcīs patriam <u>relīquerat</u> [et] multōs annōs per maria <u>errāverat</u>.
Aeneas hatte … verlassen und war … herumgeirrt.

Is vir <u>erit</u> <u>Augustus</u>, [quem] <u>omnēs</u> patrem patriae <u>appellābunt</u>, [cum] orbī terrārum pācem <u>dederit</u>.
Dieser Mann wird Augustus sein, den alle … nennen werden, wenn er … gegeben hat.

Wichtig ist, dass du den Satz in der Reihenfolge übersetzt, wie er dasteht. Dann vergisst du nichts und kannst die Handlung des Satzes auch besser verstehen. Natürlich kannst du diese Methode mit anderen kombinieren und z. B. AcIs mit Klammern markieren etc.

Das habe ich gelernt:
Das Wiederholen von Vokabeln und Formen ist unverzichtbar, aber die Möglichkeiten sind vielfältig und spannend.
Beim Übersetzen gehe ich so vor, dass ich der Reihenfolge nach alle Verbinformationen markiere – so habe ich ein Grobgerüst des Satzes und weiß ungefähr, worum es geht.

1 Mutter Latein und ihre Töchter: Italienisch. Nenne die lateinischen Ursprungswörter und deren deutsche Bedeutung.

a) Substantive: isola – umanità – nave – genere – monte – pericolo – ombra – pietà
b) Adjektive: nobile – libero – elegante – dolce – ultimo – ingente
c) Verben: atterrire – circondare – reggere – discendere – conoscere – appellarsi

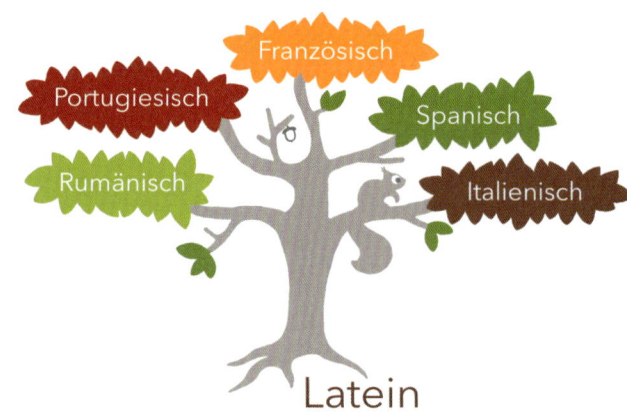

2 Für jedes Substantiv das passende Adjektiv: Ordne zu und übersetze.

a) verba
b) discipulum
c) villae
d) humanitate
e) studium
f) orationis

acris – nobilem – omnia – pari – singulare – eleganti

3 Der Aufschneider. Setze die Adjektive in der passenden Form ein und übersetze.

»Familia patris mei   (nobilis) est. Habitamus in villa   (elegans) et opibus   (singularis) gaudemus. Et non solum servos   (bonus) habemus, sed   (optimus): Sunt certe   (melior) quam tui. Servi voci meae   (dulcis) semper parent et   (omnis) negotia animo   (acer) curant.«

4 Zu jedem Ort die passende Tätigkeit. Ordne zu und übersetze.

a) in insula dulci
b) domi
c) Rhodi
d) in *schola*
e) Romae

somno resistere debemus – otio nos dare possumus – multa *templa* deorum sunt – *ferias* agimus – Cicero eloquentiam meliorem fecit

5 Wo? Füge jeweils die passende Ortsangabe im richtigen Kasus ein und übersetze.

a) Molo   *scholam* eloquentiae condidit.
b) Imperator Caesar   natus[1] est.
c) In   homines antiqui deos colebant.
d)   servi negotia semper curare debent.

domi – Roma – Rhodus – *templa*

1 natus, a, um: geboren

6 Alles ist relativ. Ordne den Formen von »is, ea, id« die Formen des Relativpronomens zu.

ei – eas – id – ii – eorum – ea – eum – eius – eo	cuius – quo – quem – qui – cui – quod – quae – quas – quorum

7 Setze die Relativpronomina in die passende Form und übersetze.

Caesar,   *piratae* valde[1] metuebant, tamen ipse[2] non metuit: »Pecunia,   poscitis, satis[3] magna non est. Nam pretium eius,   opes magnae sunt, magnum esse debet. Sed vos,   captivus nunc sum, poenas dare iubebo!«

1 valde *(Adv.):* sehr – **2 ipse:** selbst – **3 satis:** genug

8 Bilde die entsprechende Form in allen dir bekannten Tempora und übersetze sie.

a) es
b) condit
c) praedicamus
d) poscunt
e) effugio
f) tollitis
g) it

9 Ergänze die fehlende Prädikatsendung und übersetze.

a) Aeneas semper fecit, quod dei iuss ___ .
b) Postquam pius Aeneas ad inferos descen ___ , Anchisem patrem convenit.
c) Aeneas flevit, dum umbram Didonis specta ___ .
d) Anchises filium, cui fatum praedica ___ , ad portam reduxit.

10 Relativischer Satzanschluss – Übersetze.

Nos omnes Caesarem cognovimus.
– Qui neque homines neque pericula timebat.
– Quem nemo terrere potuit.
– Cuius navem *piratae* oppresserunt.
– Quem *piratae* obsidem in vinculis tenuerunt.
– Cui fatum erat orbem terrarum regere.
– De quo nemo tacere potest.
– Qui se filium deorum esse dicebat.

11 Ordne inhaltlich passend zu und übersetze.

a) Aeneas patrem convenire studuit.
b) *Piratae* Caesarem ceperunt.
c) Aeneas Didonem toto animo amavit.
d) Romani orationes Ciceronis audire cupiverunt.

A) Qui postea[1] eos superavit et necavit.
B) Cuius umbram in somno viderat.
C) Quem Molo multis verbis laudavit.
D) Cuius in regnum per maria venerat.
1 postea: später

12 Sapientia Romanorum!
Übersetze folgende lateinische Sprichwörter und recherchiere, was sie bedeuten.

a) De mortuis nihil nisi[1] bene!
b) Fortes fortuna (ad)iuvat.
c) Nosce (= Cognosce) te ipsum[2]!
d) Non *scholae,* sed vitae discimus.
1 nihil nisi: nur – **2 ipse:** selbst

13 | 1 Quis est? Übersetze und ersetze dann das Demonstrativpronomen durch den richtigen Eigennamen.

a) Is carmen magnum de itineribus pugnisque Aeneae scripsit[1].
b) Is totam Galliam magno bello oppressit.
c) Ea Aeneam ad inferos duxit.
d) Is Hannibalem in Africa vicit.
1 scribere, scribo, scripsi, scriptum: schreiben

2 Formuliere selbst kurze lateinische Sätze zu Cicero, Augustus und Dido.

1, 2 Triclinium (Speisezimmer) aus Caesar-
augusta und Speisen aus Augusta Raurica

Heute ist der Tag der Saturnalien. Der Speisesaal ist schön
dekoriert, das Essen vorbereitet. Köstlicher Wein steht
bereit. An einem solchen Feiertag benutzt man natürlich das
gute Geschirr: Für die Speisen ein Service aus feinster *terra
sigillata* und für den Wein die *schwarzfigurige Amphore* aus
Griechenland. Auch der edle *Skyphos* aus getriebenem Silber
kommt zum Einsatz, dazu das kostbare *Diatretglas,* ein wahres
Meisterstück römischer Glaskunst!

3 Griechische schwarzfigurige Amphore

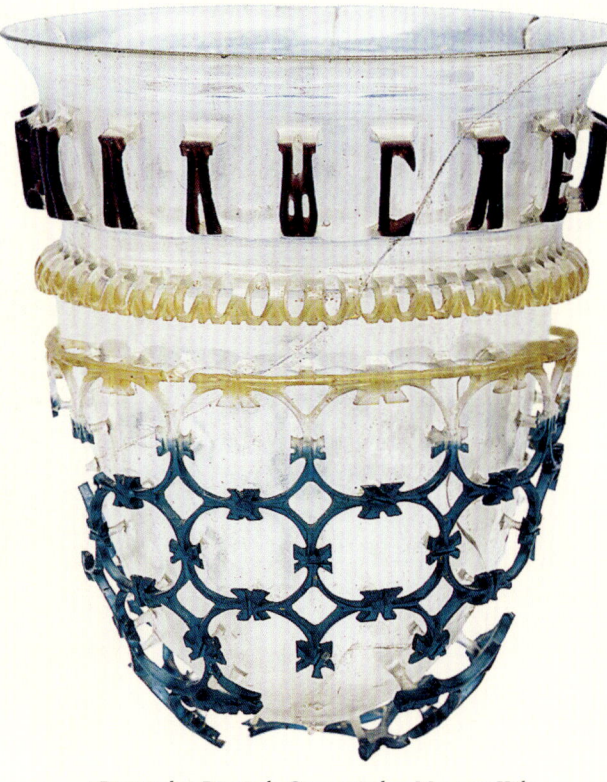

4 Diatretglas, Römisch-Germanisches Museum Köln

1 Auf dem silbernen Skyphos ist ein Triumphzug des Kaisers Tiberius abgebildet. Beschreibe und erläutere die Abbildungen.

2 Beschreibe die Amphore: Welcher Mythos ist hier dargestellt? Begründe deine Antwort.

3 Sieh dir das Diatretglas genauer an: Wie ist es gearbeitet? Informiere dich zusätzlich über römische Glaskunst.

5 Silberbecher (Skyphos) aus dem Schatz von Boscoreale

Triumph über das Mitleid?

Heute feiert Kaiser Trajan seinen großen Triumph für den Sieg über die Daker. Ganz Rom ist deshalb auf den Beinen. Lucius und Fulvia drängen sich durch die Menschenmassen und erreichen endlich das Forum Romanum.

Fulvia: »Ecce forum plēnum hominum – nihil triumphī vidēbimus!«

Lūcius: »Mea culpa nōn est. Sī tū magis properāvissēs, haud tam sērō vēnissēmus. Sin mātūrē[1] vēnissēmus, nunc nōn mediā in turbā, sed in prīmō locō stārēmus et omnia cernere possēmus.«

5 Tum servus: »Domina, tibī aderō. Sī licet, tē tollam.«

Iam Fulvia pompam[2] vidēre potest: Spectat omne genus ōrnāmentōrum et cōpiam mīram aurī argentīque et multās bēstiās, quās numquam anteā vīdit. Nihil autem eam magis movet quam ingentēs tabulae, in quibus fortūnam miseriamque bellī cernit: vīllās et templa, quae ārdent; mīlitēs,
10 quī hostibus nōn parcunt; imperātōrem, quī victōriā singulārī gaudet.

Fulvia, dum agmen Dācōrum videt, trīstis est: Miseria hostium captīvōrum eam movet.

Lūcius: »Nōlī[3] eōs miserōs vocāre! Bellum iūstum fuit: Imperātor Trāiānus Dācōs neque oppūgnāvisset neque eōs captīvōs reddidisset, nisī
15 sociōs nostrōs oppressissent! – Ecce Trāiānus! Nōnne Iovī similis est?«

1 **mātūrē** *(Adv.):* rechtzeitig
2 **pompa,** ae: Triumphzug
3 **nōlī ... vocāre:** Nenne nicht

1 Beschreibe das Bild und benenne einzelne Gegenstände mit einem lateinischen Wort aus dem Text.

2 Erkläre die Situation in Z. 1–4 und erschließe die Bedeutung der neuen Formen.

3 Stelle schwierige Sätze anhand der Einrückmethode grafisch dar.

4 Arbeite heraus, wie Fulvia und Lucius jeweils den Triumphzug erleben, und belege am Text.

5 Beurteile Lucius' Aussage (Z. 13–15) aus römischer und aus deiner eigenen Sicht.

Triumphzüge

Unter dem Beifall der Bevölkerung zieht ein Triumphzug über die *Via Sacra* (Heilige Straße) zum Kapitol hinauf. Angeführt wird der Zug von Trägern mit Bildern von der Schlacht. Es folgen Priester mit Opfertieren und hohe Senatsbeamte. Anschließend kommen die Kriegsgefangenen, die später als Sklaven verkauft werden. Dann endlich erscheint der Feldherr mit seinen siegreichen Truppen. Für seinen Einzug benötigte er die Zustimmung des Senats. Normalerweise ist es nämlich verboten, in Waffen das *pomerium,* die heilige Grenze zum inneren Stadtgebiet, zu betreten. Gekleidet wie Jupiter fährt der Triumphator auf einer *Quadriga,* einem von vier Pferden gezogenen Streitwagen. Ein Staatssklave hält den Siegerkranz über sein Haupt und flüstert ihm zu: *Hominem te esse memento* (Denke daran, dass du ein Mensch bist). Ob dem Feldherrn ein Triumphbogen errichtet wird?

*Ein einziger Triumph?

Drei Legionäre, die mit Trajan gegen die Daker gekämpft haben, treffen sich am Tag nach dem großen Triumphzug in einer Taverne.

Quīnctilius: »Vīdistisne aurum, arma, ōrnāmenta, quae Dācīs ēripuimus? Egō magnam pecūniam ab imperātōre accēpī, quia tam bene pūgnāvī. Sī cuperem, etiam tōtam tabernam emere possem.«

Antōnius: »Dēsine tandem bona tua verbīs in falsum augēre[1]! Nisī sōlam
5 pecūniam amārēs, puellās pulchrās, quae triumphum spectāvērunt, vīdissēs. Ūna ex eīs clāmābat, dum mē et Gāium et Quīntum (amīcōs meōs) spectat: ›Ecce virī fortēs! Sī licēret, omnibus tribus[2] nūberem.‹«

Clōdius: »Quid dīcitis dē aurō vel puellīs? Eheu! Uxor mea mē relīquit, dum nōs in Dāciā pūgnāmus. Vae mihī! Nisī abīssem, nunc sōlus nōn
10 essem!«

Antōnius: »Sōlus nōn es. Age[3], bibe[4] nōbīscum! Quīnctilius certē prō vīnō[5] solvet[6].«

1 **in falsum augēre:** übertreiben

2 **tribus:** *Dat. zu* trēs

3 **age!:** Komm!

4 **bibere:** trinken

5 **vīnum,** ī: Wein

6 **solvere:** *hier:* bezahlen

1 Erkläre das spezielle Problem des Clodius.

1 Überraschung!
Übersetze und beschreibe dann die neuen
Erscheinungen.

Fulvia: »Hodie cum amica luderem, si
cuperet. Sed magis ei placet forum adire.«
Lucius: »Si mecum venires, etiam tu in foro
res[1] pulchras videres.«
Fulvia: »Si tecum irem, nihil nisi[2] viros fortes
et equos spectarem.«
Lucius: »Si ludi essent, tibi id dicerem. Sed
hodie triumphum spectare possumus.«
1 res *(Akk. Pl. f.):* Dinge – **2 nihil nisi:** nur

2 Die Daker: ein gefährlicher Feind
Übersetze und beschreibe dann die neuen
Erscheinungen.

Nisi[1] gentes Dacorum[2] Romanos petivissent,
ii bellum cum barbaris non gessissent[3]. Nisi
autem milites Romani copias Dacorum[2]
vicissent, omnes magno in periculo fuissent.
Nunc autem Traianus imperator gaudet: »Si
victoriam non peperissemus, heri triumphum
agere non potuissem.«
1 nisi: wenn nicht – **2 Daci,** orum: die Daker –
3 bellum gerere, gero, gessi, gestum: Krieg führen

3 | 1 Stelle alle lateinischen Wörter zusammen, die
du brauchst, um das Bild zu beschreiben.
2 Bilde kurze lateinische Sätze und lass deinen
Nachbarn übersetzen.

4 | 1 Io triumphe!
Gestalte eine Mindmap zum Thema »Triumph«.
Verwende bekannte und neue Vokabeln.
2 Informiere dich, welches »Rahmenprogramm«
die Römer dort erwartete.

5 »Verwandte Wörter«
Nenne jeweils das lateinische Adjektiv, mit dem
die folgenden Wörter verwandt sind. Erschließe
dann ihre Bedeutung.

Substantive: tristitia – pulchritudo –
fortitudo – iustitia – fides – libertas –
similitudo – duritia

6 Kleine Wörter - große Wirkung!
Übersetze und finde Eselsbrücken zur
Unterscheidung.

a) mox – modo – mons
b) si – nisi – sin – sine
c) num – dum – sum – tum
d) sero – septem – semper

7 So sprechen Politiker im Krieg.
Wähle eine passende Übersetzung für die
gängigen Phrasen.

bellum iustum – sociis adesse – milites iter
faciunt – de salute desperare – pacem
imponere – hostibus victis parcere – cladem
accipere – pacem petere – pacem facere –
obsides dare – arma tradere

8 | 1 Präsens- oder Perfektstamm? Bestimme die Form und sortiere.

Konj. Imperf.	Konj. Plqpf.

spectaremus – oppugnavisset – arderent – adessem – properavisses – venissemus – fuissem – peteret – possetis – sustulissent – ageretis – faceres

2 Bilde jeweils die andere Form.

9 Formen bilden mit System – Ergänze die fehlenden Formen.

Inf. Präs.	Konj. Impf.	Inf. Perf.	Konj. Plqpf.
	venirem		
			reddidisses
	cuperet		
			pepercissemus
	videretis		
			arsissent

10 Konjunktiv oder nicht? Bestimme Modus und Tempus.

a) studebam – promisisset – regeremus – tenueram – ducerent – timuisses – accipiebatis – solveret – dixeram

b) sustulerant – terrebam – stetissent – scirent – doceremus – appellavissent – cognoverat – vidisses – poposcissetis

11 Deklinationen: Schau auf das Ende! Wähle die nach KNG passende Form des Adjektivs.

a) genera   (multi, multae, multa)
b) verborum   (dulcium, dulcibus, dulcis)
c) silentium   (ingentem, ingens, ingenti)
d) hostibus   (saevis, saevum, saevos)
e) clade   (grave, gravi, graves)
f) amico   (eleganti, elegans, elegantium)

12 Vae victis! Fulvia und Lucius überlegen, wie sie sich als Gefangene/als Soldat fühlen würden. Bilde Sätze zum Bild und lass deinen Nachbarn übersetzen. Eine kleine Hilfe:

captivus: tristis, flere, poenam dare
miles: laetus, gaudere, imperatorem laudare

13 Wenn das Wörtchen »wenn« nicht wär … Übersetze und ergänze auf Deutsch.

a) Si magis properaremus …
b) Nisi media in turba staremus …
c) Si tu me iuvares …
d) Si imperator tandem veniret …
e) Nisi captivi tam miseri essent …
f) Si mater quoque adesset …
g) Nisi negotia haberem …
h) Si feriae[1] tandem adessent …
1 feriae: Ferien

14 Hätte, wäre, könnte: Von Aeneas bis Trajan. Übersetze.

Nisi Graeci urbem Troiam delevissent, Aeneas cum sociis fortibus patriam novam non petivisset. Sed nisi mater Venus ei affuisset, numquam in Italiam pervenisset. Neque Romani imperium[1] magnum sibi paravissent, nisi tam fortes se praebuissent[2]. Nisi imperator Traianus tam probus esset, imperium[2] maximum[3] non regeret.

1 imperium, i: Reich – **2 se praebere:** sich erweisen als – **3 maximus,** a, um: der/die/das größte

Ein besonderer Wunsch

Bruttius möchte das Atrium seines Hauses in Lukanien renovieren. Deshalb gibt er bei dem bekannten römischen Kunsthandwerker Aristos ein großes Mosaik in Auftrag, auf dem der Europa-Mythos abgebildet sein soll.

Aristos: »Iam saepe puellam fīnxī, quae in taurō sedet.«

Bruttius: »Id est, quod vulgus exspectat. Egō quidem Eurōpam, quae in taurō sedet, nōn cupiō. Audī fābulam, tum intellegēs:

Eurōpa, cum ad lītus cum amīcīs lūderet, subitō mediīs in herbīs
5 ingentem taurum aspexit. Cuius color¹ erat niveus², fōrma nōbilis, habitus³ placidus.

Eurōpa, cum prīmō bēstiam tangere metueret, tamen mox eam adiit. Cum flōrēs carpsisset, eōs taurō porrēxit⁴. Quī cum dōnō gaudēret, mānibus⁵ Eurōpae ōscula dulcia dedit. Puella taurum rogāvit, quis esset
10 et quid vellet⁶. Taurus mūgīvit⁷ et puellae pectus praebuit, ut contingeret. Etiamsī puella nesciēbat, quem tangeret, tergō taurī cōnsīdere audet – subitō bēstia eam in mare altum abdūcit.«

Aristos: »Tē pergere opus nōn est. Verbīs tam doctīs atque ēlegantibus nārrāvistī, ut imāginem iam animō fingerem: puellam pulchram, quae
15 taurō mīrō herbās flōrēsque variōs dat.«

Bruttius: »Profectō sapis!«

1 **color,** colōris *m.*: Farbe

2 **niveus,** a, um: weiß wie Schnee

3 **habitus:** Aussehen

4 **porrigere:** hinstrecken

5 **manibus:** *Dat. Pl. zu* manus: Hand

6 **velle:** wollen

7 **mūgīre:** muhen, brüllen

1 Gliedere die Geschichte (Z. 4–12) und gib den einzelnen Abschnitten Überschriften. Gib dann die Handlung in eigenen Worten wieder.

2 Arbeite heraus, an welchen Stellen im Text angedeutet wird, dass es sich nicht um einen normalen Stier handelt.

3 Erzähle die Geschichte aus der Sicht von Europa oder dem Stier. Beziehe auch dein Wissen aus dem Informationstext mit ein.

Göttliche Affären

Auch Götter haben ihre kleinen Schwächen, besonders Jupiter mit seiner Vorliebe für hübsche Mädchen. Die Liste seiner Liebschaften ist lang, seine Vorgehensweise hinterlistig: *Europa* begegnet er als Stier, *Alkmene* in Gestalt ihres Ehemanns *Amphitryon*, *Leda* als Schwan, *Danae* sogar als goldener Regen. Auch ein Junge ist dabei, *Ganymed*. Doch statt ihrem Gatten Jupiter die Leviten zu lesen, bestraft Juno lieber dessen Opfer, so wie die Nymphe *Io,* die von Jupiter in eine Kuh verwandelt worden war. Gestochen von einer Bremse der Juno irrte sie als Kuh halb wahnsinnig vor Schmerzen durch die Welt, bis sie schließlich von Juno zurückverwandelt wurde. Die Ägypter verehrten sie später als Göttin *Hathor.* Die moderne Astronomie hat einigen Geliebten Jupiters ein Denkmal gesetzt. Weißt du, in welcher Form?

*Leda und der Schwan

*Auch Lucius ist von dem Motiv des neuen Mosaiks begeistert. Er erzählt seiner
Schwester gleich noch eine Geschichte von Jupiters Liebschaften:*

Lēda uxor pulchra Tyndareī[1] rēgis erat. Quae cum libenter bēstiās spec-
tāret et flōrēs herbāsque legeret, per campōs iit. Cum ad flumen altum
pervēnisset, cycnum[2] niveum[3] aspexit. Cuius fōrma nōbilis erat et vōx
iūcunda: Cycnus[2] carmen dulce cantābat, quod cor Lēdae mōvit. Quae
5 cycnum[2] adiit, ut eum tangeret.

Sed cycnus[2] Iuppiter erat! Lēda, cum stulta nōn esset, tamen sērō intellēxit, quid bēstia in animō habēret. Iam cycnus[2] eam complexus est[4] …
Tyndareus[1] marītus autem, cum nihil dē dolō deī scīret, uxōrem amāre
perrēxit. Paulō post[5] Lēda duo ova[6] peperit, in quibus erant duo fīliī et
10 duae fīliae.

1 **Tyndareus, ī:** *König von Sparta*

2 **cycnus, ī:** Schwan

3 **niveus, a, um:** weiß wie Schnee

4 **complexus est:** (er) umarmte

5 **paulō post:** wenig später

6 **ovum, ī:** Ei

1 Gliedere die Geschichte und gib die Handlung in eigenen Worten wieder.

2 Beschreibe, welchen Trick Jupiter anwendet, um sich Frauen zu nähern.

3 Vergleiche die römischen Götter mit deiner eigenen Vorstellung von Gott.

1 Eine unglückliche Ehefrau
Übersetze und beschreibe dann die neuen Erscheinungen.

Iuno[1] saepe de marito desperabat, *cum* Iuppiter iterum atque iterum puellas mortales[2] *adiret*. Qui Iunonem, *cum* dea magna *esset*, neglexit. Qua de causa Iuno maritum saepe reprehendebat.
Cum Iuppiter Europam *abduxisset*[3], Iuno tam misera erat, *ut* clamorem magnum *tolleret*.

1 Iuno: *Göttin; Frau von Jupiter* – **2 mortalis,** e: sterblich – **3 abduxisset:** *erschließe aus* ab-ducere

2 Termin beim Handwerker Aristos
Übersetze und beschreibe dann die neuen Erscheinungen.

Aristos e Bruttio quaesivit, *quis*[1] esset et *quid cuperet*. Audire cupivit, *cur* Bruttius ad se *venisset, quae esset* fama sua. Scire debuit, *quantum*[2] pecuniae dominus solvere *posset* et *qua de causa* imaginem[3] novam habere *cuperet*. Nec quaesivit, *quando* Bruttius imaginem[2] *exspectaret*.

1 quis: wer – **2 quantum** + *Gen.:* wieviel – **3 imago,** imaginis *f.:* Bild, Mosaik

3 Wortfix: Ordne folgende Wörter den Bildern zu.
Nenne Bedeutung und Deklination.

taurus – litus – captivus – oculus – corpus – vulgus – pectus

4 Sachfelder
Erstelle eine Mindmap mit lateinischen Wörtern zu folgenden Themen: a) Liebe und Begehren – b) Wasser und Meer

5 Pantomime
Notiere fünf Verben aus Lektion 22. Spiele sie der Klasse vor. Die Mitschüler notieren ihre Lösung. Wer errät alle?

6 Eselsbrücken
Lies dir den Text »Ein besonderer Wunsch« durch und notiere alle Vokabeln, die du nicht kennst. Ermittle die Grundform und frage deinen Partner nach der Bedeutung oder schlage nach. Überlegt euch gemeinsam Eselsbrücken für diese Wörter.

7 Verben und Konjugationsklassen
Nenne den Infinitiv Präsens und sortiere nach Konjugationsklassen.

a	e	i	kons./kurzvok.

luderet – sedet – narravisti – aspexit – venerat – cupio – gauderet – exspectat – audi – fingerem – praebuit – rogavit

8 Konjunktiv oder nicht? Sortiere die Formen nach Modus und Tempus.

Indikativ		Konjunktiv	
Imperfekt	Plusquamperf.	Imperfekt	Plusquamperf.

docebat – erravissent – delerent – sedebatis – condiderat – fingeret – aspexerat – metueret – auderem – praebuisses – carpsissent

9 Konjunktive – Bilde die fehlenden Formen.

Ind. Präsens	Konj. Imperfekt	Konj. Plqpf.
timet		
carpit		
considit		
est		
contingit		

10 Gleichzeitig oder vorzeitig? Bestimme das Zeitverhältnis und wähle eine Übersetzung aus.

Pater Europae ex eius amicis quaesivit …
a) ubi filia esset.
   wo seine Tochter (ist/gewesen ist).
                  (sei/gewesen sei).
b) cur taurus eam abduxisset.
   warum der Stier sie (entführt/entführt hat).
            (entführe/entführt habe).
c) cur ei non affuissent.
   warum sie ihr nicht (helfen/geholfen haben).
           (hälfen/geholfen hätten).

11 Gleichzeitig oder vorzeitig? Bestimme das Zeitverhältnis und übersetze.

Iuno deliberavit …
a) quid maritus nunc faceret.
b) quid maritus pridie[1] fecisset.
c) quam puellam Iuppiter pridie[1] convenisset.
d) cur Iuppiter maritus fidus non esset.
e) quomodo alias puellas punivisset[2].
f) quomodo ea omnia tolerare potuisset.
1 pridie *(Adv.):* am Tag zuvor – **2 punire:** bestrafen

12 Bestimme das Zeitverhältnis und übersetze. Achte auf die Bedeutung von *ut* und *cum*.

Iuppiter, *cum* amore arderet, litus adiit. Se in taurum pulchrum vertit[1], *ut* Europa eum adiret. Et vere: Forma eius tam nobilis erat, *ut* Europa eum tangere cuperet: *Cum* flores carpsisset, eas tauro praebuit. Et taurus, *cum* dono gauderet, oscula dedit. *Cum* Europa tergo tauri consedisset, deus eam abduxit.
1 se vertere in: sich verwandeln in

13 Irrealis oder nicht? Übersetze. Entscheide jeweils, ob bzw. wie du die Konjunktive im Deutschen wiedergeben musst.

Europa:
a) »Nisi taurus me abduxisset, non flerem.«
b) Sed cum me tangeret, amore arsi.
c) Tam laeta fui, ut non deliberarem.
d) Si deum cognovissem, fugissem.
e) Vae! Nisi tam stulta fuissem, nunc sola in insula non essem.«

14 »cum« – mit, weil, obwohl, als? Übersetze.

Iuppiter *cum* Europa Cretam insulam petivit. Ibi puellam reliquit, *cum* iram Iunonis uxoris timeret. Europa, *cum* de salute sua iam desperaret, tandem deam Venerem[1] aspexit. Quae dixit: »Pars terrae[2] nomen[3] a te accipiet.« Europa, *cum* ea verba audivisset, magno *cum* gaudio in insula dulci vivebat.
1 Venus, Veneris: Venus *(Göttin der Liebe)* – **2 pars terrae** *f.:* Erdteil – **3 nomen,** nominis *n.:* Namen

Io Saturnalia!

Während der Renovierungsarbeiten in seinem Landhaus bleibt auch Bruttius in Rom und verbringt dort die Wintermonate. Heute wird gefeiert, denn es ist Saturnalienfest, und da geht es ausgelassen zu:

Servus 1: »Heus, Bruttī, optō, ut abeās et dēs mihī alterum pōculum[1] vīnī!«

Servus 2: »Immō – apportā tōtam *amphoram,* ut sitim explēre[2] possīmus! Mōre enim Sāturnāliōrum oportet nōs ›rēgem bibendī[3]‹
5 creāre. Igitur curre, Bruttī, ut vincam!«

Servus 3: »Numquam vincēs. Multum bibistī atque iam matus[4] es!«

Servus 2: »Hercle[5]! Certē matus[4] sum – sed hodiē sēdem dominī obtineō. Nec Lūcius solet temperāre vīnō …«

Servus 1: »… neque puellīs …«

10 Servus 3: »Tē ōrō, nē tālia dīcās! Nōs nōn decet sermōnem dē vitiīs dominī habēre. Cavēte ācrem īram dominī!«

Servus 2: »Quārē? Lībertās Decembris[6] est! Hodiē audeō dīcere, quid[7] mihī placeat. Num quid herī acciderit, īgnōrātis? Bruttī fīlius clam abiit, ut convenīret … – Ah, Bruttī, tandem venīs! Mihī pōculum[1] complē!
15 Tangomenās faciāmus[8], ut sciāmus, quis sit rēx bibendī[3]!! Iō Saturnālia!«

1 **pōculum,** ī: Becher
2 **sitim explēre:** den Durst löschen
3 **bibendī:** im Wetttrinken
4 **matus,** a, um: betrunken
5 **Hercle!:** Beim Hercules!
6 **December,** Decembris: Dezember
7 **quid:** *hier:* was auch immer
8 **tangomenās faciāmus:** lasst uns tüchtig saufen

1 Nutze die Vokabelangaben neben dem Text und äußere Vermutungen über den Inhalt des Textes.

2 Beschreibe das Verhalten der Sklaven und begründe es. Beziehe die Informationen über das Saturnalienfest und dein Wissen über das Verhältnis von Herren und Sklaven mit ein.

Saturnalien

Endlich ist er da, der 17. Dezember, und damit die Saturnalien. Sie erinnern an das Goldene Zeitalter des Gottes Saturn, als es noch keine Standesunterschiede gab. Jeder hat an diesem Tag frei, selbst die Sklaven. Viele werden sogar von ihren Besitzern bedient. Dinge sind erlaubt, die sonst verboten sind, z. B. Glücksspiele. Mit einem *sacrificium publicum* (öffentliches Opfer) zu Ehren Saturns wird das Fest eröffnet. Man flaniert über einen besonderen Markt, um Geschenke zu kaufen, vor allem Tonfigürchen *(sigillaria).* Auch Geschirr, Süßigkeiten, Parfum und Kerzen stehen hoch im Kurs. Später nannte man nicht nur die Tage nach dem 17. Dezember *sigillaria,* sondern auch den eigens für die Saturnalien veranstalteten Markt. Dies erinnert an unsere Weihnachtsmärkte. Kein Wunder also, dass jeder dem Fest entgegenfieberte.

*Eine Zeit wie im Märchen

Jedes Fest hat einen besonderen Anlass: Die Saturnalien gehen auf eine mythische Zeit zurück, in der der Gott Saturn König ist.

Rēgnum Sāturnī aurea aetās[1] est: Sāturnus rēx tam iūstus est, ut nēmō
servus esse dēbeat. Quā lībertāte omnēs aequī[2] sunt, ut sermōnem
līberum habēre possint. Neque sunt rēs prīvātae[3], sed omnia sunt
commūnia[4]. Igitur nēmō optat, ut vīnum bibat, cum amīcus nihil nisī
5 aquam habeat.

Iovī autem, fīliō Sāturnī, mōrēs patris nōn placent. Cum ipse[5] hominēs
regere studeat, patrem vī petit, tum vinculīs tenet, tandem sēdem eius
obtinet.

Sāturnālibus igitur Rōmānī recordantur[6], quam[7] iūcunda tum fuerit vīta,
10 cum Sāturnus rēx esset Ītaliae. Imprīmīs servī optant, ut iterum tālia
tempora adsint. Itaque *statuam* Sāturnī vinctī[8] ē templō dūcunt, ut deō
lībertātem dent.

1 Charakterisiere die Zeit Saturns. Belege deine Antworten mit lateinischen
Begriffen aus dem Text.

1 **aurea aetās:** goldenes Zeitalter

2 **aequus,** a, um: gleich

3 **rēs prīvātae:** Privateigentum

4 **commūnis,** e: gemeinsam

5 **ipse:** selbst

6 **recordantur:** sie erinnern sich
(daran)

7 **quam:** wie

8 **vinctus,** a, um: gefesselt.

1 »Vaterpflichten«
Lucius soll seinen Vater vertreten und erhält Anweisungen. Übersetze und beschreibe dann die neuen Erscheinungen.

Bruttius: »Exspecto, …
– ut tu servis officia des.
– ut servos laudes aut moneas.
– ut servi tibi semper pareant.
– ne servi officia neglegant.
– ut soror matri adsit.«

2 Vae – Saturnalia!
Bruttius Praesens hat keine gute Erinnerung an die Saturnalien. Übersetze und beschreibe dann die neuen Erscheinungen.

Bruttius: »Vae mihi! Non ignoro …
– quid servi de nobis narraverint.
– quae verba mala audiverimus.
– quam copiam cibi emerim.
– quanta[1] miseria nostra fuerit.«
1 quantus, a, um: wie groß

3 Verwechslungsgefahr! Unterscheide und überlege dir Eselsbrücken.

a) optare – obtinere – opprimere
b) comprehendere – comperire – complere
c) creare – credere – cupere
d) solvere – solere
e) agere – abire – accidere – accipere

4 | 1 Für Sprachforscher: Nenne die lateinischen Ursprungswörter und ihre Bedeutung.
2 Erkläre die Bedeutung der Fremdwörter und vergleiche sie mit dem lateinischen Wort.

Der Bürgermeister bangt um die *Attraktivität* seiner Ortschaft als *Feriendomizil*: Welche *Alternative* zur *Vinothek* können wir bieten? Welche *Optionen* haben wir? *Klammheimlich* hat die Nachbargemeinde eine *komplette* Ferienanlage gebaut. Wir benötigen dringend eine ähnlich *spektakuläre* Idee!

5 Ein Wort – verschiedene Bedeutungen. Übersetze.

a) Populus consules bonos creat.
b) Pater et mater liberos creant.
c) Poeta carmina pulchra creat.
d) Terra flores varios creat.

6 Sachfelder: Erstelle eine Mindmap zum Thema »Mensch und Charakter«. Berücksichtige verschiedene Wortarten.

7 | 1 Stelle alle lateinischen Wörter zusammen, die du brauchst, um das Bild zu beschreiben.
2 Bilde kurze lateinische Sätze und lass deinen Nachbarn übersetzen.

8 Verben! Sortiere nach Konjugationsklassen und bilde den Konjunktiv Präsens.

a	e	i	kons./kurzvok.

opto – sedet – bibit – aspicio – solet – laudat – audet – audit – fingo – praebet – tempero

9 Mit System! Bilde alle Konjunktivformen der 3. Pers. Sg.

optare	optet	optaret	optaverit	optavisset
dare				
complere				
accidere				
audire				

10 Formen erkennen: Indikativ Präsens, Futur oder Konjunktiv Präsens? Sortiere.

Ind. Präsens	Futur	Konj. Präsens

placeat – placebit – solet – soleat – obtineat – currat – curret – currit – veniet – veniat – temperat – accidit – accidet – accidat

11 Bald wird das Mosaik fertig sein! Bruttius ist schon ganz aufgeregt. Ergänze die richtige Form und übersetze.

Bruttius: »Opto, ut …
a) Aristos mox imaginem puellae (fingere).
b) familia imagine (gaudere).
c) etiam liberi ornamentum (diligere).
d) hospites ornamentum (laudare).«

12 Das(s) bloß nicht …
Übersetze. Achte auf die richtige Wiedergabe von *ut* und *ne*.

a) Servi poscunt, ut dominus vinum apportet.
b) Bruttius statim currit, ut iis pareat.
c) Tamen optat, ut mox in campis laborent.
d) Lucius clam abit, ne pater eum reprehendere possit.
e) Bruttius autem optat, ut filius salvus redeat.

13 Bruttius fürchtet die Saturnalien. Übersetze.

a) Bruttius timet, ne servi in atrium[1] conveniant.
b) Timet, ne servi magnam copiam vini bibant aut ubique[2] fundant.
c) Timet, ne servi verba mala de domino dominaque dicant.
d) Timet, ne servi cras laborare non possint.

1 atrium, i: Innenhof – **2 ubique:** überall

14 Über die Schulter geschaut
Markiere die AcIs mit einer Klammer. Bestimme das Zeitverhältnis und übersetze.

Pater liberos artificem[1] adire iubet. Scire cupit, quo tempore artifex[1] imaginem conficiat[2]. Liberi artificem[1] laborare vident. Eum multas tesseras[3] iam posuisse[4] cognoscunt. In imagine puellam in tauro sedere vident. Cernunt puellam tauro flores dedisse.
Domi patri narrant, quid viderint. Qui non gaudet …

1 artifex, -ficis *m.*: Künstler – **2 conficere:** fertigstellen – **3 tessera,** ae: Mosaiksteinchen – **4 posuisse:** *Infinitiv Perfekt zu* ponere

Mosaik aus Byblos (Libanon), 3. Jh. n. Chr.

1 Trajanssäule

Trajan und die Heiligen

Trajan und die Heiligen? Zugegeben, das wirkt zunächst etwas befremdlich. Schließlich ist Trajan, soweit man das weiß, nie einem Heiligen begegnet. Und doch ist sein Name eng mit Heiligen *(Sancti)* verbunden.

Hier des Rätsels Lösung: Am Niederrhein gibt es eine kleine Stadt mit einem recht seltsamen Namen: *Xanten.* Berühmt ist sie durch ihren Dom und ihren archäologischen Park. Dieser Park wurde auf den Überresten der römischen *Colonia Ulpia Traiana* gebaut, die in der Antike zu den 150 bedeutendsten Städten des *Imperium Romanum* zählte. Nur wenige Städte hatten den Rechtsstatus einer *colonia.* Das Besondere: Alle Einwohner besaßen das römische Bürgerrecht.

Neben Trier *(Colonia Augusta Treverorum)* und Köln *(Colonia Claudia Ara Agrippinensium)* war Xanten die dritte bedeutende große Stadt nördlich der Alpen. Hervorgegangen war sie aus dem Legionslager *Vetera II.* Es stammte aus der Zeit, als Augustus noch seinen germanischen Träumen nachhing. Ihren neuen Namen erhielt sie im Jahr 98 oder 99 n. Chr. nach *Marcus Ulpius Traianus,* dem neuen Stern am römischen Kaiserhimmel.

Kaiser Trajan

Trajan wurde 53 n. Chr. in der spanischen Provinzstadt *Italica* geboren – nicht unbedingt die ideale Voraussetzung für eine politische Karriere. Doch schon sein Vater war Konsul und danach Statthalter von Syrien gewesen. Deshalb schlug auch Trajan die militärische und später die politische Laufbahn ein. Beides führte ihn an die Grenzen des Imperiums nach Germanien und die Gebiete südöstlich der Donau.

Rom hatte zu dieser Zeit viel Schlimmes mit seinen Kaisern erlebt, zuletzt mit *Domitian* (81 bis 96 n. Chr.), einem sehr umstrittenen Kaiser: Bei der Bevölkerung genoss er zwar wegen seiner straffen Regierungspolitik ein hohes Ansehen, aber gleichzeitig waren ihm zahlreiche Menschen, darunter viele Senatoren, zum Opfer gefallen. Im Jahr 96 wurde Domitian ermordet. Ihm folgte der angesehene, aber recht betagte *Nerva.* Als dieser im Jahr 98 n. Chr. den Folgen eines Schlaganfalls erlag, wurde sein Adoptivsohn Trajan Kaiser.

Er blieb aber zunächst in den Donauprovinzen, um die Grenze des Imperiums gegen einen drohenden Angriff der Daker zu befestigen. Erst 99 ging er nach Rom. Im Jahre 101 zog Trajan wieder an die Donau und führte nun erfolgreich gegen die Daker Krieg. Für seinen Sieg im Jahre 106 bewilligte ihm der Senat 107 nicht nur einen Triumphzug, sondern ließ sogar später eine Säule mit der Darstellung seines Sieges aufstellen.

Die Maßnahmen gegen die Daker hatten zwar ein großes Loch in die Staatskasse gerissen, dennoch nahm Trajan nach seiner Rückkehr wichtige städtebauliche und soziale Projekte in Angriff. Er baute u. a. ein von Nerva initiiertes Fürsorgewerk für mittellose Kinder aus und ließ ein Forum mit angrenzendem Markt errichten, das in seiner Ausstattung einer Shopping-Mall ähnelt. Man konnte sogar Meeresfisch direkt aus dem Salzwasserbecken kaufen.

Aus römischer Sicht erwies sich die Regierungszeit Trajans als Glücksfall. Er führte eine straffe Verwaltung ein, es gab keine Redeverbote mehr und niemand musste fürchten, wegen angeblicher Majestätsbeleidigung angezeigt zu werden. Als Trajan 117 starb, hatte das Imperium sein größtes Ausmaß erreicht. Die Römer zahlten dafür allerdings einen hohen Preis: Die Sicherung der Grenzen war nämlich militärisch kaum zu leisten und das sollte sich später bitter rächen.

Xanten

Kehren wir nach Xanten zurück. Die *Colonia Ulpia Traiana* lag unmittelbar am Rhein, an der Grenze zum nichtrömischen Germanien. Sie war Handelsmetropole und Garnison zugleich. Viele Legionäre waren hier stationiert. Eine Legion wurde später sehr berühmt. Sie hieß die Thebäische. Man erzählt von ihr, dass alle, Offiziere wie einfache Soldaten, zum Christentum übergetreten waren. Den römischen Kaisern aber waren die Christen äußerst suspekt, ihre Religion galt sogar seit Domitian als *illicita* (verboten). Immer wieder kam es zu Verfolgungen. Viele starben als *Märtyrer* (Zeugen für Christus). Genau dieses Schicksal erlitten im 3. Jhdt. n. Chr. auch die Legionäre der Thebäischen Legion. Später hat man sie in der *Colonia Ulpia Traiana* als Heilige, als *Sancti*, verehrt. Aus Respekt vor ihnen sprachen die Gläubigen nun nicht mehr von der *Colonia Ulpia Traiana*, sondern – von den *Sancti*. Regelmäßig kamen Pilger *ad Sanctos*, um sie zu verehren. Später baute man ihnen sogar einen Dom und so wurde aus der einstigen *Colonia Ulpia Traiana* im Laufe der Zeit die Stadt *ad Sanctos = Xanten*.

1 Erkläre die Überschrift.

2 Die Regierungszeit Trajans gilt als eine der glücklichsten Phasen der römischen Geschichte. Nenne mindestens drei Gründe.

3 Beschreibe den Ausschnitt aus der Trajanssäule (Abb. 2) und deute ihn. Vergleiche die Szene mit dem Bild auf Seite 155.

4 Beschreibe die Münze (Abb. 3). Was könnte abgebildet sein?

2 Bildausschnitt aus der Trajanssäule

3 römische Münze

4 Trajansmärkte

Auf den Spuren Vitruvs: Systematik der Verbformen

Mittlerweile hast du schon sehr viele Verbformen kennengelernt. Nun ist es an der Zeit, dich mit der Systematik dieser Verbformen vertraut zu machen:

Dass die lateinische Sprache klare Strukturen liebt, ist für dich nichts Neues mehr. Und dass dies auch für den Aufbau lateinischer Verbformen gilt, weißt du spätestens seit Lektion 17. Betreiben wir also ein wenig Latein-Architektur.

Im Lateinischen gibt es für das Einzelbauteil in der Architektur einen Fachausdruck, *modulus* = Maß. Dieser Begriff geht auf den römischen Architekten *Vitruv* zurück und bezeichnet eigentlich das Grundmaß einer Säule. Daraus hat sich dann die Bedeutung *Bauteil* entwickelt, so dass wir auch bei der Bildung der Verbformen von *Modulen* sprechen können.

Ein Verb hat unveränderliche und veränderbare Module. Das unveränderliche Modul im lateinischen Verb nennt man *Wortstamm,* die veränderbaren Module heißen *Endungen.* Wenn du also eine Verbform sicher bestimmen willst, musst du immer beide Module gemeinsam betrachten.

Unveränderbares Modul – der Wortstamm

Jedes Verb hat immer mindestens zwei unveränderliche Module, den Präsensstamm und den Perfektstamm. Damit du sicher erkennst, ob es sich um den Präsens- oder den Perfektstamm handelt – und zu welchem Wort der Stamm gehört – musst du immer die Stammformen im Wortschatz mitlernen.

Veränderliche Module – die Endungen

Die Endungen zeigen dir, um welche Person, welchen Numerus, welches Tempus und welchen Modus es sich handelt.

Doch schauen wir uns das Ganze einmal in der Praxis an und du wirst sehen: Das ist keine Hexerei!

Formen des Präsensstamms Aktiv von *clamare*

	Indikativ	Konjunktiv
Präsens:	clama-t	clam-**e**-t
Imperfekt:	clama-**ba**-t	clama-**re**-t
Futur I:	clama-**bi**-t	- - - -

Formen des Perfektstamms Aktiv von *clamare*

	Indikativ	Konjunktiv
Perfekt:	clamav-**it**	clamav-**eri**-t
Plusquamperfekt:	clamav-**erat**	clamav-**isse**-t
Futur II:	noch nicht bekannt	- - - -

Klippen umschiffen beim Übersetzen: *ut* und *cum*

Wenn ein lateinischer Muttersprachler *ut* oder *cum* hörte, verstand er intuitiv sofort, was gemeint war. Wir hingegen müssen beim Übersetzen genau überlegen, welche deutsche Wiedergabe am besten passt.

Dazu musst du vor allem auf den Inhalt schauen. Probiere es selbst aus!

1 Entscheide dich für eine passende Wiedergabe für *cum* und begründe deine Wahl.

a) *Cum* Europa ad litus luderet, taurum pulchrum vidit.

Als
Weil   } Europa am Strand spielte, sah sie einen schönen Stier.
Obwohl

b) *Cum* taurum delectare cuperet, flores carpsit.

Als
Weil   } sie den Stier erfreuen wollte, pflückte sie Blumen.
Obwohl

2 Entscheide dich für eine passende Wiedergabe für *ut* und begründe deine Wahl.

a) Servi optant, *ut* Gaius Bruttius vinum apportet.

Die Sklaven wünschen, { dass / damit } Gaius Bruttius ihnen Wein bringt.

b) Itaque eum in cellam mittunt, *ut* vinum apportet.

Deshalb schicken sie ihn in die Vorratskammer, { dass / damit } er den Wein holt.

c) Servi tantum vini bibunt, *ut* mati sint.

Die Sklaven trinken so viel Wein, { dass / damit } sie völlig betrunken sind.

Das habe ich gelernt:

Die lateinischen Verbformen setzen sich aus unveränderlichen und veränderbaren Modulen zusammen. So kann ich Person, Numerus, Tempus und Modus genau bestimmen.

Bei *ut* und *cum* muss ich genau auf den inhaltlichen Zusammenhang achten, um mich für eine passende Übersetzung entscheiden zu können.

1 | 1 Mutter Latein und ihre Töchter – Italienisch
Nenne die lateinischen Ursprungswörter und ihre
deutsche Bedeutung.

2 Vergleiche die italienischen Wörter mit ihrem
lateinischen Ursprung und beschreibe, wie sie sich
verändert haben. Kannst du Regeln aufstellen?

immagine – sermone – toro – oro – fiore –
tempio – pieno

2 | 1 Gib zu folgenden Wörtern die deutschen
Bedeutungen an.

2 Sortiere nach Wortarten (Präposition, Fragewort,
Subjunktion).

quis – cum – ne – nisi – propter –
quamquam – quare – quia – quid –
quomodo – sin – sine – ut

3 Für Sprachforscher!
Konjugiere »optare« im Präsens. Ordne folgende
italienischen Formen den richtigen Personen zu:

optiamo – opto – optate – optano

4 Konjunktive sortieren (1)
Sortiere in Konjunktiv der Gleichzeitigkeit und
Konjunktiv der Vorzeitigkeit.

Gleichzeitigkeit	Vorzeitigkeit

aspexissem – cerneretis – circumdarent –
condidisset – doceres – oppugnavisses –
pepercissent – reducerent

5 | 1 Konjugieren im Konjunktiv
Bilde zu folgenden Formen den Konjunktiv
Imperfekt und Plusquamperfekt.

2 Bilde den Konjunktiv Präsens und Perfekt.

a) oppugnat b) properant
c) sunt d) venio
e) accidit f) cernis
g) tangimus h) aspicitis

6 | 1 Konjunktive sortieren (2)
Sortiere in Konjunktive der Gleichzeitigkeit und
Konjunktive der Vorzeitigkeit.

2 Benenne, woran du sie erkennst.

Gleichzeitigkeit		Vorzeitigkeit	
Konj. Präs.	Konj. Imp.	Konj. Perf.	Konj. Plqpf.

accidat – biberis – fingeret – carperetis –
sapiam – considerent – sedisses –
obtineamus – tetigerit – contigissem –
optaverit – oppressissetis

7 Konjunktivformen
Welche Form passt nicht? Begründe deine
Auswahl.

a) abirent – audent – obtinerent – redderent
b) accideris – pergis – sustuleris – sapiveris
c) biberitis – properaveritis – sederitis – eritis
d) properat – pergat – tollat – parcat
e) creat – dat – sedeat – oppugnat
f) veniat – optat – fingat – audeat
g) docet – sedet – laudet – terret

8 Entscheide: Irrealis der Gegenwart oder Irrealis der Vergangenheit? Dann übersetze.

a) Nisi liberi cucurrissent, sero venissent.

b) Nisi forum plenum hominum esset, Fulvia bestias et tabulas spectare posset.

c) Lucius: »Captivos miseros vocarem, nisi bellum iustum fuisset.«

9 | 1 Quis est? Mache die direkten Fragen zu indirekten Fragen. Beginne so: »Quaero, …« Dann übersetze.

2 Beantworte die Fragen.

a) Quis Dacos oppugnavit atque captivos reddidit?

b) Quem Europa in litore aspexit?

c) Quomodo taurus Europam rapit?

d) Quando servi sedes dominorum obtinent?

10 Iuppiter und Europa: Wähle eine passende Übersetzung für »cum« und begründe.

a) Iuppiter filiam regis adamavit[1], cum Iunonis maritus esset.

b) Decrevit[2] Europam abducere, cum eam amaret.

c) Cum Europam ad litus ludere aspexisset, eam forma tauri petivit.

d) Europa flores carpsit, cum taurum delectare cuperet.

1 adamare *(+ Akk.):* sich verlieben in – **2 decernere,** decerno, decrevi, decretum: beschließen

Europa auf dem Stier (Fresko aus Pompeji)

11 Iuppiter und Europa: Wähle eine passende Übersetzung für »ut« und begründe.

a) Iuppiter in taurum tam pulchrum mutatus est[1], ut Europae maxime placeret.

b) Europa tauro flores porrigit[2], ut eum dono delectet.

c) Taurus optat, ut Europa tergo considat.

1 mutatus est: er hat sich verwandelt – **2 porrigere,** porrigo, porrexi, porrectum: anbieten

12 Der prahlende Soldat: Übersetze und benenne die Sinnrichtung der Nebensätze.

a) Miles puellae fabulam narrat, ne tristis sit.

b) »Quamquam hostes metuimus, non fugimus.

c) Nisi ego tam fortis fuissem, magnam cladem accepissemus.«

d) Sed fabula tam mira est, ut puella ei non credat.

13 | 1 Informiere dich über den Ablauf eines Triumphzuges. Beschreibe die Bilder auf dem Silberbecher von Seite 153 und ordne sie in diesen Ablauf ein.

2 Überlege, was das römische Motto »do, ut des« für das Verhältnis zwischen Menschen und Göttern bedeutet.

Die Tragödie von Pompeji

1 Historisches Foto der Ausgrabung von Pompeji (ca. 1890)

2 Gipsabguss einer Leiche

In der Mitte des Golfs von Neapel liegt der Vesuv; die Ausläufer der Stadt reichen weit den Berghang hinauf – obwohl der Berg ein aktiver Vulkan ist.

Das war schon in der Antike so. Der fruchtbare vulkanische Boden hat die Gegend aber dennoch attraktiv gemacht – und reich: Viele Villen der Gegend waren mit kostbaren Fresken und Mosaiken ausgestattet, die zeigen, dass sich hier gut leben ließ – solange sich der Berg ruhig verhielt …

Immer wieder kam es zu starken Erdbeben – so auch im Jahr 62 n. Chr. Daher hätten die Bewohner eigentlich gewarnt sein müssen, doch der verheerende Vesuvausbruch im Jahr 79 n. Chr. kam völlig überraschend. Viele konnten sich nicht retten und fanden den Tod. Ende des 19. Jahrhunderts gelang es dem italienischen Archäologen Giuseppe Fiorelli, neben den Gebäuden auch die Opfer der Vulkankatastrophe sichtbar zu machen: Ihre Körper hatten unter Asche, Bimsstein und Lava einen Hohlraum hinterlassen, der mit Gips aufgefüllt werden kann, um eine originalgetreue »Kopie« zu erhalten.

3 Antikes Fresko (Wandgemälde) aus Pompeji

1 Beschreibe das Fresko aus Pompeji. Welche Hinweise auf den fruchtbaren Boden findest du?

2 Vergleiche die Form des Vulkans auf dem Fresko mit dem Foto.

3 Anders als das Fresko wirkt das Relief bedrohlich. Sammle und erkläre die Bildelemente, die dafür verantwortlich sind. Welches Ereignis könnte abgebildet sein?

4 Relief aus Pompeji

Geschichten aus alten Zeiten

Wie jedes Jahr ist die Familie auch diesmal wieder das Frühjahr in ihrem Landhaus in Kampanien. Fulvia und Lucius verbringen viel Zeit mit ihrem Großvater, der gerne aus alten Zeiten erzählt.

Avus: »Bene meminī temporis, quō imperātor Vespasiānus[1] Agricolam[2] cum exercitū in Britanniam mīsit. Egō manuī virōrum audācium ac fortium praefuī. Quī magnōs Britannōrum impetūs dēfendērunt. Ingentī virtūte hostēs …«

5 Fulvia: »… pepulistis. Istās[3] rēs nōn īgnōrāmus.«

Avus: »Agricola[2] autem nōn sōlum pūgnāre solēbat, sed etiam terram asperam atque vāstam cognōscere cupīvit. Aliquandō cāsū barbarum quendam[4] convēnimus, quī rēs mīrās nārrāvit. Dīxit: ›Peregrīnī[5], vōs obsecrō, nē petātis Nēsam[6] lacum. Ibī enim habitat mōnstrum horrendum[7],
10 quod perniciēī hominum studet. Nēmō enim vestrum effugiet: Faciēs eius tanta est, ut tōtam nāvem dēvorāre[8] possit.‹

Quae rēs nōs spē magnae victōriae complēvit. Itaque Agricola magnam partem exercitūs mīsit, ut mīlitēs mōnstrum ferum peterent et eī perniciem parārent.«

15 Lūcius: »Cum autem post iter quīnque diērum ad lacum altum vēnissētis, ibī propter cālīginem[9] nihil vīdistis, neque mōnstrum neque hominēs. Mōnstrum sī rē vērā convēnissētis …«

1 Titus Flāvius Vespasiānus, ī: *römischer Kaiser (69–79 n. Chr.)*

2 Gnaeus Iulius Agricola, ae: *römischer Feldherr und Statthalter in Britannien*

3 iste, ista, istud: diese, dieser, dieses *(abschätzig)*

4 quendam *(Akk. Sg.):* einen gewissen

5 peregrīnus, ī: Fremder

6 Nēsa lacus: Loch Ness

7 horrendus, a, um: schrecklich

8 dēvorāre: verschlingen

9 cālīgo, cālīginis *f.:* dichter Nebel

1 Stelle aus dem Text bereits bekannte und neue Wörter zum Sachfeld »Krieg/Kampf« zusammen und ordne sie in einer Mindmap.

2|1 Gib die Erzählung des Großvaters in eigenen Worten wieder.

   2 Arbeite heraus, welches Bild die Römer von Britannien hatten, und belege am Text.

3|1 Beschreibe, wie die Geschwister auf Opas Erzählung reagieren.

   2 Erzähle die Geschichte zu Ende.

Britannien

Dass Britannien eine Insel ist, weiß heute jedes Kind. Trotzdem stellt die nördliche Umsegelung Britanniens nach wie vor eine große Herausforderung dar. Die durch den Feldherrn *Agricola* initiierte Umsegelung im Jahre 84 n. Chr. war also eine echte Mutprobe, vergleichbar mit der Fahrt eines Christoph Columbus. Niemand wusste, ob Britannien tatsächlich eine Insel war. Britannien hatte die Römer schon lange gereizt. Bereits 55 und 54 v. Chr. war Caesar übergesetzt, weil er hier riesige Silbervorräte vermutete. Die Unternehmung war ein ziemlicher Flop. Erst knapp 100 Jahre später wagten die Römer einen zweiten, diesmal allerdings erfolgreichen Versuch. Danach ging es mit der Eroberung Schlag auf Schlag. Da die Insel aber im Norden nur schwer zu kontrollieren war, errichteten die Römer entlang der Grenze einen Schutzwall mit befestigten Lagern, den späteren Hadrianswall.

*Caesar in Britannien

Schon gut 130 Jahre vor Agricola landete C. Iulius Caesar bei zwei Expeditionen 55 und 54 v. Chr. in Britannien und machte eher wenig erfreuliche Bekanntschaft mit den Bewohnern der britischen Insel.

Britannī iterum atque iterum manūs Rōmānōrum magnō impetū petīvērunt. Tandem Caesar hostibus perniciem parāre studuit. Itaque exercitum ad flūmen Tamesim[1] dūxit. Quam[2] asperae erant rēs! Rōmānī, cum alterā ex parte flūminis iam exercitūs hostium vidērent, paene[3]
5 fūgērunt[4]: Tantus enim erat horror[5] – nōn hominēs, sed mōnstra vīdērunt! Nam faciēs Britannōrum mīlitum erant caeruleae[6]! Quā dē causā mīlitēs deōs obsecrāvērunt, ut dēfenderent exercitum Rōmānum contrā barbarōs. Tum audācēs flūmen tantō impetū trānsiērunt, ut hostēs effugerent vel sē reciperent.
10 Caesar spē victōriae mōtus[7] omnēs legiōnēs mīsit, ut Britannōs oppūgnārent. Et rē vērā aliquot diēbus post Rōmānī Britannōrum exercitūs nōn cāsū, sed ingeniō[8] Caesaris pepulērunt.

1 Tamesis, *Akk.* Tamesim: Themse

2 quam: *hier:* wie

3 paene: fast

4 fūgērunt: *übersetze mit Irrealis der Vergangenheit*

5 horror: Schrecken

6 caeruleus, a, um: blau

7 mōtus, a, um: bewegt *(wer findet eine schönere Übersetzung?)*

8 ingenium, ī: Genialität

1 Informiere dich über die Kriegstaktik der Britannier.

1 Raus aufs Land: Campanien
Übersetze und erstelle ein Deklinationsschema für »res«. Ergänze die fehlenden Formen.

Familia multas res[1] in urbe agebat. Tandem omnes multis cum rebus iter in Campaniam fecerunt. Re vera: Ibi multae res iucundae familiae[2] iam paratae erant. Lucius spei[3] plenus avum et matrem salutat. Sed vae! Mater rem tristem ei parat: Post iter duorum dierum[4] primo res suas removere debet.

1 res: Sache – **2 familiae paratae erant:** *hier:* warteten auf die Familie – **3 spes:** Hoffnung – **4 dies:** Tag

2 Das römische Heer – unbesiegbar?
Übersetze und erstelle ein Deklinationsschema für »exercitus«. Ergänze die fehlenden Formen.

Exercitus[1] Romanus magnus et clarus erat. Saepe imperatores exercitum hostes adire iubebant. Barbari, nisi casu[2] aut fortuna vicerunt, exercitui[1] Romano resistere non potuerunt. Virtus exercitus[1] Romani tam magna erat, ut milites nec maribus nec lacibus[3] terrerentur[4].

1 exercitus: Heer – **2 casus:** Zufall – **3 lacus:** See – **4 terrerentur:** sie wurden erschreckt

3 Wortfix: Nenne zu jedem Bild mindestens ein passendes lateinisches Wort.

4 | 1 Wörter umschreiben: Welches neue Wort ist gemeint?

– qui non timet, est _ _ _ _ _
– multi milites: _ _ _ _ _ _ _ _ _
– partes corporis: _ _ _ _ _ / _ _ _ _ _ _
– quid est plenum aquae: _ _ _ _ _

2 Formuliere weitere Umschreibungen auf Deutsch oder Latein, dein Nachbar rät.

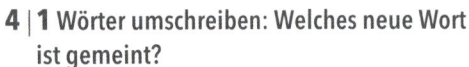

5 Sachfelder
Erstelle eine Mindmap zu folgenden Themen:
a) Körper – b) Natur

6 Pantomime
Notiere fünf Verben aus dieser und aus vorigen Lektionen. Spiele sie der Klasse vor, die Mitschüler notieren ihre Lösung. Wer errät alle?

7 | 1 So viele -us
Nenne Bedeutung und Deklination. Fasse in eigenen Worten zusammen, welche Wörter auf -us enden können.

servus – lacus – corpus – casus – virtus – genus – manus – pecus – dominus

2 Ergänze jeweils ein passendes Adjektiv und bilde dann den Genitiv Singular.

8 | 1 Vom selben Stamm – Wortfamilien
Nenne das Verb, das mit dem folgenden Substantiv verwandt ist. Erkläre, wie die Substantive gebildet werden, und erschließe ihre Bedeutung.

a) exitus, us – b) aspectus, us – c) pulsus, us

2 Bilde nach denselben Regeln selbst Substantive und gib ihre Bedeutung an.

a) adire – b) contingere – c) colere

9 Deklinieren – liegt auf der Hand!
Zeichne die Umrisse deiner Hände auf ein Blatt. Jeder Finger steht für einen Kasus. Dekliniere:

a) res
b) casus
c) res nova, res tristis
d) casus novus, casus tristis

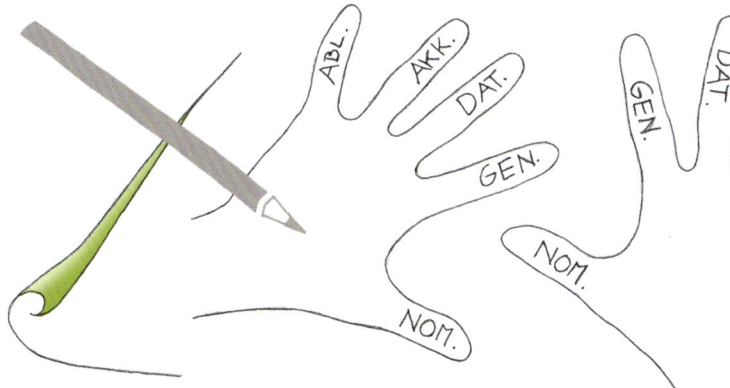

10 Miles and more …
Ordne die passenden Substantive zu.

a) audaces (moribus, milites, dominis)
b) tanta (spes, monstrum, manui)
c) asperis (lacus, res, moribus)
d) vasto (diebus, lacu, campos)
e) feri (monstri, res, parte)
f) asperae (tempora, res, rei)

11 Genitivus subiectivus – Genitivus obiectivus
Unterscheide und übersetze.

a) spes captivorum – spes salutis
b) victoria Romanorum (2x)
c) timor[1] hostium (2x)
d) amor matris meae (2x)
e) beneficium amici (2x)
1 timor: Substantiv zu *timere*

12 Großvaters wilde Geschichten. Übersetze.

Aliquando avus cum exercitu iter fecit. Milites, cum ad lacum venissent, spem in otio ponebant. Imperator autem, cum perniciem timeret, eos aquam adire non sivit[1]. Cum monstrum in lacu habitare audivissent, avus cum amico in aqua submersit[2]. Magno cum clamore capita[3] sustulerunt. Miles: »Ecce! Monstrum duobus cum capitibus[3]!«
1 sinere, sino, sivi: lassen – **2 submergere,** submersi: untertauchen – **3 caput,** capitis *n.:* Kopf

Ein Tag, schwarz wie die Nacht

Der ungewöhnliche Berg, den man über die Ebene Kampaniens weithin sehen kann, zieht immer wieder die Blicke von Fulvia und Lucius auf sich. Schließlich sprechen sie ihren Großvater darauf an und er beginnt zu erzählen.

Hodiē Vesuvius mōns[1] quiētus appāret.
Sed XXVIII annīs ante cīvēs calamitāte imprōvīsā oppressī sunt:
Ēruptiōne Vesuviī complūra oppida omnīnō dēlēta sunt.

Iam anteā in Campāniā[2] gravī terrae mōtū multae domūs dēlētae erant.
5   Hominēs autem sīgna perīculī neglēxerant: Cum domūs restitūtae essent, Campānī[3] sē tūtōs esse putābant.

Subitō Vesuvius rūrsus ēvigilāvit[4]. Prīmum ingēns nūbēs[5] appāruit, cui pīnūs[6] fōrma erat. Deinde tantum cineris lapidumque dēcidēbat, ut diēs obscūrus esset tamquam nox. Hominēs timōre captī sunt et domōs
10   relinquere cupīvērunt. Sed cum tēcta rupta essent, multī prohibitī sunt, nē in apertum pervenīrent. Tum ē Vesuviō monte flammae ēmissae sunt, quae noctem illustrābant[7].

Incolīs Pompeiōrum[8] et Herculāneī[9] nūlla salūtis spēs fuit: Aliī lapidibus necātī sunt, aliī flammīs exstīnctī sunt, aliī, cum clausī essent, intrā
15   domōs periērunt.

1 Vesuvius mōns: Vesuv *(Vulkan in Kampanien)*

2 Campānia, ae: Kampanien; *Name einer Landschaft an der Westküste Italiens*

3 Campānus, ī: Bewohner von Kampanien

4 ēvigilāre: aufwachen

5 nūbēs, is *f.:* Wolke

6 pīnus, ūs *f.:* Pinie

7 illustrāre: erleuchten

8 Pompeiī, ōrum *(m. Pl.):* Pompeji; *Stadt in Kampanien*

9 Herculāneum, ī: Herkulaneum; *Stadt in Kampanien*

1   Erstelle aus dem Text ein Sachfeld zum Thema »Vulkanausbruch«.

2   Gib den Ablauf des Vulkanausbruchs (Z. 7–12) in eigenen Worten wieder. Orientiere dich dabei an den gliedernden Konnektoren.

3   Finde heraus, was aus Sicht der Wissenschaft über die damalige Vesuvkatastrophe bekannt ist, und informiere dich über die betroffenen Städte. Vergleiche deine Ergebnisse mit der Darstellung im Text.

Der Vesuvausbruch

Welch eine Tragödie! In nur wenigen Stunden versanken am 24. August 79 n. Chr. vier Städte unter der Asche des Vesuvs. Die Asche hat unzählige Menschen im Augenblick ihres Todes erstarren lassen, ihre versteinerten Körper fand man bei den Ausgrabungen. Der Anblick ist erschütternd und rückt die Katastrophe in unheimliche Nähe.

Historisch gesehen ist der Vesuvausbruch allerdings ein »Glücksfall«. Er gewährt Momentaufnahmen in das Alltagsleben römischer Städte. Ganze Straßenzüge sind erhalten, sodass man die Lebens- und Essgewohnheiten der Einwohner rekonstruieren kann. In Pompeji beispielsweise war gerade Wahlkampf. Außerdem hatten die Einwohner eine Vorliebe für Sonnenuhren. 35 Stück hat man gefunden!

*Wer suchet, der findet

Im 19. Jahrhundert wurde Pompeji wiederentdeckt …

Statim *ruīnae* Pompeiōrum[1] ā latrōnibus[2] multārum gentium perquisi-
tae[3] sunt. Quī rēs antīquās quaesīvērunt, ut eās magnō pretiō vēnderent.
Tum multae rēs aut ā mercātōribus in tōtum orbem terrārum missae
sunt aut, cum inānēs essent, dēlētae sunt.

5 Nostrīs temporibus hominēs vestīgia[4] antīqua adhūc ūsuī pūblicō
esse[5] cēnsuērunt. Extrā[6] urbem *theātrum,* templum, vīllās ingentēs
invēnērunt. Etiam hodiē fōrmās hominum bēstiārumque vidēre possumus, quae vix dēlētae sunt. Quae multōs cīvēs calamitāte imprōvīsā
oppressōs esse neque fugere potuisse dēmōnstrant.

1 Pompeiī, ōrum *(m. Pl.):* Pompeji; *Stadt in Kampanien*

2 latrō, ōnis *m.:* Räuber

3 perquirere: durchsuchen

4 vestīgium, ī: Spur

5 adhūc ūsuī pūblicō esse: noch von Nutzen für die Öffentlichkeit sein

6 extrā *(+ Akk.):* außerhalb von

1 Der obige Text beschreibt zwei verschiedene Phasen der »Nutzung« der
pompejanischen Funde. Benenne sie und erläutere die Entwicklung in
eigenen Worten.

2 Erläutere, warum die moderne Wissenschaft für die Funde besonders
dankbar ist.

1 Opa erzählt: Ein schlimmes Erdbeben!
Übersetze und beschreibe dann die neuen
Erscheinungen.

»Multis annis ante[1] magna calamitas accidit:
Multi cives in oppido nostro habitaverunt.
Oppidum a multis civibus habitatum est.
Subito motus terrae[2] homines terruit. Homines motu terrae[2] territi sunt.
Clamorem liberorum et mulierum audivimus.
Clamor liberorum et mulierum auditus est.«

1 ante: vor – **2 motus terrae:** Erdbeben

2 ... Aufräumarbeiten
Übersetze und beschreibe dann die neuen
Erscheinungen.

Avus narrat: »Post motum terrae[1] totum oppidum deletum erat.
Sed oppidum a civibus non relictum est.
Muros, qui rupti erant, removimus. Templum,
quod deletum erat, reparatum est.
Cum totum oppidum cito[2] restitutum esset,
periculum iterum neglectum est.«

1 motus terrae: Erdbeben – **2 cito** *(Adv.):* schnell

3 Wortfix: Ordne folgende Wörter den Bildern zu
und nenne die Bedeutung.

eruptio – domus – aperire – claudere – nox –
oppidum – quietus – decidere

4 Welches Wort passt nicht?
Entscheide nach inhaltlichen Kriterien und
begründe deine Wahl.

a) mox – deinde – num – tum
b) casus – lacus – mons – mare
c) ante – autem – apud – ad
d) timor – tutus – bibere – periculum
e) incendium – delere – perire – aperire

5 | 1 Begriffe verbinden
Verbinde passende Wörter und übersetze den
Ausdruck.

lapides – portas – incolas – eruptio – nox –
oppidum – intra domos
aperire – opprimere – improvisa – delere –
emittere – perire – obscura

2 Formuliere kurze Sätze (im Passiv?).

6 »Verwandte Wörter«: Nenne mindestens ein
weiteres Wort der Wortfamilie und gib die
Bedeutungen an.

clamor (Geschrei) → clamare (schreien)
a) sedes – b) timor – c) spes – d) regere –
e) audax – f) vivere – g) cupidus – h) doctus

7 »Verwandte Wörter«: Führe auf ein bekanntes
Wort zurück und erschließe die Bedeutung.

liberare → liber (frei) → befreien
a) quiescere – b) cadere – c) erumpere –
d) florere – e) dolere – f) incendere

8 | 1 Stammformen: Nenne das PPP.

a) audire – oppugnare – monere – necare
b) facere – relinquere – delere – capere
c) pellere – prohibere – claudere – mittere

2 Bilde die 3. Person Sg. Perfekt Passiv (m.) und übersetze.

auditus est: er wurde gehört/er ist gehört worden

9 | 1 Ergänze und übersetze die Passivformen.

Inf. Präs.	Perfekt Passiv	Plqpf. Passiv
relinquere	relictus est	
		missi erant
	datum est	
	apertae sunt	

2 Bilde die Passivformen im Konjunktiv.

10 Und auf Deutsch? Bilde das Passiv im Präteritum, Perfekt und Plusquamperfekt.

er sah → er wurde gesehen → er ist gesehen worden → er war gesehen worden
sie zerstörten – wir überfielen – sie vertrieben – er schickte – ihr missachtetet – sie ließen zurück – ich gab

11 Der Vesuvausbruch
Übersetze und beantworte die Fragen im Aktiv (auf Latein oder Deutsch).

a) Quare complura oppida deleta sunt?
b) Cur incolae primo territi non erant?
c) Quibus rebus homines necati sunt?
d) Cur homines intra domos inventi sunt?

12 | 1 Bankraub: Erzähle die Geschichte im Passiv.
2 Erkläre den Unterschied zwischen Aktiv und Passiv. Untersuche dafür Subjekt und Objekt der Sätze.

Gestern überfielen die Gamallus-Brüder die Bank von Neapel. Sie hatten bereits vorher vier Banken in der Bucht von Neapel ausgeraubt. Sie erbeuteten ca. drei Mio. Sesterzen. Andere Banken treffen nun Maßnahmen und verstärken die Sicherheitsvorkehrungen.

13 Was passiert im Barbarenland?
Forme die Sätze ins Passiv um und übersetze.

Milites hostes necaverunt. – Hostes a militibus necati sunt.
a) Romani terras barbaras petiverunt.
b) Romani multos viros necaverunt.
c) Romani mulieres abduxerunt.
d) Sed homines libertatem defenderunt.
e) Tandem Romani terras reliquerunt.

14 Und die Umwelt?
Der römische Schriftsteller Statius macht sich Gedanken über die Zerstörung der Umwelt durch Bautätigkeit. Übersetze.

Natura semper a poetis amata atque laudata est, cum a deis creata esset. Sed ab aliis hominibus neglecta vel etiam oppressa est: Silvae[1], quae antea bestiis feris habitatae erant, deletae sunt. Bestiae omnes exstinctae sunt, ne campos novos delerent. Et ubi antea mons fuerat, villae aedificatae sunt. Nunc tandem homines contenti[2] sunt.

1 silva, ae: Wald – **2 contentus,** a, um: zufrieden

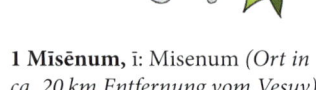

Erlebnisse eines Augenzeugen

Fulvia und Lucius möchten mehr über den Vesuvausbruch und seine Folgen erfahren. Daraufhin erzählt der Großvater ihnen von den kürzlich veröffentlichten Briefen des Gaius Plinius Secundus. In einem Brief an den Geschichtsschreiber Tacitus stellt Plinius dar, wie er selbst den Vesuvausbruch in Misenum erlebt hat.

C. Plīnius Tacitō suō salūtem dīcit

Cupis cognōscere, quid Mīsēnī[1] acciderit. Quamvīs meminisse horream[2], tibī nārrābō:

Iam complūrēs diēs terra concutiēbātur[3]. Sed eā nocte tantus tremor[4] erat, ut ex somnō excitārer. Metuī, nē tēctum rueret. Itaque cum mātre forās iī. Cum vidērēmus cinerem lapidēsque ex Vesūviō ēmittī, tum dēmum fugere statuimus.

Multī hominēs sīcut nōs perniciem effugere studēbant. Ab amīcō monēbāmur: »Agite nunc! Flammīs necābiminī, nisī contenditis!«

10 Interim cineris nūbēs[5] dēscenderat, ubīque nox erat.

Māter ōrābat, obsecrābat, iubēbat: »Relinque mē! Vetus sum et parum celeris. Tū, Gāī, adhūc iuvenis es. Timeō, nē cinere exstinguāris!« Egō autem manum eī tetendī et »Tēcum« inquam »servābor aut tēcum perībō!« Dē viā cessimus, nē turbā hominum opprimerēmur. Undique clāmōrēs audiēbantur: Aliī līberōs vocābant, aliī coniugēs quaerēbant, aliī deōs implōrābant.

Omnem spem dēposuerāmus, cum tandem tenebrae sē recēpērunt, diēs rediit. Metus atque cūra suōrum diū remanēbant.

Valē.

5 (margin)

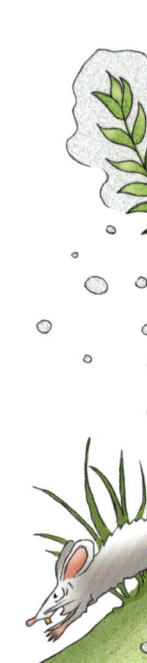

1 **Mīsēnum, ī**: Misenum *(Ort in ca. 20 km Entfernung vom Vesuv)*

2 **horrēre**: schaudern, zurückschrecken

3 **concutere**: erschüttern

4 **tremor, ōris** *m.*: Beben

5 **nūbēs, is** *f.*: Wolke

---

1 Suche alle Passivformen mit Präsensstamm heraus und sortiere sie nach Personen. Eine Form bleibt übrig. Bestimme sie.

2 Arbeite das Tempusprofil des Textes heraus.

3 Vergleiche diesen Text mit Lektionstext 25: Stelle Gemeinsamkeiten und Unterschiede heraus und begründe anhand der Textsorte.

4 Du bist Zeitungsreporter. Schreibe eine Sensationsmeldung zum Vesuvausbruch.

Plinius der Jüngere

Es bedurfte vieler wissenschaftlicher Untersuchungen, bis man den Ausführungen des *Plinius* zum Vesuvausbruch Glauben schenkte. So galt beispielsweise seine Beschreibung einer *pyroklastischen Welle,* einer heißen Wolke aus glühender Asche und heißem Gas, lange Zeit als literarische Übertreibung.
Plinius hat eine umfangreiche Sammlung von Briefen hinterlassen. Trotz ihres vielfach privaten Charakters waren sie von vornherein für die Öffentlichkeit bestimmt und entsprechend sprachlich gestaltet. Man bezeichnet dies als Briefliteratur. Dass er aber seine persönlichen Erlebnisse während des Vesuvausbruchs ebenfalls in zwei Briefen niedergeschrieben hat, hat einen anderen Hintergrund: Sein Freund, der Historiker *Tacitus,* benötigte die Informationen für seine historischen Aufzeichnungen.

*Schon allein der Gedanke …

… an die Katastrophe lässt die Kinder erschauern.

Fulvia: »Quālis[1] calamitās ab avō nārrāta est!«

Lūcius: »Ita est! Vix fingī potest, quid eā nocte acciderit. Cinis et lapidēs dē caelō[2] dēcidunt. Ubīque domūs dēlentur et tēcta ruunt. Ubīque incolae in oppidō clauduntur atque intrā mūrōs pereunt, cum mūrīs ruptīs
5 fugā[3] prohibeantur.«

Fulvia: »Egō sī tālem ēruptiōnem imprōvīsam vidērem, certē timōre perīrem.«

Lūcius: »Praesertim cum[4] nox omnīnō obscūra sit et viae clāmōre hominum compleantur!«

10 Fulvia: »Et līberī parentēs[5] quaerunt, frātrēs sorōrēs …«

Lūcius: »Sed vīta mea multō facilior[6] esset, sī soror abesset!«

1 quālis, e: was für ein(e)
2 caelum, ī: Himmel
3 fuga, ae: *Substantiv zu* fugere
4 praesertim cum: zumal (da), weil
5 parentēs: Eltern
6 multō facilior: um vieles leichter

1 Nenne Informationen aus den Lektionstexten, die in dem Gespräch wieder aufgegriffen werden.

2 Erkläre, warum Lucius dem Gespräch am Ende eine neue Wendung gibt. Überlege, wie Fulvia wahrscheinlich reagieren wird.

1 Brieffreunde: Plinius und Tacitus
Übersetze und beschreibe dann die neuen Erscheinungen.

Plinius Tacito suo salutem dicit.
a) Saepe a te moneor, ut tibi litteras scribam[1].
b) Fortasse litteris meis non delectaberis.
c) Nam in litteris de eruptione montis Vesuvii narratur:
d) Media nocte mater et ego terremur.
e) Homines clamant: »Fugite, ne flammis necemini!«
f) Etiam dei implorantur. Sed frustra[2] …

1 scribere: schreiben – **2 frustra:** vergeblich, umsonst

2 Schullektüre
Übersetze und beschreibe dann die neuen Erscheinungen.

Scimus
– C. Plinium multas litteras scripsisse[1]/ multas litteras a Plinio scriptas esse[1].
– discipulos litteras eius legere/ litteras eius a discipulis legi.
– multos homines eas litteras amare/ eas litteras a multis hominibus amari.

1 scribere, scribo, scripsi, scriptum: schreiben

3 | 1 Wortfix: Nenne zu jedem Bild mindestens ein passendes lateinisches Wort und seine Bedeutung.

2 Bilde zu jedem Bildchen einen lateinischen Satz, indem du auch Wörter aus früheren Lektionen verwendest.

4 Eselsbrücken
Lies dir den Text »Erlebnisse eines Augenzeugen« durch und notiere alle Vokabeln, die du nicht kennst. Ermittle die Grundform und frage deinen Partner nach der Bedeutung oder schlage nach. Überlegt euch gemeinsam Eselsbrücken für diese Wörter.

5 Ein Wort - viele Sinnrichtungen. Übersetze.
a) Puella, quae aegrota[1] fuit, iam valet.
b) Pater equum valere videt: carrum trahit.
c) Romani deos implorant, quia multum valent.
d) Amicum meum valere audivi.

1 aegrotus, a, um: krank

6 Gegensätze ziehen sich an. Finde Paare.

a) vetus   A) salus
b) pernicies   B) servare
c) cedere   C) perire
d) necare   D) venire
e) vivere   E) iuvenis

7 Bedeutungsgleich!
Nenne jeweils ein Wort mit ähnlicher Bedeutung.

a) demum – b) metuere – c) vetus –
d) inquit – e) contendere – f) se recipere

8 | 1 Aktiv oder Passiv? Ordne die Formen zu.

Aktiv		Passiv	
Präsens	Perfekt	Präsens	Perfekt

a) servatur – excitat – auditi sunt – deposuit
b) iubemini – fuerunt – deponit – emissi estis
c) moneor – paratum est – clamant – aspexi

2 Formuliere einfache Regeln, wie du die Passivformen erkennen kannst.

10 | 1 Und auf Deutsch? Beschreibe, wie das Passiv gebildet wird, und formuliere eine Regel zur Unterscheidung vom Futur.

sie wird sehen (Futur Aktiv)
sie wird **ge**sehen (Präsens Passiv)

2 Formuliere die Sätze im Passiv.

a) Viele Touristen besuchen Pompeji.
b) Die verschüttete Stadt zieht sie an.
c) Viele bestaunen die Ruinen.
d) Die Archäologen leisten große Arbeit.

12 Eine böse Falle! Ergänze im Präsens Passiv und übersetze.

a) Venus a Vulcano (amare).
b) Itaque a Vulcano in matrimonium[1] (ducere).
c) Sed Venus etiam a Marte deo (diligere).
d) Amor eorum a Vulcano (cernere).
e) Itaque a Vulcano insidiae[2] (parare).
f) Ita Venus et Mars plagā[3] (capere).

1 in matrimonium ducere: heiraten –
2 insidiae, arum: Falle – **3 plaga,** ae: Netz

13 Infinitive! Ergänze die Formen.

Präs. Aktiv	Präs. Passiv	Perf. Aktiv	Perf. Passiv
necare	necari	necavisse	necatum esse
excitare			
monere			
terrere			
tangere			

9 | 1 Formen spiegeln: Bilde die entsprechenden Formen im Passiv und übersetze diese.

2 Bilde die entsprechenden Formen im Imperfekt.

Aktiv	Passiv
a) mittunt	
b) tollit	
c) spectas	
d) moveo	

11 Plinius der Ältere – ein mutiger Mann
Setze die Sätze ins Passiv und übersetze.

a) Avunculus[1] Plinii eruptionem Vesuvii montis spectat.
b) Navem militibus complet.
c) Multos homines e periculo servat.
d) Sed labor[2] avunculum demum necat.

1 avunculus, i: Onkel – **2 labor:** *hier:* Anstrengung

14 Ein Vulkan auf Sizilien
Markiere die AcIs mit einer Klammer und übersetze.

a) Romani Aetnam montem a Vulcano deo habitari putabant.
b) Flammas e monte emitti sciebant.
c) Sed homines dicebant se a monte non terreri.
d) Putabant enim montem a deo bono regi.

1 Pont du Gard, Aquädukt in Frankreich

Provinzalltag

C. Plinius an Kaiser Trajan: »Herr, die elegante und schicke Stadt Amastris besitzt neben prachtvollen Gebäuden auch eine traumhaft schöne und lange Uferpromenade; allerdings fließt an ihrer Seite über die gesamte Länge dem Namen nach ein »Fluss«, in Wirklichkeit aber eine scheußliche Kloake, die ebenso ekelerregend durch ihren widerlichen Anblick ist wie gesundheitsgefährdend durch ihren bestialischen Gestank. Deshalb ist es nicht nur mit Rücksicht auf die Hygiene, sondern auch mit Blick auf das Stadtbild dringend geraten, diese zu überbauen …«

Eine aberwitzige Idee, einen stinkenden Fluss zu überbauen, statt die Ursache des Gestanks zu bekämpfen. Aber vielleicht sollte Amastris mit in die Liste der »konsequentesten Verschandelungen eines historischen Stadtbildes« aufgenommen werden, so wie 1986 die Städte Idar Oberstein und Itzehoe. Auch sie haben ihre Flüsse überbaut, allerdings aus verkehrstechnischen Gründen.

Nun denn. Das zu Beginn zitierte Schreiben ist Teil eines Schriftverkehrs zwischen Plinius und Trajan und findet sich in der Briefsammlung des Plinius. Dieser Briefwechsel gewährt einen aufschlussreichen Einblick in den römischen Provinzalltag. Da geht es u. a. um Fragen des Feuerschutzes, um Hygiene in den Städten, um den Einsatz von Staatssklaven als Wachpersonal, aber auch um den Umgang mit der steigenden Zahl von Christen.

Provinzverwaltung

Plinius war unter Trajan Statthalter im kleinasiatischen Bithynien. Als vom Kaiser eingesetzter Beamter stand er in ständigem Kontakt mit seinem Dienstherrn. Die Zeiten, in denen sich römische Politiker in den Provinzen rücksichtslos die Taschen vollstopfen konnten, waren nämlich seit Augustus endgültig vorbei. Trajan hatte die Provinzverwaltung völlig neu strukturiert. Die Statthalter – lateinisch *procuratores* von *procurare = Oberverwalter der kaiserlichen Einkünfte sein* – waren Beamte mit festem Gehalt und mussten für ihre Tätigkeit Rechenschaft ablegen. Für wichtige Vorhaben benötigten sie die Zustimmung des Kaisers.

Infrastruktur

Diese Umstrukturierung führte zu einer deutlichen Verbesserung der Infrastruktur. Das Verkehrsnetz wurde erweitert: Meilensteine zeigten die Entfernungen zu den wichtigsten Städten des Reiches an. Der Ausbau von Städten in der Provinz wurde gefördert: Ein Netz von Aquädukten sorgte für Frischwasserzufuhr. Berühmt sind die Eifelwasserleitung nach Köln und der Pont du Gard in Südfrankreich. So konnten die wirtschaftlichen Möglichkeiten der einzelnen Regionen besser genutzt werden. Der Weinanbau an der Mosel beispielsweise ist den Römern zu verdanken, die den besonderen Geschmack dieser Weine sehr zu schätzen wussten.

Auch das Reisen war jetzt vergleichsweise sicher. An den ausgebauten Straßen gab es überall Gasthäuser (ein solches Gasthaus hat man übrigens in Ahrweiler ausgegraben) und die Straßen selbst wurden ständig kontrol-

2 Kopie eines römischen Meilensteins für Konstantin

liert. In allen Teilen des Reiches galt das römische Recht. Viele Städte, ja ganze Landstriche erhielten das römische Bürgerrecht und konnten sich gegebenenfalls auf den Kaiser berufen. Post und Nachrichtendienst funktionierten bestens. Entlang der Grenzen entstanden zahlreiche Militärlager. Viele von ihnen wurden später zu eigenen Städten. Hilfstruppen – das waren Soldaten aus den verschiedenen Völkern des Imperiums – wurden in diesen Grenzgarnisonen gern zur Verstärkung eingesetzt.

Vindolanda Tablets

Hier beschert uns nun der Zufall einen weiteren Einblick in den römischen Alltag. Hoch oben im Norden Britanniens gab es nämlich auch solche Militärlager. Eines davon hieß *Vindolanda.* Als es verlassen wurde, hat man kurzerhand alle wertlosen Notizzettel und Unterlagen auf einen Haufen geworfen und angezündet. Dem englischen Regen ist es zu verdanken, dass sie noch existieren. Heute sind sie von unschätzbarem Wert, denn durch sie erfährt man viel über Ausstattung und Leben in diesen Garnisonen. So fanden sich zwischen zahllosen Materiallisten auch eine Einladung zur Geburtstagsfeier und ein persönliches Begleitschreiben für die Lieferung von vier Paar Sandalen, zwei Paar Wollstrümpfen und zwei Paar Unterhosen. Es ist eben doch manchmal recht frisch in Britannien …

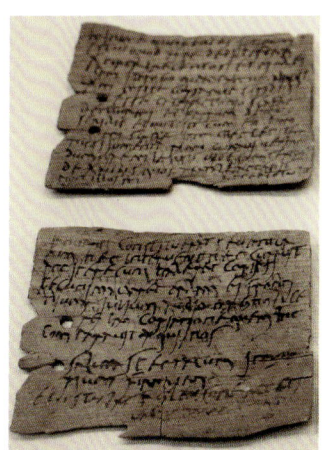

3 Vindolanda Tablets

1   Suche die Provinz Bithynien auf der Karte hinten im Buch.

2   Erläutere den Begriff *procurator* und seine Aufgaben. Begründe auch mithilfe des Pliniusbriefes.

3   Gestalte ein Plakat zu den »Vindolanda Tablets«.

4 römischer Reisewagen, Außenwand des Doms zu Maria Saal

Täter und Opfer

Ja, auch in der Syntax gibt es »Täter« und »Opfer«. Nur heißen sie hier Subjekt und Objekt und bezeichnen Handlungsträger und Handlungsgegenstand.

Plinius matrem monet.

Plinius macht sich während des Vesuvausbruchs große Sorgen um seine Mutter. Deshalb ermahnt er sie, mit ihm zu fliehen. Er ist als Subjekt des Satzes derjenige, der das Geschehen bestimmt.

Beim Wechsel in das Passiv ändert sich daran *inhaltlich* nichts; zwar ist nun die Mutter *syntaktisches Subjekt* des passiven Satzes, sie ist aber immer noch »Opfer«, also *logisches Objekt* der Handlung. Denn Urheber der Handlung bleibt Plinius.

Plinius matrem monet.

Mater a Plinio monetur.

Bildung der Passivformen

Wie im Aktiv werden die Wörter auch im Passiv nach dem Baukastenprinzip aus verschiedenen Modulen zusammengesetzt.

Passiv im Präsensstamm

Im Präsensstamm hat das Passiv eigene Personalendungen, an denen du es zuverlässig erkennen kannst. Alle anderen Module (also Tempus- und Moduszeichen), bleiben gleich.

	Indikativ		Konjunktiv	
Präsens:	voca-t	voca-**tur**	clam-**e**-t	clam-**e**-**tur**
Imperfekt:	voca-**ba**-t	voca-**ba**-**tur**	voca-**re**-t	voca-**re**-**tur**
Futur I:	voca-**bi**-t	voca-**bi**-**tur**	– – – –	– – – –

Passiv im Perfektstamm

Im Perfektstamm wird das Passiv ähnlich wie im Deutschen aus mehreren Teilen gebildet. Vergleiche:

vocatus, a, um est (er, sie, es) wurde gerufen/ist gerufen worden

Im Lateinischen setzt sich das Passiv also aus der dritten Stammform (dem PPP) und einer Form von »esse« zusammen. Im Deutschen ist es das Partizip II und eine Form von »werden«.

Doch Vorsicht: Das Deutsche verwendet das Hilfsverb »werden« auch fürs Futur. Hier heißt es aufpassen, damit du Futur Aktiv und Präsens Passiv nicht verwechselst:

Präsens Passiv:	Die Mutter wird <u>ermahnt</u>.
Futur Aktiv:	Die Mutter wird <u>ermahnen</u>.
Futur Passiv:	Die Mutter wird <u>ermahnt</u> werden.

Wortbildung: Ableitung von Substantiven

Übung, Heizung, Wohnung, Planung – im Deutschen kennst du viele Substantive dieser Art. Vielleicht ist dir schon aufgefallen, was sie verbindet: Alle sind weiblich. Gebildet werden sie von einem Verb, indem man »-ung« als Suffix (Nachsilbe) anhängt.

Auch im Lateinischen gibt es solche Regelmäßigkeiten. Wenn du sie kennst, kannst du von vielen Wörtern die Bedeutung erschließen – und weißt oft ganz automatisch auch das Geschlecht.

Substantive auf -tus

Diese Substantive bezeichnen eine Handlung in ihrem Verlauf und gehören zur u-Deklination. Sie sind immer maskulin und werden vom PPP gebildet:

movere (bewegen) → motus (Bewegung)

Substantive auf -io (-tio, -sio)

Diese Substantive bezeichnen ebenfalls eine Handlung. Sie gehören zur 3. Deklination und sind immer feminin. Auch sie werden vom PPP gebildet.

defendere (verteidigen) → defensio (Verteidigung)

Substantive auf -tor

Diese Substantive bezeichnen jemanden, der etwas berufsmäßg macht. Sie gehören zur 3. Deklination und sind in der Regel maskulin.

imperare (befehlen) → imperator (einer, der befiehlt: Feldherr, Herrscher)
orare (bitten, reden) → orator (einer, der redet oder bittet: Redner)

Substantive auf -tas

Diese Substantive gehören zur 3. Deklination und sind immer feminin. Sie bezeichnen oft Eigenschaften und sind von Adjektiven abgeleitet:

liber (frei) → libertas (Freiheit)
cupidus (begierig) → cupiditas (Begierde)

> **Das habe ich gelernt:**
> Die Passivformen erkenne ich daran, dass sie entweder aus zwei Teilen (PPP + *esse*) bestehen oder eigene Personalendungen haben. Das Wissen um die wichtigsten Regeln der Wortbildung hilft mir, die grammatischen Eigenschaften und die Bedeutung der Wörter zu erschließen.

1 Mutter Latein und ihre Töchter!
Stelle gleichbedeutende Substantive aus beiden
Sprachen zusammen und gib das lateinische
Ursprungswort (mit Bedeutung) an.

Italienisch: la quiete – il lago – la proibizione –
la difesa – la cenere – la faccia – la celerità –
l'audacia
Französisch: la célérité – la cendre – la face –
l'audace – la quiétude – la défense – le lac –
la prohibition

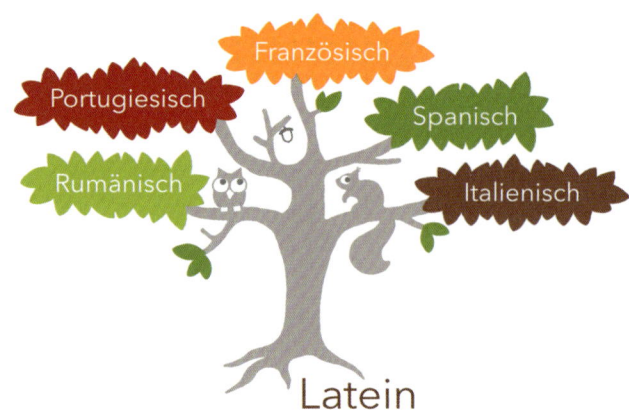

2 | 1 Für Sprachforscher: Nenne die lateinischen
Ursprungswörter und ihre Bedeutung.

2 Erkläre die Bedeutung der Fremdwörter und
vergleiche sie mit dem lateinischen Wort.

Selbst *Veteranen* unter den Anlegern gerieten
temporär in *partielle Kalamitäten,* manche
sogar in den *Ruin,* weil die Aktien allzu
defensiv tendierten. Es wurde klar, dass der
Markt *obskuren* Regeln folgte und nicht zu
beherrschen war.

3 Verschiedene Kombinationen
Kombiniere die Begriffe zu sinnvollen Gruppen
(z. B. Zeitangaben, Angst …) und begründe deine
Auswahl.

defendere – dies – delere – civis – exercitus –
impetus – manus – oppidum – metuere –
metus – nox – obscurus – pellere – perire –
prohibere – ruere – tenebrae – tempus –
timor – incola

4 Verschiedene Deklinationen
Welches Wort passt nicht? Begründe deine
Entscheidung.

a) domum – exercituum – monstrum – lacum
b) veteri – casui – loci – impetui – saluti
c) faciei – diei – perniciei – spei – iuveni
d) metum – parum – manum – lapidem
e) re – cinere – tecto – Marce – nocte

5 Bunt gemischt
Sortiere nach Deklinationen und bestimme die
Form.

metum – cineris – tecto – spem – timor –
exercitus – tenebras – casu – perniciei –
impetui – iuvenem – incolarum – lapidi –
dies – oppido – cive – faciei – lacus – re

6 Genitivus subiectivus oder obiectivus?
Übersetze und benenne, welche Genitiv-
funktionen jeweils vorliegen.

a) amor patriae
b) motus terrae
c) incolae oppidi
d) metus calamitatis
e) salus civium
f) spes pacis
g) victoria Romanorum

7 Genitivus-Generator
Verbinde jedes Substantiv mit einem inhaltlich
passenden Genitiv und übersetze.

Substantiv	Genitivattribut
a) metus	salus
b) gaudium	adversarii (Pl.)
c) spes	vitium
d) poena	hostes (Pl.)
e) pernicies	nox
f) tenebrae	libertas

8 | 1 Passiv im Perfektstamm
Nenne zu jeder Form die Lernform (Infinitiv
Präsens Aktiv).

2 Übersetze die Passivformen.

3 Bilde auch das Plusquamperfekt Passiv.

a) clausa est b) emissi estis
c) pulsus sum d) neglecta es
e) excitati sumus f) defensi sunt

9 | 1 Bilde die Passivformen und übersetze sie.

2 Bilde auch das Imperfekt und das Futur.

Aktiv	Passiv
a) excito	
b) defendis	
c) pellit	
d) mittimus	
e) deletis	
f) necant	

10 | 1 Großvater kann's nicht lassen: Übersetze seine
»Heldentaten«.

2 Erzähle die Ereignisse anschließend als Bericht
im Passiv (auf Deutsch).

3 Bilde die lateinischen Verbformen im Passiv.

»Quia omnes hostes maxime terrebamus,
imperator exercitum nostrum in Britanniam
misit. Et profecto barbaros cito[1] pepulimus.
Cum equites nostri adversarios oppressissent,
eorum oppida delevimus et pacem Romanam
restituimus. Qua de causa numquam nos
petent nec virtutem Romanam neglegent.
Nonne scitis, quantopere[2] imperator nos
laudaverit?«

1 cito *(Adv.):* schnell – **2 quantopere** *(Adv.):* wie sehr

11 Aufgepasst …!
Lies die Sachinformationen der vorhergehenden
Seiten noch einmal genau durch. Nenne dann
folgende Personen und Dinge:

a) Bedeutender Feldherr unter Kaiser
Vespasian
b) Berühmter römischer Historiker und
Zeitgenosse von Plinius
c) Der Pont du Gard war in der Antike keine
Brücke, sondern ein …
d) Grenzwall in Britannien
e) Zeigten die Entfernung zu den wichtigsten
Städten des Reiches
f) Weithin in Kampanien zu sehen

12 Zur Linken sehen Sie …!
Informiere dich aus den kleinen Sachtexten
und geeigneten Internetseiten über die
Sehenswürdigkeiten von Pompeji oder
Herculaneum.
Stellt anschließend in Kleingruppen einen kurzen
Rundgang zusammen und charakterisiert die
verschiedenen Stationen.

Blick über das Ausgrabungsgelände von Herculaneum auf die
Ausläufer von Neapel und den Vesuv

1 Mosaik aus Antiochia, 2. Jhdt. n. Chr.

Mosaik

Opus Mosaicum (Musenwerk) oder Mosaik ist eine Kunsttechnik, bei der man aus kleinen, bunten, verschieden geformten Teilen (Stein, Glas usw.) Bilder oder Ziermuster gestaltet. Schon im 3. Jahrtausend v. Chr. gab es Mosaiken in Mesopotamien, besonders beliebt waren sie in römischer Zeit. Überall im römischen Reich, wo man etwas auf sich hielt und genug Geld hatte, schmückte man mit ihnen Häuser. Häufig wurden Szenen aus der Mythologie dargestellt, gerne auch als Bodenschmuck im Speisezimmer (wie das Parisurteil oben), um den Gästen zu beweisen, dass man sich nicht nur ein Festessen, sondern auch Bildung leisten konnte.

1. Recherchiere die genauen Umstände des Parisurteils und versuche dann, alle auf dem Mosaik links dargestellten Personen zu identifizieren.

2. Beschreibe die Kopfbedeckung der beiden Krieger rechts und recherchiere die Bedeutung dieser sogenannten *phrygischen Mütze*.

3. Vergleiche die Erzählung von Odysseus und den Sirenen (z. B. bei Homer oder in einem Buch über die Sagen des Odysseus) mit der Darstellung auf dem Mosaik unten.

2 Mosaik aus Neapolis (Tunesien), 4. Jhdt. n. Chr.

Projekt

Verschiedene Firmen bieten Bausätze an, mit denen man selbst Mosaike herstellen kann. Organisiert eine Ausstellung mit euren eigenen Werken.

3 Mosaik aus Tunis, 2.–3. Jhdt. n. Chr.

Das Urteil des Paris

Heute geht es nach Neapel in eine Gemäldegalerie. Dank Mutter Flavias erzählerischem Talent ist es alles andere als langweilig.

Ecce! Vidētisne iuvenem sub arbore sedentem et deās eum circum-
stantēs? Quī iuvenis est Paris, fīlius rēgis Trōiānī. Iūdicāre dēbet, quae-
nam deārum certantium sit pulcherrima[1].
Audīte verba iuvenis deās iūdicantis!

5 Paris: »Hercle[2]! Dēcernere difficile est! Vōs omnēs tam pulchrae estis, ut
faciēs et habitūs vestrōs comparāns tamen nesciam, cui vestrum mālum[3]
dem. Fortasse vōs ipsae[4] mē adiuvābitis?
Magna Iūnō, cūr tē pulchritūdine cēterīs praestāre dīcam[5]?«

Quae mālum[3] appetēns imperium magnum prōmīsit. Et Minerva, quae
10 sapientibus et mīlitibus favet, Paridī dubitantī etiam plūs prōmīsit:
sapientiam atque glōriam ēgregiam.

Sed Paris »Grātiās« ait »agō, sed parum est nec bellum gerere cupiō!
Optō, ut Venus verbīs suīs mihī persuādeat! Aliōquīn mālum edam[6]!«

Venus: »Dea sum amōris: Tibī mē deārum pulcherrimam[1] iūdicantī
15 praemium maximum prōmittō: mulierem orbis terrārum
pulcherrimam[1]!«

Paris: »Optimē! Quam illicentia[7] sunt māla[3].«

1 pulcherrimus, a, um: der/die/das schönste

2 Hercle!: Beim Herkules!

3 mālum, ī: Apfel

4 ipse, ipsa, ipsum: selbst

5 dīcam: ich soll sagen

6 Aliōquīn mālum edam: Andernfalls werde ich den Apfel essen!

7 quam illicentia: wie verlockend

1 Lies den Text über den Zankapfel. Beschreibe das Bild und äußere Vermutungen über den Inhalt des lateinischen Textes.

2 Suche die Partizipien und ihre Bezugswörter heraus. Probiere verschiedene Übersetzungsvarianten aus.

3 Charakterisiere Paris und bewerte seine Wahl.

Der Zankapfel

Wenn drei sich streiten, freut sich die vierte! Man sieht sie förmlich vor sich, *Discordia,* wie sie sich die Hände reibt über ihren gelungenen Coup mit dem goldenen Apfel. Sie, die kleine und unansehnliche Göttin der Zwietracht, die erst zur Größe erwächst, wenn sie Streit gebracht hat, hat sich an den Göttern gerächt. Sie war als einzige nicht eingeladen zur Hochzeit von *Thetis,* der Meernymphe, und dem Sterblichen *Peleus,* den späteren Eltern *Achills. Discordia* kennt die Schwächen der Göttinnen genau. Wie sie sich zanken, wer die schönste von ihnen ist: *Juno,* Göttin der Ehe und Gattin Jupiters, *Minerva,* Göttin der Weisheit, und *Venus,* Göttin der Liebe. Selbst *Jupiter* kann sie nicht beruhigen. In seiner Not schickt er *Merkur,* den Götterboten, zu dem Sterblichen *Paris.* Er soll entscheiden. Aber *Paris* trifft eine Entscheidung mit entsetzlichen Folgen.

*Der Raub der Helena

Paris verliebt sich unsterblich in die schöne Helena. Diese allerdings ist bereits mit Menelaos, dem König von Sparta, verheiratet. Doch Paris entführt sie kurzerhand nach Troja. Schon sind sie zu Schiff unterwegs.

Subitō mare sub nāvī dehīscit[1] et faciēs Neptūnī[2] appāret dīcentis: »Vae, Parī[3]! Quid tibī vīs[4]? Aspicis mulierem cēterīs pulchritūdine praestantem eamque abdūcis! Etiamsī Venus tibī Helenam praemium[5] prōmīsit, minimē glōriam tibī pariēs! Menelāus, Helenae marītus,
5 mox imperium patris tuī petet, Trōiam oppūgnābit! Nec sōlum orbis terrārum certābit, sed etiam dī bellum gerent. Aliī Graecīs favēbunt, aliī Trōiānōs adiuvābunt. Clādēs autem atque perniciēs magnae erunt! Multī mīlitēs fortiter[6] pūgnantēs bellō perībunt. Et quā dē causā? Quia iuvenis sapientiam minōris[7] quam pulchritūdinem iūdicāns Venerī fāvit.«
10 Haec[8] ait rūrsusque abit sub aquam. Paris autem iter pergit neque amīcīs rogantibus, ut Helenam redderet, pāret.

1 **dehīscere:** sich auftun, sich spalten

2 **Neptūnus, ī:** *Gott des Meeres*

3 **Parī:** *Vokativ zu Paris*

4 **Quid tibī vīs?:** Was fällt dir eigentlich ein?

5 **praemium:** als Belohnung

6 **fortiter** *(Adv.):* tapfer

7 **minōris:** für weniger wert

8 **haec** *(Akk. Pl. n.):* dies

1 **Lies den Einleitungstext und sammle, was du über die weitere Entwicklung der Geschichte weißt.**

2 **Gestalte einen Dialog zwischen Paris und seinen Freunden.**

1 Streit bei der Hochzeit
Übersetze und beschreibe dann die neuen Erscheinungen.

a) Peleus et Thetis omnes deos et deas ad nuptias invitaverunt.

b) Coniuges modo unam deam non invitaverunt rixam[1] inter[2] hospites timentes: Discordiam[3].

c) Turba deorum venientium magna est.

d) Thetis hospitibus dona apportantibus gratias agit.

e) Subito Discordia[3] apparet: Malum[4] aureum[5] in turbam iactans[6] clamat: »Pulcherrimae[7]!«

f) Deae malum[4] petentes clamorem magnum tollunt.

1 rixa, ae: Streit – **2 inter** *(+ Akk.):* unter; zwischen – **3 Discordia:** *Göttin der Zwietracht* – **4 mālum,** i: Apfel – **5 aureus,** a, um: golden – **6 iactare:** werfen – **7 pulcherrimae!:** für die Schönste!

2 | 1 Stelle alle lateinischen Wörter zusammen, die du brauchst, um das Bild zu beschreiben.

2 Bilde kurze lateinische Sätze und lass deinen Nachbarn übersetzen.

3 | 1 Für Sprachforscher: Nenne die lateinischen Ursprungswörter und ihre Bedeutung.

2 Erkläre die Bedeutung der Fremdwörter und vergleiche sie mit dem lateinischen Wort.

Die Mönche in ihrem schwarzen *Habit* nahmen mit großem *Appetit* das Mahl zu sich. Dann verlas der Abt das *Dekret* und fragte, welche Lösung der *diffizilen* Angelegenheit seine Mitbrüder *favorisierten*.

4 Wörter umschreiben: Nenne das gesuchte Wort und seine Bedeutung.

a) non credere: _ _ _ _ _ _ _ _

b) pugnare: _ _ _ _ _ _ _

c) qui multa scit, est: _ _ _ _ _ _

d) adesse: _ _ _ _ _ _ _ _

e) in horto multae _ _ _ _ _ _ _ sunt

5 »Verwandte« Wörter
Führe auf ein bekanntes Wort zurück und erschließe die Bedeutung.

iudicium – certamen – imperare – dubium – facilis – sedes – iudex – favor

6 Ein Wort – viele Sinnrichtungen. Übersetze.

a) bellum gerere – negotium gerere

b) tempus cum amicis gerere

c) vestem gerere – arbor mala[1] gerit

1 malum, i: Apfel

7 Deklinieren – liegt auf der Hand!
Zeichne die Umrisse deiner Hände auf ein Blatt.
Jeder Finger steht für einen Kasus. Dekliniere:

a) iuvenis sedens
b) puer sedens

8 Nichts geht ohne KNG: Ordne zu.

a) dearum   A) currentes
b) militibus   B) cantantes
c) puellae   C) ardentibus
d) equi   D) fugienti
e) e domibus   E) certantium
f) servo   F) vincentibus

9 Markiere das Partizip und sein Bezugswort.
Übersetze dann.

a) e domibus ardentibus fugere
b) avum in urbe viventem visitare[1]
c) gloria militum contra hostes pugnantium
d) servis bene laborantibus praemia dare

1 visitare: besuchen

10 Und auf Deutsch? Eine wörtliche Übersetzung des
Partizips klingt oft ungeschickt. Formuliere um.

Den goldenen Apfel begehrend, versprach Venus dem
Paris eine wunderschöne Frau.
→ Venus begehrte den goldenen Apfel und …
→ Weil Venus den goldenen Apfel begehrte …

a) Eine schöne Frau suchend, ging Paris auf
das Angebot der Venus ein.
b) Hörend, dass Helena die schönste Frau
der Welt sei, wollte er sie unbedingt
kennenlernen.
c) Wissend, dass sie schon verheiratet war,
konnte er doch nicht widerstehen.
d) Er schlich sich leise an den vor dem
Zimmer schlafenden Wachen vorbei.
e) Denn er wollte unbedingt die alle an
Schönheit übertreffende Helena verführen.

rotfigurige Vase um 330 v. Chr.: Paris und Helena

11 Helenas kriegssüchtiger Ehemann: Markiere das
Partizip und sein Bezugswort. Übersetze dann.

a) Menelaus[1] regna aliorum regum petens
cum exercitu saepe bella gerebat.
b) Qui multas terras regens urbem Troiam
oppugnare in animo habebat.
c) Sed ceteri reges Graeci iram Troianorum
metuentes ei non affuerunt.

1 Menelaus: *König von Sparta; Gatte der Helena, die
von Paris entführt wird*

12 Die Entführung der Helena: Markiere das Partizip
und sein Bezugswort. Übersetze dann.

a) Paris Veneri deae praemium magnum
praebenti gratias egit.
b) Nam de pulchritudine Helenae aliis
mulieribus praestantis iam multa audiverat.
c) Itaque Graeciam petivit et Helenam
maritum timentem nave abduxit.

Das Trojanische Pferd

Vor einem Gemälde zum Trojanischen Krieg bleibt die Familie länger stehen.
Fulvia hat mittlerweile Spaß gefunden am Geschichtenerzählen und legt los:
»Stellt euch vor, wir säßen im Trojanischen Pferd!« …

Iam per longum tempus in equō angustō obscūrōque sedēmus Trōiānōs
exspectantēs. Subitō vōcēs audientēs per rīmam[1] spectāmus:

Trōiānī equō ad lītus vīsō appropinquant. Audīmus eōs ob
magnitūdinem equī Minervae sacrī exsultāre[2] et stupēre[3].

5 At Lāocoön sacerdōs dē arce currēns iam procul clāmat: »Ō miserī
Trōiānī! Sī Graecōs abisse putātis, certē errātis. Aut Graecī in hōc[4] līgnō
clausī occultantur, aut alius terror latet. Nē[5] crēdite equō ab hostibus
relictō! Quidquid id est, timeō Graecōs etiam dōna portantēs.«

Tum īrā commōtus tam ingentem hastam[6] in equum iactat, ut tremat[7].

10 Quā rē perterritī ex-clāmāmus: »Vae!« Metuentēs, nē inveniāmur, precēs
ad Minervam mittimus.

Ecce! Subitō duō ingentēs serpentēs[8] ā Minervā missī ē marī appārent, ad
lītus tendunt, Lāocoonta[9] interficiunt.

Trōiānī autem exīstimant deam tēlō nefāriō laesam Lāocoonta[9] pūnīvisse
15 et equum in urbem trahunt.

1 **rīma,** ae: Spalt
2 **exsultāre:** jubeln
3 **stupēre:** staunen
4 **hōc** *(Abl.):* dieser
5 **nē:** *hier:* nicht
6 **hasta,** ae: Lanze
7 **tremere:** erzittern
8 **serpens,** serpentis *m.:* Schlange
9 **Lāocoonta:** *Akk. zu* Lāocoön

1|1 Tragt zusammen, was ihr über das Trojanische Pferd wisst.
  2 Lies den Einleitungstext und äußere erste Vermutungen über den Inhalt
des Textes.
2|1 Arbeite anhand der Konnektoren die Grobstruktur des Textes heraus.
  2 Gliedere den Text und gib den einzelnen Abschnitten Überschriften.
3 Gib die Geschichte in eigenen Worten wieder.
4 Erkläre, warum die Griechen nicht entdeckt werden.

Das Trojanische Pferd

Kriegsmaschinen gibt man gerne klingende Namen, sie
bleiben aber trotzdem, was sie sind, Kriegsmaschinen. Nicht
so das Trojanische Pferd. Diese Kriegsmaschine hatte tatsächlich Pferdegestalt. Konstruiert wurde sie von *Odysseus* unter
Anleitung *Minervas.* Zehn Jahre hatten die Griechen zu diesem
Zeitpunkt Troja erfolglos belagert. Auf beiden Seiten hatte es
große Opfer gegeben. Die tapfersten Helden, der Trojaner
Hektor und der Grieche *Achill,* waren tot.

Und wofür das alles? Nun, *Venus* hatte ihr Versprechen ein-
gelöst und *Paris* mit der schönen *Helena* zusammengebracht.
Doch diese war mit *Menelaos,* dem König Spartas, verheiratet.
Vor ihrer Heirat hatte *Helena* viele Verehrer. Sie alle hatten
damals geschworen, für sie und *Menelaos* zu kämpfen, falls
es die Situation erfordern sollte. Diese Situation sah *Menelaos*
nun gekommen. Und so war eine gewaltige Flotte auf-
gebrochen, um *Helena* zurückzuholen …

*Zeuge des Untergangs

In der Nacht verlassen die Griechen das Pferd und öffnen das Stadttor. Schon zieht das feindliche Heer plündernd und mordend durch Troja, während viele Bewohner noch schlafen – auch Aeneas.

Subitō Aenēās umbram Hectoris, sociī mortuī, vīdit. Quī flēvit et Aenēam tālibus verbīs monēns ait: »Eheu, fuge, fīlī deae, ēripe tē flammīs! Iam hostis mūrōs habet; iam arx alta Trōiae dēlētur.«

Aenēās ē somnō excitātus statim in tēctum currit. Ecce! Domūs flammīs
5 victae ruunt, templa antīqua ārdent, incolae perterritī per viās errant: mīlitēs, ut urbem captam ab hostibus dēfendant; mulierēs, ut cum līberīs ē flammīs servātīs fugiant. Aenēās sēcum cōgitat[1]: »Vēnit ultimus diēs: Mox Trōia et ingēns glōria Trōiānōrum nōn iam erunt.« At rēbus malīs nōn cēdere dēcrēvit. Magnā īrā commōtus iam mediam in pūgnam
10 contendit …

Subitō autem Venus dea appāruit haec[2] dīcēns: »Ō fīlī, tantamne īram dolor excitāvit? Fuge et servā tuōs! Ubīque tibī aderō.« Et pius Aenēās deae pāruit …

1 sēcum cōgitāre: bei sich denken

2 haec *(Akk. Pl. n.) hier:* Folgendes

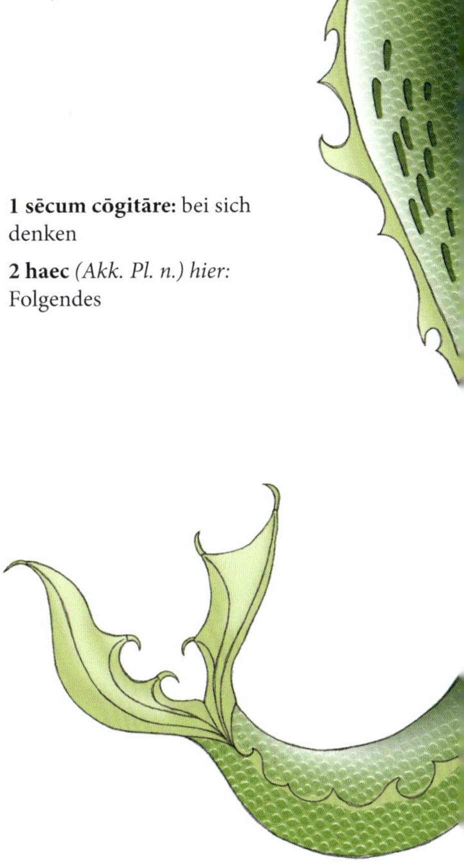

1   Gliedere den Text und gib ihn in eigenen Worten wieder.
2   Fasse zusammen, was du über Aeneas weißt. Beziehe auch dein Wissen aus Lektion 20 mit ein.

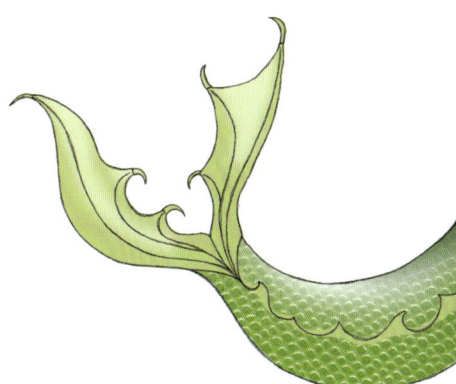

1 Ein langer Krieg …
Übersetze und beschreibe dann die neuen Erscheinungen.

a) Troia a Graecis obsessa[1] est.
   Troia a Graecis obsessa[1] tandem capta est.
b) Mulieres a militibus relictae sunt.
   Mulieres a militibus relictae tristes sunt.
c) Per multos annos bellum a Graecis gestum est. In bello a Graecis gesto multi viri necati sunt.

1 obsidere, obsideo, obsedi, obsessum: belagern

2 … und wer ist schuld?
Beschreibe, wie das Partizip jeweils aufgelöst ist, und bewerte die Übersetzungen.

Helena a Paride rapta Troiae vixit.
– Nachdem Helena von Paris geraubt worden war, lebte sie in Troia.
– Helena war von Paris geraubt worden und lebte dann in Troia.
– Paris hatte Helena geraubt. Danach lebte diese in Troia.

3 | 1 Stelle alle lateinischen Wörter zusammen, die du brauchst, um das Bild zu beschreiben.
2 Bilde kurze lateinische Sätze und lass deinen Nachbarn übersetzen.

4 Mindmap
Erstelle eine Mindmap zum Thema »Beziehung zwischen Menschen und Göttern«.

5 Pantomime
Notiere fünf Verben aus dieser Lektion. Spiele sie der Klasse vor, die Mitschüler notieren ihre Lösung. Wer errät alle?

6 Welches Wort passt nicht?
Entscheide nach inhaltlichen Kriterien und begründe deine Wahl.

a) necare – laedere – appropinquare
b) clam – terror – latere – occultare
c) arx – telum – arbor – defendere

7 Wörter umschreiben: Nenne das gesuchte Wort und seine Bedeutung.

a) adire: _ _ _ _ _ _ _ _ _ _ _ _ _ _
b) ex oculis movere: _ _ _ _ _ _ _ _ _
c) Iuppiter deus est Romanis _ _ _ _ _
d) sacerdos immolans dicit _ _ _ _ _ _

8 Montagsmaler
Bildet Zweierteams. Immer abwechselnd zeichnet einer von euch ein lateinisches Wort aus Lektion 28 in sein Heft, der andere muss es erraten.

9 »Verwandte Wörter«: Führe auf bekannte Wörter zurück und erschließe die Bedeutung.

a) longitudo – altitudo – fortitudo
b) audacia – amicitia – angustiae
c) occultus, a, um – propinquus, a, um

10 PPP: Nenne den Infinitiv Präsens und seine Bedeutung. Gib auch die anderen Stammformen an.

relictos – commota – clausis – inventum – captae – missas – interfectus – gestorum – laeso – territis – iactata – pulsae – statutos

11 Partizipien: Bilde die fehlenden Formen.

Inf. Präs.	PPA	PPP
laedere	laedens	
		punitum
tollere		
		prohibitum

12 Nichts geht ohne KNG: Ordne zu.

a) militibus   A) apportatum
b) donum   B) defensa
c) hostium   C) relictis
d) arcis   D) deposito
e) libertate   E) reparatae
f) metu   F) pulsorum

13 Markiere das Partizip. Übersetze dann.

a) equus a Graecis relictus
b) hostes in equo clausi
c) accipere donum a Graecis apportatum
d) adire equum in litore inventum
e) deam telo laesam timere

14 Und auf Deutsch? Eine wörtliche Übersetzung des Partizips klingt oft ungeschickt. Formuliere um.

Von Paris entführt, kam Helena nach Troja.
→ Helena wurde von Paris entführt und kam dann nach Troja.
→ Nachdem Helena von Paris entführt worden war, kam sie …

a) Doch Helenas Mann, von ihr betrogen, war sehr wütend.
b) Von Zorn erfüllt rüstete er eine große Streitmacht aus und fuhr nach Troja.
c) Doch die gewarnten Trojaner hatten sich gut vorbereitet.
d) Die reparierte und verstärkte Stadtmauer bot der Stadt Schutz vor den Griechen.

15 Gefahren auf dem Meer: Gleichzeitig oder vorzeitig? Markiere den Partizipialausdruck und übersetze.

Aeneas, cum ex urbe deleta fugisset, novam patriam invenire debuit. Cum sociis nihil timentibus mare altum petivit.
Sed Iuno dea a Paride laesa socios a patria nova diu prohibuit. Itaque socii per maria errantes multa pericula tolerare debebant:
A monstris saevis oppugnati et inter Scyllam Charybdinque[1] oppressi tandem ad Italiam pervenerunt.

1 inter …: zwischen Skylla und Charybdis *(Meerenge mit gefährlichen Strudeln)*

16 Ein schwerer Abschied: Markiere den Partizipialausdruck und übersetze.

a) Primo Aeneas e Troia a Graecis deleta fugere non cupivit.
b) At denique Aeneas a Venere dea persuasus decrevit familiam suam servare.
c) Sed uxorem in flammis amissam relinquere debuit.
d) Maximo dolore commotus Aeneas tamen cum filio et patre et imaginibus deorum navem petivit.

Relief auf einem Altar: Aeneas auf der Flucht aus Troja

Odysseus und die Sirenen

So langsam wird es Fulvia und Lucius zu viel, sich ein Kunstwerk nach dem anderen anzusehen und dazu die endlosen Reden ihrer Eltern anzuhören. Wenn sie doch ein bisschen Wachs für ihre Ohren hätten, so wie die Gefährten des Odysseus auf der Heimreise aus dem zerstörten Troja!

Ulixēs[1] sociīque patriam petentēs iam magnōs labōrēs tūlerant, cum ad Sīrēnēs[2] vēnērunt. Quae partem superiōrem mulieris habēbant, īnferiōrem autem avis. Hārum fātum fuit tam diū vīvere, quam diū nēmō mortālium cantum[3] eārum audiēns praeternāvigāvisset[4]. Hae iam multōs
5 nautās, ut fertur, ad perniciem vocāverant.

Sed Ulixēs[1] ā Circā[5] monitus dolum adhibuit: Sociīs cērā[6] aurēs clausit sēque ad mālum cōnstringī[7] iussit. Illīs praecēpit, nē eum līberārent, etsī hoc postulāret.

Cum ad Sīrēnum[2] saxum appropinquārent, Ulixēs[1] carmina dulcia
10 accēpit et cupiditātibus ācribus incēnsus est. Sociī autem quiētō animō rēctum cursum tenuērunt. Ille hōs implōrāvit, ut vincula solverent. Hī autem nōn modo sīgna illīus neglēxērunt, sīcut prōmīserant, sed etiam vincula astrīnxērunt[8].

Hōc modō Ulixēs[1] incolumis cantum[3] Sīrēnum[2] audīvit neque vītam
15 āmīsit. Sīrēnēs[2] autem superātae sē praecipitēs in undās coniēcērunt.

1 **Ulixēs,** Ulixis *m.:* Odysseus

2 **Sīrēnēs,** um *f.:* Sirenen

3 **cantus,** ūs *m.:* Gesang

4 **praeternāvigāre:** vorbeisegeln

5 **Circa,** ae: Kirke *(Zauberin, bei der Odysseus zuvor war)*

6 **cēra,** ae: Wachs

7 **ad mālum cōnstringere:** an den Mast binden

8 **astringere,** astringō, astrīnxī: *hier:* fester anziehen

1 Beschreibe das Bild und stelle Textbelege zusammen, die das im Bild Gezeigte wiedergeben.

2 Stelle schwierige Sätze anhand der Einrückmethode grafisch dar.

3 Gliedere den Text anhand der Konnektoren und gib den einzelnen Abschnitten Überschriften.

4 Erkläre den heutigen Begriff »Sirene«.

5 Informiere dich über die Irrfahrten des Odysseus und berichte deinen Mitschülern über ein weiteres Abenteuer, das Odysseus auf seiner Reise erlebt hat.

Die Irrfahrten des Odysseus

Ithaka! Zwanzig Jahre lang hat Odysseus seine Heimat nicht mehr gesehen! Nach der Zerstörung Trojas wollten Odysseus und seine Gefährten nur noch nach Hause. Doch viele Abenteuer hatten sie auf dieser langen Reise zu bestehen, darunter auch die Begegnung mit dem einäugigen Zyklopen *Polyphem,* dem Sohn des Meergottes *Neptun.* Ihn blendete Odysseus. Neptuns Rache war bitter. Er verweigerte Odysseus die Ankunft auf Ithaka. Ruhelos durchstreiften er und seine Gefährten die Meere. Schließlich ertranken alle während eines gewaltigen Sturmes, nur Odysseus rettete sich auf die Insel der Nymphe *Kalypso.* Sie überlistete *Neptun* auf Geheiß Jupiters und ermöglichte Odysseus so die Heimkehr nach Griechenland. Nun steht er endlich auf heimischem Boden. Doch werden seine Lieben ihn überhaupt wiedererkennen?

*Lass' dich nicht bezirzen!

Auf seinen Irrfahrten landete Odysseus auch auf der kleinen Insel Aiaia. Da er inmitten der Insel Rauch aufsteigen sah, schickte er einen Teil seiner Gefährten los, um die Insel zu erkunden.

Ulixēs, cum sociōs iam mortuōs esse putāret, tandem ūnum ex illīs ad nāvem redīre vīdit. Cui haec dīxit: »Age, nārrā, quid acciderit! Et ubī sunt aliī?«

Eurylochus: »Mediā in īnsulā vīllam ingentem invēnimus. Cum
5 appropinquārēmus, multae bēstiae saevae in nōs ruērunt! Mīrō autem modō nōs nōn vulnerāvērunt[1], sed ad vīllam dūxērunt.

Ibī mulier pulchra verbīs dulcibus portam aperuit et nōs invītāvit. Tum ancillās et cibōs bonōs et vīnum (af-)ferre iussit. Incrēdibile[2] est, quod tum vīdī! Omnēs praeter mē cum vīnum bibissent, in bēstiās conversī
10 sunt[3]! Quam celerrimē potuī[4] ē vīllā effūgī, ut ad tē redīrem.«

Ulixēs autem sīc ab amīcō monitus vīllam adiit: Ac profectō auxiliō deōrum Circam[5] superāvit et sociōs līberāre potuit.

Hic tamen pulchritūdine illīus mulieris victus per longum tempus in illā īnsulā remānsit.

1 **vulnerāre:** verletzen

2 **incrēdibilis,** e: unglaublich

3 **convertere,** convertō, convertī, conversum: verwandeln

4 **quam celerrimē potuī:** so schnell ich konnte; so schnell wie möglich

5 **Circa,** ae: Kirke *(Name der Zauberin auf Aiaia)*

1 Gib mit eigenen Worten wieder, was mit Besuchern der Insel Aiaia geschah.

2 Erläutere die Überschrift.

1 Aeneas und Odysseus
Übersetze und beschreibe dann die neuen Erscheinungen.

Et Aeneas et Ulixes Troiam deletam reliquerunt. Hic[1] Graeciam petivit, ille[2] Italiam. Huic multi socii erant, socii illius erant pauci[3]. Dei hunc et illum et eorum socios per mare pepulerunt. Et horum et illorum fortuna misera erat. Sed tandem illis patria nova data est, hos post longum tempus uxores recipere non potuerunt.

1 hic, haec, hoc: dieser – **2 ille,** illa, illud: jener –
3 pauci: wenige

3 | 1 Stelle alle lateinischen Wörter zusammen, die du brauchst, um das Bild zu beschreiben.
2 Bilde kurze lateinische Sätze und lass deinen Nachbarn übersetzen.

2 Der Untergang Trojas
Übersetze. Schreibe die Formen von *ferre* heraus und bestimme sie.

Paris Helenam Troiam tulerat[1]. Itaque incolae Troiae bellum longum ferebant.
Constat Troianos in illo bello multa mala tulisse. Nisi Paris Helenam Troiam tulisset, naves Graecae milites Troiam non ferrent. Sed Troiani dixerunt: »Patienter[2] feremus, quodcumque[3] fortuna nobis fert.«

1 ferre, fero, tuli, latum: bringen, tragen, ertragen –
2 patienter: geduldig – **3 quodcumque:**
was auch immer

4 Eselsbrücken
Lies dir den Text »Odysseus und die Sirenen« durch und notiere alle Vokabeln, die du nicht kennst. Ermittle die Grundform und frage deinen Partner nach der Bedeutung oder schlage nach. Überlegt euch gemeinsam Eselsbrücken für diese Wörter.

5 Wortfamilie
Nenne zu jedem Begriff mindestens ein bekanntes Wort derselben Familie.

labor – laborare
a) mortalis – magnus – sacerdos
b) incendere – liberare – terrere – movere
c) cursus – vita – poena

6 Ein Wort - viele Bedeutungen: Wähle jeweils eine passende (freie) Übersetzung.

a) cibum ad dominam ferre – puellae amatae oscula ferre – auxilium ferre
b) miseriam sine querela[1] ferre
c) fama fert Ulixem Sirenes audivisse

1 querela, ae: Klage

7 Komposita: Erschließe die Bedeutung.

ad-venire = herbei-kommen; ab-ire = weg-gehen
(ad-)ferre → afferre :
(ab-)ferre → auferre:
(re-)ferre → referre:
(ex-)ferre → efferre:
(cum-)ferre → conferre:

8 Deklinieren – liegt auf der Hand!
Zeichne die Umrisse deiner Hände auf ein Blatt.
Jeder Finger steht für einen Kasus. Dekliniere:

a) hoc saxum
b) ille labor
c) haec unda

9 *hic* und *ille:* Bestimme KNG, ordne zu.

A) illud	a) mortalibus
B) harum	b) tectum
C) illas	c) saxo
D) hos	d) aves
E) ab his	e) vir
F) ille	f) rerum
G) illo	g) socios

10 Pronomina im Überblick: Ergänze die fehlenden Formen im Singular (m.).

Nom.	Gen.	Dat.	Akk.	Abl.
hic				
	eius			
		illi		
				quo

11 Tandem mit *ferre*
Schreibe fünf Formen von *ferre* auf. Dein Partner notiert fünf Formen von »tragen« (auf Deutsch). Tauscht die Blätter und übersetzt. Wiederholt dann die Übung mit umgekehrten Rollen.

12 Bestimme die Formen von *portare* und bilde die entsprechenden Formen von *ferre*.

a) portas – portat – portabat – portabit
b) portaverunt – portaverant
c) portet – portaret – portaverit – portavisset
d) portatur – portatus est

13 | 1 Odysseus und der Zyklop: Suche den Partizipialausdruck heraus, übersetze dann.

2 Informiere dich, wie die Gefährten doch noch entkommen. Beziehe dich auch auf die Abbildung.

Ulixes a dis per mare pulsus paene[1] desperabat. Tandem insulam a viris ingentibus habitatam vidit.
Cum sociis monstra metuentibus litus adit, ut insulam explorarent[2]. Cibum bonum quaerentes socii etiam specum[3] Polyphemi[4] intraverunt.
Sed vae! Subito monstrum ingens apparuit saxum portans. Specum[3] saxo clausit. Socii clausi intellexerunt se effugere non posse …

1 **paene**: fast – 2 **explorare**: erkunden – 3 **specus,** us m.: Höhle – 4 **Polyphemus,** i: Polyphem *(grausamer Zyklop)*

Vase um 510 v. Chr.: Flucht aus Polyphems Höhle

1 Trojanisches Pferd auf dem Hals einer Amphore aus dem 7. Jhdt. v. Chr.

2 Pyxis aus dem 5. Jhdt. v. Chr. (dem Penthesilea-Maler zugeschrieben)

Wie auf Erden, so im Himmel

Discordia hat ganze Arbeit geleistet. Die Götter sind hoffnungslos zerstritten und bekämpfen sich gegenseitig im Himmel, während Griechen und Trojaner auf der Erde Krieg führen. Sie alle sind unfreiwillige Erfüllungsgehilfen der *Moira,* des Schicksals, geworden, das die Zerstörung Trojas beschlossen hat, und selbst die Götter können daran nichts ändern. Und so nimmt das Geschehen seinen unvermeidlichen Lauf.

Alles beginnt mit dem schrecklichen Traum der schwangeren *Hecuba,* der Gattin des Trojanerkönigs *Priamus.* Sie träumt, dass sie eine Fackel gebiert, die Troja in Flammen setzt. Ein Traumdeuter sieht darin einen Hinweis auf die Zerstörung Trojas, und zwar durch Hecubas noch ungeborenen Sohn. Nach der Geburt wird daher einem Sklaven befohlen, das Neugeborene im Gebirge aussetzen; doch, von Reue geplagt, zieht dieser das Kind wie seinen eigenen Sohn als Hirten auf und ebnet so erst den Weg zum Untergang Trojas: Auf der Weide begegnet *Paris* – diesen Namen hatte ihm sein Ziehvater gegeben – dem Götterboten *Merkur,* der ihn um eine Entscheidung im göttlichen Schönheitswettbewerb bittet.

Da Hecuba auch noch nach Jahren um ihren Sohn trauert, veranstaltet Priamus ihm zu Ehren Leichenspiele. Als Preis setzt er einen Stier aus. Nichtsahnend siegt der mittlerweile herangewachsene Paris; seine Schwester, die Seherin *Kassandra,* erkennt in ihm ihren totgeglaubten Bruder. Paris wird wieder in den Königspalast aufgenommen und reist später nach Sparta, wo ihm schließlich *Helena* begegnet. Sie ist die Frau, die ihm einst bei der Wahl der Göttinen von *Venus* als schönste Frau der Welt versprochen worden war. Obwohl sie schon mit dem König von Sparta, *Menelaos,* verheiratet ist, nimmt Paris sie mit nach Troja.

Die Götter sind in zwei Lager gespalten: *Juno* und *Minerva* können und wollen die Schmach der Zurücksetzung durch Paris nicht vergessen. Sie

3 Szene auf der Pyxis, ringsum

ergreifen Partei für die Griechen, die aufbrechen, um Helena zurückzuholen. An ihrer Seite stehen der Meeresgott *Neptun, Vulcanus,* der Gott
des Feuers, und der Götterbote *Merkur.* Für die Trojaner kämpfen *Venus*,
Mars, *Apollo,* die Jagdgöttin *Diana* und der Sonnengott *Sol.*

Doch beide Lager haben auch ihre menschlichen Helden: zum einen
auf Seiten der Trojaner der tapfere *Hektor*, zum anderen der Grieche *Achill*.
Schon als Baby tauchte seine Mutter Thetis ihn in das Wasser des Unter-
weltflusses *Styx,* um ihn unverwundbar zu machen. Doch die Ferse, an der
sie den Jungen festhielt, blieb ungeschützt …

Zehn Jahre wird der Krieg um Troja dauern. Achill wird Hektor im
Kampf töten und seinen Leichnam um die Stadt schleifen. Er selbst wird
durch einen Pfeil Apollos sterben, denn er kennt die einzige verwundbare
Stelle des Helden. Am Ende wird die Stadt durch eine List des schlauen
Odysseus – das Trojanische Pferd – eingenommen und liegt in Schutt und
Asche. Die Überlebenden werden versklavt. Nur eine kleine Schar von
Trojanern, darunter *Aeneas* (der spätere Stammvater der Römer), kann
dem Inferno entkommen.

Auch von den Griechen werden nur wenige heimkehren. Odysseus
und seine Gefährten müssen bei ihrer Rückreise viele Abenteuer bestehen,
aber nur Odysseus wird es nach zehn Jahren Irrfahrt vergönnt sein, seine
Heimatinsel Ithaka wiederzusehen.

4 griech. Vase: Achill schleift den
toten Hektor um die Stadt

1 Erläutere, wie es zum Trojanischen Krieg kam. Deute in diesem
   Zusammenhang die Bilder der Pyxis.

2 Erstelle eine Liste, welche römischen Götter du schon kennst.
   Finde heraus, wofür sie zuständig sind und woran man sie erkennt.

3 Hektor – Achill – Odysseus – Aeneas: Wähle einen Helden aus
   und erstelle ein Plakat.

Jenseits von Raum und Zeit

Bilder sind etwas Wunderbares. Sie heben die Grenzen von Zeit und Raum auf und sagen in einem einzigen Augenblick mehr als viele Worte. Zum Verständnis von Geschichte(n) kann ein Bild sehr hilfreich sein. Um es aber wirklich verstehen zu können, solltest du drei Regeln beachten:

1. Beschreibe zunächst, was du siehst.
2. Dann suche nach Hinweisen, was das Bild aussagen will.
3. Vertiefe deine Beobachtungen (z. B. in Bezug auf Details der Abbildung; Art des Bildes (Wandgemälde, Vasenmalerei, Mosaik u. a.); künstlerische Mittel; Entstehungszeit; Vergleich mit anderen Darstellungen).

Mosaik aus Tunis, 2.–3. Jhdt. n. Chr.

An diesem Beispiel zeigen wir, wie das geht: Auf diesem dichten Bild gibt es viel zu entdecken. Zu sehen ist eine Figur, die unter einem Baum sitzt, an ihrer Seite ist ein Tier auf der Weide zu erkennen. Es könnte sich also um einen Hirten handeln. Neben ihm ist auf der einen Seite eine männliche Figur abgebildet, in der rechten Bildhälfte sind drei weibliche Figuren zu sehen. Es könnte sich also um eine Darstellung des Paris-urteils handeln.

Manche Details erschließen sich erst bei genauerem Hinsehen, so die Identifizierung der einzelnen Göttinnen, die alle einen Götterstab in der Hand halten: *Minerva* – sie ist ausgestattet mit Helm, Brustpanzer und Schild, *Juno* – sie ist gekleidet wie eine römische Matrone, als göttliche Herrscherin hat sie der Künstler sitzend dargestellt, *Venus* – sie trägt ein gold-blaues Kleid und wirkt etwas abwartend. Die Gestalt auf der unteren linken Bildhälfte wird durch Flügelschuhe, Flügelhut und Heroldstab als *Merkur* ausgewiesen.

Die beiden kleinen Figuren im Hintergrund sind *Amor,* der Sohn der Venus (mit Pfeil und Bogen), und *Psyche.* Ihre Darstellung bedarf heutzutage der Erläuterung, in der Antike aber kannte ihre wunderschöne Liebesgeschichte jeder: Erst nach vielen Verwicklungen durften sie nämlich endlich zu einander finden. Die Abbildung von Amor und Psyche steht für die (unverschuldeten?) Gefühle der Liebenden. Durch sie verweist der Künstler auf die kommende Beziehung zwischen *Paris* und *Helena* und die tragischen Ereignisse um Troja.

Als Fußbodenmosaik diente das Bild in der Antike vor allem dekorativen Zwecken. Aber schon damals wird es sicher ein echter »Eye-Catcher« gewesen sein und die Phantasie seiner Betrachter beflügelt haben.

Vergleicht man das Mosaik mit dem Parisurteil Sandro Botticellis aus den Jahren 1485–88, so erkennt man neben den Gemeinsamkeiten auffällige Unterschiede. Das beginnt mit der Umgebung, in die Botticelli das Geschehen eingebettet hat. Am linken Bildrand findest du eine Darstellung Roms aus dem 15. Jahrhundert, rechts eine typische Stadt des späten Mittelalter. Rom steht für die Antike, die »moderne« Stadt für die Zeit Botticellis, in der man die Bedeutung der griechischen und römischen Kunst und Kultur wiederentdeckt hat. Diese Wiederentdeckung wurde als große Befreiung empfunden, so dass man diese Epoche *Renaissance* (= Wiedergeburt) genannt hat.

Parisurteil von Sandro Botticelli, ca. 197 x 81 cm

1 Beschreibe das Bild Botticellis und arbeite weitere Gemeinsamkeiten und Unterschiede zwischen beiden Bildern heraus.

2 Überlege, was ihn veranlasst haben könnte, sein Parisurteil in diese Landschaft zu verlegen.

Das habe ich gelernt:

Ich beschreibe immer zuerst, was ich sehe. Dann suche ich nach Anhaltspunkten, wer oder was abgebildet sein könnte, und versuche, die Abbildung zu deuten.

1 | 1 Mutter Latein und ihre Töchter – Italienisch!
Nenne die lateinischen Ursprungswörter und ihre
deutsche Bedeutung.

2 Formuliere pro Reihe eine Regel, wie sich die
Wörter im Italienischen verändert haben.

a) corso – dolce – colpa – singolare
b) prestare – edificare – premio
c) onore – ospite – erba – abito
d) lavoro – favola – avere
e) gente – monte – parte – amore

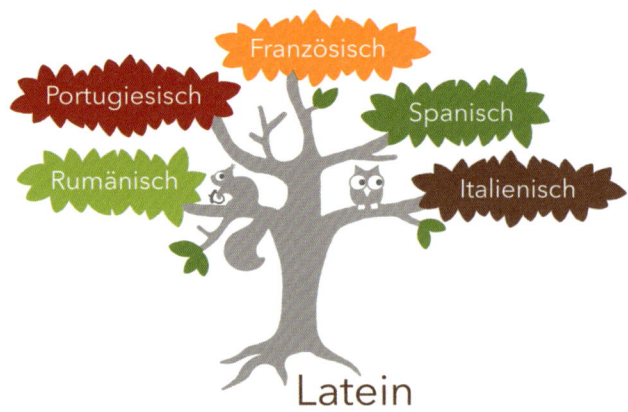

2 Ordne die gleichbedeutenden Formen von *ferre*
und *portare* einander zu.

portas – portavistis – portabant – portave-
ram – porta – portabimus – portans
ferebant – fer – fers – feremus – tulistis –
tuleram – ferens

3 Bilde die gleichbedeutende Form von *ferre.*

a) porto – portabatis – portaverunt –
   portabis – portatur – portaret
b) tolerans – toleraveram – toleravissemus –
   tolerabo – toleravisti – tolerant

4 Gegensätze ziehen sich an
Bilde Wortpaare mit entgegengesetzter
Bedeutung und gib die Bedeutung an.

a) appropinquare – deus – incolumis –
   mortalis – cedere – laesus – laudare –
   vastus – punire – angustus
b) otium – pius – poena – nefarius –
   superior – praemium – labor – inferior

5 Gleich und gleich gesellt sich gern
Gib die Bedeutung der Wörter an und finde
Synonyme aus den aktuellen Wortschätzen.

a) pugnare – adesse – forma – propter
b) ferre – necare – putare
c) homo – salvus – poenam dare

6 Ordne kongruente Formen (KNG) einander zu.

hanc	terrori
illo	preces
illorum	mortales
hac	imperiorum
illud	habitu
hos	arborem
has	sapientia
illi	lignum

7 Ergänze die passende Form von *hic* bzw. *ille*
und übersetze.

Marcus et Lucius Romam spectare cupiverunt.
Tandem in _____ (hic) urbem venerunt.
_____ (*Dat. von* hic = Lucius) amicus erat,
ubi habitare potuit. _____ (ille = Marcus)
autem tabernam adiit.
Nocte[1] Lucius in somno _____ (ille) vidit,
qui orabat: »Ades mihi! Serva me ex _____
(hic) periculo: In _____ (hic) taberna
caupo[2] me necare cupit, quia _____ (ille)
magnam copiam pecuniae habeo.«
1 nocte: in der Nacht – **2 caupo,** onis *m.:* Wirt

8 | 1 Ordne die formal zusammengehörigen (KNG!) Formen einander zu.

2 Übersetze mit einem Relativsatz.

imperator militem puniens – der Feldherr, der den Soldaten bestraft

bellum	ceteris praestantes
mortales	mihi persuadens
nautae	hostes appetentes
Romani	in mare iactata
sapiens	a periculis liberati
saxa	a consule gessum

9 Bilde die zum (kursiv gedruckten) Bezugswort passende Partizipform und übersetze.

a) *Helena* pulchra a Paride _____ (PPP von rapere) ad Troiam pervenit.

b) Interim Menelaus orationem ad multos *amicos* undique[1] _____ (PPP von con-vocare) habuit: »Uxorem ab hostibus _____ (PPP von rapere) servare debemus.«

c) *Amici* sacrificia _____ (PPA von facere) dixerunt: »*Dei* precibus _____ (PPP von delectare) nobis certe aderunt.«

1 undique: von überall her

10 | 1 Sapientia Romanorum – Die Weisheit der Römer: Erschließe den Sinn folgender lateinischer Lebensweisheiten.

2 Denke dir eine Situation aus, in der du einem Freund eine dieser Weisheiten als Rat gibst. Schreibe dem Freund einen Brief.

a) Carpe diem!

b) Fortes fortuna adiuvat.

c) Omnia mea mecum porto.

d) Ora et labora!

11 Sprichwörtliche Mythologie
Erkläre die kursiv gedruckten Wörter mithilfe ihres mythologischen Hintergrunds.

Max konnte die Kassiererin *bezirzen* und ohne Eintrittskarte ins Stadion kommen. Aber das Heimrecht erwies sich als *Danaergeschenk* für seinen Verein. Die Verteidigung war die *Achillesferse* des Teams. Ach, hätte man doch auf die *Kassandrarufe* des Trainers gehört und einen neuen Spieler verpflichtet. So nutzten auch die *sirenen*gleichen Gesänge der Fans nichts.

12 | 1 Gedanken der verlassenen Penelope
Das Vasenbild stellt Penelope, die Frau des Odysseus, dar. Recherchiere ihr Schicksal. Beschreibe dann das Bild und erkläre die dargestellte Stimmung.

2 Markiere das Partizip und übersetze. Achte auch auf das Zeitverhältnis.

a) Penelopa et amore et metu mota dixit:

b) »Cur maritus non rediens litteras nullas mittit?

c) Num ante Troiam pugnans necatus est?

d) Nonne dei saepe implorati eum servaverunt?

e) Quam diu illos viros nuptias petentes prohibere potero?

f) Misera est fortuna uxoris a marito relictae!«

griech. Vasenmalerei: Penelope am Webstuhl

Sprechende Steine – Was Inschriften über die Vergangenheit erzählen

1 Grabstein aus dem Rheinischen Landesmuseum Bonn, 1. Jhdt. n. Chr.

1 Beschreibe den Grabstein: Was erfährst du über die Person, die in der Mitte abgebildet ist?

2 Versuche, der Inschrift die wichtigsten Informationen zu entnehmen.

Dieser Stein ist für _____ , Sohn des _____ . Er gehörte zur _____ . Legion. Er starb mit _____ Jahren im Krieg des _____ . Die Gebeine der Freigelassenen dürfen hier bestattet werden. Diesen Stein hat sein _____ (namens) _____ errichtet.

Mitteilungen für die Öffentlichkeit

Aus der Römerzeit haben sich viele epigraphische Zeugnisse erhalten. *Epi-graphein* ist Griechisch und bedeutet »einritzen«. Die meisten Inschriften sind in Stein gemeißelt und daher relativ gut erhalten. In Deutschland findet man viele *Grabinschriften* und *Meilensteine* an den Römerstraßen. Wenn man den Göttern danken wollte, errichtete man einen *Weihestein*.

Der Text der Inschriften war sehr förmlich und stark normiert – deshalb wurden häufige Begriffe (z. B. *legio* oder *filius*) abgekürzt.

3 Wer sind die Deae Aufaniae? Recherchiere und beschreibe ihren Kult.

2 Fund aus Kösching/Bayern. Die Inschrift gibt die Entfernung nach Augsburg und Regensburg an.

3 Stein für die Aufanischen Göttinnen aus dem Matronenheiligtum in Nettersheim/NRW.

Bis hierhin und nicht weiter

Der Legionär Decimus ist auf Heimaturlaub in Rom und besucht die Familie von Lucius. Bereits seit mehreren Jahren ist er am Rhein nahe der Colonia Ulpia Traiana in einem Militärlager stationiert. Er erzählt von der langen Geschichte der Kriege zwischen Römern und Germanen:

Caesar, cum in Galliā bellum gereret, etiam ā Germānīs petītus est. Germānīs iterum atque iterum Rōmānōs petentibus Caesar cōnstituit Rhēnum[1] trānsīre, ut vim Rōmānōrum ostenderet.

Ponte factō Caesar exercitum flūmen trādūxit, Germānī autem sē in
5 silvās abdidērunt. Omnibus vīcīs incēnsīs frūmentōque dēlētō Caesar sē trāns Rhēnum[1] recēpit et pontem rescidit[2].

Plūribus annīs intermissīs Augustus fīnēs imperiī prōferre in animō habuit. Rōmānī ūsque ad Albim[3] flūmen prōcessērunt. Expedītiōnēs[4] Drūsī[5] Tiberiīque[6] autem haud bene ēvēnērunt, quia locōrum nātūra
10 nimis aspera fuit. Ibī silvae erant vāstae, palūdēs altae, hiemēs longae dūraeque. Etiam Germānī ingentibus corporibus ferōque habitū mīlitēs terruērunt.

Tribus Vāriānīs[7] legiōnibus āmissīs Rōmānī ē »Barbaricō« sē recēpērunt. Inde Rhēnus[1] fīnis imperiī Rōmānī fuit.

15 Cum Germānī nōn dēsinerent fīnēs trānsīre, dēnique Domitiānus[8] coepit vallum dūcere, quō ā Rhēnō[1] ad Dānuvium[9] fīnēs mūnītī sunt.

1 Rhēnus, ī: Rhein

2 rescindere, rescindō, rescidī, rescissum: einreißen

3 Albis, is *m.*: Elbe

4 expedītiō, tiōnis *f.*: Expedition

5 Drūsī, ī: *römischer Feldherr; führte Krieg in Germanien und starb dort 9 v. Chr.*

6 Tiberius, ī: *Bruder des Drusus und später Kaiser*

7 Vāriānus, a, um: *Adjektiv zu Vārus, der die legendäre Varusschlacht verlor*

8 Domitiānus, ī: *röm. Kaiser (81–96 n. Chr.)*

9 Dānuvius, ī: Donau

---

1 Finde mithilfe des Textes und der Karte im Umschlag heraus, wo die Grenze zwischen dem Imperium Romanum und dem freien Germanien lag.

2 Gliedere den Text, indem du wichtige Stationen herausarbeitest, die die Geschichte von Römern und Germanen betreffen.

3 Beschreibe die Eindrücke, die die Römer von den Germanen und ihrem Land hatten.

4 Entlang der Grenze sind aus vielen Militärlagern große Städte entstanden. Informiere dich über ein Kastell und berichte deinen Mitschülern.

Magna Germania

Seit dem Jahr 9 n. Chr. verlief die Grenze des *Imperium Romanum* entlang des Rheins und der Donau. Dahinter begann *Magna Germania,* der freie Teil Germaniens. Natürlich kam es auch weiterhin zu Begegnungen zwischen Römern und Germanen. Diese waren nicht immer friedlich, und so schützten die Römer ihr Herrschaftsgebiet durch eine 550 km lange Grenzbefestigung, den sogenannten *Limes.* Dennoch dienten germanische Hilfstruppen im römischen Heer, und der Handel z. B. mit Bernstein, Seife und blondem Frauenhaar (!) blühte. Ein weiteres Handelsgut war das keineswegs nur bei Legionären beliebte germanische Bier, das Tacitus einst als »schauerliches Gebräu« gebrandmarkt hatte. Seine Verbreitung belegt u. a. eine Inschrift mit der Nennung eines *cervesarius,* eines römischen Bierhändlers.

*Nur nicht den Kopf verlieren!

Eines Tages, als Kaiser Augustus gerade frühstücken wollte, überbrachte man ihm ein furchtbares Geschenk: den Kopf des Quinctilius Varus, seines Statthalters in der Provinz Magna Germania.

Dōnō vīsō imperātor territus litterās invēnit et haec lēgit:

»Arminius[1] imperātōrī Augustō salūtem dīcit.

Fortasse rogābis, cūr Vārus sōlus Rōmam[2] vēnerit – et ubī legiōnēs sint. Corpus eius et corpora cēterōrum mīlitum ā Germānīs interfectōrum in
5 saltū Teutoburgiēnsī[3] iacent.

Egō Arminius, Segimērī fīlius, sum: Multīs līberīs prīncipum[4] Germānōrum ā Rōmānīs captīs Rōmamque ductīs et egō Rōmam pervēnī. Postquam ut vir Rōmānus ērudītus[5] sum, mīles in Germāniā fuī, ut contrā patriam meam bellum gererem. Sed cum vidērem
10 imperium Vārī iūstum nōn esse, orīginem[6] meam neglegere nōn potuī – dēcrēvī Rōmānōs ē Germāniā pellere et patriam līberāre: Neque difficile erat! Cum Vārus mē amīcum fidum esse putāret, dolum nōn intellēxit: Egō Germānīs in silvās abditīs Vārō persuāsī, ut oppidum mūnītum relinqueret. Egō exercitum Vārī mediam in palūdem altam dūxī. Egō
15 patriā līberātā tibī dōnum mittō! Valē!«

1 Erläutere die Rolle des Arminius bei der Varusschlacht.

1 Arminius, ī: *Sohn des Germanenfürsten Segimer, in Rom aufgewachsen*

2 Rōmam: nach Rom

3 saltus Teutoburgiēnsis: Teutoburger Wald

4 prīnceps, cipis *m.:* Fürst

5 ērudīre: aufziehen; großziehen

6 orīgō, inis *f.:* Herkunft; Abstammung

1 Wo kann Caesar sich beweisen?
Übersetze und beschreibe dann die neuen Erscheinungen.

a) *Piratae* a militibus puniti sunt.
Piratis punitis Caesar Romae[1] honores petivit.

b) Multa officia a Caesare facta sunt.
Officiis factis Caesar plus honorum petivit.

c) Eo tempore a Gallis impetum factum est.
Impetu a Gallis facto Caesar exercitum in Galliam duxit.

1 Romae: in Rom

2 Die Römer – ein kriegerisches Volk
Übersetze und beschreibe dann die neuen Erscheinungen. Achte auf das Zeitverhältnis.

a) Imperatoribus bella gerentibus imperium Romanum auctum est.

b) Militibus Romanis magna virtute pugnantibus hostes vincere non potuerunt.

c) Caesare Galliam petente milites magnam praedam[1] sperant.

1 praeda, ae: Beute

3 Wortfix – Nenne zu jedem Bild mindestens ein passendes lateinisches Wort.

4 Pantomime
Notiere fünf Ausdrücke aus Lektion 30 (sie dürfen auch aus mehreren Wörtern bestehen – z. B. *impetum facere*). Spiele sie der Klasse vor, die Mitspieler notieren ihre Lösung. Wer errät alle?

5 | 1 Für Sprachforscher: Nenne die lateinischen Ursprungswörter und ihre Bedeutung.

2 Erkläre die Bedeutung der Begriffe.

Prozession – Nautik – liberal – intermittierend – Munition – Event – ostentativ

6 Präpositionen
Erkläre die Wörter anhand einer Zeichnung.

a/ab – ad – ante – apud – de
in – intra – post – per – trans

7 Stammformen - PPP
Nenne Grundform und Bedeutung.

facti – incensa – amissis – transitum – laesos – munitus – abditam – prolato

8 Ablative: Welche Form passt nicht?

a) gero – territo – animo – traducto
b) silvis – pontis – constitutis – vallis
c) palude – silva – arce – saxa
d) nimis – praeceptis – victis – incensis

9 PPA oder PPP? Ordne zu und nenne die Grundform.

PPA	PPP

monentis – amissis – deletas – incendentes – traducti – gerenti – obtinentibus – positus

10 Übersetzungsvergleich: Beschreibe die Unterschiede und begründe, welche Übersetzung dir am besten gefällt.

Ponte facto milites flumen transierunt.

a) Nachdem eine Brücke gebaut worden war, überquerten die Soldaten den Fluss.
b) Nachdem die Soldaten eine Brücke gebaut hatten, überquerten sie den Fluss.
c) Die Soldaten bauten eine Brücke und überquerten dann den Fluss.
d) Nach dem Bau einer Brücke überquerten die Soldaten den Fluss.

11 Mühsames Soldatenleben: Übersetze.

a) *Flumine transito* kamen die Soldaten in einen großen Wald.
b) *Silva transita* gelangten sie endlich in offenes Gelände – doch es war sumpfig.
c) *Viis munitis* begannen die Soldaten, ihr Lager aufzubauen.
d) *Vallo facto* fühlten sie sich sicher.
e) *Castris*[1] *munitis* waren dennoch zusätzliche Wachen zur Sicherung nötig.
f) *Omnibus rebus factis* waren sie sehr müde.

1 castra, orum n. Pl.: das Lager

12 Römer und Germanen. Übersetze.

a) *Exercitu Romanorum appropinquante* verließen die Germanen ihre Dörfer.
b) *Romanis flumen transeuntibus* versteckten die Germanen sich im Wald.
c) *Romanis multos vicos delentibus* ließen die Germanen sich nicht blicken.
d) *Romanis iam de victoria gaudentibus* griffen die Germanen aus dem Hinterhalt an.

13 Die Römer bei uns: Markiere den Abl. abs. und übersetze. Achte auch auf das Zeitverhältnis.

Germanis Rhenum iterum atque iterum transeuntibus Romani fines munire debuerunt. Itaque Romani vallum aedificaverunt et barbaris adhuc resistentibus multa oppida condiderunt.
Finibus denique munitis imperium tutum erat. Tum etiam barbari laeti erant: Pace data et oppido ad Rhenum posito Ubii[1] coeperunt vitam dulcem et *luxuriam* amare.

1 Ubii, orum m.: germanischer Stamm in der Gegend des heutigen Köln

Grenzerfahrung

Decimus trägt sich mit dem Gedanken, sich in der Colonia niederzulassen, da die florierende Grenzstadt viele Möglichkeiten eröffnet. Die Germanen jedoch sind ein sonderbares Volk.

»Castra nostra, ut scītis, Trāiānō duce ad fīnem Germāniae īnferiōris posita sunt. Hōc locō cum vīverem, mōrēs Germānōrum aut ipse vīdī aut fābulīs accēpī.

Quam[1] mīrī sunt illī hominēs! Quōrum vīta paene omnis in
5   vēnātiōnibus[2] atque in studiō reī mīlitāris cōnsistit. Parentibus auctōribus iam ā parvulīs[3] labōrī dūrō atque pūgnae ācrī student. Quam ob rem Germānī profectō in ingentia corpora crēscunt, tantum ad impetum valida. – Nōnnūllī etiam contendunt Germānōs et negōtia et convīvia armātōs adīre.

10   Etiam religiōne[4] Germānī ā cōnsuētūdine nostrā differunt: Mārte Mercuriōque exceptīs deōs nostrōs īgnōrant; immō eōs colunt, quōs cernunt et quōrum ope iuvantur: Sōlem et Vulcānum[5] et Lūnam[6]. Ac nūmine in omnī nātūrā praesente nōn in templum, sed in silvam sacram conveniunt caesōque pūblicē[7] homine rītūs[8] turpēs incipiunt. Rectē
15   audīs: Germānī nōn sōlum animālia, sed etiam hominēs immolant! Nōnne iste mōs barbarus est?«

1 **quam:** *hier:* wie

2 **vēnātiō,** iōnis *f.:* Jagd

3 **ā parvulīs:** von Kindheit an

4 **religiōne:** *Abl. lim.:* in Bezug auf …

5 **Vulcānus,** ī: Vulkan *(Gottheit des Feuers)*

6 **Lūna,** ae: Mond *(Gottheit)*

7 **pūblicē** *(Adv.):* öffentlich

8 **rītus,** ūs *m.:* Ritus

1   Lies den Text und sammle Wörter zu den Sachfeldern »Kämpfen« und »Religion«.

2   Gliedere den Text und gib den einzelnen Abschnitten Überschriften.

3|1 Fasse in eigenen Worten zusammen, wie der Legionär die Germanen beschreibt.

  2 Bewerte die Darstellung des Legionärs. Beziehe auch die Informationen aus dem Sachtext mit ein.

Germanen

Schläfst du gern lang und liebst du ein heißes Bad? Dann bist du, sofern man den Ausführungen des Tacitus glauben darf, ein waschechter Germane. Tacitus hat nämlich ein Büchlein über die Germanen verfasst und darin behauptet, dass diese oft bis in die Puppen schlafen (für Römer unfassbar!) und gerne in heißem Wasser baden. Vielleicht waren die Germanen sogar ziemlich spießig. Denn nach Tacitus besaßen alle ein Häuschen mit Garten. Das passt so gar nicht zur Beschreibung der Germanen als raue Naturburschen, die nur aufs Kämpfen bedacht waren. Mit ihren blauen Augen und ihrem hohen Körperwuchs wirkten sie ja vielleicht wirklich auf die Römer etwas furchteinflößend. Nur – *die* Germanen gab es im Grunde gar nicht. Der Name geht u. a. auf Caesar zurück, der damit alle Stämme östlich des Rheins bezeichnete.

*Lagerleben

Der Legionär erzählt von seinen ersten Erfahrungen in einem Militärlager.

Iter magnum per silvās obscūrās et *regiōnēs* asperās et palūdēs altās
fēcerāmus. Post illōs labōrēs nōs omnēs ōtium petīvimus, sed Trāiānō
auctōre castra pōnere dēbuimus. Nec tum fīnis officiōrum erat:
Ārā ad praetōrium¹ factā tōtus exercitus iussū ducis conveniēbat. Quī
5 magnā vōce dīxit: »Ō saeve Mars, terror hostium, accipe hoc sacrificium!
Nam tē invītō² bellum contrā Germānōs saevōs gerere nōn possumus.«
Tum vīdimus taurum praeclārum immolārī.

Nihil nunc nisī pācem somnī placidī dēsīderābam³. Sed cum dēnique in
lectō⁴ dūrō iacērem, tamen ōtium nōn erat: Nam, ut multī mīlitēs, et egō
10 cum septem sociīs in contuberniō⁵ habitō. Prīmō sociī lūdēbant atque
rīdēbant, tum subitō clāmor maximus audītus est. Iterum ad praetōrium¹
properāvimus, ubī ūnus mīles duce praesente verberābātur. Audīvī illum
miserum castra iniussū⁶ ducis relīquisse.

1 praetōrium, ī: Zelt des Feldherrn

2 invītus, a, um: ungern; gegen
den Willen

3 dēsīderāre: ersehnen; sich
sehnen nach

4 lectus, ī: Bett

5 contubernium, ī: Zelt

6 iniussū: *Erschließe:* in- (=Ver-
neinung) + iussū

1 Fasse in eigenen Worten zusammen, was du über das Leben
eines einfachen Soldaten im Militärlager erfährst.

1 Römische Geschichte – sehr kurzgefasst
Übersetze und beschreibe dann die neuen
Erscheinungen.

a) Romulus erat primus rex Romanorum.
   Romulo rege urbs Roma munita est.
b) Caesar exercitum in Galliam duxit.
   Caesare duce[2] etiam Galli victi sunt.

1 auctor, auctoris *m.:* Urheber, Veranlasser –
2 dux, ducis *m.:* (An-/Heer-)Führer

2 Ein Feldherr spricht.
Übersetze und beschreibe dann die neuen
Erscheinungen.

Imperator militibus dicit:
»Traianus ipse[1] vobiscum pugnabit.
Verba ipsius vobis trado.
Traianum ipsum mox videbitis.
Si viceritis[2], ab eo ipso laudabimini.«

1 ipse, ipsa, ipsum: selbst – **2 viceritis** (Fut. II): ihr
habt gesiegt

3 Wortfix
Nenne zu jedem Bild ein passendes lateinisches
Wort.

4 So sprechen Soldaten. Ordne zu.

a) castra ponere	A) angreifen
b) castra movere	B) angreifen
c) impetum facere	C) aufbrechen
d) auxilium ferre	D) ein Lager aufschlagen
e) signa inferre	E) Hilfe bringen

5|1 Für Sprachforscher
Nenne die lateinischen Ursprungswörter und gib
die Bedeutung an.

2 Erkläre die Bedeutung der Begriffe.

a) französisch: les parents – le soleil –
   excepter – différent
b) italienisch: valido – consuetudine – autore

6 »Verwandte« Wörter
Führe auf andere bekannte Wörter zurück und
nenne bzw. erschließe die Bedeutung.

a) valere – ducere – parĕre – miles
b) armare – finire – cultus, us – consuescere –
   ignotus, a, um – vivus, a, um – conviva, ae

7 Wörter umschreiben: Nenne das gesuchte Wort
und seine Bedeutung.

a) vir, qui alios ducit: _ _ _
b) miles est gladio _ _ _ _ _ _ _
c) quid est clarum: _ _ _
d) pater et mater: _ _ _ _ _ _ _ _
e) hic milites habitant: _ _ _ _ _ _

8 Bestimme KNG und bilde die entsprechende Form von *ipse*.

a) illi milites

b) ab hoc duce

c) in hac villa

d) huius belli

e) istae res

9 Kaiser Trajan persönlich. Übersetze.

Milites Traianum imperatorem amaverunt. Ipse cum militibus contra barbaros pugnavit. Sibi ipsi non pepercit. Quam ob rem milites eum ipsum semper adiuvabant. Etiam imperator exercitui favit. Milites ipsi dona ab eo acceperunt.

10 Ablativ: Ja oder nein?

a) oppida – castra – porta – intra – ira

b) agmine – agere – certe – pietate – virtute

c) iniquus – militibus – domus – doloribus

d) asino – abeo – ergo – eripio – equo – ego

11 Wahr oder falsch?

a) Man übersetzt den nominalen Abl. abs. oft als präpositionalen Ausdruck.

b) Er enthält immer eine historische Person.

c) Er ist gleichzeitig.

12 Kindheit = Spielzeit? Übersetze.

a) *Parentibus invitis*[1] wollten die Kinder Verstecken spielen.

b) *Matre auctore* mussten die Mädchen aber im Haushalt mitarbeiten.

c) *Patre duce* gingen die Jungen auf die Jagd.

d) *Parentibus auctoribus* sollten die Kinder später starke Krieger werden.

e) *Rege duce* zogen sie in den Krieg.

1 invitus, a, um: unwillig, widerwillig, gegen den Willen

13 Fremde Völker – fremde Sitten. Übersetze.

a) *Gallia capta* verehrten die Menschen weiterhin ihre alten Götter.

b) *Parentibus deos implorantibus* wurden auch die Kinder in die Religion eingeführt.

c) *Viris arma gerentibus* gingen sie zum Essen.

d) *Mulieribus resistentibus* beschlossen die Männer den Tag mit reichlich Met.

14 Die spinnen, die Römer!
Markiere den Abl. abs. und übersetze.

a) Romani homines miri sunt. Imperatore duce terras barbaras adeunt. Gentibus magna virtute resistentibus Romani tamen bella gerunt. Sed cladibus acceptis minime se recipiunt; iterum atque iterum hostes armis petunt. Castris positis incipiunt oppida condere.

b) Et hostes? Multis amicis amissis tandem victi sunt: Romanis auctoribus linguam Latinam[1] discunt, aquaeductibus[2] a Romanis aedificatis aquam claram bibunt et vitam iucundam agunt. Viribus corporis neglectis paene ipsi Romani vocari possunt.

1 lingua Latina: Latein – **2 aquaeductus,** us *m.:* Aquädukt

Pont du Gard, Aquädukt in Frankreich

Ein verdächtiger Kult

Decimus hat bei seinen Erzählungen über fremde Bräuche auch eine neue Religion erwähnt, der bereits einige seiner Kameraden anhängen. Da ergreift ein anderer Römer sichtlich emotional das Wort …

»Hominēs, quī istam fidem suscēpērunt, Chrīstiānī[1] appellantur. At istī hominēs sē mīlitēs probōs praebēre nēquāquam[2] possunt. Nam tantō furōre sunt, ut rem pūblicam ēvertere cupiant: Nōn fortiter pūgnant et prīncipem neglegunt, sed Chrīstum[3] prō eō colunt. Est autem ille ›deus‹

5 foedae fōrmae ac minimae potestātis: Caput istīus scelerātī, quī summō suppliciō graviter pūnītus et crucī affīxus[4] est, asinō simile est!

Et Chrīstiānī[1] ipsī crēbra scelera maximae crūdēlitātis committunt. Audīvī eōs occultē iam ante lūcem ad sacrificium convenīre. Hostiīs interfectīs sanguinem bibunt atque corpora edunt[5]. Nōnnūllī etiam

10 contendunt nōn sōlum animālia, sed etiam līberōs summae innocentiae ā Chrīstiānīs[1] crūdēliter immolārī! Dē hīs omnibus, quae clam noctūque faciunt, silentium tenent; nam istī hominēs maximā superstitiōne[6] poenam Chrīstī[2] timent.«

1 **Chrīstiānus, ī:** Christ

2 **nēquāquam:** in keiner Weise; keinesfalls

3 **Chrīstus, ī:** Christus

4 **crucī affīgere,** affīgō, affīxī, affīxum: ans Kreuz schlagen

5 **edere:** essen

6 **superstitiō,** tiōnis *f.:* Aberglaube

1 Beschreibe das Bild. Äußere Vermutungen, was der Römer über die Christen sagen könnte, und suche nach Belegen im Text.

2 Fasse in eigenen Worten zusammen, was der Römer über die Christen erzählt und wie er sie charakterisiert. Belege deine Aussagen am Text.

3 Überlege, wie das Gespräch weitergehen könnte, und formuliere eine Antwort.

Christen

Die Verehrung eines Gekreuzigten, also eines Verbrechers, durch die Christen erregte in der Antike Anstoß. Auch die Tatsache, dass Sklaven (und Frauen!) innerhalb der christlichen Gemeinde eine wichtige Rolle spielten, war für Außenstehende unfassbar.

Christen gab es in allen Gesellschaftsschichten. Vor allem in der Anfangszeit trafen sie sich in Privathäusern vermögender Mitglieder. Weil sie gleichzeitig die Verehrung des Kaisers als Gott verweigerten, sahen viele darin eine Kampfansage an alles, was Römern heilig war. Schnell kursierten die wildesten Gerüchte über sie.

Man verdächtigte die Christen, das Imperium zerstören zu wollen. Immer wieder kam es daher zu Übergriffen. Die schlimmste Verfolgung fand zur Regierungszeit des Kaisers Diokletian (284–305 n. Chr.) statt. Doch sein Nachfolger Konstantin (306–337 n. Chr.) erkannte, dass das Imperium nur *mit* den Christen eine Überlebenschance hatte.

*Wahres Christentum

So verteidigt ein Christ seinen Glauben gegen alle Kritik:

Ea, quae saepe dē nōbīs nārrantur, minimē vēra sunt. Chrīstus turpiter interfectus tamen neque cordis scelerātī neque fōrmae asinī est. Immō prō nōbīs omnibus fortiter mortem[1] superāns et nōs līberōsque nostrōs servāns ēgregiē dēmōnstrāvit sē Deī fīlium esse.

5 Nōs Chrīstiānī, quamquam neque prō imperātōre pūgnāre neque eum colere cupimus, perniciēī reī pūblicae nōn studēmus. At, cum mīlitēs Deī sumus, sōlī Deō cēdimus nūllum hominem timentēs. Nam Deī mīles neque morte[1] fīnītur[2] neque in dolōre neglegitur.

Quās fābulās autem fīnxistis dē sanguine, dē līberīs, dē mōribus nostrīs!
10 Nēmō haec potest crēdere nisī[3] ille, quī tālia facere audet. Nōnne Sāturnus[4] vester līberōs suōs vorāvit[5]? Sed Chrīstus ipse nōs docet[6] nōn sōlum līberōs, sed etiam omnēs hominēs amāre. Nōs igitur hominēs maximā virtūte et summā innocentiā sumus!

1 **mors,** mortis *f.*: Tod

2 **fīnīre:** beenden (*hier im Passiv:* aufhören zu leben)

3 **nisī:** außer

4 **Sāturnus,** ī: Saturn (*Vorgänger Jupiters als höchster Gott und dessen Vater; verschlang seine Kinder aus Angst vor einem stärkeren Nachkommen, der ihn laut Orakelspruch stürzen sollte*)

5 **vorāre:** verschlingen

6 **docēre:** *hier mit einfachem Infinitiv*

1 Nenne die Argumente, mit denen der Christ die Anschuldigungen widerlegt.

2 Beurteile, inwieweit die Argumente für einen Christen bzw. einen Römer überzeugend sind.

1 So sehen sich die alten Römer …
Übersetze und beschreibe dann die neuen
Erscheinungen.

Romani putabant se esse homines
– magni animi et bonorum morum
– ingentis potestatis[1]
– singulari virtute
– magna humanitate et pietate
– fida amicitia[2].

1 potestas, tatis *f.*: Macht – **2 amicitia**, ae:
Freundschaft

2 … und so sehen sie die Christen!
Übersetze und beschreibe die neuen
Erscheinungen.

a) Christiani non fortiter pugnant.
b) Christiani occulte[1] in domos conveniunt.
c) Ibi hostias – etiam liberos – turpiter
immolant.
d) Itaque recte a Romanis puniuntur.

1 occultus: heimlich, verborgen

3 | 1 Stelle alle lateinischen Wörter zusammen, die
du brauchst, um das Bild zu beschreiben.

2 Bilde kurze lateinische Sätze und lass deinen
Nachbarn übersetzen.

4 Eselsbrücken
Lies dir den Text »Ein verdächtiger Kult« durch
und notiere alle Vokabeln, die du nicht kennst.
Ermittle die Grundform und frage deinen Partner
nach der Bedeutung oder schlage nach. Überlegt
euch gemeinsam Eselsbrücken für diese Wörter.

5 Ein Wort – viele Sinnrichtungen
Wähle die jeweils passende Übersetzung.

a) bellum committere
b) scelus committere
c) ludos *gladiatorios* committere
d) se amicis committere
e) se ludis *gladiatoriis* committere

6 Sachfelder: Welches Wort passt inhaltlich nicht?
Begründe deine Auswahl.

a) dux – lux – sanguis – milites
b) occultus – officium – clam – nocte
c) evertere – impetus – innocentia – furor
d) crescere – poena – crudelis – scelus
e) creber – numquam – saepe – validus

7 | 1 Für Sprachforscher: Welche lateinischen Wörter
liegen zugrunde?

2 Gib den Text auf Deutsch wieder.

A crime of great *cruelty* was *committed* in the
streets of *Rome*. A *furious* man attacked an
innocent passer-by and nearly *extinguished* his
life. He was *captured* and he will *certainly* be
punished by the *judges*.

8 Adverbien → Adjektive
Nenne das zugrunde liegende Adjektiv und seine Bedeutung.

a) maxime – vere – publice – graviter
b) acriter – occulte – fortiter – longe
c) audacter – male – optime – bene

9 Adjektive → Adverbien
Nenne zu jedem Adjektiv seine Bedeutung und bilde das Adverb.

a) apertus – dignus – foedus
b) crudelis – iucundus – nefarius
c) dulcis – stultus – celer – elegans

10 Kasusfunktionen – Ablativ
Übersetze und gib die Kasusfunktion an.

a) cum amicis ludere – sub arbore sedere – domo exire – hostes telo interficere – vir magno studio – victoria gaudere
b) homines summa virtute – in equo Troiano latere – magna vi pugnare

11 Kasusfunktionen – Genitiv
Übersetze und gib die Kasusfunktion an.

a) domus amici – poena deorum
b) amor liberorum – negotia rei publicae
c) merx magni pretii – officium magni honoris – uxor ingentis sapientiae

12 Welche Qualitäten! Übersetze die Ausdrücke und ordne die Eigenschaften den Personengruppen zu. Diskutiert unterschiedliche Lösungen in der Klasse.

a) Christiani sunt homines …
b) Romani sunt homines …
c) Germani sunt homines …

miris consuetudinibus – magno furore – ingentium corporum – magna eloquentia – vera religione – summae crudelitatis – magnae potestatis – morum malorum

13 Plinius hat ein Problem.
Übersetze die Abl. abs. Achte auf das Zeitverhältnis.

a) *Traiano imperatore facto* wurde Plinius zum Statthalter von Pontus bestimmt.
b) *Plinio auctore* wurde die Wasserversorgung modernisiert.
c) *Incolis se bene gerentibus* wurde Plinius dennoch von Sorgen gequält.
d) *Christianis graviter accusatis*[1] bat Plinius den Kaiser um Rat.
e) *Christianis imperatori sacrificia non facientibus* wusste Plinius nicht, wie er reagieren sollte.

1 accusare: anklagen

14 Was tun mit den Christen?
Markiere den Abl. abs. und übersetze. Achte auf das Zeitverhältnis.

Sceleribus Christianorum auditis Plinius nescivit, quid faceret. Plinio de Christianis dubitante alii Romani summum supplicium postulabant. Plinio auctore Christiani interrogati[1] sunt. Nonnullis eorum adhuc resistentibus Plinius litteras Romam[2] misit. Traiano auctore nonnulli puniti sunt, aliis licuit abire supplicio facto.

1 interrogare: befragen, verhören –
2 Romam: nach Rom

1 Spottkruzifix aus dem 3. Jhdt. in Rom

2 Hinrichtung eines Christen

3 Hinrichtung eines Christen

Atta unsar þu in himinam, weihnai namo þein …

Das war Gotisch! Den Inhalt der beiden Zeilen kennst du bestimmt. Lies sie einmal laut und beachte dabei folgende Regeln: *þ = engl. th; ei = i; ai = ä.* Genau, es ist der Anfang des Vaterunsers. Übersetzt aus dem Griechischen hat es ein Mann namens *Wulfila* (= Wölflein). Er lebte in der Gegend des heutigen Nordbulgarien (einst Grenzgebiet zwischen Römischem Reich und der *Magna Germania*) zur Zeit der sogenannten Völkerwanderung.

Die Völkerwanderung und ihre Folgen

Seit dem 3. Jhdt. n. Chr. drangen zunehmend germanische Stämme in das Römische Reich ein. Die Lebensbedingungen in ihren Herkunftsregionen hatten sich dramatisch verschlechtert und der Reichtum des Imperiums weckte bei ihnen Begehrlichkeiten. Für die Römer bedeutete diese Entwicklung eine Katastrophe. Alle militärischen Kräfte waren an den Grenzen gebunden, die wirtschaftliche Situation wurde immer schwieriger und das Imperium war wegen seiner Größe kaum noch regierbar.

Christen im Römischen Reich

Wie oft in Krisensituationen suchte man nach Schuldigen und fand sie in den Christen. Die christliche Religion galt als *religio illicita* (verbotene Religion), denn die Christen verweigerten den Kaiserkult und stellten sich damit scheinbar außerhalb der römischen Gesellschaft. Dennoch hatten sie einen großen Zulauf. Das führte dazu, dass die Tempelkulte vernachlässigt wurden und die damit verbundene Infrastruktur regelrecht wegbrach. Deshalb sah sich schon der jüngere Plinius als Statthalter der Provinz Bithynien gezwungen, gegen die Christen vorzugehen. Sein Dienstherr, Kaiser Trajan, legte allerdings Wert darauf, dass bei aller gebotenen Härte die Grundregeln einer fairen Justiz gewahrt wurden. Doch andere Kaiser waren weniger rücksichtsvoll und verfolgten die Christen mit aller Grausamkeit. Erst Kaiser Konstantin (306–337 n. Chr.) setzte den Christenverfolgungen ein Ende. Denn der Legende nach war ihm am Vorabend der Entscheidungsschlacht gegen seinen Konkurrenten *Maxentius* Christus im Traum erschienen. In den folgenden Jahren wurde das Christentum erst geduldet, dann unter Konstantins Nachfolger zur alleinigen Staatsreligion.

Wulfila – Bischof der Westgoten

Trotz der schwierigen Situation und den Verfolgungen gab es auch unter den germanischen Einwanderern zahlreiche Christen. Wulfila war ein westgotischer Bischof. Weil er möglichst viele Goten mit der christlichen Lehre erreichen wollte, übersetzte er die griechische Bibel ins Gotische – und machte dabei nichts anderes als später Martin Luther, indem er, wie Luther es so schön formulierte, »dem Volk aufs Maul schaute«. Manche uns heute vertraute religiöse Begriffe gehen auf Wulfila zurück, z. B. *daupjan = taufen* oder *weihnan = heiligen.*

Wulfilas missionarische Erfolge waren bemerkenswert. Allerdings vertrat er nicht die katholisch-orthodoxe Kirchenlehre, sondern die arianische.

Sie ging auf *Arius* aus Alexandria (260–336 n. Chr.) zurück, der die Auffassung vertrat, dass Christus nicht wesensgleich mit Gottvater sei, sondern nur wesensähnlich: sein Verhältnis gleiche dem von König und Königsohn.

Franken

Seit Mitte des 4. Jhdts. n. Chr. gewannen die germanischen *Franci* im Westen immer größeren Einfluss. Bald waren sie so mächtig, dass ihr König, der *Merowinger Chlodwig I.,* weite Teile Nordgalliens bis zu den Pyrenäen beherrschte. Beim Versuch, seine Herrschaft nach Osten hin auszudehnen, führte er auch Krieg gegen die oberrheinischen *Alemannen.* Doch ein Erfolg wollte sich nicht so recht einstellen. Da hatte Chlodwig eine Idee: Er war verheiratet mit der burgundischen Prinzessin *Chrodechild,* einer katholisch-orthodoxen Christin. Chlodwig versicherte ihr, wenn ihn Christus gegen die Alemannen unterstützte, wolle er sich taufen lassen und Christus als obersten Gott anerkennen. Der Rest ist Geschichte: Chlodwig siegte und ließ sich tatsächlich an Weihnachten 496 n. Chr. (oder einige Jahre später) katholisch-orthodox taufen.

Die Taufe Chlodwigs war von weltgeschichtlicher Tragweite, denn das nunmehr katholische Frankenreich sollte 300 Jahre später unter *Karl dem Großen* das weströmische Reich beerben.

4 Kopf der Kolossalstatue Konstantins

1   Fasse die Entwicklung des Christentums im Römischen Reich mit eigenen Worten zusammen.

2   Erläutere den Begriff Arianer und erkläre, warum wir heute keine Arianer sind.

5 Konstantinsbogen

Nicht nur für Nerds!

PC und Abl. abs.-Technik: Nein, das sind keine Begriffe aus der Computersprache. Ausgeschrieben heißt PC *Participium coniunctum* und Abl. abs. *Ablativus absolutus.* Beide gelten als satzwertige Konstruktionen, d.h. sie können wie eigene (Neben-)Sätze übersetzt werden.

Vielen (ehemaligen) Schülern läuft bei beiden grammatischen Erscheinungen ein kalter Schauer über den Rücken. Aber keine Angst! So schwierig ist das alles gar nicht. Du musst nur einige Regeln beachten.

Beide Konstruktionen haben einiges gemeinsam: Sie enthalten z.B. ein Partizip. Partizipien kennst du ja schon lange. Du weißt: Sie sehen aus wie Adjektive und stehen wie diese in KNG-Kongruenz zu ihrem Bezugswort. Aber ein Partizip ist mehr als ein Adjektiv; es ist ja von einem Verb abgeleitet und hat deswegen auch noch Teile *(partes)* seiner Eigenschaften als Verb.

Wie gehst du also vor, wenn du ein Partizip im Satz entdeckt hast?
- Du bestimmst KNG und suchst das Bezugswort.
  Steht beides im Ablativ, hast du es höchstwahrscheinlich mit einem Abl. abs. zu tun, ansonsten ist es ein PC.
- Du setzt Klammern.
  Abl. abs. → Bezugswort kommt *in die Klammer.*
  PC → Bezugswort kommt *nicht in die Klammer.*
- Du übersetzt erst den Satz ohne Klammer und baust danach die Partizip-Klammer so ein, dass sie logisch zum restlichen Satz passt.

Hier ein Beispiel:
Stell dir vor, es sind Saturnalien. Ein großes Essen ist geplant, in der Küche beginnt die heiße Phase. Der Koch *(= coquus)* wirbelt durch die Küche und singt dabei ein Lied. Lateinisch liest sich das so:

PC: Coquus [cibos <u>parans</u>] carmen cantat.
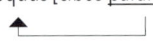

Das Essen schmeckt der Herrin ausgezeichnet und darum lobt sie ihren Koch. Der freut sich natürlich.

Abl. abs.: [Cibis a domina <u>laudatis</u>] coquus laetus est.

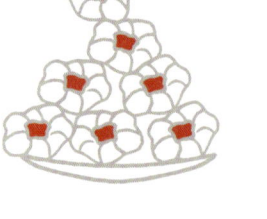

Die Übersetzung

Auch für die Umwandlung ins Deutsche gelten bei beiden Konstruktionen
die gleichen Regeln:

- Das Partizip wird im Deutschen zum Prädikat.
- Das Bezugswort wird im Deutschen zum Subjekt.

PC: Coquus [cibos parans] carmen cantat.

Der Koch singt ein Lied, während er *die Speisen* zubereitet .

Abl. abs.: [Cibis a domina laudatis] coquus laetus est.

Der Koch freut sich, nachdem die Speisen *von der Herrin* gelobt worden sind .

> Damit bei deiner Übersetzung nichts schiefläuft, beachte:
> Das **PPA** ist **gleichzeitig und aktiv** → übersetze zunächst mit **während**.
> Das **PPP** ist **vorzeitig und passiv** → übersetze zunächst mit **nachdem**.
> Dann prüfe andere Übersetzungsmöglichkeiten.

1 Fasse zusammen, worauf es beim PC und beim Abl. abs. ankommt.
Was ist gleich, was ist unterschiedlich?

2 Findest du noch mehr Gemeinsamkeiten?

3 Markiere in folgenden Sätzen die Partizipialkonstruktion und übersetze.
a) Coquo cibos parante servi vinum apportant.
b) Domina cibos a coquo bene paratos laudat.

4 Vergleiche die lateinischen Partizipialkonstruktionen mit ähnlichen
Konstruktionen in anderen Sprachen (z. B. im Englischen).

1 | 1 Mutter Latein und ihre Töchter!
Stelle gleichbedeutende Substantive aus beiden Sprachen zusammen und gib das lateinische Ursprungswort (mit Bedeutung) an.
2 Formuliere Regeln, wie sich die einzelnen Wörter verändert haben.

Italienisch: autore – selva – ponte – supplizio – sangue – duca – furore – innocenza
Französisch: innocence – sang – supplice – fureur – auteur – duc – pont – sylve

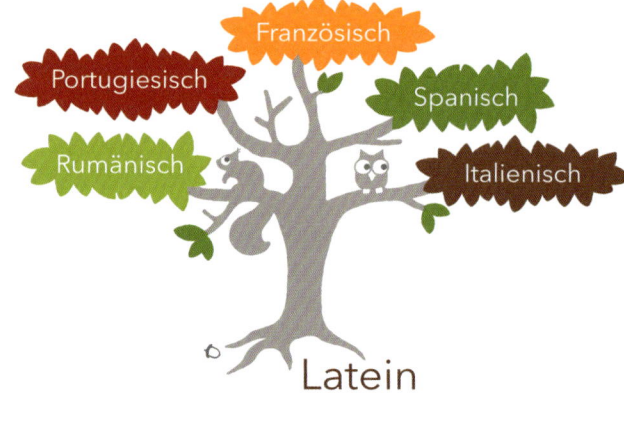

Latein

2 Bilder sagen mehr als Worte.
Nenne zu jedem unten stehenden Bild mindestens ein lateinisches Wort.

3 Kontrastprogramm: Ordne Wörter mit gegensätzlicher Bedeutung zu und finde das Lösungswort.

pergere	lux (R)
vicus	procedere (M)
tenebrae	parum (A)
redire	foedus (I)
crudelis	urbs (E)
apertus	placidus (A)
pulcher	intermittere (G)
nimis	occultus (N)

4 Ablative erkennen
Welches Wort passt nicht? Entscheide nach grammatischen Kriterien und begründe deine Wahl.

a) avis – auris – sanguis – incolumis – nautis
b) praecipitis – castris – lucis – sceleris
c) constituis – eversis – suscipis – committis
d) animo – religio – sermo – consuetudo
e) armatis – imprimis – magis – nimis
f) scelerate – occulte – valide – potestate

5 Adverb-Generator
Ergänze die fehlenden Formen.

Adjektiv	Adverb
crudelis	
	occulte
	sapienter
angustus	
	audacter
similis	
	bene

6 Adverb-Vergleich
Markiere in deinem Heft Adjektive und Adverbien mit unterschiedlichen Farben. Leite Regeln ab, wann die beiden Wortarten jeweils benutzt werden.

a) This picture is really nice: Hang it up so that we all can see it clearly.
b) Castra bene munita a militibus Romanis vere fortiter defensa sunt.
c) Ich möchte ja gern schneller laufen, aber der neue Rucksack ist einfach zu schwer.

7 Ein alter Soldat erzählt …
Die Geschichte enthält einige Adverbien. Finde sie und gib das lateinische Adverb an.

In Britannien gerieten wir in eine unvorhergesehene Gefahr: Eng umschloss uns dichter Nebel, ein unheimlicher Laut drang heftig an unsere Ohren. Mutig zückten wir die scharfen Schwerter und stürzten, weil wir gut trainiert waren, los. Zuerst kamen wir schnell voran, doch bald blieben wir im tiefen Schlamm stecken und konnten uns nur noch schwer bewegen. Da beschlossen wir umzudrehen und hofften nur noch, unverletzt unser Heil in der Flucht zu finden.

8 Partizip gesucht
Stelle aus beiden Spalten sinnvolle Abl. abs. zusammen und übersetze sie. Ergänze dabei einen passenden Hauptsatz.

militibus flumen transeuntibus – *Während die Soldaten den Fluss überquerten, wurden sie aus dem Hinterhalt angegriffen.*

Romanis impetum …	imperatore
exercitu flumen …	facientibus
corpore …	traducto
Traiano …	commissis
sceleribus …	crescente

9 Metus Gallicus
Markiere den Abl. abs. und übersetze.

Quondam[1] Galli Brenno duce urbem Romam petiverunt. Romanis fortiter pugnantibus barbari tamen agmen hostium ruperunt. Compluribus legionibus caesis urbs aperta fuit: Nullo resistente Galli Romam intraverunt. Magna pecunia soluta Galli demum ex urbe cesserunt. Sed Romani etiam longo tempore intermisso metum Gallorum non deposuerunt.

1 quondam: einst

10 Ave, Caesar!
Ergänze die fehlenden Ablative an der passenden Stelle und übersetze den Text.

Caesar, vir magno ▯▯▯ (a), non solum cum ▯▯▯ (b), sed etiam cum ▯▯▯ (c) bellum maxima ▯▯▯ (d) gessit. Multis ▯▯▯ (e) interfectis imperator tandem Romam rediit. Cives Romani tantum gaudebant, ut eum ▯▯▯ (f) dignum esse putarent. Caesar pluribus ▯▯▯ (g) gaudere potuisset, nisi ▯▯▯ (h) a ▯▯▯ (i) caesus esset.

ingenio (= Talent) – Gallis – crudelitate – Germanis – hostibus – Idibus Martiis (= am 15. März) – senatoribus – triumpho – victoriis

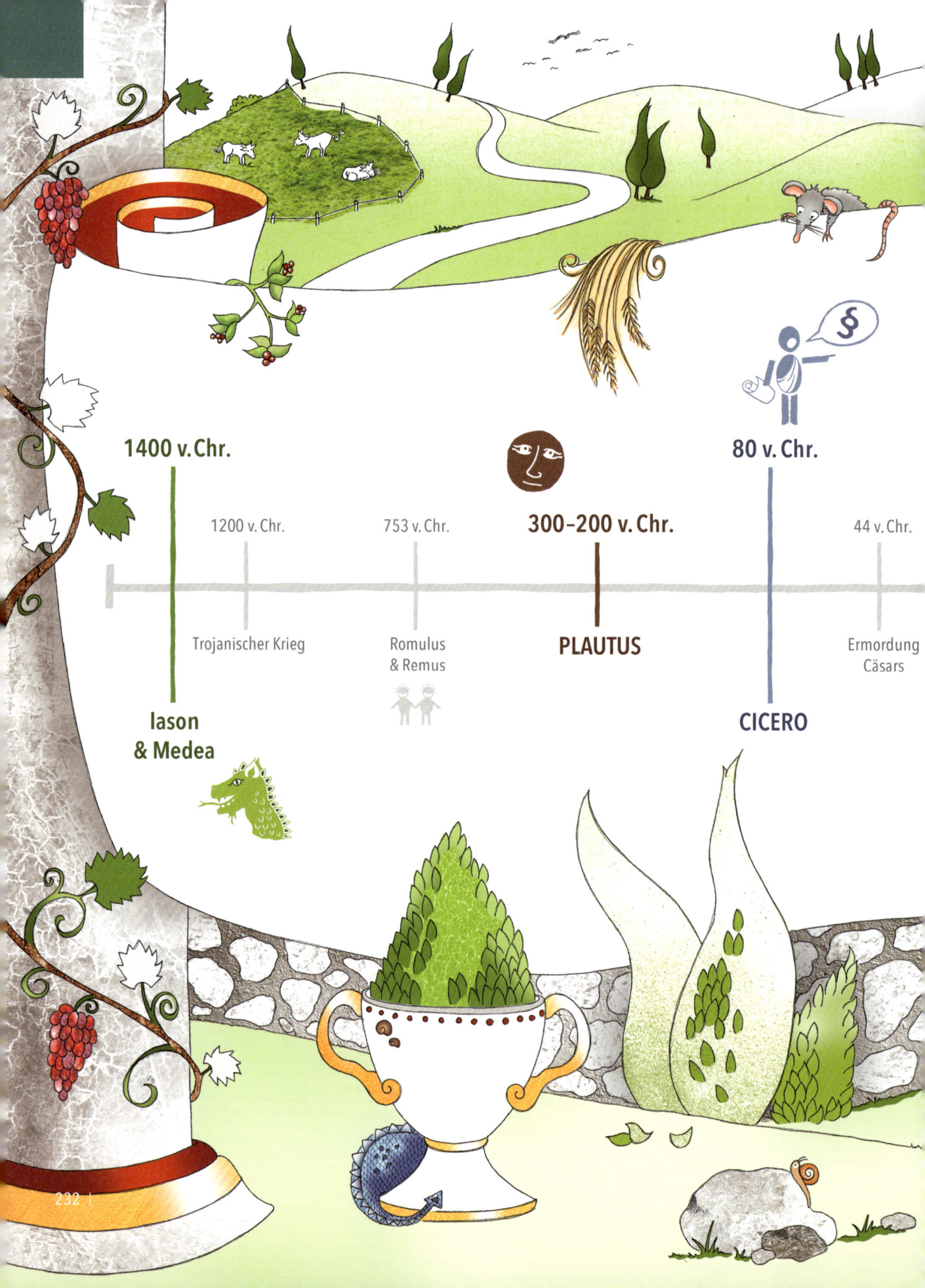

1400 v. Chr.

1200 v. Chr.

753 v. Chr.

300–200 v. Chr.

80 v. Chr.

44 v. Chr.

Trojanischer Krieg

Romulus
& Remus

PLAUTUS

Ermordung
Cäsars

**Iason
& Medea**

CICERO

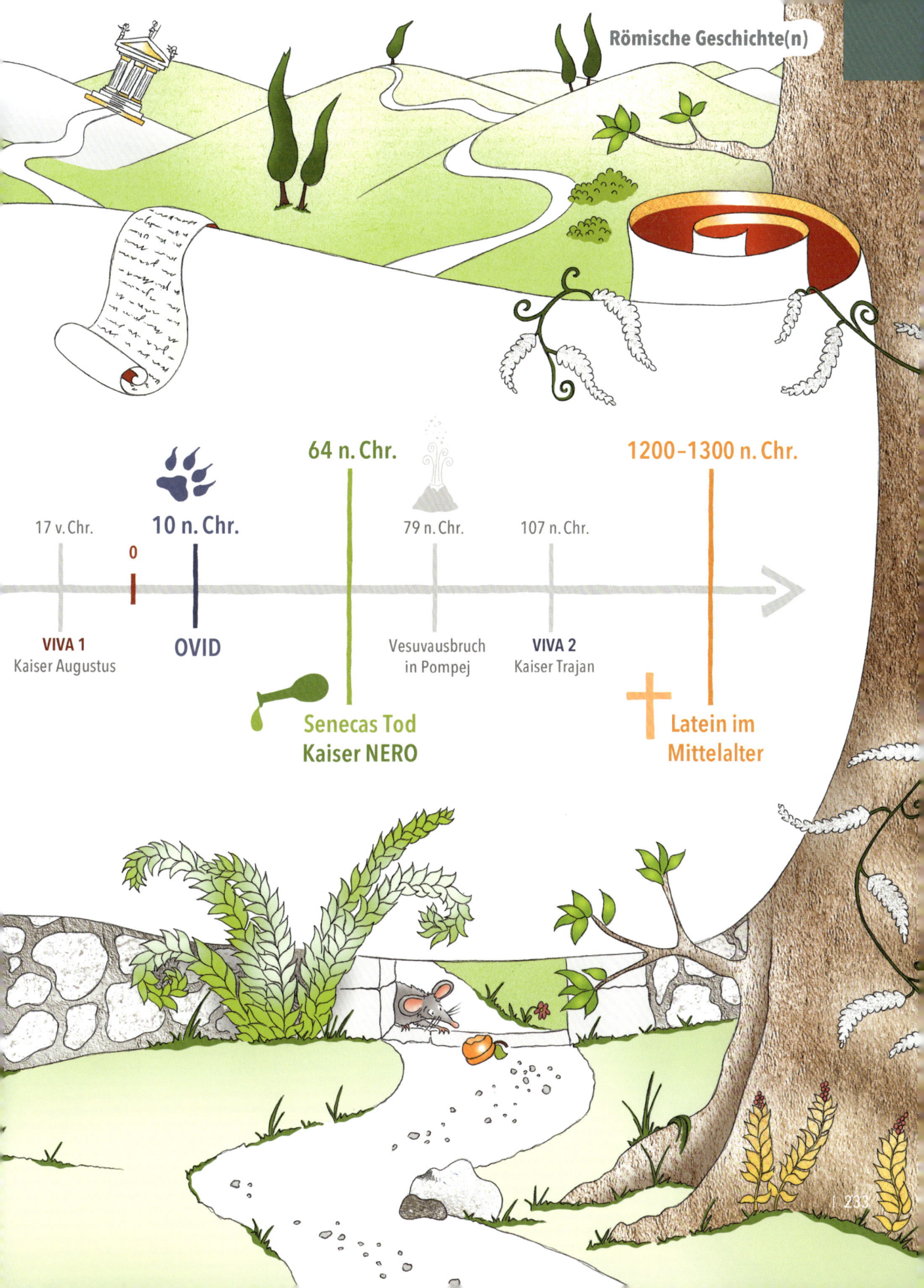

64 n. Chr.

1200–1300 n. Chr.

17 v. Chr.

10 n. Chr.

0

79 n. Chr.

107 n. Chr.

VIVA 1
Kaiser Augustus

OVID

Vesuvausbruch
in Pompej

VIVA 2
Kaiser Trajan

Senecas Tod
Kaiser NERO

Latein im
Mittelalter

Und es lohnt sich doch …

Niemand hätte auch nur einen Pfifferling für das Leben des Sextus Roscius gegeben. Des Mordes an seinem Vater angeklagt, drohte ihm die Todesstrafe. Und da hinter der Anklage politisch sehr einflussreiche und gefährliche Männer steckten, wollte natürlich niemand die Verteidigung übernehmen. Doch seit der *causa Sexti Roscii* haben außergewöhnliches Redetalent, juristischer Sachverstand, klug getimte, scharfsinnige Argumentation, Ehrgeiz und Mut wieder einen Namen – Cicero!

1 Beschreibe die einzelnen Bilder und bringe sie in Verbindung mit der *causa Sexti Roscii.*

❶

②

③

1, 2, 3: aus dem Film »Murder in Rome«, © BBC

Mord in Rom

Der junge Anwalt Cicero hat sich bei Caecilia Metella, einer wohlhabenden Römerin, eingefunden. Bei ihr zu Gast ist Sextus Roscius aus Ameria, dessen Vater kürzlich ermordet wurde.

Cicero: Mortem patris vindicāre et auctōrēs caedis in crīmen vocāre parās. Exīstimem tē iam suspīciōnem habēre?

Sextus: Egō ipse accūsor.

Cicero: Num parricīdiī[1] accūsāris? Quis hoc crēdat?

5 Metella: Sextus Rōscius māior necātus et posteā prōscrīptus[2] est et bona eius minimō[3] vēndita sunt.

Cicero: Rēs difficilis est! Quam ob rem egō patrōnus hanc causam suscipiam? Sunt tot magnī ōrātōrēs, tot nōbilēs virī, quibus neque aetāte neque ingeniō neque auctōritāte aequus sum.

10 Sextus: Aliī iniūriam dēfendere nōn audent.

Metella: Tempora inīqua sunt. Cōnstat Sullam[4] hostēs suōs palam necāre. Iī autem, quibus favet, aliōrum bonīs facultātēs suās augent.

Sextus: Apertē dīcāmus: Causa agitur ā Chrȳsogonō[5], virō improbō atque crūdēlī, et quī plūrimum potest apud Sullam. Chrȳsogonus nunc bona

15 patris meī tenet.

Cicero: Cūr ergō aliquis committat, ut in crīmen falsum involvātur[6]?

Metella: Id, quod venit in iūdicium, nōn sōlum est caedēs: Rē vērā agitur dē iūre ac bonō tōtīus cīvitātis! Agitur dē īnstitūtīs reī pūblicae Rōmānae!

---

1 **parricīdium,** ī: Vatermord

2 **prōscrībere,** -scrībō, -scrīpsī, -scrīptum: proskribieren; ächten

3 **minimō:** *hier:* zu einem ganz geringen Preis

4 **Sulla,** ae *m.:* Sulla *(nach einem blutigen Bürgerkrieg in den Jahren 82–79 v. Chr. dictator in Rom; seiner Schreckensherrschaft und der politischen Säuberung durch die Proskriptionen fielen tausende Senatoren zum Opfer)*

5 **Chrȳsogonus,** ī: Chrysogonus *(Günstling Sullas)*

6 **involvere:** *im Passiv:* sich verstricken

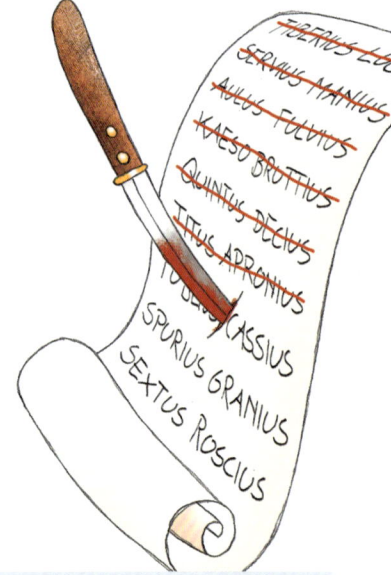

---

1 Stelle aus dem Text Wörter aus dem Sachfeld »Recht/Prozess« zusammen.

2 Beschreibe die Situation, in der sich Sextus Roscius befindet.

3 Arbeite die Gründe heraus, warum bisher kein Anwalt die Verteidigung von Sextus Roscius angenommen hat, und belege deine Antworten am Text.

4 Würdet ihr Cicero raten, den Fall anzunehmen? Stellt Argumente dafür und dagegen zusammen und diskutiert in der Klasse.

Proskription

Schriftliche Bekanntmachung, öffentliche Ausbietung zum Verkaufe, öffentlicher Anschlag, Achtserklärung: So lauten die Übersetzungsmöglichkeiten für *proscriptio* in einem alten Wörterbuch. Und damit ist eigentlich auch schon alles gesagt: Wessen Name auf den *tabulae proscriptionum* stand, der galt als vogelfrei. Er verlor nicht nur sein Vermögen, sondern durfte auch ungestraft von jedermann getötet werden. Dieses Verfahren hatte sich der Diktator Sulla ausgedacht, um seine politischen Gegner auszuschalten. In den Jahren 82/81 v. Chr. fielen zahlreiche Adlige der Proskription zum Opfer. Andere wurden durch sie reich. Denn wer einen »Feind« anzeigte, erhielt Teile von dessen Vermögen oder konnte sie sich – wie im Fall des Chrysogonus – zu einem Spottpreis unter den Nagel reißen.

*Böse Intrigen?

Anschließend fasst Sextus Roscius noch einmal für Cicero zusammen, was seit dem Mord an seinem Vater geschehen ist.

»Cum domī[1] essem et rēs *familiārēs* cūrārem, Rōmae caesus est ad balneās[2] pater meus.

Hōc audītō Chrȳsogonus nōmen[3] patris mortuī in tabulās rettulit[4], ut bona nostra raperet. Tum cum aliīs improbīs in vīllam nostram invāsit[5], 5 mē nūdum[6] domō pepulit.

Sed cum Amerīnī[7] id iūstum nōn esse putārent, L. Sullam adīre dēcrēvērunt, ut docērent eum, quam nōbilis Sextus Rōscius fuisset.

Sed Sullam ipsum nōn convēnērunt – Chrȳsogonus eōs excēpit et prōmīsit sē omnia Sullae dictūrum esse[8].

10 Amerīnī[7], cum patrem bene dēfēnsum crēderent, domum rediērunt. Falsī autem Sullae prōcūrātōrēs[9] nihil ēgērunt nisī mortem meam appetere. Quam ob rem ad Metellam *amīcam* properāvī et cum eā dēlīberāvī:

›Virī improbī mē in iūdicium vocāvērunt. Quid faciam?‹

Metella: ›Patrōnum optimum petāmus!‹«

1 **domī:** zu Hause

2 **balneae,** ārum *f.*: Badeanstalt

3 **nōmen,** nōminis *n.*: Name

4 **in tabulās referre:** auf die Proskriptionsliste setzen

5 **invādere in,** invādō, invāsī, invāsum: eindringen

6 **nūdus,** a, um: nackt

7 **Amerīnī,** ōrum *m.*: Bewohner von Ameria

8 **dictūrum esse:** sagen wird (*Infinitiv Futur*)

9 **prōcūrātor,** ōris *m.*: Verwalter, Bevollmächtigter

1 Nenne alle Verbrechen, die Roscius Chrysogonus und seinen Helfern vorwirft.

2 Erläutere, weswegen sich eine Gesandtschaft der Ameriner an Sulla wendet. Warum hat sie keinen Erfolg?

1 Roscius sucht Rat bei Metella
Übersetze und beschreibe dann die neuen
Konjunktivfunktionen.

Sextus Roscius ad Metellam *amicam* fugit.
R: »Magno in periculo sum. Quid faciam?«
M: »Auxilium a patrono[1] optimo petamus.
Ciceronem adeamus.«
R: »Causam agere audeam? An[2] fugiam?«
M: »Noli timere[3]! Fortunam amico
credamus.«

1 patronus, i: Anwalt – **2 an:** oder – **3 noli timere:**
fürchte dich nicht

2 Welche Möglichkeiten hat Roscius?
Übersetze und beschreibe dann die neue
Konjunktivfunktion.

Roscius innocentiam suam ostendere debet.
Se ipsum defendat.
Aut oratorem[1] bonum adhibeat.
Auxilium amicorum petat.
Alioquin[2] spem omnino amittat.
Fortasse vitam servare non possit, sed
fortasse res bene eveniat.

1 orator: Redner – **2 alioquin** *(Adv.):* andernfalls

3 Wortfix: Nenne zu jedem Bild das entsprechende
lateinische Wort.

4 Wortfamilien. Ordne verwandte Wörter einander
zu und nenne die Bedeutung.

a) auctor	A) caedes
b) iudicium	B) mors
c) sceleratus	C) iudicare
d) caedere	D) auctoritas
e) mortuus	E) scelus

6 causa – Übersetze und wähle jeweils die passende
Bedeutung.

Cicero e Roscio quaerit, qua de causa accu-
setur. Roscius ei causam proponit. Nam
nonnullis diebus post causa in foro agetur.
Roscium in ea causa bene defendi necesse
erit. Quis ergo causam dicat? Tandem Cicero
causam suscipit.

5 | 1 Für Sprachforscher: Vergleiche und erkläre, was
die Vorsilbe bewirkt.

probus, a, um – improbus, a, um
dignus, a, um – indignus, a um
aequus, a, um – iniquus, a, um

2 Erschließe die Bedeutung folgender Adjektive.

a) impius – b) immortalis – c) iniustus –
d) infidus – e) invalidus

7 Für Sprachforscher: Berufe
Führe auf ein Verb zurück und erschließe die
Bedeutung des Substantivs.

imperator → imperare → jemand, der befiehlt → Befehls-
haber; Herrscher
a) accusator – b) defensor – c) narrator –
d) victor – e) actor – f) vindicator/vindex

8 | 1 Konjunktiv Präsens
Nenne die Grundform und die Konjugation.

2 Erkläre, wie der Konjunktiv Präsens gebildet wird.

a) clamet – accuset – deliberet – appellet
b) moveat – habeat – teneat – valeat – doceat
c) eveniat – aperiat – audiat – comperiat
d) laedat – committat – suscipiat – caedat

9 Konjunktive bilden: Ergänze die Tabelle.

Indikativ Präsens	Konjunktiv Präsens
a) vindicant	
b) parant	
c) monent	
d) student	
e) defendunt	
f) credunt	

10 | 1 Verben ordnen: Bilde die Grundform und nenne die Konjugation.

2 Entscheide: Indikativ oder Konjunktiv?

a) diligatur – constat – teneas
b) existimem – agitur – necatur
c) accusor – augent – suscipiam
d) potest – dicamus – audet
e) faveamus – venis – defendat

11 Konjunktiv-Wippe: Bilde jeweils zu den Indikativ-Formen den Konjunktiv und umgekehrt.

a) vocat –   g) petat –
b) excito –   h) ponamus –
c) student –   i) optes –
d) habes –   j) ducatur –
e) munio –   k) mittatur –
f) sumus –   l) accuser –

12 Wortpaare: Bestimme KNG und ordne die Übersetzung zu.

A alicui viro	a irgendwelchen Sachen
B aliquae mulieres	b irgendeines Jungen
C aliquibus rebus	c irgendwelche Sklaven
D alicuius pueri	d irgendeinem Mann
E aliquos servos	e aus irgendeinem Grund
F aliqua de causa	f irgendwelche Frauen

13 Ich sehe wen, wer ist das nur?
Übersetze.

Aliquem video. – Quem vides? – Video aliquem virum, qui ad forum contendit. – Qua de causa currit? – Ignoro. – Ex aliquo quaerere debemus. – Aliquos viros adeamus, ut rem cognoscamus! Aut cum aliquibus in forum properemus. Ibi aliquos conveniamus. Veni mecum!

14 Cicero grübelt vor seinem ersten Prozess: Übersetze und bestimme die Funktion des Konjunktivs im Hauptsatz.

Quid faciam? Adhuc officia multa non praestiti. Ergo ego cum aliis oratoribus comparer? Audaciorem[1] me praebeam quam alii? Ingentem laudem cupiam?
Fortasse causam Sexti Roscii suscipiam. Certe a vulgo laudabor. Itaque innocentiam huius hominis defendamus, ex iniuria eum eripiamus, vitam eius servemus.
1 audacior: mutiger

Cui bono?

Das Forum ist voll von Schaulustigen: Heute findet ein spektakulärer Mord-
prozess statt. Der junge Anwalt Cicero hat die scheinbar aussichtslose Aufgabe
übernommen, Sextus Roscius zu verteidigen.

»Certē mīrāminī[1], iūdicēs, cūr egō ipse Sextum Rōscium dēfendam.
Vērō – minimō perīculō dīcere possim. Ad causam accessī, ut prō iūre
innocentis agerem. Utinam hīs temporibus adversīs iūstitia vincat!

Accūsātōrēs contendunt reum patrem mediā nocte Rōmae necāvisse.

5   Quemadmodum id faceret[2]? Ameriae[3] sē tenuit, ubī bona patris fidēliter
administrāvit.

Cūr Rōscius patrem necāret[2]? Num cupidus hērēditātis[4] vel bonōrum
patris erat? At eō occīsō Rōscius omnia āmīsit! Nam pater post mortem
prōscrīptus[5] est et bona eius arrepta sunt.

10   Potius quaerāmus, cui bonō[6] scelus fuerit. Trēs virī ē facinore improbō
lucrum fēcērunt: Chrȳsogonus[7], quī nunc possessiōnēs necātī habet,
item Magnus[8] et Capito[8], quī in grātiā eius sunt.

Utinam pecūniā Sextī Rōsciī contentus essēs, Chrȳsogone! Nunc etiam
vītam et sanguinem fīliī petis.

15   Bonīs fortunīsque, iūdicēs, Sextus Rōscius iam spoliātus est – et
sortem fert. Vīta autem ei restet! Nē crūdēlitātem probāveritis! Nēve
permīseritis, ut hūmānitātem ex animīs āmittāmus!«

---

1 mīrāminī: ihr wundert euch

2 faceret, necāret: *übersetze mit* hätte … sollen

3 Ameria, ae: *Stadt in Umbrien und Heimat von Sextus Roscius*

4 hērēditās, tātis *f*.: Erbschaft

5 prōscrībere, -scrībō, -scrīpsī, -scrīptum: proskribieren; ächten

6 cui bonō: wem zum Vorteil?

7 Chrȳsogonus, ī: Chrysogonus *(Günstling Sullas, der Roscius auf die Proskriptionsliste setzte)*

8 Magnus, Capito: Titus Roscius Magnus und Titus Roscius Capito *(Verwandte des Ermordeten, die mit ihm in Vermögensstreitigkeiten verwickelt waren)*

---

1   Arbeite Merkmale der Textgattung »Rede« heraus.

2   Nenne die Argumente, mit denen Cicero die Richter von Roscius' Unschuld überzeugen will.

3   Erkläre den Ausspruch »Cui bono?«, mit dem Cicero in seiner Rede argumentiert.

4   Bildet Kleingruppen und spielt den Prozess nach.

forensisch

In Rom wurde öffentlich auf dem Forum prozessiert *(forensis = auf dem Forum)*. Unser deutsches Wort *forensisch = gerichtlich* hat hier seinen Ursprung. Kläger und Verteidiger versuchten, durch geschickt gestaltete Reden die Gegenseite argumentativ auszustechen. Das erforderte neben guter Recherche sprachliches und schauspielerisches Talent. Ein gelungener Vortrag konnte eine richterliche Entscheidung maßgeblich beeinflussen. Selbst das beste Argument verliert ja an Schlagkraft, wenn es schlampig vorgetragen wird. Ein wenig ähnelten römische Prozesse denen in amerikanischen Filmen wie z.B. in »Natürlich Blond«. Schon damals galt: Eine fundierte juristische und rhetorische Ausbildung ist der wahre Schlüssel zum Erfolg …

CUI BONO?

*Nur wer wagt, gewinnt!

*Die Verteidigung von Sextus Roscius ist gefährlich – schließlich ist Chryso-
gonus, der Drahtzieher des Verbrechens, ein Günstling des mächtigen Sulla.
Und den will Cicero keinesfalls gegen sich aufbringen … Kann das gelingen?*

»Veniō nunc ad illud nōmen[1] aureum[2] Chrȳsogonī[3], sub quō nōmine[1]
tōtum facinus latuit. Dē quō, iūdicēs, nesciō, quōmodō dīcam aut
quōmodō taceam. Sī enim taceō, certē maximam partem relinquō; sīn
autem dīcō, timeō, nē aliī quoque laesōs esse sē putent.

5 At tamen nē caput sceleris neglēxeritis! In quem[4] hoc dīcam, quaeritis?
Nōn in Sullam, ut putātis. Nam ille reus nōn sit!

Egō Chrȳsogonum haec omnia fēcisse dīcō:

Ille patrem malum cīvem fuisse finxit.

Ille eum ā filiō occīsum esse dīxit.

10 Ille lēgātōs[5] Amerīnōrum[6] prohibuit, nē Lūcium Sullam hīs dē rēbus
docērent. Utinam lēgātī[5] nūntium trādidissent!

Omnēs sciunt multōs multa scelera commīsisse Sullā nōn probante.«

1 **nōmen,** nōminis *n.:* Name

2 **aureus,** a, um: golden

3 **Chrȳsogonus:** *der Name
bedeutet »von goldener Abstammung«*

4 **in quem:** *hier:* gegen wen

5 **lēgātus,** ī: Gesandter

6 **Amerīnī,** ōrum *m.:* die Ameriner *(Bewohner von Ameria, des
Heimatortes von Sextus Roscius)*

1 Erkläre, warum der Verdacht einer Verwicklung Sullas in das Verbrechen
bestehen könnte.

2 Nimm die Perspektive Sullas ein: Fühlst du dich angegriffen? Begründe.

34 Ein spektakulärer Mordprozess

1 Ciceros Wünsche für angehende Redner
Übersetze und beschreibe dann die neue Konjunktivfunktion.

a) Utinam boni oratores temporibus nostris inveniantur! Utinam quam multi[1] sint!
b) Utinam iuvenes artem dicendi[2] discant!
c) Utinam omnes in iudicio sapientiam adhibeant!
d) Animos hominum commoveant! Rem ad finem bonum ducant.

1 quam multi: möglichst viele – **2 ars dicendi:** Redekunst

2 Ciceros Anweisungen an die Redner
Übersetze und beschreibe dann die neuen Konjunktivfunktionen.

Orator bonus semper maximae eloquentiae studeat! Sed non solum hominibus persuadeat: Etiam multas alias res sciat! Ante orationem deliberet! Verba eius plena sapientiae sint!

Und an den Redner gewandt:

»Ne erraveris!
Numquam desieris studere!
Ne animos hominum ad iram duxeris!«

3 Wortfix: Nenne zu jedem Bild das entsprechende lateinische Wort.

4 Für Sprachforscher: Was bedeuten wohl folgende Wörter? Nenne die lateinischen Ursprungswörter und ihre Bedeutung.

Englisch: to possess – to permit – justice – innocent – to accuse – to prove
Französisch: le sort – se tenir – le juge – administration – accuser – la preuve

5 Wörter umschreiben: Nenne das gesuchte Wort mit seiner deutschen Bedeutung.

qui culpam non habet: _ _ _ _ _ _ _ _
bona, quae aliquis habet: _ _ _ _ _ _ _ _ _
bona rapere: _ _ _ _ _ _ _ _
aliquo loco esse: _ _ _ _ _ _ _ _
fidus/probus: _ _ _ _ _ _ _
necare: _ _ _ _ _ _ _ _

6 Eselsbrücken
Lies dir den Text »Cui bono?« durch und notiere alle Vokabeln, die du nicht kennst. Ermittle die Grundform und frage deinen Partner nach der Bedeutung oder schlage nach. Überlegt euch gemeinsam Eselsbrücken für diese Wörter.

7 | 1 Fragewörter: Nenne die Bedeutung.
2 Übersetze und beantworte die Fragen.

Quis Sextum Roscium accusat?
Quam ob rem ille accusatur?
Ubi causa agitur?
Cur Cicero reum defendit?
Quemadmodum Cicero reum defendit?

8 Sachfelder: Welches Wort passt inhaltlich nicht? Begründe deine Entscheidung.

a) nox – dies – lucrum – annus
b) improbus – fidelis – probus – angustus
c) facinus – sors – crimen – caedes
d) arripere – spoliare – probare – capere
e) orator – comparare – defendere – reus

9 Tabu!
Bildet Zweierteams. Immer abwechselnd erklärt einer von euch seinem Partner einen Begriff zu Konjunktiven im HS und NS, ohne diesen zu nennen. Für jeden erratenen (Fach-)Begriff gibt es einen Punkt. Welches Team gewinnt?

»Drückt einen Wunsch aus.« – Antwort: …

10 Welcher Konjunktiv ist das?
Jede Reihe enthält Konjunktivformen in einem anderen Tempus. Bestimme sie und benenne, woran du die Form erkennst.

a) vincat – videat – laudet – sit
b) fecisset – spoliavissemus – fuissent
c) permiseritis – necaverint – tulerit
d) agerem – esses – mitteres – ferretur

11 Konjunktiv-Formen: Ergänze die Tabelle

	Konj. Präs.	Konj. Imp.	Konj. Perf.	Konj. Plqpf.
clamat				
laudas				
capio				
dicitis				
sum				

12 Rechtsgrundsätze. Übersetze.

a) Audiatur et altera pars!
b) Apud iudices summa iustitia sit!
c) Verba audiantur, facta[1] videantur!
d) Scelus potius toleretur quam committatur!
e) Qui dedit beneficium, taceat!

1 facta, orum *n. Pl.:* Taten

13 Wünsche des Publikums. Übersetze.

a) Utinam iustitia vincat!
b) Utinam iudicium aequum dicatur!
c) Utinam vita rei servetur!
d) Utinam crimina Sullae vindicarentur!
e) Utinam ne Sextus maior necatus esset!

14 Ciceros Appelle. Übersetze.

a) Ne hominem falsum accusaveritis, iudices!
b) Ne accusationem[1] falsam acceperitis!
c) Ne civem probum possessione spoliaveritis!
d) Ne innocentem puniveritis!

1 accusatio, ionis *f.:* Anklage(schrift)

15 Der Tag des Prozesses
Markiere den Abl. abs. mit einer Klammer, bestimme das Zeitverhältnis und übersetze.

Die cognitionis[1] constituto Sextus paene desperat. Sed Cicerone auctore iterum sperare audet. Turba in foro audiente causa agitur. Causa ab accusatore dicta Cicero reum oratione magna atque audaci defendit. Tandem iudicium dicitur: Innocentia rei probata populus gaudet.

1 cognitio, ionis *f.:* gerichtliche Untersuchung

1 Ähnlich finstere Gassen gab es auch im alten Rom.

2 Mosaik aus Pompeji mit der Aufschrift: *cave canem.*

In ius vocare – vor Gericht laden

Wo Menschen zusammenleben, sind Streitigkeiten vorprogrammiert. Lassen sich diese nicht lösen, zieht man nötigenfalls vor Gericht und überlässt einem Richter die Entscheidung.

Zivil- und Strafrecht

Man unterscheidet heute zwischen Zivil- und Strafrecht. Im Zivilrecht verhandeln die Parteien direkt; im Strafrecht ermittelt die Polizei den möglichen Täter und arbeitet so dem Staatsanwalt zu. Dann erhebt der Staatsanwalt im Auftrag des Staates Anklage.

Den Unterschied zwischen Zivil- und Strafrecht kannte auch die römische Prozessordnung. Es gab aber keine staatliche Strafverfolgung: Geschah ein Verbrechen, so musste jemand privat den Schuldigen finden und verklagen.

Kriminalität und Verbrechensbekämpfung

Die Kriminalitätsrate in Rom war sehr hoch. Raub, nächtliche Überfälle, Einbrüche und Geldfälscherei waren an der Tagesordnung. Man vermied es, nachts alleine durch die engen Gassen Roms zu ziehen. Wer konnte, sicherte seinen Besitz mit Schlössern, Gittern vor den Fenstern und scharf abgerichteten Hunden.

Nur wenige Verbrechen wurden aufgeklärt. Denn nur selten konnten die Betroffenen den richtigen Täter ausfindig machen und seine Schuld beweisen. Die Geschädigten versuchten deshalb, mit Flüchen den Tätern zu schaden. Auf kleinen Täfelchen baten sie die Götter, Bösewichte für ungesühnte Verbrechen zu bestrafen.

Dafür waren die Strafen für Verbrecher, die man dingfest gemacht hatte, sehr hart. Je nach Schwere des Verbrechens verhängte das Gericht sogar die Todesstrafe.

Der Gerichtsprozess

Wenn man jemanden verdächtigte und verklagen wollte, meldete man dies beim Prätor an, der den Prozessvorsitz führte. In der Regel traten die Betroffenen auch bei Strafprozessen selbst als Verteidiger oder Kläger vor den Geschworenen (*iudices*) auf dem Forum auf.

Oft übernahmen aber auch rhetorisch geschulte Gerichtsredner diese Aufgabe. Der Ausgang eines Prozesses hing wesentlich davon ab, wie sich ein Redner vor den Geschworenen präsentierte. So hat Sextus Roscius seinen Freispruch vor allem dem brillanten Vortrag Ciceros zu verdanken. Denn Cicero deckte nicht nur die Motive der Kläger auf, sondern präsentierte am Ende auch die wahren Mörder. Seine Rede ist ein Musterbeispiel für eine gut strukturierte Gerichtsrede.

Ciceros Verteidigungsrede für Roscius

Exordium: Obwohl es sich um einen politischen Prozess in schwieriger Zeit handelt, appelliert Cicero an die Geschworenen, mutig für Sextus

Roscius einzutreten. In den Fall ist nämlich auch Sullas enger Vertrauter Chrysogonus verstrickt. Cicero ist überzeugt, dass hier ein Justizmord geplant ist. Er schildert den genauen Sachverhalt und bittet um sorgfältige Überprüfung des Falles.

Narratio: Cicero beleuchtet die Hintergründe der Anklage. Neid und Habgier zweier Verwandter seien das wahre Motiv für die Ermordung des älteren Sextus Roscius. Nun sei dieser sogar nachträglich auf die Proskriptionsliste gesetzt und der Sohn seines väterlichen Erbes beraubt worden. Dabei habe Sextus Roscius d. Ä. all die Jahre unbehelligt in Rom gelebt, ohne je Sullas Misstrauen zu wecken.

Argumentatio: Cicero deckt Ungereimtheiten und Widersprüche der Anklage auf. Der ältere Sextus Roscius habe seinen Sohn enterben wollen und sei deswegen von ihm ermordet worden. Das sei blanker Unsinn, denn der Sohn verwalte schon seit Jahren die Landgüter. Am Ende entlarvt Cicero die Verwandten des älteren Sextus Roscius und Chrysogonus als Drahtzieher der Tat.

Peroratio: Cicero bittet die Geschworenen, die Argumente beider Seiten sorgfältig abzuwägen, damit das Urteil wirklich gerecht ausfällt.

3 Vergittertes Fenster aus Herculaneum.

1 Informiere dich über die aktuelle deutsche Strafverfolgung, vom Ermittlungsverfahren bis zum Prozess.

2 Vergleiche das moderne Verfahren mit dem antiken.

3 Informiert euch im Internet genauer über den Fall des Sextus Roscius Amerinus und spielt den Prozess in der Klasse nach.

4 Blick aufs Forum Romanum mit der Rednerbühne *(Rostra)* rechts vom Triumphbogen

Alles eine Frage des Stils

Eine Rede kann ganz schön langweilig sein – aber auch spannend, mitreißend, witzig. Das hängt davon ab, wie stilvoll sie ist. Wir bezeichnen es z. B. als guten Stil, wenn ein Text sinnvoll gegliedert, flüssig lesbar und ansprechend gestaltet ist.

Besonders ansprechend wird ein Text, wenn er noch sogenannte Stilmittel enthält. Die Römer liebten solche Stilmittel. Sie setzten sie immer wieder gerne ein. Denn mit diesen Kunstkniffen gelingt es z. B. einem Redner, seine Zuhörer zu beeinflussen und ihre Aufmerksamkeit auf das zu lenken, was ihm besonders wichtig ist. Wenn du einen lateinischen Text interpretierst, dann achte darauf, ob du irgendwelche Stilfiguren findest. Meist wirst du fündig. Versprochen!

Diese kleine Zusammenstellung soll dir bei deiner Suche etwas helfen:

1. Das erste ist eine kleine Mathematikaufgabe: 1 : 2, also eins durch zwei, auf Griech. Hendiadyoin: Eine Sache wird durch zwei ähnliche Begriffe ausgedrückt. Das Hendiadyoin wird oft benutzt, um etwas hervorzuheben und eine besondere Intensität zum Ausdruck zu bringen, z. B. *Ich mag dich und hab dich gern.* Auch in festen Ausdrücken, wie z. B. *Hab und Gut,* kommt es vor.

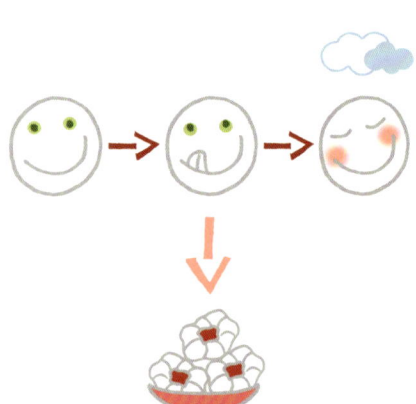

2. Erstens, zweitens, drittens: Wir Menschen zählen am liebsten bis drei. Die Drei ist eine ausgewogene Zahl. Daher benutzten die Römer gern das Trikolon, d. h. eine Aufzählung mit drei Gliedern. Das ist übersichtlich und man kann gut folgen.
   Oft wird diese Aufzählung verbunden mit einer Klimax (Steigerung); noch wirkungsvoller wird es, wenn die Aufzählung asyndetisch aufgebaut ist – die Glieder also nicht mit »und« verbunden werden, sondern unverbunden nebeneinanderstehen. Ein asyndetisches Trikolon mit Klimax kennt jeder: *veni, vidi, vici.*
   Das Trikolon funktioniert natürlich auch im Deutschen:
   Die Pralinen sind gut (1), köstlich (2), einfach himmlisch (3)!

3. Merry X-mas – fröhliche Weihnachten: Aber was haben Stilmittel mit Weihnachten zu tun? Ganz einfach: Korrekt gesprochen heißt »Merry X-mas« Merry Christmas. Das X steht für den griechischen Buchstaben Chi, den Anfangsbuchstaben von Christ.
   Unser Stilmittel heißt Chiasmus – oder, wenn du so willst, X-asmus: Zwei Satzteile sind über Kreuz (X) angeordnet. Hört sich kompliziert an, ist aber ganz einfach. Hier ein deutsches Beispiel:
   In der Planung sorgfältig, entspannt in der Durchführung.

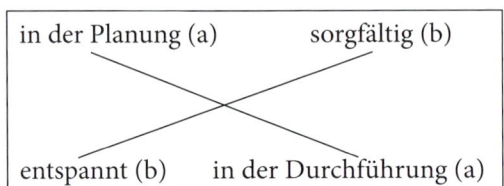

in der Planung (a)	sorgfältig (b)
entspannt (b)	in der Durchführung (a)

4. Die **Alliteration,** also die Reihung von mehreren Wörtern mit dem gleichen Anfangslaut, ist im Deutschen und im Lateinischen gleichermaßen beliebt. Man kennt sie auch aus Zungenbrechern: *Fischers Fritz fischt frische Fische, frische Fische fischt Fischers Fritz.*
Nicht immer tritt die Alliteration so gehäuft auf, manchmal besteht sie auch nur aus zwei oder, wie in dem berühmten Zitat *veni, vidi, vici,* aus drei Wörtern.

5. Non ignorare – nicht nicht kennen → genau kennen: Dieses Stilmittel kennst du schon vom Wörterlernen. Es heißt **Litotes** und ist eine doppelte Verneinung. Man setzt sie gerne ein, um eine Aussage zu verstärken. Das machen wir auch im Deutschen: Wenn z. B. etwas *nicht schlecht* ist, wollen wir die eigentliche Aussage nicht nur verstärken, sondern in der Formulierung schwingt auch eine gewisse Bewunderung mit.

Nicht schlecht!

6. Mehrere Sätze oder Satzteile mit dem gleichen Wort beginnen zu lassen, ist ebenfalls sehr wirkungsvoll. Dieses Stilmittel heißt **Anapher.**
Die Anapher ist oft mit einem **Parallelismus** verbunden. Beim Parallelismus sind die Sätze oder Satzglieder gleich oder sehr ähnlich aufgebaut.

7. Zum Schluss lernst du noch die **pars pro toto** und die **Personifikation** kennen. Beides kommt ebenfalls recht häufig vor.
Die **pars pro toto** bezeichnet den Teil eines Ganzen und steht stellvertretend für dieses Ganze. So heißt im Lateinischen *tectum = Dach* auch *Haus.* Im Deutschen sprechen auch wir bisweilen von einem *Dach über dem Kopf,* wenn wir ein Haus oder eine Wohnung meinen.
Außerdem können wir auch Gegenstände zu Personen erheben, etwa wenn wir sagen, dass *das ganze Haus Kopf steht.* Dieses Stilmittel heißt **Personifikation**. Bei einer Personifikation wird also aus einem Gegenstand eine (lebende) Person.

Das Meer liegt …
Das Meer sieht …, das Meer ist …

1   Im folgenden Text kommen alle Stilmittel vor. Suche und benenne sie.

Die ganze Stadt ist auf den Beinen. Der Retter und Bewahrer Roms zieht im Triumphzug ein. Das stolze Heer, da kommt es daher. Die Menschen sind Feuer und Flamme: Seht den goldenen Glanz der Feldzeichen! Seht den herrlichen Triumphwagen! Seht den strahlenden Feldherrn! Besiegt der Feind, die Schlacht gewonnen!

Das habe ich gelernt:

Stilmittel tragen dazu bei, einen Text ansprechender zu gestalten. Sie lenken die Aufmerksamkeit auf das, was dem Autor besonders wichtig ist. Für die Interpretation lateinischer Texte ist die Kenntnis von Stilmitteln deshalb sehr hilfreich.

1 Mutter Latein und ihre Töchter – Italienisch
Die italienische Wikipedia-Seite bietet eine
Zusammenfassung von Ciceros Rede »Pro Sex.
Roscio«.
**Leite die unterstrichenen Wörter von ihren
lateinischen Ursprungswörtern her.**
Die deutsche Fassung hilft dir.

Pro Sex. Roscio Amerino, orazione di difesa,
è la prima arringa di Cicerone in un processo
per omicidio. Sesto Roscio era accusato di
parricidio. Cicerone ottenne l'assoluzione.

Pro Sex. Roscio Amerino, Verteidigungsrede
vor Gericht, ist Ciceros erstes Plädoyer in
einem Mordprozess. Sextus Roscius war des
Vatermordes angeklagt. Cicero erreichte einen
Freispruch.

**2 Sachfelder: Welches Wort passt inhaltlich nicht?
Begründe deine Entscheidung.**

a) facinus – crimen – aetas – caedes
b) potestas – suspicio – opes – auctoritas
c) permittere – occidere – spoliare – rapere
d) agere – accusare – defendere – arripere

4 Für Sprachforscher
**Führe die Fremdwörter auf ihre lateinischen
Ursprungswörter zurück.**

An der *juristischen Fakultät* hält ein *Dozent*
ein *Referat:* Der *Kriminalist* betont, dass
immer wieder Vertreter der *Administration* in
Verbrechen verstrickt sind. Er führt aus, dass
die *Akteure* der Politik *Kredit* verlören, weil
Betrug *lukrativer* als Ehrlichkeit sei. Die staatlichen *Institutionen* müssten deshalb *probate*
Gegenmittel *parat* haben, um ihre *Autorität*
zu wahren. Die *Majorität* der Bevölkerung
erwarte vor allem von der *Justiz,* dass alle *kriminellen* Handlungen in öffentlichen, für das
Publikum zugänglichen Prozessen *adäquat*
bestraft würden.

3 Sachfelder
**Erstelle eine Mindmap mit lateinischen Wörtern
zu einem der folgenden Themen:**

a) Prozess	b) Tod
c) Rede	d) Politik

5 | 1 Fachsprache: Nebensätze
Du kennst temporale, kausale, kondizionale,
konzessive und finale Nebensätze. Leite möglichst
viele dieser Bezeichnungen von ihrem
lateinischen Ursprungswort ab.

**2 Ordne die deutschen Nebensatzeinleitungen
den Satzarten zu. Überlege dir jeweils einen
deutschen Beispielsatz.**

als – weil – obwohl – nachdem – wenn nicht – damit

**3 Gib lateinische Subjunktionen an, die solche
Nebensätze einleiten.**

6 | 1 Indikativ oder Konjunktiv?
Bestimme die Formen.

2 Bilde jeweils auch den anderen Modus.

a) administret – permittas – occidunt
b) teneret – restabamus – arriperem
c) accusaverunt – vindicavi – egeris
d) probavissetis – potueras – paravissent

7 Vorsicht Verwechslung! Bei welchen
Konjugationen sind Futur und Konjunktiv Präsens
recht ähnlich? Bilde die fehlenden Formen.

Ind. Präs.	Konj. Präs.	Ind. Futur
probat		
		tenebis
		quaeretis
agunt		

8 Konjunktiv im Hauptsatz: Benenne die Funktion
des Konjunktivs und übersetze.

a) Quid faciamus?
b) Utinam nemo me hic viderit.
c) Ne scelus nefarium probaveris!
d) Utinam frater redeat!
e) Iudicem quaeramus!
f) Servi dominis pareant!

9 Ciceros Gedanken im Exil: Cicero musste ins Exil,
weil er die Drahtzieher einer Verschwörung ohne
Prozess hinrichten ließ. Übersetze.

Utinam ne reos morte punivissem! Si
coniurati[1] poenam non dedissent, res publica
magno in periculo fuisset. Sed quid nunc
faciam? Utinam amicis meis contingat, ut in
patriam re-vocer! Oremus pro salute patriae!

1 coniuratus, i: Verschwörer

10 | 1 Officia oratoris: Recherchiere die Aufgaben des
Redners und ordne den lateinischen Begriffen
ihre deutsche Entsprechung zu.

inventio – dis-positio – elocutio – memoria –
pro-nuntiatio/actio
Stoffgliederung – Vortrag – Ausformulie-
rung – Auffinden der Hauptgesichtspunkte –
Einprägen

2 Vergleiche diese Arbeitsschritte mit deinen,
wenn du ein Referat anfertigst.

11 | 1 Pater noster – Vater unser
Beschreibe, mit welchen Verbformen folgende
Bitten ausgedrückt werden.

2 Gib zu den lateinischen Bitten ihre deutschen
Entsprechungen an.

sancti-ficetur nomen tuum
ad-veniat regnum tuum
panem nostrum cottidianum *da* nobis hodie
di-mitte nobis debita nostra
ne nos *inducas* in tentationem
libera nos a malo

Statue des Rhetoriklehrers Quintilian in Calahorra

1 Eine attische Pelike aus dem 5. Jhdt. v. Chr.

2 Ein Krater aus sizilischer Produktion, ca. 350–340 v. Chr.:
Der Gott Amor zwischen Iason und Medea

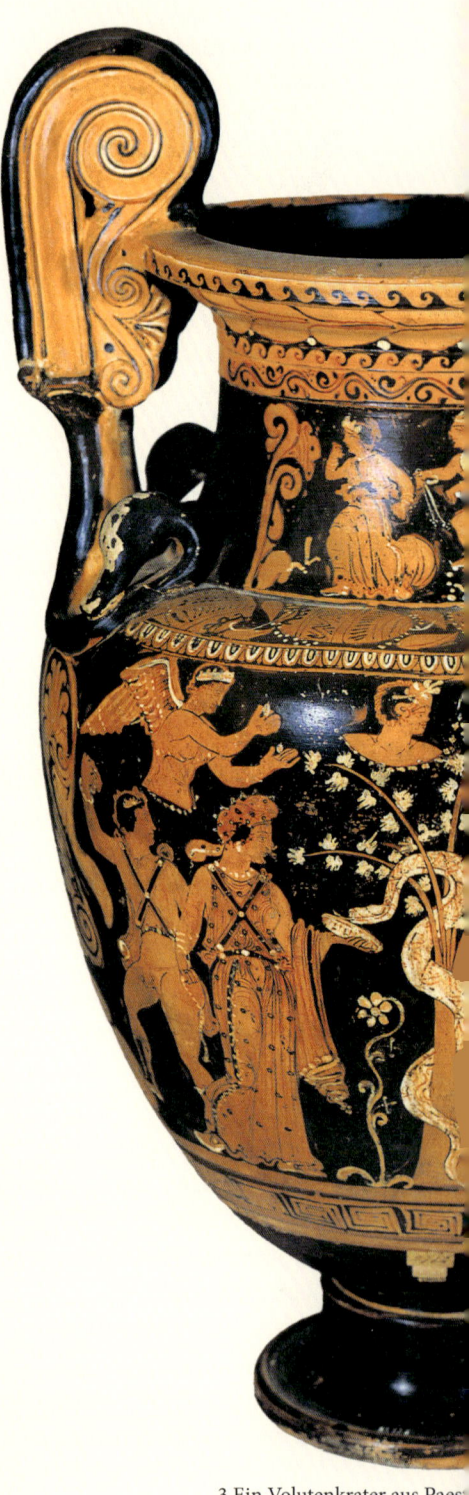

3 Ein Volutenkrater aus Paes

Antike Vasenmalerei

Hattest du als Kind auch Geschirr, auf dem deine »Helden« abgebildet waren? Der Brauch, Geschirr mit bildlichen Darstellungen zu verzieren, war in Griechenland schon sehr früh verbreitet. Schmückte man Keramik anfänglich nur mit geometrischen Formen und Mustern, so wurden ab dem 7. Jahrhundert v. Chr. figürliche Darstellungen üblich.

Beliebte Motive waren Heldenszenen aus dem Mythos, aber auch Darstellungen von Gelagen, bei denen ja von den Heldentaten erzählt wurde. Viele antike Vasen haben sich – v. a. als Grabbeigaben – erstaunlich gut erhalten und können heute in Museen bewundert werden. Manche sind sogar signiert, sodass wir die Namen der Künstler kennen.

1 Beschreibe die abgebildeten Vasenmalereien und ordne die Szenen in den Ablauf der Sage um Iason und das goldene Vlies ein.

2 Neben den abgebildeten Keramikformen Pelike und Krater gab es in der Antike noch viele andere. Suche im Internet Beispiele für eine Oinochoe, eine Hydria, einen Kyathos und eine Lekythos. Beschreibe, was für ihre Form eigentümlich ist und wofür sie benutzt wurden.

3 Plant eine Exkursion zu einem Museum, das antike Vasen ausstellt. Bereitet Referate zu den Mythen vor, die dort auf Vasen zu sehen sind.

4 Unteritalische Vasenmalerei, dem Ixion-Maler
zugeschrieben, um 340–320 v. Chr.

330/310 v. Chr.

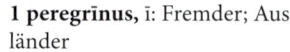

Aietes' Pläne

*Aietes ist außer sich: Eine Gruppe Ausländer ist angekommen; ihr Anführer
Iason bittet um eine Audienz und wartet schon in der Vorhalle. Es heißt, er
sei auf der Suche nach dem goldenen Vlies, dem sagenumwobenen goldenen
Widderfell. Aber das Vlies gehört ihm allein, ihm, dem König von Kolchis.*

»Dī peregrīnōs[1] perdant, quī trāns maria ad ōrās nostrās advēnērunt.
Pellem[2] multīs saeculīs ante hūc lātam postulant: Iāsōn, prīnceps eōrum,
ā quōdam rēge Graecō missus est ad pellem[2] reperiendam atque pellis[2]
domum referendae causā!

5 Vae! Quid faciam?
Numquam hoc accidat, ut pelle[2] prīver!
Immō ipse audāciā hoc temptandī pereat!
Igitur – iste vir, licet sit fortis et audāx et ratiōne praeditus[3], perīculīs,
quae īnstābunt in pelle[2] comparandā, mortem obeat!

10 Labōrēs ingentēs eī impōnam: Prīmum Iāsōn furōrem taurōrum domet[4]:
Quī vehementer solum pede pulsandō[5] magnāque vōce mūgiendō[6]
omnēs perterrent; quantae sunt flammae, quae ex ōre taurōrum funduntur! Tāctae ignibus herbae ārdent.

Deinde, sī nōndum est mortuus, adversāriōs sibī serendō[7] comparābit!

15 Quōs sī occīderit, draco[8], quī pellem[2] custōdit, eum exspectābit …

Nūlla ratiōne Iāsōn vincet: Neque fortiter pūgnandō neque arte vel
dolō adhibendō mortem ēvītābit! Occāsiō pellis[2] aureae rapiendae nōn
dabitur!«

»Heus, serve! Addūc peregrīnōs[1]! Quōs īnstruam, quā ratiōne pellem[2]
20 accipiant!«

---

1 peregrīnus, ī: Fremder; Ausländer

2 pellis, is *f.*: Fell

3 praeditus, a, um + *Abl.*: aus-
gestattet/begabt mit

4 domāre: zähmen *(Iason soll
mit den Stieren ein Feld pflügen)*

5 pulsāre: stampfen

6 mūgīre: muhen

7 serere: säen *(Iason soll auf
dem gepflügten Feld Drachenzähne aussäen, aus denen dann
Soldaten aus der Erde wachsen)*

8 draco, ōnis *m.*: Drache

---

1 Lies die Überschrift und den Einleitungstext. Äußere Vermutungen
über den Inhalt des Textes.

2 Gliedere den Text und gib den einzelnen Abschnitten Überschriften.

3|1 Fasse in eigenen Worten zusammen, was König Aietes tun will.
Belege deine Antworten am Text.

2 Bewerte seinen Plan und überlege, was ihn dazu bewogen hat.

Chrysomallus

Vliestücher! Im Haushalt unverzichtbar. Aber wer denkt dabei
an antike Mythologie? Das Wort *Vlies* kommt vom lateinischen
vellus und bezeichnet ursprünglich ein Schaffell. Schaffelle be-
nutzte man in Kolchis, im heutigen Georgien, zum Sammeln
von Goldstaub in Fließwasser.
Der Sage nach war das goldene Vlies das Fell des Widders
Chrysomallus. Von ihm erzählt man, dass er das Geschwister-
paar *Phrixus* und *Helle* vor ihrer bösen Stiefmutter gerettet
habe, indem er sie über den Himmel von Thessalien nach
Kolchis trug. Dabei stürzte Helle in die Meerenge zwischen Europa und Asien, die seitdem *Hellespont* heißt. Phrixus wurde
in Kolchis gastfreundlich aufgenommen. Zum Dank opferte
er Chrysomallus den Göttern und überließ König Aietes das
goldene Vlies.

*Aussicht auf Hilfe?

*Iason ist verzweifelt – Aietes will das Vlies nur unter Bedingungen hergeben,
die man als wahnwitzige Mutprobe bezeichnen muss. Doch Argos, der Neffe
des Königs, hat eine Idee: Vielleicht kann er die Königstochter Medea überzeugen, dem Fremden zu helfen.*

»Audī, Mēdēa! Gravēs cūrae Graecōs opprimunt. Ē terrīs aliēnīs[1] novā
arte nāvigandī[2] hūc vēnērunt pellis[3] domum referendae causā.

Sed pater tuus labōrēs ingentēs iussit. Certē Iāsōn in hīs rēbus gerendīs
mortem obībit. Quā ratiōne furōrem taurōrum domābit[4], quōrum ex
5 ōre flammae funduntur? Quis mortālium, quamvis sit audāx, superābit
mīlitēs ē terrā nātōs[5]? Quantā vī exstinguētur draco[6], quī pellem[3] custōdit?
Nec cibīs dandīs nec fortiter pūgnandō nec dolō adhibendō Iāsōn
dracōnem vincet. Nūlla ratiōne nisī arte *magicā* eum superābit!

Itaque tē obsecrō, ut occāsiōnem adiuvandī nōn praetermittās[7]. Vīdī tē
10 animō favēre Iāsonī – et tū carminibus[8] cantandīs rēs mīrās facere potes.
Adiuvā igitur Graecōs arte *magicā* adhibendā!«

1 **aliēnus,** a, um: fremd

2 **nāvigāre:** zur See fahren;
segeln

3 **pellis,** is *f.:* Fell

4 **domāre:** bezähmen

5 **nātus,** a, um: geboren

6 **draco,** ōnis *m.:* Drache

7 **praetermittere:** vorbeigehen
lassen

8 **carmen:** *hier:* Zauberspruch

---

1 Gliedere den Text und gib den einzelnen Abschnitten Überschriften.
2 Wie soll Medea Iason helfen?

1 Fette Beute?
Übersetze und beschreibe dann die neuen Erscheinungen.

Peliadem[1] regem delectabat bona cara rapere.
Cupiditas rapiendi magna erat.
Pelias[1] Iasonem[2] ad rapiendum misit.
Rapiendo Iason[2] magnam gloriam sibi paravit.
Nam in rapiendo Iason se fortem praebuit.
Rapiendi causa etiam navem aedificavit.
1 Pelias, Peliadis: Pelias *(Eigenname: König in Griechenland, der Iason auf Raubzüge und andere Abenteuer schickt)* – **2 Iason,** Iasonis: Iason *(Eigenname; griechischer Held)*

2 Mission: Goldenes Vlies
Übersetze und beschreibe dann die neuen Erscheinungen.

Draco[1] saevus pellem[2] servabat. Sed cupiditas pellis rapiendae viros incitabat. Iason a Peliade avunculo[3] ad pellem[2] rapiendam missus est. Multi iuvenes ad navem parandam venerunt. In nave paranda se probos praebebant.
1 draco, onis *m.*: Drache – **2 pellis,** is *f.*: Fell, Vlies – **3 avunculus:** Onkel

3 | 1 Stelle alle lateinischen Wörter zusammen, die du brauchst, um das Bild zu beschreiben.
2 Bilde kurze lateinische Sätze und lass deinen Nachbarn übersetzen.

4 »Verwandte« Wörter: Erschließe Wortart und Bedeutung folgender Wörter.

a) custodire: custos; custodia
b) instruere: instructio; instructor
c) permittere: permissio
d) perdere: perditus, a, um
e) suspicio: suspicere

5 Für Sprachforscher: Ein italienischer Entdecker kehrt heim. Erschließe den Inhalt.

Un uomo ritorno d'una peregrinazione lunga a piedi. A riperto un artefatto d'oro. Dona un' istruzione al custode del museo:
»Il reperto è del seculo dodicesimo. È un lavoro ben fatto d'arte.«

6 Ein Wort – viele Bedeutungen
Wähle die jeweils passende Übersetzung.

a) Di hominibus rationem dederunt.
   Sed saepe stultitia[1] rationem vincit.
b) Cur periculum suscepisti? Quae fuit ratio?
   Rationem calamitatis nunc scio.
c) Rationes tuas autem non intellego.
   Nam tua ratio rei narrandae mira est.
1 stultitia, ae: *Substantiv zu* stultus

7 Gerundium und englisches *gerund*:
Vergleiche und übersetze.

a) Learning by doing. Exercitando[1] discimus.
b) The reason for travelling to Rome is …
   Ratio Romam eundi est …
c) The children get a lot of fun out of visiting their grandpa.
   Liberi gaudent avo visitando[2].
1 exercitare: üben; trainieren – **2 visitare:** besuchen

8 Iasons Aufgabe: Übersetze die nd-Formen

  a) spes adveniendi
     facultas pellis[1] reperiendae
  b) missus ad laborandum
     missus ad pellem[1] referendam
  c) pericula in pugnando
     pericula in pelle[1] rapienda

  1 pellis: Fell

9 nd-Formen: Ergänze und übersetze.

  – audacia pellis[1] postuland
  – in officiis faciend
  – occasio auri rapiend
  – paratus ad mortem obeund
  – clamand   homines excitare
  – servus idoneus est ad laborand

  1 pellis: Fell

10 In der Schule (1): nd-Formen im Genitiv

  Magister[1] dicit:
  »Discite artem legendi et scribendi[2].
  Vos docebo rationem orationis bene habendae.
  Ne adsit audacia studia neglegendi!
  Facultas discendi magnum donum est.
  Discendi enim causa ad *scholam* ducimini.«

  1 magister: Lehrer – **2 scribere:** schreiben

11 In der Schule (2): nd-Formen im Akkusativ

  Discipulus magistro[1] respondet:
  »A parentibus missus sum ad te audiendum.
  Et ipse paratus[2] sum ad discendum.
  Res iam paratae sunt ad legendum.
  Te autem ad docendum idoneum non puto.
  Te ad nos laudandos paratum esse non video.«

  1 magister: Lehrer – **2 paratus:** bereit

12 Pelias' hinterhältige Gedanken: Wiederhole die Futurformen und übersetze.

  Pelias, avunculus[1] Iasonis, deliberat:
  Iason mox Colchidem petet.
  Fortasse iam in itinere periculis peribit.
  Si tamen ibi adveniet, ab hostibus recipietur.
  Aeetes pellem[2] sua sponte ei non dabit.
  Sive[3] laboribus suscipiendis peribit, sive ab hostibus caedetur: mortem obibit.

  1 avunculus: Onkel – **2 pellis:** Fell – **3 sive:** sei es, dass

13 Die Drachensaat: Markiere die Partizipialkonstruktionen. Dann übersetze.

  Iason tauros herbas incendentes domare[1] potuit. Furore eorum sublato agrum[2] coluit.
  E dentibus serpentis[3] in solo positis homines armati creverunt. Iason herbis magicis[4] timore solutus omnes vicit. Rex autem ira motus novam rationem Iasonis necandi quaerere debebat.

  1 domare: zähmen – **2 ager:** Acker – **3 dens serpentis:** Drachenzahn – **4 herba magica:** Zauberkraut

14 | 1 Der fliegende Widder: Übersetze.
  2 Fasse zusammen, wie das goldene Fell nach Kolchis gekommen ist.

  Reginae[1] malae placuit liberos mariti necare.
  Sed liberis facultas per caelum[2] fugiendi data est: Aries[3] aureus ad eos ferendos aderat. In itinere autem soror in mare cecidit[4]. Frater per caelum[2] volans Colchidem advenit. Aeetes rex paratus[5] erat ad eum iuvandum. Servandi causa iuvenem recepit et filiam suam ei dedit. Iuvenis ariete[3] immolando regi et deis gratias egit.

  1 regina, ae: Königin – **2 caelum,** i: Himmel – **3 aries,** arietis *m.*: Widder (Schafbock) – **4 cadere,** cecidi: fallen – **5 paratus,** a, um: bereit

Phrixos auf dem Widder. Wandgemälde

Pflicht oder Neigung?

Die Königstochter Medea ist schockiert: Wie kann ihr Vater solch selbstmörderische Mutproben verlangen? Das wird Iason nie überleben. Doch soll sie ihm helfen? Sie ist hin- und hergerissen.

Mēdēa, cum ratiōne furōrem amōris vincere nōn posset,
haec sēcum volvit:
»Mē¹ miserrimam atque īnfēlīcissimam!
Cūr iussa patris dūriōra esse crēdō quam umquam fuerint?
5 Cūr timeō, nē pereat iuvenis, quem recentissimē vīdī?
Cūr mea interest, utrum vīvat an occidat?
Sī imāginem eius pectore pellere possem, fēlīcior essem!
Sed invīta trahor in partēs dīversās; aliud amor, mēns aliud suādet².
Vae! Vulnere graviōre affecta sum!
10 Quid faciam? Patrem fallam et patriam perdam, cum³ Iāsonem arte
magicā adhibendā adiuvem?

Quam turpiter agerēs, Mēdēa!

Sed pater turpius agit mē! Odiō mōtus nihil cōgitat nisī dē perniciē
Iāsonis! Quis autem neget Iāsonem innocentem esse? Quem nōn tangant
15 Iāsonis virtūs et aetās? Quis nōn ōre pulcherrimō moveātur?

Nōnne tē amor familiae et patriae permovet? Age turpissimē – et exiliō
damnāberis! Sīc scrīptum est in lēgibus! Domī manēre diūtius nōn
poteris.

Cum autem mē uxōrem sēcum dūcet, …

20 Dēsine furere! Certē tē barbaram relinquet …

Id crēdere nōn possum!«

1 **mē miserrimam atque īnfēlīcissimam** *(Akkusativ des Ausrufs):* übersetze mit Nominativ: Ach, ich …

2 **suādēre:** raten

3 **cum:** *hier:* indem

1 Lies die Einleitung und übersetze den ersten Satz (Z. 1–2).
Äußere erste Vermutungen über den Inhalt des Textes.

2|1 Medea ist hin- und hergerissen. Benenne die Substantive,
die die beiden Pole bezeichnen.

2 Analysiere, wie Medeas Unentschlossenheit im Text dargestellt ist.

3 Fasse mit eigenen Worten zusammen: Welche Argumente
sprechen dafür, Iason zu helfen, welche dagegen?

Medizin

Medea, Königstochter und Namensgeberin des lateinischen Wortes *medicina,* soll außergewöhnliche Kenntnisse in Zauberei besessen haben. Doch Medizin und Zauberei, wie passt das zusammen? Nun, wenn es uns nicht gut geht, suchen wir einen Arzt oder eine Apotheke auf. Wir vertrauen darauf, dass es ein Mittel gibt, das uns wieder auf die Beine hilft. Die Entdeckung, dass man den Körper bei der Bewältigung von Krankheiten mit bestimmten Pflanzen unterstützen kann, ebnete den Weg zur modernen Medizin. Wer dieses Wissen besitzt, kann helfen – oder vernichten. Kein Wunder also, dass man eine so außergewöhnliche Pharmakologin wie Medea für eine Zauberin hielt.

*Verlassen

Nachdem Medea den Fremdlingen tatsächlich geholfen hat, König Aietes das Goldene Vlies zu entwenden, nimmt Iason sie mit nach Griechenland, heiratet sie und hat mit ihr zwei Söhne. Doch dann verlässt er sie …

Mēdēa odiō permōta haec sēcum volvit:

»Mē miserrimam[1]! Quārē turpissimē ēgī? Nēminem umquam crēdō turpius ēgisse quam mē. Nēmō īnfēlīcior inveniētur fīliā Aeētae[2]. Cum[3] Iāsonem adiūvī, patrem fefellī, patriam perdidī, frātrem innocentissi-
5 mum occīdī!

Sed nunc – barbaram mē vocat; etiam prīncipēs cīvitātis scrīpsērunt mē esse indīgnam. Quis neget mē turpissimō omnium virō nūptam esse? Asperrimē mēcum agit, quod cum puerīs mihī vīvere nōn licet.

At quis neget quemquam[4] crūdēliōrem fuisse quam mē? Ita perge,
10 Mēdēa! Nihil metuere dēbēs: Saevissima fuistī; sanguine tē polluistī[5] polluēsque[5]. Iāsōn videat ultiōnem[6] meam. Dolō et arte *magicā* istum adiūvī. Prō[7] Hecate: Arte *magicā* adhibendā istum perdam!«

1 **mē miserrimam** (*Akkusativ des Ausrufs*): übersetze mit Nominativ: Ach, ich …

2 **Aeētēs,** ae: Aietes (*König von Kolchis*)

3 **cum:** *hier:* indem

4 **quisquam:** irgendjemand

5 **polluere,** polluō, polluī: sich beflecken mit

6 **ultiō,** iōnis *f.*: Rache

7 **prō:** *hier:* bei

---

1   Gliedere den Text und fasse Medeas Gedanken zusammen.
2   Informiere dich, wie die Geschichte weitergeht: Macht Medea ihre Drohung wahr?

1 **Eine Prinzessin …**
Übersetze und beschreibe dann die neuen Erscheinungen.

Medea est filia regis Colchidis.
Medea est pulchrior quam multae puellae.
Etiam sapientiā maiore praedita[1] est aliis.
Nulla autem miseriore animo est illā.
Nam timet, ne Iason crudelius necetur.

1 praeditus, a, um + *Abl.:* ausgestattet mit

2 **… und ihr Traumprinz**
Übersetze und beschreibe dann die neuen Erscheinungen.

Medea Iasonem hospitem spectat:
Est vir fortissimus omnium.
Arma pulcherrima fert.
Corpus ingens est deo simillimum.
Nonne animo sapientissimo est?
In pugnis certe audacissime aget!

3 | 1 Wortfix: Nenne zu jedem Bild das entsprechende lateinische Wort.

2 Bilde kurze Sätze mit den neuen Wörtern.

4 | 1 Sachfelder
Erstelle eine Mindmap mit lateinischen Wörtern zu folgenden Themen:

a) Gefühle – b) Denken und Sprechen

2 Welche Wörter sind Kopfverben für den AcI?

5 Für Sprachforscher
Nenne die lateinischen Ursprungswörter und erschließe die Bedeutung der Fremdwörter.

negativ – Furie – Scriptorium – legal – mental – Exil – furios – Interesse – Legislative – verdammt

6 *afficere* gut übersetzen:
Finde einen angemessenen Ausdruck.

– Iasonem gloria afficere
– militem vulnere afficere
– hostes clade afficere
– parentes gaudio/timore afficere
– uxorem dono afficere
– oppidum muris afficere

7 Ein Wort - viele Bedeutungen: Wähle eine passende Übersetzung für *interesse.*

– Familia ludis interest.
– Inter[1] duos montes via interest.
– In libertate dominus ac servus interest.
– Civium interest rem publicam valere.
– Civium interest, ut res publica valeat.

1 inter *(+ Akk.):* zwischen

8 Steigerung – Adjektive: Ergänze.

Positiv	Komparativ	Superlativ
durus		
	felicior	
		gravissimus
miser		
	laetior	

9 Steigerung – Adverbien: Ergänze.

Positiv	Komparativ	Superlativ
honeste		
	turpius	
		recentissime
feliciter		
	diutius	

10 | 1 Iasons Mutproben: Ordne die Adjektive den Bildern zu. Finde weitere.

2 Bilde lateinische Sätze und übersetze sie.

– adversarius: saevus, saevior, saevissimus
– periculum: grave, gravius, gravissimum
– pugna: acris, acrior, acerrima

11 Allein und verlassen. Übersetze.

Medea a Iasone relicta secum cogitat:
»Ubi est Iason, ubi est patria mea?
Cur nunc miserrima omnium sum?
Quando virum fidiorem inveniam Iasone?
Quomodo acrius Iasonem vindicare possum?«

12 Alles ganz normal?
Iason, der wieder geheiratet hat, fragt sich:

Intellegere non possum,
– cur Medea miserrima mulier sit.
– quam rem turpiorem fecerim aliis viris.
– quando Medea mihi carior fuerit quam ceterae.

13 | 1 Medeas Rache: Markiere die Partizipial-Konstruktionen und übersetze.

2 Beschreibe das Vasenbild: Welche Szene aus der Geschichte ist abgebildet?

Iason amore Glaucae captus Medeam solam Corinthi[1] reliquit. Tristissima autem coniunx vestem pulcherrimam veneno[2] tinxit[3]. Vestem tinctam[3] Glaucae dono dedit. Illa nihil metuens vestem acceptam induit[4]. Statim doloribus maximis affecta est et flammis incensa crudeliter occidit. Medea denique etiam filios Iasonis innocentissimos manibus suis necavit.

1 Corinthi: in Korinth – **2 venenum,** i: Gift –
3 tinguere, tinguo, tinxi, tinctum: tränken *(+Abl.)* –
4 induere: anziehen

griechische Vase des Dolon-Malers

1 Ölgemälde von Gustav Moreau, um 1874.

2 Ölgemälde von J. W. Waterhouse, 1907.

Iasons Schuld!?

Medea, Dido, Ariadne – diese drei Frauen haben eines gemeinsam. Sie haben Helden geholfen, ihre Heldentaten zu vollbringen, und wurden danach von eben diesen Helden schmählich im Stich gelassen: Medea von Iason, Dido von Aeneas und Ariadne von Theseus.

Helden sind eine besondere Spezies. Sie sehen immer sehr gut aus. Das macht es Frauen leicht, sich in sie zu verlieben. Bei Iason und Medea war das nicht anders. Kein Wunder also, dass Medea bei Iasons Anblick sofort hin und weg war.

Iason

Wer aber war dieser Iason, und was bewog ihn zu seiner Reise nach Kolchis? Iason, Sohn des Königs Aison, stammte aus Iolkos in Thessalien. Er wuchs in der Wildnis auf, erzogen von dem Kentauren Chiron, zu dem er von Aison gebracht worden war, bevor dieser von seinem Halbbruder Pelias seines Thrones beraubt und später in den Tod getrieben wurde.

Eines Tages lud Pelias die Einwohner Thessaliens zu einem Opferfest für Poseidon nach Iolkos ein. Iason wertete das als Zeichen, sein rechtmäßiges Erbe anzutreten, und machte sich auf den Weg. Als er in Iolkos eintraf, trug er nur einen Schuh. Den anderen hatte er beim Durchqueren eines Flusses verloren. Ein Orakel hatte Pelias einst vor einem Mann gewarnt, der nur einen Schuh trägt. Nun begriff er, wer gemeint war. Er schickte Iason unter dem Vorwand, sich zuerst Heldenruhm erwerben zu müssen, nach Kolchis, damit er das goldene Vlies des Chrysomallus stehle. Danach sollte er die Königswürde empfangen. Natürlich hoffte er, dass Iason nicht zurückkehren würde.

Die Fahrt der Argonauten

Für die Überfahrt ließ Iason mit Athenes Hilfe ein Schiff bauen, das er Argo (= die Schnelle) nannte. Es war das erste Schiff überhaupt. Mit fünfzig Helden Griechenlands, den Argonauten, segelte er nach Kolchis. Dort forderte er von König Aietes die Herausgabe des Vlieses. Aietes knüpfte an die Herausgabe Bedingungen, die ein Sterblicher eigentlich nicht erfüllen konnte. Doch dank Medeas Zauberkunst löste Iason alle Aufgaben. Dennoch gab Aietes das Vlies nicht heraus. Wieder half Medea und ermöglichte Iason, das Vlies zu entwenden. Dann segelten die Argonauten davon. Mit an Bord waren Medea und ihr kleiner Bruder Apsyrtos. Aietes verfolgte die Argo mit seiner Flotte. Um sie aufzuhalten, tötete Medea ihren Bruder und warf ihn ins Meer. Aietes ließ den Leichnam seines Sohnes aus dem Wasser bergen, damit er ihn angemessen bestatten konnte. Die Argo entkam und kehrte über Umwege nach Iolkos zurück.

Zurück in Iolkos

Als Iason Pelias das goldene Vlies vorlegte, verweigerte dieser ihm trotzdem die Königswürde. Medea entwickelte einen Plan: Sie versprach den Töchtern des Pelias, dass sie ihren Vater durch einen Zauber verjüngen könnten – sie müssten ihren Vater dafür töten und anschließend in Zauberkräutern kochen. Die Mädchen glaubten ihr, denn schließlich hatte ihnen Medea den Zauber an einem alten Widder vorgeführt …

Tragödie in Korinth

Nun hätte Iason den Thron besteigen können, doch Akastos, der Sohn des Pelias, vertrieb ihn und Medea aus Thessalien. Sie flohen nach Korinth. Mittlerweile waren sie verheiratet und hatten zwei Kinder. In Korinth lernte Iason Glauke kennen und verstieß ihretwegen Medea. Rasend vor Eifersucht schickte Medea Glauke daraufhin ein todbringendes Gewand und tötete anschließend ihre eigenen Kinder.

Soweit die Geschichte Medeas. Es ist die Geschichte einer Frau, deren abgöttische Liebe viele Menschen und am Ende auch sie selbst ins Unglück stürzt. Hat sie Mitleid verdient? Trifft Iason eine Mitschuld? Eine Antwort zu finden, ist nicht leicht.

1 Der Sachtext endet mit zwei Fragen. Diskutiert sie in der Klasse.

2 Die tragische Geschichte von Iason und Medea bewegt die Menschen noch immer. Sie wird immer wieder neu bearbeitet.

  1 Beschreibe die Bilder 1–4: Welche Personen sind zu sehen? Wie wirken sie? Finde eine treffende Überschrift.

  2 Wähle ein Bild aus und erzähle die Geschichte so, dass das Bild dazu passt.

  3 Informiere dich im Lexikon oder Internet über verschiedene Bearbeitungen des Medea-Mythos (z. B. als Oper, Roman, Film etc.).

3 Statue von Pietro Francavilla, 1589.

4 Ölgemälde von Carle van Loo, 1760.

Verstehen und Verstehen

Kennst du das Spiel *Teekesselchen?* Die Regel ist einfach: Zwei gleichlautende Begriffe mit unterschiedlicher Bedeutung müssen erraten werden, z. B: Linse → Hülsenfrucht und optisches Gerät.

Ein Teekesselchen liegt auch bei dem Begriff Verstehen vor. Man kann einen Text mit den Ohren verstehen = hören und man kann den Sinn eines Textes verstehen = mit dem Verstand begreifen. Das Schöne: Beide Begriffe ergänzen sich. Wenn du jemandem zuhörst (= akustisch verstehst), dann versuchst du gleichzeitig, den Inhalt des Gesprochenen zu begreifen.

Hörverstehen

Das doppelte Verstehen als Hören und Begreifen funktioniert natürlich auch im Lateinischen, denn ursprünglich war Latein ja eine gesprochene Sprache, die man akustisch und inhaltlich verstand.

Hörverstehen ist im Lateinunterricht eine wichtige Sprachkompetenz. Dabei kommt es nicht darauf an, dass man den Text auf Anhieb exakt übersetzt. Entscheidend ist, dass man bereits beim Hören einigermaßen den Sinn erfasst.

Dafür kannst du einen lateinischen Text selbst laut lesen. Besser ist es allerdings, wenn du ihn dir vorlesen lässt. Achte beim Hören z. B. auf Signalwörter wie Eigennamen. Gibt es auffällige Stilmittel wie Anaphern? Wird der Text von Fragen oder Aussagen bestimmt? All dies kann man beim ersten Hören bereits erkennen. Das geht natürlich nur, wenn du die meisten Wörter und ihre Bedeutungen kennst.

Hörverstehen funktioniert besonders gut, wenn du den lateinischen Text zuvor übersetzt hast. Dann weist du schon, worum es geht, und du kannst dich ganz auf die Wirkung des Textes konzentrieren.

Inhaltsverstehen

Ein weiterer Schritt zum Verstehen eines Textes ist die inhaltliche Wiedergabe mit eigenen Worten. Das ist aus zwei Gründen sinnvoll: Die Inhaltswiedergabe bereitet die tiefergehende Interpretation vor. Gleichzeitig kann sie dir helfen, fehlerhafte Stellen in deiner Übersetzung zu finden. Eine fehlerhafte Übersetzung lässt sich nur schwer sinnvoll zusammenfassen, also solltest du an einer solchen Stelle noch einmal genauer hinschauen.

Für die Textwiedergabe kannst du den übersetzten Text gliedern und dann paraphrasieren (d. h. in eigenen Worten wiedergeben). Wichtig dabei ist, nie den Bezug zum Text zu verlieren: Zentrale Textaussagen bzw. Wörter solltest du deshalb auch kurz auf Latein zitieren.

Textsorte

Wichtig für das Verständnis des Textes ist das Erkennen der Textsorte: Eine Rede folgt anderen Regeln als ein Brief, ein historischer Text anderen als eine mythologische Erzählung. Oft erhältst du schon vor der Übersetzung Informationen über die Textsorte. Ein Brief z. B. beginnt immer mit der

Begrüßungsformel, auch der deutsche Einleitungstext verrät dir oft schon etwas über die Textsorte.

Dieses Wissen kannst du für deine Übersetzung nutzen: Bei einer Erzählung beispielsweise kannst du damit rechnen, dass viele Verbformen der 3. Person in einem Vergangenheitstempus auftauchen – bei einem Dialog wirst du dagegen wahrscheinlich auch auf Verbformen der 1. und 2. Person stoßen. Am Beispiel der Lektionen zum Mythos um Iason und Medea lässt sich das gut zeigen:

In Lektion 35 handelt es sich um einen *inneren Monolog:* Aietes überlegt, wie er reagieren soll. Demzufolge findest du im Text Verbformen der ersten Person: einen Deliberativ *(Quid faciam?)* und Formen im Futur. Die Nennung Iasons gibt einen Hinweis auf das eigentliche Ziel dieses inneren Monologes: Aietes setzt alles daran, dass Iason scheitert.

Lektion 36 ist als *innerer Dialog* angelegt. Dabei scheint sich Medea in zwei Personen zu spalten: Erst spricht sie in der 1. Person Sg. (»ich«) und beklagt ihre Situation. Auch hier findest du die Formulierung: *Quid faciam?* Als scheinbar objektiv urteilende Gesprächspartnerin antwortet ihr ihre andere Hälfte. Diese Dialogpartnerin benutzt die 2. Person Sg. (»du«). Sie wird zum *alter Ego* Medeas und zeigt ihr die Konsequenzen auf.

Charaktere

Ein wichtiger Baustein der Interpretation ist die Charakterisierung der im Text vorkommenden Figuren: Wie diese dargestellt sind, welche ihrer Eigenschaften der Text besonders betont, zeigt viel über die Absicht des Autors und hilft beim Verständnis des Textes.

Nicht immer sind die Figuren im Text direkt durch ein entsprechendes Adjektiv (nett, geizig o. ä.) charakterisiert. Oft geschieht das eher indirekt, durch die Art und Weise, wie die Figuren sich verhalten oder was sie denken. Für die Charakterisierung musst du ihr Verhalten beschreiben und dann konkret benennen.

Aietes und Medea gewähren durch ihre inneren Selbstgespräche Einblick in ihre Gedankenwelt: Die Rede des Aietes ist gekennzeichnet von Missgunst, Neid und Angst. Diese Gefühle sind der Grund für seine Pläne gegenüber Iason.

Medea ist hin- und hergerissen zwischen den Gefühlen für ihren Vater und ihre Heimat und ihrer Liebe zu Iason. Sie wirkt verzweifelt, aber ihr innerer Dialog lässt erahnen, wofür sie sich entscheiden wird. Sie wird sogar bereit sein, ihre Zauberkunst für die Verwirklichung ihrer Ziele einzusetzen.

Stilmittel

Über die Bedeutung von Stilmitteln hast du auf der letzten Methodenseite schon viel erfahren. Auch sie spielen für das Textverständnis eine wichtige Rolle. Sie lenken die Aufmerksamkeit des Hörers auf zentrale Aussagen des Textes, wie auch in unserem Medea-Text, in dem ein Hendiadyoin, eine auffällige Anapher und zwei Alliterationen vorkommen. Achte einmal darauf!

> **Das habe ich gelernt:**
>
> Es gibt zwei Arten des Textverstehens, die sich beide ergänzen, das Hörverstehen und das inhaltliche Verstehen.

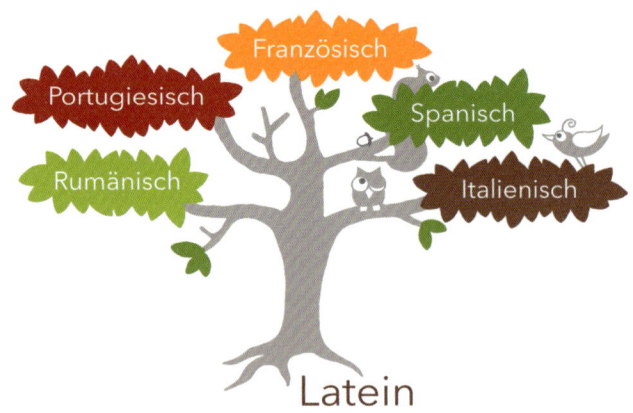

Latein

1 | 1 Mutter Latein und ihre Töchter – Spanisch
Führe die unterstrichenen Wörter auf ihren
lateinischen Ursprung zurück.

2 Erschließe den Inhalt der folgenden aus
Wikipedia stammenden Sätze.

<u>Cuando</u> Jasón y los argonautas llegaron a la
<u>Cólquida</u> y reclamaron el vellocino de <u>oro</u>,
el <u>rey</u> Eetes les <u>prometió</u> que se lo entregaría
<u>sólo</u> si eran capaces de realizar <u>ciertas</u> tareas.

2 Steigerung: Bestimme KNG und ergänze.

Positiv	Komparativ	Superlativ
infelicis		
	cupidiores	
vehementia		
		turpissimis
	probius	
		maximus

3 Nach Iasons Verrat: Ergänze die richtige
Steigerungsform und übersetze.

Medea secum cogitat:
a) »   omnium mulierum sum. Nemo
     est quam ego.« (miser)
b) »Iasonem maritum   puto. Nullus
vir maritus   est quam iste.«
(improbus)
c) »Poenam   ei parabo. Nulla mulier umquam poenam   inveniet.«
(crudelis)

4 Steigerung der Adverbien: Ergänze.

Positiv	Komparativ	Superlativ
	fidelius	
		miserrime
		durissime
	aequius	
celeriter		

5 Untreuer Iason: Adjektiv oder Adverb? – Ergänze
die richtige Form und übersetze.

Iason secum cogitat: »Scio Medeam relictam
     (tristis) esse. Ego tamen
(innocens) sum. Nam nullus vir   (tur-
pis) agit, qui mulierem   (pulchrior)
quaerit. Vitam   (iucundior) vivam! Et
certe Medea non   (longior) dolebit.«

6 Für Sprachforscher: Führe die Fremdwörter auf
ihren lateinischen Ursprung zurück.

Ein Trainer mit A-*Lizenz instruiert* sein Team:
»Unser Problem ist ein *mentales.* Wir müssen *rationaler* spielen und uns weniger vom
Affekt leiten lassen. Ich will keine *artistischen*
Einlagen sehen, sondern per*manenten* Einsatz. Die *Defensive* muss die Gegner *vehement*
angehen, bis an die Grenze der *Legalität.* Eine
*Adduktoren*zerrung ist da keine Ausrede! Ihr
müsst euer spielerisches *Repertoire* erweitern.«

7 | 1 Sapientia Romanorum
Übersetze die lateinischen Sinnsprüche.

a) Docendo discimus.
b) De mortuis nihil nisi bene!
c) Summum ius, summa iniuria.
d) Cogito, ergo sum.
e) Citius (= celerius), altius, fortius!
f) Felix, qui potuit rerum cognoscere causas.

2 Erläutere die Sinnsprüche a-c an selbst
gewählten Beispielen. Recherchiere Herkunft und
Bedeutung der Sprüche d-f.

8 nd-Formen im Genitiv: Übersetze.

a) cupidus Romam videndi

b) spes amici reperiendi

c) occasio exercitum instruendi

d) ratio linguae Latinae discendae

e) ius orationis habendae

9 nd-Formen »Marke Eigenbau«
Bilde in Abhängigkeit zu den folgenden Substantiven selbst Gerund- bzw. Gerundivausdrücke im Genitiv. Dann übersetze.

ars – spes – studium – cupiditas

10 nd-Formen im Ablativ
Der Kaiser gibt seinem Feldherrn Ratschläge. Übersetze.

a) Litteris scribendis te delectare cupio:

b) »Ne iniuriis ferendis te ipsum perdideris!

c) Ratione adhibenda hostes superabis.

d) Sapienter agendo omnes falles.

e) Exercitu adducendo te adiuvabo.«

11 Medeas Flucht: Ergänze die richtigen Endungen und übersetze.

Hospitis adiuvand___ causa Medea patrem fefellit. Etiam parata[1] erat ad patriam relinquend___. Diem cum Iasone fugiend___ statuit. Sed in nave[2] ascendend___ tamen infelicissima est. Nam scit: Nullam occasionem familiae vidend___ habebit.

1 paratus, a, um: bereit – **2 navem ascendere:** das Schiff besteigen

12 | 1 Medea und Iason in der Werbung
Beschreibe das Bild und ordne die Szene in die Medea-Sage ein. (Hinweis zum Verständnis der Unterschrift: consegna = (sie) übergibt).

2 Überlege, inwiefern man sich durch das Bild eine Werbewirkung für den »Vero estratto di Carne Liebig« erhoffte. Informiere dich dazu über die Erfindung des Fleischextraktes durch Justus v. Liebig.

LA SPEDIZIONE DEGLI ARGONAUTI.
5. Medea consegna a Jasone l'erba magica.

1 Relief von Kaiser Nero und Agrippina, Museum in Aphrodisias, Türkei.

Nero – Muttersöhnchen oder großer Kaiser?

In seiner Kindheit und Jugend stand Nero ganz unter dem Einfluss seiner ehrgeizigen Mutter Agrippina. Sie sicherte ihm den Kaiserthron durch ihre Heirat mit ihrem Onkel, Kaiser Claudius, und bestimmte Seneca zu seinem Erzieher. Doch interessierte sich Nero weder besonders für die philosophischen Lehren seines Mentors noch für die Regierungsarbeit, die seine Mutter zwischenzeitlich für ihn übernommen hatte. Er wollte als großer Wohltäter vom Volk geliebt werden und seine Leidenschaft für die schönen Künste ausleben. Im Jahre 59 n.Chr. ließ Nero seine Mutter ermorden.

1 Beschreibe das Relief und die Münzen. Ziehe aus der Art der Abbildungen Schlüsse auf den jeweiligen Auftraggeber und die Beziehung zwischen Nero und Agrippina.

2 Erläutere anhand der Münzen 3 und 4, wie Nero gerne gesehen werden wollte. Nenne ähnliche Beispiele für die Darstellung von Politikern/Promis heute.

2 Aureus von 54 n.Chr.: Nero und Agrippina.

3 Sesterz von 57 n.Chr.: Getreidespende.

4 As von 64 n.Chr.: Nero als Apollo Citharoedus mit der Lyra.

Ein teuflischer Plan

Der Flottenkommandant Anicetus ist überrascht: Kaiser Nero hat ihn zu sich rufen lassen. Was sein ehemaliger Schüler wohl von ihm will?

Nero: »Fīde Anīcēte! Tē auxilium rogō. Prīmō autem tibī iūrandum est, ut silentium servēs.«

Anīcētus: »Sit lēx mihī voluntās tua: iūrō, magne prīnceps. Quid-nam imperās?«

5 Nero: »Propius veniās. Sēcrētum¹ tibī committam … Aliquis mihī clam caedendus est.«

Anīcētus: »Ō imperātor, cūr mē adīs dē tālī facinore? Nesciō, quōmodō venēnum misceātur; multī ferrō plūs valent.«

Nero: »Tālia adhibenda nōn sunt. Nam nex occultārī vix potest. Sī
10 venēnum inter cēnam mē praesente darētur, egō caedis accūsārer.«

Anīcētus: »Hem. Audiās cōnsilium meum, etsī timeō, nē id parvī aestimēs. Nāvis nōbīs compōnenda est, cuius media pars in aequore per artem solvī et effundī² potest. Quis enim adeō inīquus est, ut scelerī adscrībat³, quod ventīs et flūctibus tribuendum est?«

15 Nero: »Quam mīrum est ingenium tuum! Haec perficiāmus!«

Anīcētus: »Ō pater patriae, sinās mē hoc ūnum intellegere: Quis est occīdendus?«

Nero: »Occīdenda.«

Anīcētus: »Num fēmina est???«

20 Nero: »Fēmina … familiāris. Est … māter mea.«

1 **sēcrētum,** ī: Geheimnis

2 **effundere:** *hier:* versenken

3 **adscrībere:** *erschließe aus* adscrībere

1 Lies die deutsche Einleitung und den Gesprächsanfang (Z. 1–2). Äußere erste Vermutungen, in welche Richtung das Gespräch gehen könnte.

2 Erkläre Neros Problem. Welche Lösung schlägt Anicetus vor?

3|1 Beschreibe, wie sich Anicetus gegenüber Nero verhält.

2 Bewertet sein Verhalten und diskutiert Alternativen.

Nero

Wer denkt da nicht an Bruder- und Muttermord, Christenverfolgung und an den Brand Roms. Aber es gibt auch eine andere Seite. Neros Kindheit war vergiftet durch politische Machtspiele. Im Alter von zwei Jahren wurde er 39 n. Chr. mit seiner Mutter Agrippina von Kaiser Caligula (ihrem Bruder!) verbannt und nach dem Tod seines Vaters 40 n. Chr. noch seines Vermögens beraubt. Kaiser Claudius hob die Verbannung 41 n. Chr. auf. Nero erhielt sein Vermögen zurück und Agrippina sorgte später dafür, dass der Philosoph *Seneca* sein Lehrer wurde. Eine segensreiche Entscheidung! Gemeinsam mit dem Militärberater *Burrus* sorgte er für eine umsichtige erste Regierungsphase Neros. Doch Nero entfremdete sich zusehends und Seneca zog sich nach dem Tod des Burrus 62 n. Chr. aus der Politik zurück.

*Erzieherklage

Neros Erzieher, der Philosoph Seneca, ist schockiert über die Skrupellosigkeit seines Schützlings. Er wendet sich mit folgendem Brief an den Kaiser:

L. Annaeus Seneca imperātōrī salūtem plūrimam dat.

Ō prīnceps, audīvī rēs, quae crēdendae nōn sunt. Quae rēs sī vērae sunt, frūstrā[1] tē docuī et ēducāvī[2].

Nonne semper dīxī iūs suprā[3] omnem iniūriam pōnendum esse, clēmen-
5 tiam[4] tibī adhibendam esse? Nam nēminem clēmentia[4] magis quam tē, imperātor, decet. Cōnstat enim tē animum reī pūblicae esse, illam autem corpus tuum. Tibī ergō parcis, cum alterī parcis. Itaque parcendum est cīvibus, eō[5] magis familiāribus! Numquam sanguinem cīvium fūdisse, haec vēra clēmentia[4] est.

10 At clēmentia[4] crūdēlitāte tollitur; quae est voluntās mala in pūniendō. Profectō mulierum[6] est furere in īrā; bēstiārum[6] est opprimere et mordēre[7] caesōs; barbarī[6] est occīdendī causā occīdere. Sed magnī animī[6] est sē ipsum plācāre, iniūriās prohibēre. Num mihī timendum est, nē hōrum omnium nōn memineris? Spērō – et putō – falsum esse, quod
15 audīverim.

Valē!

1. **Gliedere den Text und fasse den Inhalt in eigenen Worten zusammen.**
2. **Analysiere Senecas Brief: Mit welchen Argumenten will er Nero überzeugen?**

1 **frūstrā** *(Adv.):* vergeblich; umsonst

2 **ēducāre:** erziehen

3 **suprā** *(+Akk.):* über

4 **clēmentia, ae:** Milde

5 **eō:** umso

6 **esse** + *Gen.:* es ist Eigenschaft/ ein Zeichen von … (z. B. mulierum est: es ist die Eigenschaft von Frauen …)

7 **mordēre:** beißen

1 Ein weiser Ratgeber?!
Übersetze und beschreibe dann die neuen Erscheinungen.

Seneca ad Neronem: »Imperator,
– primo matrem semper audire debes/
  mater semper audienda est.
– officia curare debes/
  officia curanda sunt.
– sapienter regere debes/
  sapienter regendum est.
– denique ne miseros neglegas/
  miseri neglegendi non sunt!«

2 Die Pflichten eines Kaisers
Übersetze und beschreibe dann die neuen Erscheinungen.

Nero: »Bene,
– sapienter mihi vivendum est.
– voluptates mihi temperandae sunt.
– clementia[1] in regendo adhibenda est.
– multa praecepta[2] mihi neglegenda non sunt.«

»Sed si liber a negotiis ero, me otio dabo:
– equi mihi regendi sunt.
– carmina pulchra mihi cantanda sunt.«

1 clementia, ae: Milde – **2 praeceptum,** i: Vorschrift

3 Wortfix: Nenne zu jedem Bild das entsprechende lateinische Wort.

4 Sachfeld
Erstelle eine Mindmap mit lateinischen Wörtern zu einem der folgenden Themen:
a) Auf hoher See
b) Mord und Totschlag

5 Ein Wort – verschiedene Bedeutungen
Wähle die jeweils passende Übersetzung.

Nero *consilium* senatorum con-vocavit.
Nam *consilia* matris audire non iam cupiebat.
Senatores convenerunt, inter eos etiam vir magni *consilii*.
Consilio habito Nero tamen nescivit, quid faceret.
Tandem *consilium* matris caedendae cepit.

6 Für Sprachforscher: Familienpolitik?!
Nenne die lateinischen Ursprungswörter und erschließe die Bedeutung.

Eine Partei verkündet ihr Wahlprogramm: »Wir wollen *familiäre Interessen* fördern. Dazu brauchen wir mehr *legale* Möglichkeiten. Wir werden ein eigenes *Referat* einrichten für *feministische* Belange. *Referenten* im Familienministerium sollen regelmäßig berichten.«

7 Ein heikler Plan …
Konjunktiv im Hauptsatz: Bestimme die Funktion des Konjunktivs und übersetze.

Consilia Neronis:
»Utinam me a matre vindicem!
Sed quomodo haec perficere possim?
Ipse Agrippinam manibus meis necem?
Utinam ne caedis accuser!
Quis autem venenum misceat?
Statim Anicetus, amicus fidus, vocetur.«

8 … erfordert Fingerspitzengefühl
Konjunktiv im Nebensatz: Entscheide, wann du den Konjunktiv auch im Deutschen verwenden musst, und übersetze.

a) Anicetus iurat, ut imperatori pareat.
b) Sed nescit, quomodo necem matris paret.
c) Si Agrippina inter cenam necaretur, Nero accusaretur.
d) Anicetus timet, ut[1] res occultari possit.
e) Tandem consilium tam audax capit, ut scelus imperatori tribui non possit.
1 ut: dass nicht

9 Nervensäge
Neros Mutter hat viele gute Ratschläge. Übersetze.

a) Mater tibi neglegenda non est!
b) Carmina tibi cantanda non sunt!
c) In *theatro* tibi agendum non est!
d) Opera[1] Senecae tibi legenda sunt!
e) Praeceptis[2] eius tibi parendum est!
f) Iuste tibi regendum est!
g) Nam *tyranno* populus timendus est.
1 opus, operis *n.:* Werk – **2 praeceptum,** i: Vorschrift

10 Ein Schiff wird gebaut: Was ist zu tun?
Bilde Sätze, die Arbeitsaufträge mit Gerundiv und *esse* enthalten.

lignum, parare
arbores, caedere
servi, ad laborem incitare
navis, componere
velum[1], perficere
hostiae, immolare
venti et fluctus, observare[2]
1 velum, i: Segel – **2 observare:** beobachten

11 Kriminelle Energie
Achte bei der Übersetzung darauf, ob eine nd-Form mit *esse* vorliegt oder nicht.

Nero, cum consilium matris interficiendae
cepisset, nescivit, quomodo id perficeret.
Cuius enim nex occultanda erat.
Itaque Nero decrevit
venenum miscendum non esse,
matrem ferro occidendam non esse,
sed caedem clam perficiendam esse.
Anicetus proposuit, ut matrem invitaret
ad navem novam spectandam.
Mater nihil metuens advenit.
Nam sibi filium cavendum esse non
putabat …

Modell einer römischen Triere

Befehl zum Selbstmord

Doch nicht nur Neros Mutter fällt seinem Wüten zum Opfer. Auch der Philo-
soph Seneca, Neros früherer Mentor und Lehrer, bleibt nicht verschont: Er
erhält durch einen Zenturio den Befehl zum Selbstmord.

Seneca in-territus poposcit testāmentī[1] tabulās. Centuriōne[2] id negante
Seneca cum familiāribus breviter locūtus est:

»Amīcī, quoniam prohibeor, nē beneficiīs vestrīs grātiam referam, saltem[3] hoc ūnum pulcherrimum vōbīs relinquam: exemplum vītae meae.

5 Quod secūtī frūctum amīcitiae cōnservābitis. Cūr lacrimās funditis?

Ubī nunc sapientia, ubī ratiō praecepta? Quis enim īgnārus fuit saevitiae[4]
Nerōnis? Num aliud superest post mātrem frātremque interfectōs, nisī ut
etiam mihī moriendum sit?

Hortor vōs, nē maestī fiātis. Patiāmur dolōrēs!«

10 Hīs verbīs dictīs uxōrem amātam complectitur. Eī persuādet ē cubiculō[5]
ēgredī, nē dolōre suō animum eius terreat.

Tum ferrō vēnās[6] aperit mortem facilem exspectāns. Etiam venēnō ūtitur.

Tunc, dum ēloquentia nōndum abest, ad-vocātīs scrīptōribus multa trādit,
quae in vulgus ēdita sunt.

15 Postrēmō Seneca occidit.

---

1 testāmentum, ī: Testament

2 centuriō, iōnis *m.:* Zenturio
(Soldat im Offiziersrang, der vom
Kaiser geschickt worden war)

3 saltem *(Adv.):* wenigstens

4 saevitia, ae: *Substantiv zu sae-*
vus; erschließe die Bedeutung

5 cubiculum, ī: Zimmer

6 vēna, ae: Ader

---

1 Formuliere deine Erwartungen an den Inhalt des Textes. Nutze dazu
die Informationen aus dem Einleitungstext und dem Bild.

2 Gliedere den Text und gib den einzelnen Abschnitten Überschriften.

3|1 Beschreibe, wie Seneca auf den Befehl zum Selbstmord reagiert.
Belege deine Aussagen am Text.

2 Informiere dich über die Philosophie der Stoa (S. 276 f.). Arbeite heraus,
nach welchen stoischen Grundsätzen Seneca im Text spricht und handelt.

4|1 Diesen Bericht hat uns ca. 40 Jahre später der Geschichtsschreiber Tacitus
überliefert. Diskutiere, ob die Darstellung der historischen Wahrheit
entspricht. Was kann Tacitus wissen, was nicht?

2 Welche Absicht verfolgt Tacitus möglicherweise mit dieser Darstellung?

De Clementia

Ein Herrscher lasse Milde walten. Dies schrieb Seneca in
seinem Werk »de clementia« an Nero, als dieser die Nachfolge
des Kaisers Claudius antrat. Als Stoiker war er überzeugt, dass
das Amt des Kaisers eine vom Schicksal zugewiesene Pflicht
ist, der man sich verantwortungsvoll beugen muss. Für un-
kontrollierte Gefühle ist hier kein Platz. Doch Seneca musste
erkennen, dass Nero sich immer weiter von dieser Sicht
entfernte. Im Jahr 64 n. Chr. kam es zu einer Verschwörung
gegen Nero. Sie scheiterte. Ob Seneca beteiligt war oder ob
persönliche Rachegefühle Nero zu seinem Selbstmordbefehl
veranlasst haben, wissen wir nicht. Nero ließ jedenfalls keine
Milde walten.

*Ein Lob der Gottheit

Senecas Geisteshaltung verdankt sich vielen Lehrmeistern. Einer von ihnen war Kleanthes, der die Stoa im 3. Jahrhundert vor Christus leitete. Sein Hymnus an Zeus zeigt wichtige Grundprinzipien der Stoa:

Salvē, Iuppiter, quī es deus optimus maximusque! Tū prīnceps nātūrae, tū ratiō mundī[1] es; tuā lēge et fātō aeternō[2] omnibus imperās.

Tū pater hominum: Ā tē genitī[3] sumus quasi[4] imāginēs deī. Tū es mihī laudandus, tua potestās semper mihī laudibus tollenda est.

5 Nihil umquam fit, cuius causa tū nōn es – neque in caelō[5] neque in terrā neque in undīs – exceptīs facinoribus, quae scelerātī virtūtem neglegentēs committunt. Utinam omnēs hominēs lēgēs tuās sequerentur! Sed ratiōnis īgnārī voluptātēs turpiōrēs vel māius lucrum appetunt.

Ō Iuppiter omnipotēns[6], hōs īgnōrantēs ā malīs cōnservā, ad virtūtem 10 hortāre! Docē ratiōnem, quā rēs et nātūram iūstē regis! Nōs autem decet hoc semper meminisse tēque carminibusque laetīs celebrāre[7].

1 mundus, ī: Welt	
2 aeternus, a, um: ewig	
3 gignere, gignō, genuī, genitum: erschaffen	
4 quasi: sozusagen als	
5 caelum, ī: Himmel	
6 omnipotēns: allmächtig	
7 celebrāre: feiern	

1 Informiere dich über die Grundprinzipien der Stoa (z. B. auf S. 276 f.). Weise stoische Gedanken im Text nach.

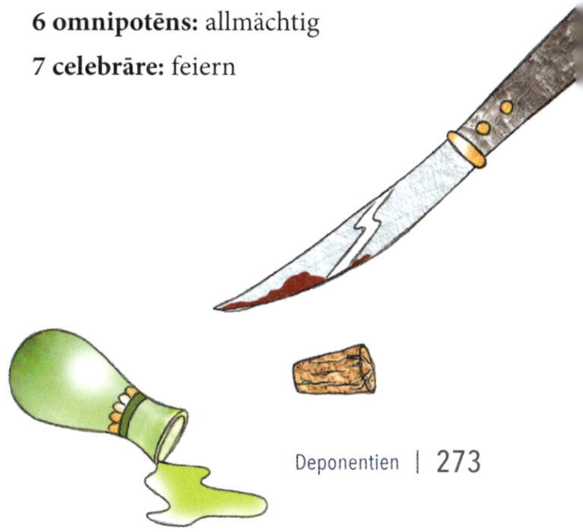

1 **Frühe Warnung vor Nero**
Übersetze und beschreibe dann die neuen
Erscheinungen.

a) Mater Neronis Senecam monet.
Mater Neronis Senecam hortatur[1]:
b) »Multas calamitates feremus!
Multas calamitates patiemur[2]!«
c) Et Nero re vera multos homines necat.
Re vera multi homines a Nerone necantur.
Multi homines iussu Neronis moriuntur[3].

1 hortari: ermahnen – **2 pati:** (er)leiden –
3 mori: sterben

2 **Es wird noch schlimmer**
Übersetze und beschreibe, was das Besondere
an *fieri* ist.

Nero vir clarus fieri[1] cupit.
Ipse: »Fac me poetam optimum!«
Seneca: »Poeta non fis, sed imperator bonus
fias!«
Sed factum est, ut Nero imperator malus
fieret. Nam multa scelera a Nerone imperatore
facta sunt.
Seneca: »Nos quoque viri mali fiemus, si
imperatori parebimus.«

1 fieri: werden/geschehen

3 **Wortfix: Nenne zu jedem Bild das entsprechende
lateinische Wort.**

4 **Welches Wort passt nicht? Entscheide nach
inhaltlichen Kriterien und begründe deine Wahl.**

a) hortari – praecipere – fieri – imperare
b) mori – occidere – mortem obire – negare
c) uti – amicitia – complecti – diligere
d) se recipere – aestimare – abire – egredi

5 **Wörter umschreiben: Nenne das gesuchte Wort
und seine Bedeutung.**

a) in arboribus crescunt: _ _ _ _ _ _ _
b) qui nihil scit, est …: _ _ _ _ _ _ _
c) dicere, narrare, referre, …: _ _ _ _ _
d) restare: _ _ _ _ _ _ _ _

6 **Eselsbrücken**
Lies dir den Text »Befehl zum Selbstmord« durch
und notiere alle Vokabeln, die du nicht kennst.
Ermittle die Grundform und frage deinen Partner
nach der Bedeutung oder schlage nach. Überlegt
euch gemeinsam Eselsbrücken für diese Wörter.

7 | 1 **Für Sprachforscher: Nenne die lateinischen
Ursprungswörter und ihre Bedeutung.**

2 **Erkläre die Bedeutung der Fremdwörter und
vergleiche sie mit dem lateinischen Wort.**

exemplarisch – Konserve – Patient – kon-
sequent – passiv – Usus

8 | 1 Passiv-Endungen: Ordne zu.

2 Bilde zu den Pronomen die Präsens-Formen von *sequi* und übersetze sie.

ego	-tur
tu	-or
ille	-mini
nos	-ntur
vos	-mur
isti	-ris

9 Deponens: Ja oder nein?
Bestimme das Tempus und übersetze.
Achte dabei darauf, ob das Verb ein Deponens ist
(das du im Aktiv übersetzen musst) oder nicht.

a) necatur – moritur – utitur – hortatur
b) loquuntur – laudantur – sequuntur
c) accusati sunt – mortui sunt – egressi sunt
d) moriebaris – conservabaris – puniebaris
e) adducta eram – complexa eram – passa
   eram

10 Ne, ne, ne: Übersetze und unterscheide.

Ego tibi persuadeo, ut id facias/ne id facias.
Te prohibeo, ne id facias.
Te hortor, ne id facias.
Timeo, ne id facias.
Ne id feceris!

11 »Tabu!« – Heute mal mit Grammatik
Bildet Zweierteams. Immer abwechselnd erklärt
einer von euch seinem Partner einen Begriff *(z. B. Passiv …)*, ohne diesen zu nennen. Für jeden
erratenen Begriff gibt es einen Punkt. Welches
Team gewinnt?

12 | 1 Vom glücklichen Leben: Untersuche die
vorherrschenden Sachfelder. Welche beiden
gegensätzlichen Themenbereiche stehen im
Vordergrund?

2 Markiere die Prädikate und klammere die
Partizipialkonstruktionen ein.

3 Übersetze.

Ab amicis de vita beata[1] quaesitus Seneca
ita respondit: »Sola ratione duce vita beata[1]
agitur.
Homines autem rationem neglegentes exempla mala sequuntur. Divites[2] fieri cupiunt.
Divitiis[3] ingentibus comparatis homines
tamen felices non sunt. Multis lacrimis fusis
postremo miseri occidunt. Nam e vita mala
fructus bonos non capiunt. Ergo etiam in
calamitate ratio adhibenda est.
Omnia enim mala aequo animo[4] patienda sunt.
Amicitia bonorum hominum conservata
vir sapiens sine doloribus morietur – etiamsi
Nerone auctore moritur!«

1 beatus, a, um: glücklich – **2 dives** *(Gen.* divitis):
reich – **3 divitiae,** arum *f. Pl.:* Reichtümer – **4 aequo
animo:** mit Gleichmut

Lebenshilfe

Wer sind wir? Woher kommen wir? Wozu leben wir? Wohin gehen wir? In diesen Kernfragen der Menschheit sehen viele den Ursprung von Religion. Die Griechen suchten Antworten nicht nur in religiösen Schriften, sondern in der Beobachtung der Natur und in der Betrachtung des Menschen. Diese neue Form der Suche nannten sie Philosophie (Liebe zur Weisheit). Es entwickelten sich vier große Philosophenschulen, die auch das römische Denken beeinflussten. Sie stammten alle aus Athen.

1 Die Schule des Platon, Mosaik aus Pompeji, 1. Jhdt. v. Chr.

Die Akademie

388 v. Chr. gründete Platon die erste Philosophenschule. Er nannte sie Akademie nach dem Hain des attischen Heros Akademos. Es gab ein festes Unterrichtsgebäude für Lehrer und Schüler.

Die Philosophie weckt nach Platon im Menschen den Wunsch nach Erforschung der Wahrheit. Die Wahrheit nennt er »Ideen«. Man kann sie jedoch nicht sehen: Die sichtbare Welt zeigt nur unvollkommene Abbilder der Ideenwelt – wir sehen nur die Schattenrisse an der Wand, nicht aber die Figur, die den Schatten eigentlich wirft.

Die Seele (psyché, lat. anima) kommt aus der Ideenwelt und strebt immer wieder nach deren Erkenntnis. Beim Philosophieren taucht sie momentweise in sie ein und erinnert sich an das, was sie vor ihrer Geburt gesehen hat. Da sie aber im Gefängnis des Körpers gefangen ist, kann sie erst nach dem Tod dorthin zurückkehren.

Der Peripatos

Der Peripatos (= Wandelhalle) geht auf Aristoteles, einen Schüler Platons und späteren Lehrer Alexanders des Großen, zurück. Er lehrte Grundlagenwissen, vor allem in der Mathematik. Die Ideenlehre ersetzte er durch die Lehre der Einheit von Idee (Form) und Materie (Stoff). In den Dingen verschmelzen Form und Materie. Das Wesen des Dinges ist im Ding selbst zu finden und kann daher durch Beobachtung untersucht werden.

Aristoteles gilt außerdem als Begründer der Logik. Er formulierte zwei Grundprinzipien: Eine Aussage ist entweder wahr oder falsch; eine dritte Möglichkeit gibt es nicht.

Die Stoa

Gegründet von Zenon von Kition (ca. 332–262 v. Chr.), hat die Stoa ihren Namen von einer Säulenhalle in Athen. Die Stoiker lehren, dass dem Kosmos ein vernünftiges göttliches Weltgesetz (*lógos,* lat. *ratio*) zugrunde liegt. Für sie ist der Mensch das einzige Wesen, das den im Kosmos waltenden Logos (Gott) durch Vernunft erkennen kann. Ziel des Lebens muss es sein, sich nur von der Vernunft leiten zu lassen. Nur so wird man ein glückliches Leben führen können – indem man sich nicht von seinen Gefühlen bestimmen lässt, sondern allein der Vernunft folgt.

Das Leben wird dabei nicht vom Zufall gelenkt, sondern vom Schicksal, das einem jeden schon vorherbestimmt ist. Glücklich ist, wer weise sein Schicksal annimmt und es dabei wie ein Zuschauer von außen betrachtet. Das eigene Los kann sich jeden Tag wenden. Man darf nicht überheblich sein, wenn es gut ist, und nicht jammern, wenn es schlecht ist. Die Erfüllung der vom Schicksal auferlegten Pflichten ist Maßstab des Lebens. Wer zu dieser Erkenntnis gelangt, ist wirklich frei, auch als Sklave.

Der Kepos

Kepos = Garten, so der Name der Schule Epikurs. Epikur (ca. 341–271 v. Chr.) lehrt, dass es keine Rolle spielt, ob es Götter gibt oder nicht. Sie kümmern sich ohnehin nicht um den Menschen. Jeder ist selbst dafür verantwortlich, welchen Sinn er seinem Leben gibt. Niemand weiß, wann er stirbt. Folglich soll man so leben, als könne jeder Tag der letzte sein. Gut leben heißt für Epikur genussvoll leben. Er rät, sich von allem fernzuhalten, was den Genuss beeinträchtigt. Dazu zählen auch Streit, Unzufriedenheit und Missgunst. Todesangst ist die schlimmste Beeinträchtigung des Wohlbefindens. Sie muss besonders bekämpft werden. Epikur sagt: Solange wir existieren, ist der Tod nicht da, und wenn der Tod da ist, existieren wir nicht mehr. Warum also sollten wir den Tod fürchten?

2 Büste des Zenon von Kition

1 Erkläre in eigenen Worten, was Philosophie ist.

2 Schreibe dir zu allen vier großen Philosophenschulen drei Stichpunkte heraus, die du dir als Grundwissen merken willst.

3 Stoa des Attalos auf der Agora von Athen

Übersetzen

Da sitzt man vor einem lateinischen Text – und dann? Einfach drauflos übersetzen, das funktioniert nicht. Ganz früher, als die Sätze noch kurz und übersichtlich waren, ging das noch manchmal. Aber jetzt klappt das nicht mehr.

Damit du zu einer Lösung kommst und den Text richtig übersetzen kannst, musst du planvoll vorgehen. Dazu musst du immer zwei Ebenen im Blick haben:

1. Die inhaltliche Ebene: Worum geht es in dem Text?
2. Die sprachanalytische Ebene: Welche Formen stehen da?

Natürlich musst du während der Übersetzung und am Schluss immer wieder überprüfen: Habe ich etwas übersehen? Ist meine Übersetzung inhaltlich sinnvoll?

	Sinnerfassung	Sprachanalyse	Selbstkontrolle
Textebene	erste Vermutungen über Textinhalt: Ich überlege, worum es in dem Text gehen könnte (Hinweise z.B. aus Überschrift, dt. Einleitungstext).		Ich überprüfe meine Entscheidungen und korrigiere sie, wenn nötig.
	Inhaltliche Vorerschließung: Ich suche im lat. Text erste Hinweise auf den Inhalt (z.B. Personen, Sachfelder).		
Satzebene		Ich gliedere den Satz (Haupt- und Nebensätze).	
		Ich filtere den Satzkern (Subjekte und Prädikate) heraus.	
		Ich finde zusammengehörige Wörter und bilde Wortblöcke (z.B. Substantiv + KNG-kongruentes Adjektiv, Präposition + Substantiv etc.)	
	Ich gebe den Sinn des Satzes in eigenen Worten wieder.	Ich markiere satzwertige Konstruktionen (z.B. AcI, Partizipkonstruktion, Abl. abs.).	
Textebene	Ich kann einen logischen Zusammenhang herstellen zwischen den schon übersetzten Sätzen und dem neuen.		

(nach Gerhard Hey u. a.: Kompetent übersetzen, Bamberg 2015)

Du siehst also: Nur durch das Zusammenspiel von inhaltlicher Betrachtung und Formenanalyse gelingt eine gute Übersetzung.

Für die sprachliche Analyse hast du verschiedene Methoden gelernt:

1. Konstruktionsmethode

Du arbeitest meist mit der Konstruktionsmethode, auch wenn du es nicht so nennst. Du hast sie schon in deinem ersten Lernjahr kennengelernt: Denn du beginnst beim Übersetzen immer beim Satzkern. Von dort ausgehend fragst du dann nach den anderen Satzteilen.

Die einzelnen Satzglieder kannst du zur besseren Übersicht entweder farbig unterstreichen – oder, wenn du möchtest, in einem **Strukturbaum** darstellen:

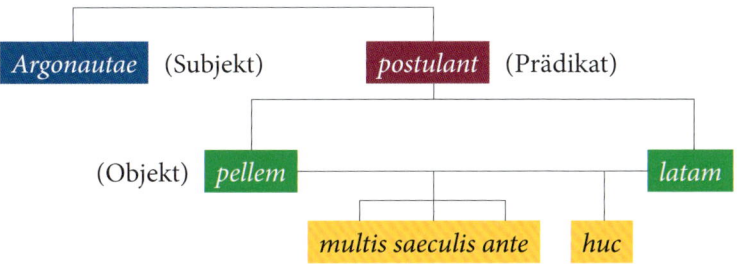

2. Lineares Dekodieren

Der Satz wird in der Reihenfolge, wie er da steht, bearbeitet. Markiert werden:

- Verbformen (und ggf. zugehörige Subjekte)
- Konnektoren (d.h. verbindende Wörter wie *et* oder Nebensatzeinleitungen wie *ut, si, postquam* o.ä.)
- ggf. satzwertige Konstruktionen

Anhand dieser Grobstruktur erfolgt eine erste Grobübersetzung.

3. Einrückmethode

Die Einrückmethode eignet sich besonders für längere Sätze mit mehreren Nebensätzen. Durch sie kannst du leicht den Überblick behalten und in unübersichtlichen Sätzen gut zwischen Haupt- und Nebensätzen unterscheiden.

Audiās cōnsilium meum,
*   etsī timeō,*
*   nē id parvī aestimēs.*

4. Satzwertige Konstruktionen

Unter diesem Begriff versteht man lateinische Konstruktionen, die du im Deutschen oft mit einem Nebensatz wiedergeben musst: also den AcI (dass-Satz) und Partizipkonstruktionen wie das PC und den Abl. abs (Nebensätze oder Beiordnung).

Um nicht den Überblick zu verlieren, klammerst du sie erst einmal ein und übersetzt zuerst den restlichen Satz.

Das habe ich gelernt:
Beim Übersetzen muss ich auf den Inhalt und auf die Formen schauen.

1 | 1 Mutter Latein und ihre Töchter – Portugiesisch
Führe die unterstrichenen Worte auf ihren
lateinischen Ursprung zurück.

2 Erschließe den Inhalt der folgenden Sätze aus
Wikipedia.

No <u>ano</u> 65, Séneca foi <u>acusado</u> de ter partici-
pado da conspiração de Pisão. Sem qualquer
julgamento, foi obrigado a <u>cometer</u> o suicídio.
Na presença dos seus <u>amigos</u> cortou os pulsos
com o <u>ânimo</u> sereno que <u>defendia</u> em sua
<u>filosofia</u>.

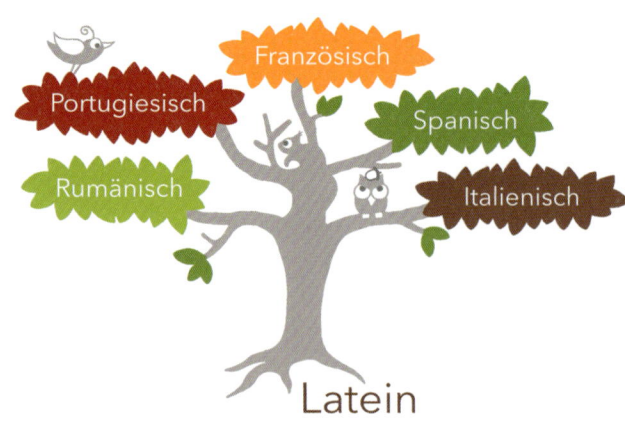

Portugiesisch

Französisch

Spanisch

Rumänisch

Italienisch

Latein

2 Deponentien
Ordne die Formen von *pati* und *sinere* einander
zu – und übersetze sie.

sinere	pati
sinebam – sino – siverunt – sinemus	patior – passi sunt – patiebar – patiemur

3 fieri
Setze die Formen von *facere* ins Passiv, d. h. bilde
die entsprechenden Formen von *fieri*.

faciunt – facio – feceras – faciebamus –
faciet – fecisses – faceretis – fecistis

4 Über die Freundschaft
Übersetze und achte dabei besonders auf die
Übersetzung des Gerundivs mit *esse*.

a) Amicitia nobis servanda est.
b) Amicus amico magni aestimandus est.
c) Amici bonis viris numquam fallendi, immo
   semper adiuvandi sunt.
d) Bona exempla amicis sequenda sunt, mala
   evitanda.
e) Fides nobis non verbis, sed factis probanda
   est.

5 Das Selbstverständnis römischer Soldaten:
Ergänze das in Klammern angegebene Wort als
dativus auctoris und übersetze.

a) Fortiter pugnandum est. (milites)
b) Barbari numquam timendi sunt. (Romani)
c) Oppida hostium delenda sunt. (nos)
d) Leges pacis accipiendae sunt. (hostes)
e) Exempla virtutis conservanda et tradenda
   sunt. (scriptores)
f) Barbaris parcendum non est. (nos)

6 Welches Wort passt grammatikalisch nicht?
Begründe deine Entscheidung.

a) egredior – complector – aequor – sequor
b) ponitur – loquitur – moritur – patitur
c) locutus sum – usus sum – ignarus sum –
   mortuus sum
d) miscendum – nondum – componendum –
   faciendum
e) servanti – perficiendi – moriendi –
   imperandi

7 | 1 Irrläufer-Reihen selbst gemacht
Bilde eigene Irrläufer-Reihen aus vier Wörtern.
Beachte dabei, dass immer drei Wörter eine
Gemeinsamkeit haben, die sie eindeutig vom
vierten Wort trennt.

2 Tausche die Irrläufer mit deinem Partner aus
oder sammelt sie in der Klasse. Wer kann die
meisten Aufgaben richtig lösen?

8 Synonyme …
Finde lateinische Synonyme zu folgenden Wörtern.

iubere – gladius – mors – mare – monere – maestus – exire

9 … und Gegensätze
Gib zu folgenden Vokabeln lateinische Wörter an, die das Gegenteil bezeichnen.

magnus – vir – longus – vivere – iuvenis – difficilis – vita

10 Für Sprachforscher: Führe in folgendem Text die markierten Fremdwörter auf ihren lateinischen Ursprung zurück.

Frustriert kommt der Musiklehrer aus dem *Kolloquium:* »Die Schüler werden immer *igno-ranter.* Sie sind *perfekte* Schauspieler, kennen aber keinen einzigen *Komponisten.* Schon an einfachen *Exempeln* scheitern sie, von *komplexen Sequenzen* ganz zu schweigen! Bin ich wirklich zu *konservativ,* wenn ich nach *Inter-vallen* frage oder gar nach Bachs *Passionen?*«

11 | 1 Sapientia Romanorum:
Übersetze und erkläre die Redensarten.

2 Recherchiere ihre Herkunft.

a) Fiat lux!
b) Quod erat demonstrandum!
c) ridendo dicere verum
d) Ceterum[1] censeo Carthaginem esse delendam.
e) Rem tene, verba sequentur.
f) Tamen est laudanda voluntas.

1 ceterum: im Übrigen

12 | 1 Beschreibe das Bild von Senecas Tod. Achte z. B. auf Elemente der Entstehungszeit, die Anzahl der Figuren und was im Mittelpunkt steht.

2 Vergleiche es anschließend mit dem Lektionstext.

3 Suche (z. B. im Internet) weitere Bilder und vergleiche sie.

Jacques-Louis David (1748–1825), Der Tod Senecas, Paris, Musée Des Beaux-Arts.

Das Theater von Bosra in Syrien. Grandios, nicht wahr? 15 000 Zuschauer fanden damals darin Platz. Römische Theater sind wie Schalltrichter gebaut. So kann man auf allen Plätzen gut hören. Lautsprecher gab es ja noch nicht. Die *cavea* (Zuschauerraum) mit ihren *cunei* (Zuschauerblöcken) wird durch die *scaena* (Bühnenhaus) abgeschlossen. Im vorderen Bereich der *scaena* siehst du das *pulpitum,* eine lange, aber ziemlich schmale Steinbühne, die als Unterbau für die eigentliche Bühne diente. Diese bestand aus Holz und verfügte über einen Hebemechanismus. Es gab auch ein *aulaeum* (Bühnenvorhang), das in den Bühnenboden versenkt werden konnte. Der Bereich vor dem *pulpitum* heißt *orchestra.* Hier waren die Ehrenplätze für Senatoren und andere »Promis«.

1   Die meisten Theater gab es im griechisch-sprachigen Osten.
      Suche nach Gründen dafür (z. B. durch Recherche im Internet).

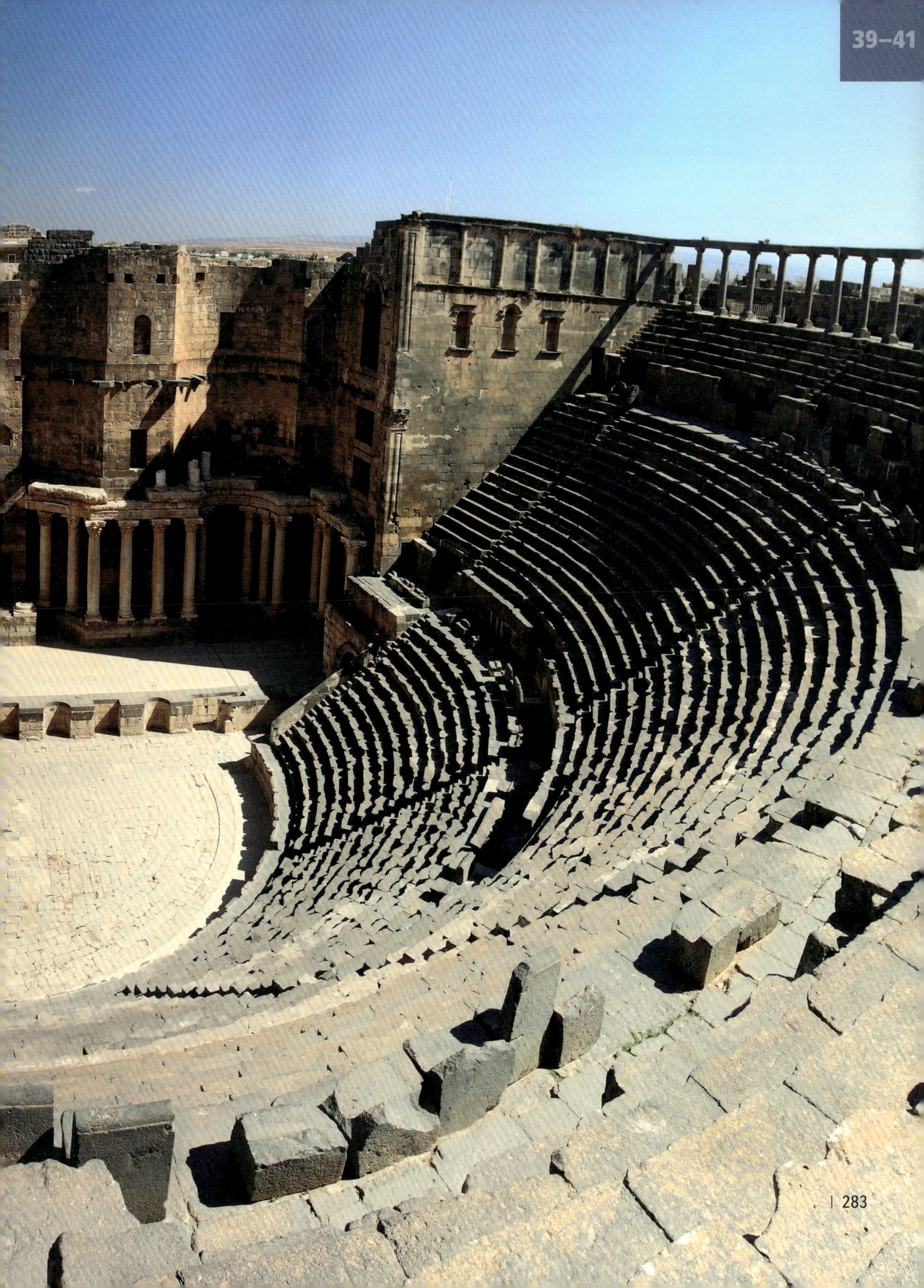

Eine Komödie des Plautus

Wie alle altrömischen Komödien spielt auch »Das Geisterhaus« des Dichters Plautus in Athen:

Theoprōpidēs[1], mercātor quīdam dīves, Athēniēnsis[1] aliquandō ā cīvitāte discessit, ut dīvitiās augēret. Fīlius eius, Philolachēs[2] adulēscēns, quī ā patre sevērē ēducātus erat, domī mānsit.

Mox filius ā Trāniōne[3], servō callidō, incitātus dīvitiās patris cōnsūmere
5 coepit: Amīcae suae, quae erat ancilla, lībertātem dōnāvit; epulās[4] cum duōbus comitibus fēcit. Ōstium aedium semper apertum esse vidēbātur omnibus, quibus adulēscentēs dēlectārentur.

Quā dē causā danīstae[5] cuidam quadrāgintā minās[6] dēbuit. Sed Philolachētis amōre captī nihil intererat pecūniīs et opibus parcere.

10 Aliquandō Trāniōne in forō cibōs emente nūntiātum est Theoprōpidem senem post triennium Athēnās[7] revertisse. Quem nūntium servus statim domum refert.

Trāniō: »Absūmptī sumus – pater tuus peregrē[8] revertit!«

Philolachēs: »Vae mihī! Quid egō agō nunc?«

15 Trāniō: »Quid agis? Accubās[9]!«

Philolachēs: »Sī pater adveniēns mē miserum hīc offenderit ēbrium[10] et aedēs plēnās convīvārum et mulierum, haud minimē īrāscētur. – Quid faciam?«

Trāniō: »Iubē haec omnia hinc āmolīrī[11]!«

20 Philolachēs: Adulēscentēs, amīcī: Dēsinite dormīre, quamquam ēbriī[10] estis! Vigilāte[12]!

Amīcus I: Quid est? – Iam vigilō[12] et iterum bibere cupiō.

Philolachēs: Vigilā[12]! Pater peregrē[8] revertit.

Amīcus I: Peregrē[8] revertit?! Igitur valet! Tē gaudēre arbitror.

25 Amīcus II: Vah! – Iubē eum iterum proficīscī.

Trāniō: »Habē bonum animum! Nōn est[13], cūr vereāris! Egō senī dīvitī dabō[14] verba! Iam dolō ūtar: Claudite ōstium aedium et cavēte, nē verbum extrā[15] audiātur, ut nēmō domī esse videātur.

Philolachēs: Et egō? Ubī egō erō?

30 Trāniō: Hīs in aedibus, cum convīvīs. Dolō meō territus pater tuus aedēs nōn intrābit. Vōbīs autem nōn licēbit ōstium aperīre vel respondēre, cum senex pultāverit[16] et clāmāverit! Egō forās ībō et senem exspectābō!

1 **Theoprōpidēs Athēniēnsis,** is *m.:* der Athener Theopropides *(Eigenname)*

2 **Philolachēs,** ētis *m.:* Philolaches *(Eigenname)*

3 **Trāniō,** iōnis *m.:* Tranio *(Eigenname)*

4 **epulae,** ārum: Gelage, Orgie

5 **danīsta,** ae *m.:* Geldverleiher

6 **mina,** ae: Mine *(griechische Geldeinheit; 1 Mine = 100 Drachmen)*

7 **Athēnās:** nach Athen

8 **peregrē** *(Adv.):* aus der Ferne; aus fernen Ländern

9 **accubāre:** zu Tisch liegen, ein Gelage feiern

10 **ēbrius,** a, um: betrunken

11 **āmolīrī:** wegräumen

12 **vigilāre:** aufwachen; wach sein

13 **nōn est:** *ergänze* causa

14 **verba dare:** sich mit *jdm.* einen Scherz erlauben; *jdn.* foppen

15 **extrā** *(Adv.):* draußen; außerhalb

16 **pultāre:** gegen die Tür schlagen; (laut) klopfen

1|1 Gliedere die Handlung und gib den einzelnen Abschnitten Überschriften.

  2 Fasse die Handlung in eigenen Worten zusammen.

2 Stelle zusammen, was du über die drei Hauptpersonen erfährst, und charakterisiere sie.

Tragödie und Komödie

Die historische Heimat des Theaters – der Tragödie wie der Komödie – ist Griechenland. Nach Auffassung der alten Griechen gibt es das eine nicht ohne das andere. Beides gehört für sie eng zusammen.

Die Tragödie ist in der Mythologie verwurzelt. Der Zuschauer leidet mit den Hauptfiguren auf der Bühne, für die das Stück kein gutes Ende nimmt. Aristoteles sah darin eine Katharsis, eine Reinigung der Seele.

Ganz anders die Komödie. Hier wird am Ende alles gut. Das Wort selbst bedeutet *Umzug mit Gesang* und erinnert an unsere Karnevalszüge. Ursprünglich war die Komödie auch etwas ganz Ähnliches. Erst im Laufe der Zeit wurde sie zum Bühnenspiel. Die sogenannte *nea* (neue attische Komödie) bezog ihren Stoff aus dem Alltag und zeichnete ihre Charaktere so, dass man mit ihnen weinen, aber auch über sie lachen konnte.

Diesen Typus der Komödiendichtung haben Plautus und andere römische Komödiendichter im 3. Jahrhundert v. Chr. übernommen. Sie haben ihnen aber sprachlich wie inhaltlich ein durch und durch lateinisches Gesicht gegeben. Weil ihre Komödien dennoch in Griechenland spielen, nennt man sie auch *fabula palliata* (nach dem Pallium, dem Mantel der griechischen Schauspieler).

Das Geisterhaus

Gesagt, getan. Die ganze Mannschaft verrammelt die Tür, Tranio geht vor das Haus und erwartet ein wenig abseits die Ankunft seines Herrn Theopropides.

Theoprōpidēs: Habeō, Neptūne, grātiam magnam tibī, cum mē vīvum domum mīseris!

Trāniō: Edepol[1], Neptūne, māluimus dominum naufragiō[2] interīre!

Th.: Quantum gaudeō mē iterum domum venīre. Crēdō: exspectātus

5 veniam familiāribus! *(Er geht in Richtung Haustür.)* Sed quid est? Iānua clausa est. *(Er schlägt gegen die Tür.)* Num mē mortuum putant?

Tr.: Quis homō est, quī nostrās aedēs tam prope accēdit? – Ō Theoprōpidēs, domine, salvē! Quantopere gaudeō tē salvum advēnisse!

Th.: Quid vōs[3]? Estis-ne īnsānī? Cūr domūs ōstium est conclūsum?

10 Pultandō[4] paene frēgī hās ambās forēs.

Tr.: Eho, tū-ne tetigistī?

Th.: Cūr nōn tangerem[5]? Tetigī – et pultāvī[4]!

Tr.: Vah! Male, hercle[6], fēcistī! Fuge, obsecrō, atque abscēde ab aedibus! Vereor, nē tuōs occīderis!

15 Th.: Quid est? Loquere!

Tr.: Septem iam mēnsēs sunt, cum hās aedēs nēmō intrāvit! Nōs enim ēmigrāvimus[7]! Scelus, inquam, factum est iam diū, antīquum et vetus: Hospes[8] avārus necāvit hospitem[8] – iste, ut egō opīnor, quī hās tibī aedēs vēndidit. Fīliō tuō absente in somniō vīdimus Acheronta[9] eum accipere

20 nōluisse et nunc hunc hospitem mōnstrum hīs in aedibus īnsepultum pervagārī[10] dēbēre.

Man hört Geräusche aus dem Haus.

Tr. *(gegen die Tür gewandt):* St, st! Nōlīte tantopere clāmāre! Hercle[6], illī perturbābunt fābulam!

Th.: Quid est?

25 Tr.: Abscēde ā iānuā!

---

1 **edepol!:** beim Pollux!

2 **naufragium, ī:** Schiffbruch

3 **Quid vōs?:** Was soll das?

4 **pultāre:** klopfen

5 **tangerem:** *übersetze mit:* hätte … sollen

6 **hercle:** beim Herkules

7 **ēmigrāre:** ausziehen

8 **hospes:** *hier:* Besitzer bzw. Vorbesitzer

9 **Acheron** (*Akk.:* Acheronta): Acheron (*Fluss der Unterwelt*); *hier:* Unterwelt

10 **īnsepultus pervagārī:** unbestattet herumspuken

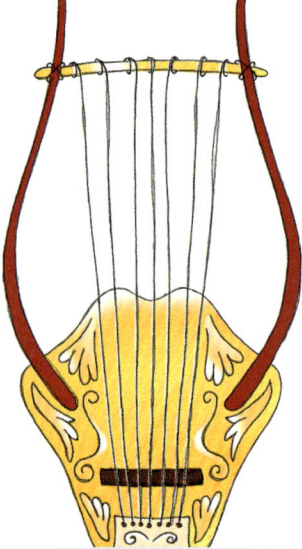

Totenkult

»Nihil ego formido, pax mihi est cum mortuis.« Mit diesen Worten »beschwört« Tranio die angeblichen Toten im Hause des Theopropides.

In der Antike glaubten viele Menschen, dass man mit Verstorbenen in Kontakt treten könne und dass sie erst Ruhe fänden, wenn sie angemessen bestattet würden: Dazu wurden die Verstorbenen mit Wasser und duftenden Essenzen gewaschen und anschließend festlich gekleidet. Man legte ihnen eine Münze in den Mund, damit sie den Fährmann *Charon* bezahlen konnten, der sie über den Fluss Styx aus der Welt der Lebenden in die Unterwelt bringen sollte. Früh am Morgen, noch vor Sonnenaufgang, trug man die Körper der Verstorbenen zur Beisetzung aus der Stadt oder fuhr sie auf teilweise sehr prunkvoll geschmückten Leichenwagen zu ihrer Grabstätte. In Lobreden (laudatio funebris) erinnerte man an ihr Leben. Dann legte man sie zusammen mit etlichen persönlichen Beigaben in ein Grab oder verbrannte sie auf einem Scheiterhaufen.

Schon bald gibt es neue Probleme: Plötzlich taucht der Geldverleiher auf und möchte die Schulden eintreiben, die Philolaches bei ihm gemacht hat.

Danīsta[11]: Salvē! Quid est dē argentō? Reddētur-ne aes aliēnum?

Tr.: St! Nōlī tantoperē clāmāre! Reddētur. Nunc autem abī.

Danīsta[11]: Dominus tuus mē pauperem fēcit! Haud abeam, antequam aes aliēnum reddatur.

30 Th. (*zu seinem Sklaven Tranio*): Quid ille vult? Quid est dē aere aliēnō?

Tr.: Est – … huic dēbet Philolachēs paullulum[12] … quadrāgintā minās[13] …

Th.: Quadrāgintā minās[13]!

Danīsta[11]: Quadrāgintā et quattuor minās[13]!

Th.: Dīc mihī! Quid factum est dē argentō?

35 Tr.: Aedēs novās fīlius tuus ēmit! Itaque eī opus erat quadrāgintā minīs[13], quās sibī mūtuās sūmpsit[14].

Th.: Aedēs novās? Bene, hercle[6], fēcit!

11 danīsta, ae *m.:* Geldverleiher

12 paullulum: ein winziges bisschen (Geld)

13 mina, ae: Mine (*griechische Geldeinheit; 1 Mine = 100 Drachmen*)

14 mūtuās sūmere, sūmō, sūmpsī: leihen

1 Zeige anhand lateinischer Wendungen, wie sich Tranio seinem Herrn gegenüber benimmt. Was fällt auf?

2 Spielt die beiden Szenen nach. Überlegt euch, wie ihr die Figuren darstellen wollt und wie die Szenen besonders witzig werden.

Der Schwindel fliegt auf

Natürlich will Theopropides das angeblich neue Haus besichtigen. Tranio, nicht um einen Einfall verlegen, erklärt kurzerhand das Haus des Nachbarn zum neuen Heim. Sogar eine kurze Besichtigungstour kann er organisieren … Theopropides ist begeistert vom Kauf seines Sohnes, bis schließlich einige Sklaven kommen, die Einlass begehren in das ›Spukhaus‹.

Th.: Heus vōs, puerī, quid istīc agitis? Cūr istās aedēs frangitis?

Servus: Heus, senex, cūr tū percontāris[1], quod ad tē nihil attinet?! Dominus noster intrā pōtat[2].

Th.: Puerī, nēmō hīc habitat.

5   Servus: Nōn hīc Philolachēs adulēscēns habitat hīs in aedibus?

Th.: Habitāvit. Vērē ēmigrāvit[3] iam diū ex hīs aedibus. Sex mēnsēs iam hīc nēmō habitat.

Servus: Somniās[4]! Nam dominus noster herī et nudius[5] tertius, quārtus, quīntus, sextus, ūsque ad diem, postquam pater Philolachētis hinc abiit,
10   hīc pōtātum[2] fuit.

Th.: Quid dīcis?

Servus: Philolachēs hīc habitat et amīcam nūper trīgintā minīs[6] līberāvit.

Th.: Et illam domum ēmit quadrāgintā minīs[6]?!

Servus: Minimē! Immō suum patrem ille perdidit. Nihil hoc quidem est,
15   trīgintā minae[6], prae quam[7] aliōs sūmptūs facit.

Th: Vae mihī! Periī!

Nun kommt auch noch der Besitzer des Nachbarhauses des Wegs.

Th.: Heus, vīcīne, dīc mihī: Accēpistī-ne iam pecūniam ā Philolachēte?

Vīcīnus: Minimē.

Th.: Minās[6] tibī octōgintā dēbeō, quod mē absente fīlius tēcum negōtium
20   gessit.

Vīcīnus: Nōn mihī quidem dēbēs! Sed nōlam recūsāre – sūmam.

Th.: Sed fīlius aedēs tuās ēmit –

Vīcīnus: Mimimē, immō Trāniō mihī dīxit tē aedēs meās īnspicere velle, ut renovēs tuās.

25   Th.: Utrumque paenitēbit facinorum, fīlium et Trāniōnem!!

1 percontārī: sich nach *etw.* erkundigen

2 pōtāre: saufen; pōtātum: zum Saufen

3 ēmigrāre: ausziehen

4 somniāre: träumen

5 nudius tertius: am dritten Tag vor heute (*Anfangs- und Endtag werden mitgezählt, also vorgestern*)

6 mina, ae: Mine (*griechische Geldeinheit; 1 Mine = 100 Drachmen*)

7 prae quam: gegenüber dem, was

Jetzt reicht es Theopropides – er will Klarheit haben.

Th.: Trāniō, quid agitur? Et ubī est fīlius?

Tr.: Philolachēs mox hīc aderit.

Th.: Optimē! Crēdō enim hunc vīcīnum esse hominem malum!

Tr.: Quārē?

30 Th.: Quia negat sē umquam pecūniam dedisse nec Philolachētī hās aedēs vēndidisse. Sed cūnctī servī meī testēs suntō[8]! Abī, iubē aliōs venīre!

Tranio ist klar, dass nun alles auffliegt, und er erwartet das Schlimmste. Theopropides ist außer sich; da erscheint ein Saufkumpan seines Sohnes.

Amīcus: Audī, Theoprōpidēs: Scīs mē omnium amīcōrum fīliī tuī prīmum esse. Illum paenitet, quid fēcerit. Tē obsecrō, dā veniam illī et huic! Manū mitte[9] eum, etsī facinus commīsit.

35 Th.: Fīliō veniam dābō. Sed huic – nōlō!

Amīcus et Trāniō: Vērē paenitet, veniam petimus ā tē, sīs clēmēns!

Th.: Age[10], abī! Abī impūne, nēquissime[11]! Grātiās huic age!

8 **suntō:** (sie) sollen sein

9 **manū mittere:** freilassen

10 **age:** los!

11 **nēquissimus,** ī: Obernichtsnutz

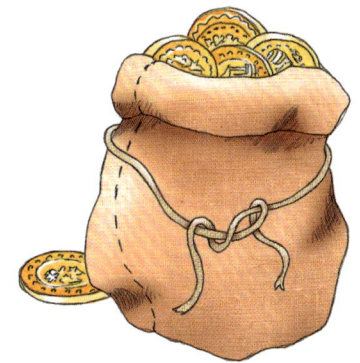

1 Erkläre, worin der Witz für den Leser bzw. Zuschauer besteht.

2 Spielt die Szenen nach. Überlegt euch, wie ihr die Figuren darstellen wollt und wie die Szenen besonders witzig werden.

1 Es wird eine erfolgreiche Geschäftsreise
Übersetze und beschreibe dann, wie das Futur II
gebildet und verwendet wird.

Theopropides[1] senex, cum patriam reliquerit,
multas terras adibit. Cum multos homines
convenerit et multa negotia diligenter[2] curave-
rit, lucrum faciet. Magnam copiam pecuniae,
quam comparaverit, domum portabit. Ibi
certe a filio caro, qui patrem iam exspectave-
rit, excipietur.

1 **Theopropides:** *Eigenname* – 2 **diligenter:** sorgfältig

2 Wie der Vater, so NICHT der Sohn!
Übersetze und bestimme die Formen von *velle*,
nolle und *malle*.

Philolaches[1] iuvenis convivia agere vult. Numquam patri adesse volebat. Quia cum amicis
se delectare maluit quam negotia curare, pater
ei pecuniam dare non iam vult. »Quidquid
facere volui«, inquit, »frustra[2] volui. Utinam
filius meus vitam meliorem agere malit! Ne
gaudia tantum vellet!«

1 **Philolaches:** *Eigenname* – 2 **frustra:** vergeblich

3 | 1 Ein Gesicht – viele Charaktere?
Wähle aus den lateinischen Adjektiven solche aus,
die deiner Meinung nach zu der Maske passen.

vetus – laetus – *territus* – iuvenis – *iratus* –
pulcher – severus – dives – avarus

2 Trage weitere Wörter zusammen, mit denen du
die Maske beschreiben kannst.

3 Beschreibe die Maske auf Latein.

4 Welche Figur aus der Mostellaria könnte diese
Maske tragen? Begründe deine Antwort, suche
Pro- und Contra-Argumente.

4 Gegensätze
Ordne zu und nenne die Bedeutung.

A advenire	a) renovare
B vivus, a, um	b) proficisci
C frangere	c) absens
D clemens	d) mortuus, a, um
E domi	e) severus, a, um

5 Wortfix: Nenne zu jedem Bild mindestens ein
lateinisches Wort und seine Bedeutung.

6 Zahlen: Ordne zu, ergänze die Reihe und gib die Bedeutung an.

░░░░░ – ░░░░░ – ░░░░░ – quattuor – ░░░░░ – sex – ░░░░░ – octo – novem – decem

I   IX   X   VII   VIII
II   VI   III   IV   V

7 | 1 Tage, Wochen, Monate
Übersetze und schreibe in röm. Zahlen.

a) Philolaches habet annos duodeviginti, menses septem et dies viginti quattuor.

b) Theopropides est senex sexaginta quinque annorum, trium mensium et unius diei.

2 Schreibe dein eigenes Alter, das deiner Eltern, Großeltern etc. auf Latein.

8 Futur II mit System: Ergänze.

Präsens	Perfekt	Futur II
vocat	*vocavit*	*vocaverit*
recusat		
dormit		
debent		
frango		
offendis		
sumitis		

9 Pronomina mit System: Bestimme KNG und ergänze.

quas	Akk. Pl. f.	quasdam
cui		
		quibusdam
quem		
		quoddam
cuius		
		quidam

10 Barbaren im Theater …
AcI und nd-Formen: Übersetze.

a) Tacitus[1] narrat duodesexagesimo post Christum natum[2] anno Frisios[3] Romam pervenisse. Romam venerunt ad quasdam res a Nerone[4] imperatore petendas. Sed Nero eos primum *theatrum* adire maluit. Nam se animos barbarorum magnitudine aedificii[5] commovere posse putavit.

b) Nero Frisios[3] ad sedes ducendos esse censuit. Sed in eligendo[6] iniuriam fecit: Sedes bonae enim non erant. Frisii statim sedes meliores petiverunt. Clamaverunt se gentem maxima virtute esse. *Spectatores* cognoverunt Frisios rem iustam velle: Hospites placandi causa magnos honores eis tribuerunt.

1 Tacitus: Tacitus *(röm. Schriftsteller)* – **2 post Christum natum:** nach Christi Geburt – **3 Frisii, orum:** die Friesen – **4 Nero,** Neronis: Nero *(röm. Kaiser)* – **5 aedificium:** Gebäude – **6 eligere:** auswählen

Theater in Aspendos

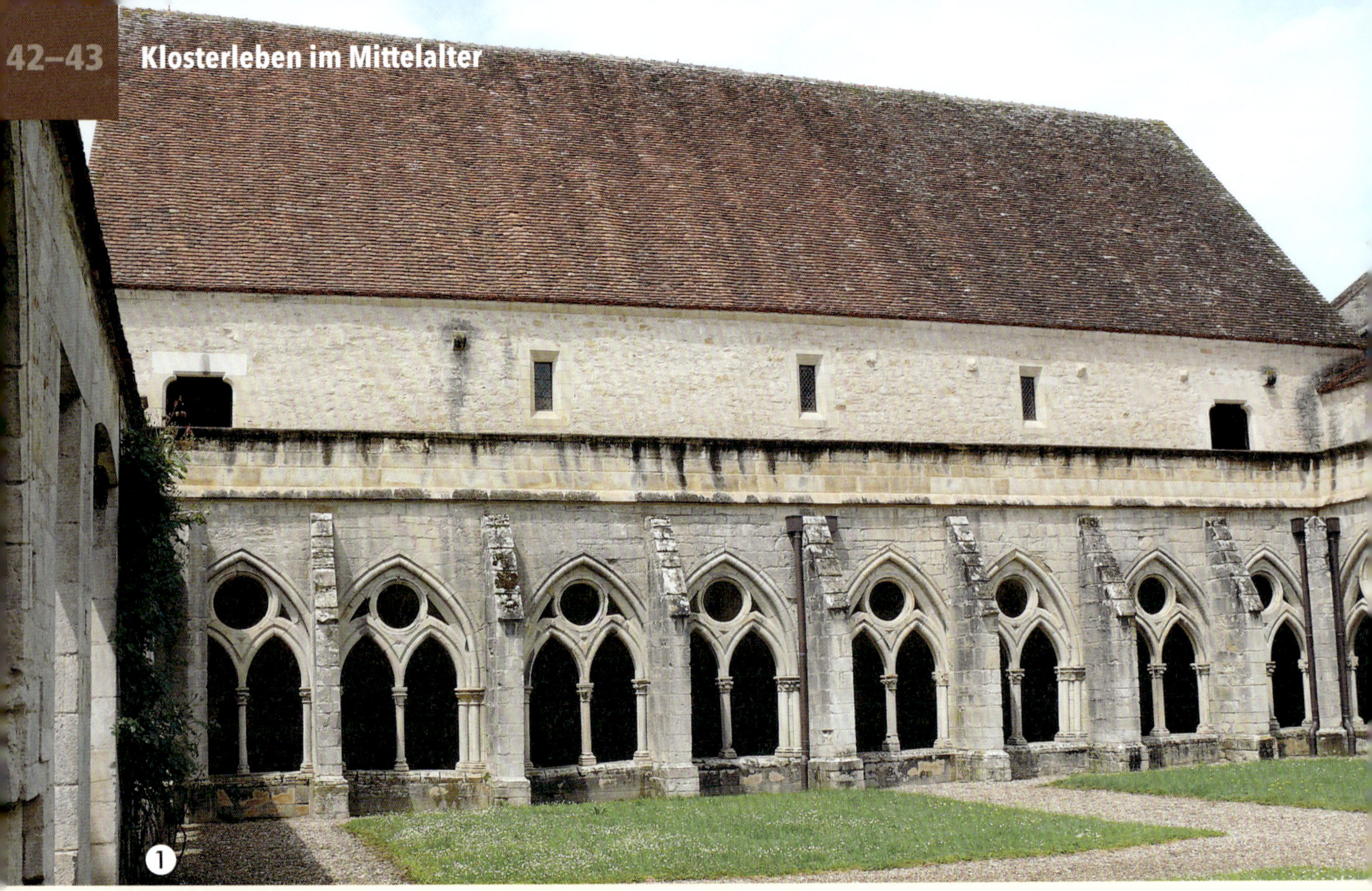

1

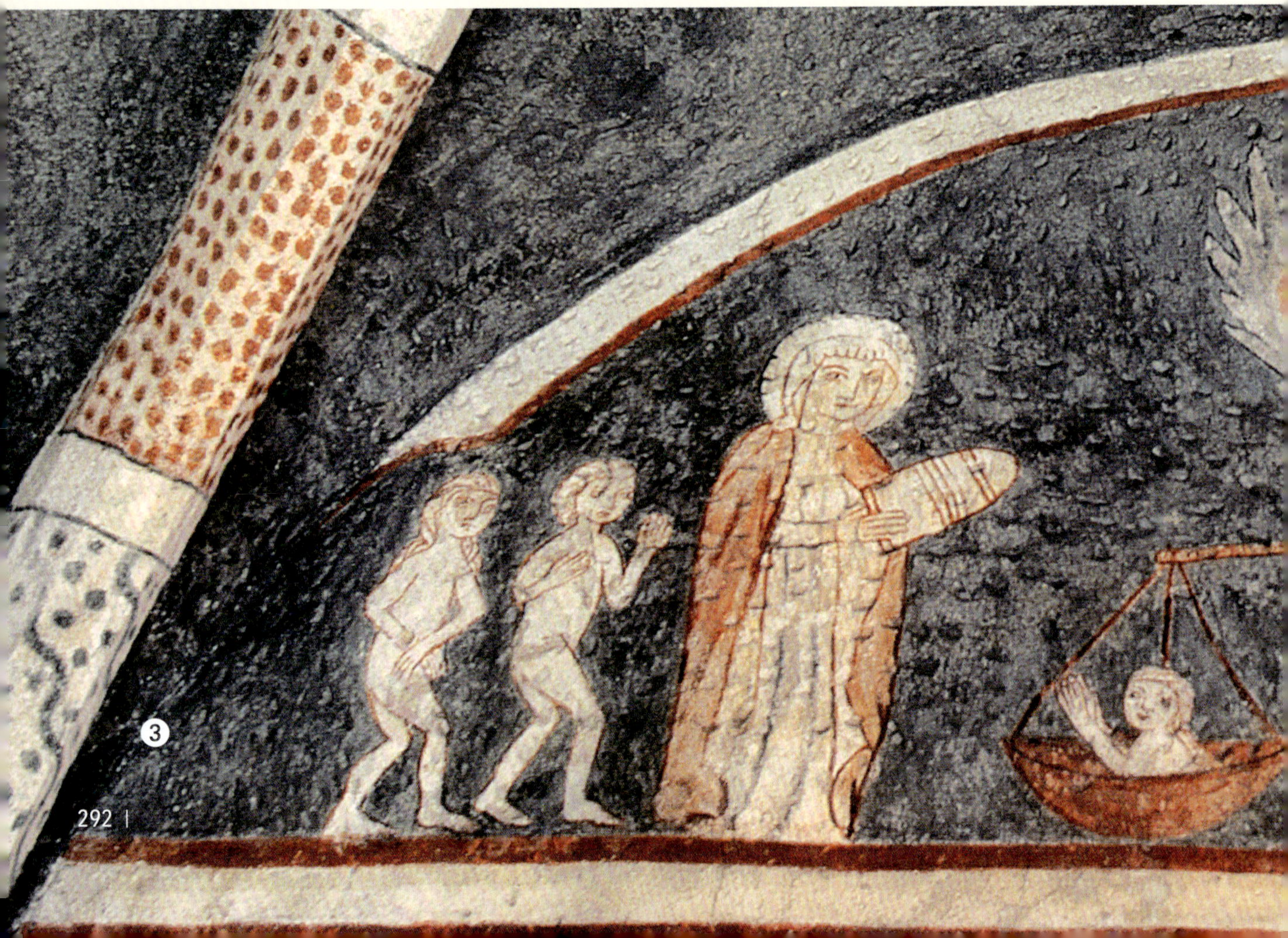

3

Klöster – Horte des Wissens

Zur Schule gehen? Im frühen Mittelalter für die meisten Menschen undenkbar. Erst Karl der Große versuchte, Bildung breiteren Schichten zugänglich zu machen. Kein Ort erschien dafür geeigneter als die Benediktinerklöster. Den Benediktinern galt Bildung als Zeichen wahrer *humanitas.* Überall im fränkischen Reich entstanden Klosterschulen. Man fertigte Handschriften an, gründete Bibliotheken und rettete so der Nachwelt auch die Werke antiker Schriftsteller. Gerade für Mädchen war der Eintritt in ein Kloster oft gleichbedeutend mit der Teilhabe an umfassender Bildung. Klöster waren damit nicht nur Orte der Einkehr und Demut, sondern auch des geistigen Fortschritts, selbst wenn oder gerade weil Fresken (wie auf dem unteren Bild) immer wieder daran erinnerten, dass man vor Gott einst Rechenschaft über sein Leben ablegen muss.

1 Erstelle eine schön gestaltete »mittelalterliche« Handschrift.

2 Beschreibe das Fresko und vergleiche es mit Lektionstext 43.

3 Berühmt war die Bibliothek des Klosters St. Gallen.
Informiere dich mithilfe eines Lexikons oder des Internets.

1 Kloster von Noirlac, Frankreich │ 2 Englische Buchmalerei; Oxford um 1240: Beginn von Psalm 133 │ 3 Kottingwörth, Kirche St. Vitus, Modestus und Kreszentia, Wandfresken (13. Jh.)

❷

Folgenschwere Verkleidung

In der Legenda aurea, einer Sammlung von Heiligengeschichten aus dem 13. Jahrhundert, lesen wir auch die Geschichte von der heiligen Marina:

Marīna virgō ūnica nāta erat patrī suō. Pater autem, cum sibī fīlium dēsīderāvisset, mūtāvit habitum fīliae suae, ut nōn virgō, sed iuvenis esse vidērētur. Cum eā monastērium[1] quoddam adiit rogātūrus, ut abbās[2] et frātrēs ›fīlium suum ūnicum‹ reciperent. Quibus eius precibus
5 annuentibus[3] monacus[4] factus et frāter Marīnus appellātus est.

Coepit valdē religiōsē vīvere et valdē oboediēns[5] esse. Cum autem pater eius sē mortī appropinquāre sentīret, fīliam suam vocāvit et eī praecēpit: »Scīs mē semper spērāvisse, ut ē gente nostrā fīlius nāscerētur, sed frūstrā. Itaque nē dīxeris cuiquam tē esse mulierem, nē tum quidem cum
10 cōgeris. Semper memor sīs verbōrum meōrum!«

›Monacus[4]‹ in monastērium[1] reversus frequenter cum bōbus ē silvīs ligna in monastērium[1] dēferēbat. Cōnsuēverat in itinere morārī in domō cuiusdam virī. Cuius fīlia aliquandō, cum dē quōdam mīlite concēpisset[6], Marīnum monachum[4] sē violāvisse contendit. Interrogātus
15 autem Marīnus, cur tantum flāgitium commīsisset, sē peccāvisse fatētur et veniam precātur. Statim dē monastēriō[1] ēiectus ad portam monastēriī[1] manet.

Haud plūribus annīs post ›fīlius Marīnī‹ ad monastērium[1] mittitur et Marīnō trāditur, ut ab eō ēducātur. Quī autem omnia recipiēbat maximā
20 patientiā. Tandem eius humilitātis[7] et patientiae frātrēs miseritī[8] eum in monastērium[1] recipiunt et quaeque[9] officia vīliōra[10] eī impōnunt. Ipse autem omnia hilariter[11] suscipiēbat et cūncta patienter[12] et dēvōtē[13] agēbat. Tandem dē vītā migrāvit[14] ad Dominum.

Monacī[4] autem corpus eius in vīlī[10] locō conditūrī, cum lavārent[15],
25 mulierem ipsum esse vīdērunt. Perterritī sē in Deī famulam[16] plūrimum peccāvisse fatentur. Corpus igitur eius in ecclēsiā honōrificentissimē[17] pōnunt. Ad cuius sepulchrum populī undique conveniunt et multa mīrācula[18] ibī fīunt.

1 monastērium, ī: Kloster

2 abbās, ātis *m.*: Abt

3 annuere: zustimmen

4 monacus, ī: Mönch

5 oboediēns: gehorsam

6 concipere, -cipiō, -cēpī, -ceptum: *(hier)* schwanger werden

7 humilitās, tātis *f.*: demütiges Wesen

8 miserērī *(+ Gen.):* Mitleid haben *mit*

9 quaeque: jede Art von

10 vīlis, e: gering; minderwertig; unbedeutend

11 hilaris, e: heiter

12 patienter: *erschließe die Bedeutung aus* patientia

13 dēvōtus, a, um: gottergeben; andächtig

14 migrāre: wandern

15 lavāre: waschen

16 famula, ae: Dienerin

17 honōrificus, a, um: ehrenvoll

18 mīrāculum, ī: Wunder

1 Lies die ersten beiden Sätze (Z. 1–3) und die Überschrift: Was erfährst du über Marina? Formuliere Vermutungen, wie die Geschichte weitergeht.

2 Überlege: Was muss Marina tun, um unerkannt zu bleiben?

3 Gliedere die Geschichte und fasse die Abschnitte in eigenen Worten zusammen.

4 Erkläre, was Marina vorgeworfen wird und wie sie darauf reagiert. Bewerte ihr Verhalten und diskutiere Alternativen.

5 Lies den Sachtext über das Leben der Mönche und arbeite aus dem lateinischen Text heraus, inwiefern Marina mönchische Tugenden verkörpert.

Leben in Einkehr

Wer in ein Kloster eintritt, weiß, dass er sein Leben von Grund auf ändern muss. Benedikt von Nursia, der Gründer des Benediktinerordens, nennt zwölf Stufen der Demut, die Ordensleute durchlaufen müssen, um ein vollkommenes Leben im Kloster zu führen: Neben Gottesfurcht und strenger Einhaltung der Ordensregel zählt dazu auch unbedingter Gehorsam gegenüber Abt bzw. Äbtissin, selbst wenn diese hart und ungerecht sind. In seiner idealen Form bildet die Klostergemeinschaft ein Abbild der himmlischen Gemeinschaft mit Gott. Dass es in Klöstern bisweilen auch recht menschlich zugeht, erfahren wir aus den Klostergeschichten St. Gallens. So musste beispielsweise ein Abt tatenlos mit ansehen, wie sein gut aussehender Pförtnermönch durchaus nicht unwillig dem Ruf der schönen Herzogin vom Hohentwiel folgt, die von ihm Latein zu lernen wünscht und dabei nicht nur die Nichte, sondern unglücklicherweise gleichzeitig die Landesherrin des Abtes ist …

Eine Reise ins Jenseits

Müde war der fromme Bauer Thurkillus von der anstrengenden Feldarbeit zurückgekehrt. Ein seltsamer Tag: Er hatte einen Fremden getroffen, der sich als Iulianus vorgestellt und angekündigt hatte, dass er ihn am Abend abholen und zu einer ungewöhnlichen Reise mitnehmen wolle …

Thurkillus sē iam in lectum recēperat atque membra somnō dederat, cum sānctus Iūliānus vēnit dīcēns: »Tempus est, ut iam prōgrediāmur.« Tum dīxit sē cum Thurkillī animā ad īnferna[1] rēgna abītūrum esse, sed corpus eius remānsūrum esse: »Quiēscat interim corpus tuum. Sed nē

5 corpus tuum exstīnctum videātur, vītālem[2] in tē flātum[3] dīmittam.« – Sīc ambō profectī sunt.

Proximō autem diē uxor Thurkillī et necessāriī prīmō frūstrā expertī sunt, sī Thurkillus excitārī posset. Vesperī[4] aquam benedictam[5] in eius ōs iniēcērunt. Quō factō ille surgit et super lectum cōnsīdit dīcēns:

10 »Certē mīrāminī, quae facta sint: Prīmum advēnimus ad loca īnferna[1], ubī vīdī maximās flammās. Ibī nōbīs occurrit sānctus Iacōbus, quī nōbīs ostendit loca paenitentiae[6].

Mox ad lībram[7] quandam vēnimus. Cuius alterā ex parte beātus Paulus erat, alterā ex parte diabolus. Uterque duo pondera habēbat, māius ac

15 minus, Paulus aureum et argenteum, diabolus pondera nigra. Socius meus mē docuit Paulum animās mortuōrum advenientēs in lībrā[7] positūrum esse, ut vidēret, utrum dignae essent pūrgātōriō[8] an gehennā[9].

Attentus[10] spectābam: Sacerdōs quīdam peccātīs inquinātus[11] ad lībram[7] accessit; beātus Paulus studiō lēgis dīvīnae accēnsus dūrius vītam indignī

20 sacerdōtis reprehendēbat; tamen miserātus[12] hominem ambō pondera posuit in lībrā[7]. Quibus nōn sufficientibus[13] aspersōrium[14] in aquā benedictā[5] intīnctum[15] in lībrā[7] tam vehementer dēposuit, ut pondera inimīcī in āëra tollerentur, ūnusque ex eīs ex lībrā[7] cadēns pedem diabolī laederet. Sīc miserātiōne[16] apostolī[17] sacerdōs ille ā potestāte diabolī

25 līberātus in pūrgātōrium[8] missus est.«

1 īnfernus, a, um: Toten-; Höllen-	
2 vītālis, e: lebendig; Lebens-	
3 flātus, ūs *m.:* Hauch; Atem	
4 vesperī: am Abend	
5 benedictus, a, um: geweiht; Weih-	
6 paenitentia, ae: Reue	
7 lībra, ae: Waage	
8 pūrgātōrium, ī: Fegefeuer	
9 gehenna, ae: Hölle	
10 attentus, a, um: gespannt	
11 peccātīs inquinātus: mit Sünden beschmutzt	
12 miserārī: Mitleid haben mit	
13 sufficere: ausreichen	
14 aspersōrium, ī: Weihwasser-wedel	
15 intingere, -tingō, -tīnxī, -tīnctum: eintauchen	
16 miserātiō, iōnis *f.:* Mitleid	
17 apostolus, ī: Apostel	

1|1 Lies die Überschrift und den Einleitungstext. Formuliere erste Vermutungen, worum es in der Geschichte geht. Beziehe auch das Bild mit ein.

  2 Suche im Text nach Hinweisen, die deine Vermutungen stützen (z. B. einzelne Wörter oder Sätze, die du beim ersten Lesen verstanden hast).

2 Informiere dich über die christlichen Vorstellungen vom Jenseits.

3 Gliedere die Geschichte und fasse die Abschnitte in eigenen Worten zusammen.

4 Beurteile das Verhalten des Paulus.

Menetekel

Die Bibel erzählt folgende Geschichte: Während eines Gastmahls des Königs Belsazar in Babylon schrieb eine Hand auf die gekalkte Wand des Palastes folgende Worte: *Mene* (gezählt), *tekel* (gewogen), *u-parsin* (und geteilt). Dies bedeutete, dass Gott die Tage der Herrschaft Belsazars gezählt, gewogen und für zu leicht befunden habe. Nun werde er entmachtet und sein Reich geteilt.

Die Waage steht seit alters her symbolisch für die Taten der Menschen. In der Vorstellung der Ägypter wog der schakalköpfige Gott Anubis die Herzen der Verstorbenen. Danach entschied er, wer verdammt und wer zum ewigen Leben bestimmt werde. Diese Sicht gab es später auch im Christentum. Nur glaubte man hier, dass der Erzengel Michael die Seelen wiege. Er kämpfe um jede einzelne Seele, um sie dem Satan zu entreißen. Die Vorstellung, dass der Apostel Paulus dieses Amt Michaels ausübe, ist eher ungewöhnlich.

1 Vor der Klosterpforte. Übersetze und beschreibe dann die neuen Erscheinungen.

Medio aevo[1] homines monasteria[2] adierunt
- beneficia petituri
- auxilium Dei imploraturi
- etiam liberos suos tradituri, ut discerent artem scribendi.

Pater monasterium[2] adiit filium traditurus.
Mater filium traditura multum flevit.
Monaci[3] autem puerum cum gaudio in monasterio[2] acceperunt.

1 medio aevo: im Mittelalter – **2 monasterium:** Kloster – **3 monacus,** i *m.:* Mönch

2 Aeneas' Gang in die Unterwelt. Übersetze und beschreibe dann die neuen Erscheinungen.

Aeneas regna inferna[1] accedit. Exspectat
- se patrem Anchisem conventurum esse.
- patrem sibi multa narraturum esse.
- fabulas fatum populi Romani aperturas esse.
- monstra se territura esse.
- se vivum[2] ad solem reversurum[3] esse.

1 regna inferna: Unterwelt – **2 vivus,** a, um: lebendig – **3 reverti:** zurückkehren

Buchmalerei aus einer Handschrift des Decretum Gratiani um 1300 n.Chr.

3 | 1 Stelle alle lateinischen Wörter zusammen, die du brauchst, um das Bild zu beschreiben.

2 Bilde kurze lateinische Sätze und lass deinen Nachbarn übersetzen.

4 Welches Wort passt nicht?
Entscheide nach inhaltlichen Kriterien und begründe deine Wahl.

a) flagitium – peccare – beneficium – violare
b) fateri – progredi – morari – proficisci
c) natus – pondus – frater – necessarius
d) divinus – diabolus – precari – ecclesia
e) membrum – pes – caput – bos

5 | 1 Für Sprachforscher
Nenne die lateinischen Ursprungswörter und ihre Bedeutung.

2 Erkläre die Bedeutung der Fremdwörter bzw. der fremdsprachlichen Wörter.

a) Fremdwörter: Progression – Frust – Pedal – frequentieren – Interrogativsatz
b) Englisch: violation – memory – to preach – necessity – divine – enemy
c) Französisch: sentiment – saint – diable – air

6 Wörter umschreiben: Nenne das gesuchte Wort und seine Bedeutung.

diutius manere: _ _ _ _ _ _
pars corporis, qua imus: _ _ _
ignem inicere: _ _ _ _ _ _ _ _ _
aliquem vulnere afficere: _ _ _ _ _ _ _
omnes: _ _ _ _ _ _
in quo quiescitur: _ _ _ _ _ _

7 Partizipien: Sortiere.

rogaturus – dicens – appellata – advenientes – eiectus – condituri – perterriti – abiturum – tollentem

PPA (GZ)	PPP (VZ)	PFA (NZ)

8 Nochmal Partizipien: Ergänze.

PPA (GZ)	PPP (VZ)	PFA (NZ)
	vocatam	
cadens		
		posituri
	accensus	

9 Infinitive im Aktiv: Sortiere.

desiderare – acturum esse – speravisse – missurum esse – recepisse – positurum esse

Präs. Akt.	Perf. Akt.	Futur Akt.

10 Infinitive im Passiv. Ergänze.

Präs. Akt.	Präs. Pass.	Perf. Pass.
desiderare		
videre		
cogere		

11 Und im Deutschen?
Bestimme das Zeitverhältnis.

Die Eltern begaben sich zum Kloster,
– weil sie dem Abt vertrauten.
– obwohl sie lange mit sich gerungen hatten.
– in der Absicht, ihren Sohn zu übergeben.

Der Junge glaubt,
– dass er es zu Hause schwer hatte.
– dass die Entscheidung der Eltern gut ist.
– dass er eine spannende Zeit haben wird.

12 Zeitverhältnisse beim Partizip und im AcI:
Bestimme und übersetze.

a) Marinus in monasterium[1] recipitur
– a fratribus ante neglectus.
– se feminam esse occultans.
– multa officia acturus.

b) Fratres putant
– se in Marinam peccavisse.
– corpus eius in ecclesia ponendum esse.
– virginem multa miracula[2] acturam esse.

1 monasterium: Kloster – **2 miraculum:** Wunder

13 Drei Bayern im Rheinland
Markiere die satzwertigen Konstruktionen, nenne das Zeitverhältnis und übersetze.

Tres Bavari mores aliorum Germanorum experturi profecti sunt. Venientes in Germaniam inferiorem cuidam civitati appropinquaverunt. Sed incolas celerrime loquentes non intellegebant neque ab eis intellegebantur. Unus ex tribus missus est ad tabernam. Dentes[1] demonstrans cupiditatem edendi[2] ostendit. Caupo[3] autem eum a doloribus dentium[1] liberaturus ad medicum[4] duxit. Ad socios reversus ille se duos dentes[1] amisisse dixit. Pleni timoris tres viri in Bavariam reverterunt.

1 dens: Zahn – **2 edere:** essen – **3 caupo:** Wirt – **4 medicus:** Arzt

1 Jan Cossiers, Jupiter und Lycaon, 17. Jhdt. Madrid, Museo del Prado.

Werwölfe

Werwolferzählungen finden sich in den Sagen der unterschiedlichsten Kulturen. Vielleicht haben Menschen damit Erfahrungen mit Tollwut oder mit Nervenkrankheiten (Psychosen) verarbeitet oder es offenbarten sich darin Ängste, die durch Wolfsplagen ausgelöst wurden. Diese negativen Gedanken erklären es auch, dass die Verwandlung in einen Wolf als Strafe (wie bei Lycaon) oder als Folge eines Bündnisses mit dem Teufel verstanden wurde.

Heute gibt es neben Horrordarstellungen auch Werwölfe, die Sympathieträger sind, so z.B. Remus Lupin, der bei J.K. Rowling Harry Potter im dritten Schuljahr die Verteidigung gegen dunkle Künste lehrt. Zum Schmunzeln bringt die Leser Christian Morgensterns Gedicht »Der Werwolf« (→ S. 307).

1 Beschreibe die beiden Abbildungen: Was siehst du? Welche Personen erkennst du? An welchen Merkmalen? Benenne auch, wie die Entstehungszeit der Kunstwerke sich in der Darstellung widerspiegelt.

2 Vergleiche die beiden Kunstwerke miteinander.

3 Vergleiche die beiden Kunstwerke mit dem Lektionstext 44: Welche Szene aus der Geschichte ist dargestellt? Was erfährst du aus dem lateinischen Text, was zeigen die bildlichen Darstellungen?

2 Real Fábrica de Porcelana del Buen Retiro, ca. 1790, Madrid, Museo del Prado.

Lycaon

Jupiter hat im Olymp eine Götterversammlung einberufen, um über die Vernichtung des frevlerischen Menschengeschlechts zu beraten. Schnaubend vor Wut erzählt er den ihn umringenden Göttern von seinem jüngsten Erlebnis auf Erden:

Īnfāmia[1] temporum nostrās aurēs contīgerat. Quam falsam esse cupiēns summō Olympō relictō dē caelō dēscendī. Deus quidem esse nōn vidēbar – sub imāgine hūmānā terrās lūstrābam[2].

Longum est[3] nārrāre, quantum crīminis sit ubīque repertum, sed hoc
5   ūnum certum est: minor fuit ipsa īnfāmia[1] vērō.

Nocte tandem, dē[4] tertiā vigiliā, sēdem et inhospita[5] tēcta Lycāonis[6], tyrannī Arcadis[7], ingressus sum. Postquam sīgna dedī deum vēnisse, vulgus precārī coepit: Irridet[8] prīmō pia vōta Lycāōn[6], deinde ait:

»Cur istum aliēnum quasi deum colitis? Egō certē experiar, quālis sit
10   ille – deus an mortālis.«

Tum mē somnō gravem necopīnā[9] morte perdere cōnātus est. Egō autem hās īnsidiās prōvidēns effūgī.

Iste quidem – ratus tāle scelus minimē satis esse – alterum facinus ex-cōgitāvit: Proximō diē hominem quendam necāvit atque sēminecēs
15   artūs[10] torruit[11] ignī subiectō. Deinde mēnsam, ad quam cubābam[12], adiit illōs quasi cibum impositūrus.

»Quāle nefās, tālis poena« clāmāns tēcta et penātēs dominō dignōs vindice[13] flammā ēvertī.

Tyrannus ipse territus fūgit nactusque silentium rūris exululat[14]
20   frūstrāque loquī cōnātur. Ecce: Appāret rabiēs[15] circum ōs; solitā cupiditāte caedis crūdēlis Lycāōn[6] statim sē vertit in pecora et nunc quoque sanguine gaudet. In villōs[16] vestēs, in crūra[17] lacertī[18] mūtārī spectantur. Etsī Lycāōn[6] vestīgia veteris fōrmae servat, etsī violentia vultūs eadem est, etsī īdem oculī lūcent[19], etsī imāgō furōris eadem est,
25   ille nōn iam homō est – fit lupus!

---

1 īnfāmia, ae: übles Gerücht

2 lūstrāre: durchwandern

3 longum est: es würde zu weit führen

4 dē + *Abl.: (hier:)* um … herum

5 inhospitus, a, um: ungastlich

6 Lycāōn: Lykaon *(König in Arkadien)*

7 Arcās, adis: arkadisch

8 irridēre: lachen über

9 necopīnus, a, um: unerwartet

10 sēminecēs artūs *(Akk. Pl.):* die halbtoten Glieder

11 torrēre: rösten

12 cubāre: liegen

13 vindex *(Gen.* vindicis): rächend; strafend

14 exululāre: aufheulen

15 rabiēs: Tollwut

16 villī, ōrum *m. Pl.:* Zotteln

17 crūs, crūris *n.:* Oberschenkel

18 lacertus, ī: Oberarm

19 lūcēre: leuchten

---

1 Lies den Einleitungstext und formuliere erste Erwartungen zum Inhalt der Erzählung.

2 Gliedere die Geschichte und gib den einzelnen Abschnitten Überschriften.

3 Charakterisiere Lycaon und belege deine Antworten am Text.

4 Arbeite heraus, mit welchen stilistischen Mitteln der Charakter Lycaons deutlich gekennzeichnet wird.

5 »Quale nefas, talis poena«: Erkläre anhand der Zeilen 19–24, was damit gemeint ist.

Publius Ovidius Naso – Ein römischer Dichter

Zugegeben, eine etwas eigenartige Überschrift für ein Lateinbuch. Ist schließlich nicht jeder lateinisch schreibende Dichter
ein römischer Dichter? Was also macht Ovid so römisch? Dazu
ein kleines Gedankenspiel: Hätte der Wiener Johann Strauß
seine so unvergleichlichen Wiener Walzer auch außerhalb
Wiens schreiben können? Vielleicht, aber doch wohl eher
nicht.
Auch der römische Dichter Ovid konnte nur in einer Stadt wie
Rom schreiben. Seine Dichtung atmet in jeder Zeile ihren
Charme, ihren Esprit und ihre weltoffene Lockerheit. Berühmt
wurde Ovid durch seine *Metamorphosen*, Geschichten von

Sagengestalten, die verwandelt wurden. Ovid war ein genauer
Beobachter. Seine Figuren sind nicht blutleer, sondern er-
scheinen charaktervoll, menschlich, eben römisch.
Ovid lebte von 43 v. Chr. bis 17 n. Chr. Er war Kind und
Opfer zugleich des augusteischen Zeitalters. Denn er fiel bei
Augustus in Ungnade und wurde aus Rom verbannt. Daran
ist er innerlich zerbrochen. Wir kennen den Grund für die
Verbannung nicht. Aber vielleicht war es gerade seine strenge
Moralvorstellungen aufbrechende römische Leichtigkeit, die
den Kaiser gegen ihn aufgebracht hatte.

Gruselige Unterhaltung

Ein Gastmahl, die Gäste amüsieren und unterhalten sich. Sklaven gehen herum und schenken Wein nach – da verlangt der Gastgeber Trimalchio von einem seiner Gäste, Nikeros, eine interessante Geschichte zu erzählen.

Nīcerōs ā Trimalchiōne rogātus tālem fābulam nārrāvit: Cum adhūc servīret, dominum quondam Capuam[1] profectum esse. Tum sē nactum esse occāsiōnem amīcae vīsitandae[2]; sē persuāsisse hospitī, ut sēcum ad quīntum mīlliārium[3] discēderet. Quem autem fuisse mīlitem, fortem
5 tamquam Orcum[4].

Nīcerōs valdē excitātus nārrāre perrēxit: »Profectī sumus circā gallici-nia[5], lūna plēna lūcēbat[6], cum inter monumenta venīrēmus: Homō meus coepit ad stēlās facere[7], dum ipse cantāns cōnsistō et simulācra numerō.

Deinde, ut respexī ad comitem, exuit[8] sē et nūdus omnēs vestēs ad viam
10 posuī. Mihī anima in nāsō[9] erat, stābam tamquam mortuus. At ille circummīnxit[10] vestēs suās et subitō lupus factus est. Tum ululāre[11] coepit et in silvās fūgit. Prīmō nescīvī, ubī essem, deinde accessī, ut vestēs eius tollerem: Illae autem lapideae[12] factae sunt! Timōre paene mortuus sum! Gladium tamen strīnxī et tōtā viā umbrās cecīdī, dōnec ad vīllam amīcae
15 meae pervenīrem.«

Nīcerōs nārrāvit: Sē intrāvisse et paene īnsānīvisse[13]: Sūdōrem[14] sibī per tōtum corpus volāvisse, oculōs quasi mortuōs fuisse. Amīcam suam mīrārī coepisse, quod ille tam sērō advenīret, et dīxisse: »Sī ante vēnissēs, nōs adiūvissēs!« Lupum enim vīllam intrāvisse et omnia pecora trucīdā-
20 visse[15]. Tamquam laniōnem[16] sanguinem ex illīs mīsisse. Nec tamen impūne: Servum enim tēlō collum eius trāiēcisse[17].

»Haec«, cōnfessus est Nīcerōs, »ut audīvī, operīre oculōs amplius nōn potuī, sed lūmine clārō domum fūgī tamquam caupō compīlātus[18]; et postquam vēnī in illum locum, in quō lapideae[12] vestēs erant factae,
25 nihil invēnī nisī sanguinem. Ut vērō domum vēnī, iacēbat mīles meus in lectō tamquam bōs, et collum illīus medicus cūrābat. Tum intellēxī illum versipellem[19] esse. Nec posteā cum illō pānem gustāre[20] potuī, nōn sī mē occīdissēs.«

---

1 Capuam: nach Capua

2 vīsitāre: besuchen

3 quīntus mīlliārius: fünfter Meilenstein

4 Orcus: Unterweltsgott; Teufel

5 circā gallicinia: zur Zeit des ersten Hahnenschreis

6 lūcēre: leuchten

7 ad stēlās facere: an die Grab-steine pinkeln

8 exuere, exuō, exuī: ausziehen

9 Mihī anima in nāsō erat: mir rutschte das Herz in die Hose

10 circum-mingere, -mingō, -mīnxī: um *etw.* herum-pinkeln

11 ululāre: heulen

12 lapideus, a, um: steinern; aus Stein

13 īnsānīre: verrückt werden

14 sūdor, ōris *m.:* Schweiß

15 trucīdāre: töten

16 lanio, iōnem *m.:* Metzger

17 trāicere, -iciō, iēcī, iectum: durchbohren

18 caupō compīlātus: ausge-raubter Wirt

19 versipellis, is *m.:* Werwolf

20 gustāre: kosten; probieren

---

1 Suche aus dem ersten Abschnitt alle Personen heraus und gib an, wie sie zusammengehören. Was erfährst du schon über die Geschichte?

2 Benenne in den Zeilen 1b-5 Haupt- und Nebensätze. Was fällt dir auf?

3 Gliedere die Geschichte und gib den einzelnen Abschnitten Überschriften.

4 Erläutere, warum Nikeros nicht mehr mit seinem Gefährten speisen wollte.

5 Arbeite aus dem Text Merkmale einer Schauergeschichte heraus.

Arbiter elegantiae (= Minister für Fragen des guten Geschmacks)

Kaiser Nero war in Geschmacksfragen sehr unsicher. Deshalb ließ er sich von *Petronius Arbiter* beraten. Petron hat seine Erfahrungen in sein nur teilweise erhaltenes Werk *Satyrica* einfließen lassen. Schonungslos karikiert er darin seine Zeitgenossen: Seine Figuren stammen aus den unteren Gesellschaftsschichten, sie erscheinen wenig gebildet, ihre Sprache ist derb. Der neureiche Freigelassene *Trimalchio* zeichnet sich z. B. dadurch aus, dass er die Grenzen des guten Geschmacks eigentlich unentwegt überschreitet. Am Ende seines Gastmahls lässt er sogar seine eigene Totenfeier zelebrieren, allerdings so laut, dass die Feuerwehr anrückt.

Und Petron wäre nicht Petron gewesen, hätte er nicht auch seinen eigenen Tod zu einem Event werden lassen: Als eine Verschwörung gegen Nero aufgedeckt wurde und er in Gefahr geriet, setzte er im Jahr 66 n.Chr. seinem Leben ein Ende – fröhlich feiernd mit Freunden und gutem Essen.

1 Götter und Menschen: Übersetze. Benenne die Erkennungsmerkmale des NcI und seine Unterschiede zum AcI.

Romani dicunt
- deos saepe tamquam homines agere.
- eos etiam in terram descendere.
- Iovem sceleratos poenis gravibus punire.

Dei saepe tamquam homines agere dicuntur. Dei etiam in terram descendere creduntur. Iuppiter sceleratos poenis gravibus punire fertur.

2 Vom Sklaven zum Millionär: Übersetze. Beschreibe die Veränderungen bei der Umwandlung einer wörtlichen in die indirekte Rede.

Trimalchio dicit:
- Olim[1] ego servus eram.
- Tam gratus[2] domino fui, ut mihi libertatem daret.
- Nunc ipse divitias[3] et multos servos habeo.

Trimalchio dicit
- se olim[1] servum fuisse.
- se domino tam gratum[2] fuisse, ut sibi libertatem daret.
- nunc se ipsum divitias[3] et multos servos habere.

1 olim *(Adv.):* einst; früher – **2 gratus,** a, um: beliebt – **3 divitiae,** arum: Reichtum

3 Wortfix
Nenne zu jedem Bild ein passendes lateinisches Wort.

4 Sachfelder
Schreibe aus den Texten 44 und 45 alle Wörter aus folgenden Sachfeldern heraus:

a) »Sprechen« – b) »Tier und Mensch«

5 | 1 Gegensätze
Ordne zu und nenne die Bedeutung.
2 Dekliniere die Substantive.

A accedere	a servire
B maior	b terra
C caelum	c discedere
D rus	d nancisci
E imperare	e minor
F proficisci	f urbs

6 | 1 Für Sprachforscher
Nenne die lateinischen Ursprungswörter und gib die Bedeutung an.
2 Erkläre die Bedeutung der Begriffe.

Dt.: Respekt – Medizin – Experte – Mensa

Engl.: alien – violence – human – certain – Federal Bureau of Investigation (FBI)

Frz.: nude – le loup – fort – le pied – ami

7 | 1 Infinitive. Sortiere die Verbformen.

2 Ergänze die fehlenden Formen.

Aktiv		Passiv	
Präsens (gz)	Perfekt (vz)	Präsens (gz)	Perfekt (vz)

a) mutavisse – scribere – mixtum esse – duci

b) reperire – affici – editum esse – providisse

c) dici – subiecisse – opertum esse – tollere

9 | 1 Der Werwolf: Morgenstern »spielt« in seinem Gedicht mit den Kasus-Fragen.
Erstelle eine Tabelle mit den lateinischen Kasus, Fragen und Satzgliedfunktionen.

Nominativ	Wer oder was?	Subjekt
Genitiv		

2 Dekliniere mit der Deklinationshand.

quis/qui (Wer-)

lupus (Wolf)

3 Recherchiere das Ende des Gedichts.

8 NcI: Übersetze.

a) Lycaon tyrannus fuisse dicitur.

b) Hostis hominum fuisse videtur.

c) Saepe crudeliter egisse traditur.

d) Multa scelera commisisse fertur.

e) Etiam captivum necavisse auditur.

f) Recte damnatus esse creditur.

g) A deis punitus esse putatur.

Christian Morgenstern: Der Werwolf (1907)

Ein Werwolf eines Nachts entwich
von Weib und Kind, und sich begab
an eines Dorfschullehrers Grab
und bat ihn: Bitte, beuge mich!

Der Dorfschulmeister stieg hinauf
auf seines Blechschilds Messingknauf
und sprach zum Wolf, der seine Pfoten
geduldig kreuzte vor dem Toten:

»Der Werwolf«, – sprach der gute Mann,
»des Weswolfs« – Genitiv sodann,
»dem Wemwolf« – Dativ, wie man's nennt,
»den Wenwolf« – damit hat's ein End.

10 | 1 Lupus et vulpes iudice simio
Beschreibe das Bild. Markiere alle AcI/NcI und übersetze.

2 Wie illustriert die Fabel die Moral in Z. 1/2?

Qui turpi fraude[1] semel[2] egit,
etiam si verum dicit, amittit fidem.

Hoc ostendit brevis Aesopi[3] fabula.

Lupus accusabat vulpem[4] furti[5] crimine;
negabat illa se id crimen commisisse.
Tunc iudex inter illos sedit simius[6].
Uterque[7] causam cum defendisset suam,
dixisse fertur simius sententiam[8]:
»Tu *(lupe)* non videris amisisse res, quas petis;
te *(vulpes)* credo arripuisse, quod pulchre
negas«.

1 fraus, fraudis *f.:* Betrug – **2 semel:** einmal – **3 Aesopus:** *griech. Fabeldichter* – **4 vulpes** *f.:* Füchsin – **5 furtum:** Diebstahl – **6 simius:** Affe – **7 uterque:** jeder von beiden – **8 sententiam dicere:** das Urteil sprechen

THE·WOLF·ACCUSING·THE·FOX··
·BEFORE·THE·MONKEY···

Bild von Percy Billinghurst

Alphabetisches Verzeichnis der Orte und Eigennamen

Achill: Sohn des sterblichen → Peleus und der Meeresgöttin → Thetis; Achill stirbt im Kampf um → Troja, als er von einem Pfeil in die Ferse getroffen wird.

Aeneas: Sohn der Göttin → Venus und des sterblichen Vaters Anchises; er flieht mit wenigen Überlebenden aus dem brennenden → Troja und gründet in → Latium in Italien ein neues Volk. Er gilt als Stammvater der Römer.

Aeneis: Epos des → Vergil zur Geschichte des → Aeneas.

Agricola: 40–93 n. Chr.; römischer General, der die römische Grenze bis in den Norden Britanniens ausdehnte und als erster durch eine Umsegelung nachwies, dass Britannien eine Insel ist.

Agrippa: Marcus Vipsanius Agrippa (64/63–12 v. Chr.); röm. Feldherr, Politiker und Architekt; Freund und Schwiegersohn des → Augustus; seine Thermen auf dem Marsfeld wurden Vorbild für alle späteren römischen Thermen.

Agrippina: geboren 15 n. Chr. in Oppidum Ubiorum; Schutzpatronin dieser Stadt, die in Colonia Claudia Ara Agrippinensium umbenannt wurde (= Köln); zweite Gattin des → Claudius und Mutter des Kaisers → Nero, der sie im Jahr 59 n. Chr. ermorden ließ.

Aiaia: Insel der Zauberin → Circe.

Aietes (lat. Aeetes): in der griechischen Mythologie König in → Kolchis. Seine Tochter → Medea half → Iason, das Goldene Vlies zu bekommen.

Aison: in der Mythologie Vater von → Iason und König der griechischen Stadt → Iolkos; wurde von seinem Halbbruder → Pelias vom Thron vertrieben.

Akademos: attischer Heros, in dessen heiligem Hain vor den Toren Athens → Platon seine berühmte Akademie gründete.

Ameria: Stadt in Italien, ca. 80 km von Rom entfernt.

Anchises: Vater des → Aeneas.

Anicetus: Pädagoge und Freigelassener → Neros, der dann Präfekt der Flotte in Misenum wurde. Er half Nero, die Anschläge auf seine Mutter → Agrippina und seine Frau Octavia zu planen.

Anubis: ägyptischer Gott der Totenriten, häufig dargestellt als schwarzer Hund, als Schakal oder als Mensch mit einem Hunde- bzw. Schakalskopf.

Apollo: Phoebus Apollo, Sohn des → Iuppiter und der Göttin Latona, Bruder der → Diana; Gott des Lichts und der Künste, wird als der Gott im *carmen saeculare* angerufen, der Rom in die neue Zeit führt; → Horaz sieht sich selbst als Weissager des Apoll.

Apsyrtos: Sohn des Königs → Aietes und Bruder der → Medea.

Argo: in der griechischen Mythologie ein sehr schnelles Schiff, das Argos mit → Athenes Hilfe baute. → Iason brach mit 50 Helden, den sog. Argonauten (darunter → Herakles und → Theseus), nach → Kolchis auf, um das Goldene Vlies zu holen.

Ariadne: Tochter des Minos, des Königs von Kreta; sie half → Theseus mit einem Wollknäuel, den Weg aus dem Labyrinth heraus zu finden. Gemeinsam flohen sie von Kreta, doch Theseus ließ sie auf der Insel Naxos sitzen.

Aristoteles: 384–322 v. Chr.; griechischer Philosoph, Begründer der Schule des Peripatos, Erzieher Alexanders des Großen.

Arius: ca. 260–336 n. Chr., christlicher Presbyter aus Alexandria, seine Lehren wurden 327 n. Chr. auf dem Konzil in Nizäa durch Kaiser → Konstantin verworfen.

Arkadien: Gebirgslandschaft in Griechenland.

Arminius: (um 17 v. Chr. – 21 n. Chr.); 9 n. Chr. führte er die Cherusker gegen Quinctilius → Varus.

Ascanius: Sohn des → Aeneas.

Athen: wichtigste Stadt in Griechenland.

Athene: → Minerva.

Augustus: *Augustus* (der Erhabene) ist ein Ehrentitel; er wurde 63 v. Chr. als Gaius Octavius geboren und starb 14 n. Chr.; als Adoptivsohn und Testamentsvollstrecker → Caesars brachte er den Römern nach 100 Jahren Bürgerkrieg den lang ersehnten Frieden *(Pax Augusta)*. Man übertrug ihm die Regierungsverantwortung über das ganze Römische Reich.

Brutus: Lucius Iunius Brutus (um 545–509 v. Chr.); der Sage nach stürzte er den letzten etruskischen König → Tarquinius Superbus und wurde 509 v. Chr. erster Konsul der neuen römischen Republik.

Burrus: führte in den ersten Jahren der Regierungszeit → Neros gemeinsam mit → Seneca die Regierungsgeschäfte. Nach der Ermordung → Agrippinas im Jahr 59 n. Chr. schwand sein politischer Einfluss auf Nero ebenso wie der Senecas.

Caecina: Landbesitzer aus Volaterrae; → Cicero verteidigte ihn – offensichtlich erfolgreich – 69 v. Chr. in einem recht verzwickten Erbschaftsstreit.

Caesar: Gaius Iulius Caesar, röm. Feldherr und Politiker, geb. 100 v. Chr., ermordet am 15. März 44 v. Chr.; in den Jahren 58 bis 51 eroberte er → Gallien; die Erinnerungen an diesen gallischen Krieg kann man in seinem berühmten Werk *Commentarii de bello Gallico* nachlesen.

Caligula (Stiefelchen): Gaius Caesar Augustus Germanicus war röm. Kaiser von 37–41 n. Chr.

Campus Martius: Marsfeld; es erstreckte sich als Stadtteil des alten Rom über das Gebiet am Tiberbogen; hier befanden sich zahlreiche von → Agrippa erbaute Tempel- und Sportanlagen. Berühmt waren die Agrippathermen und das → Pantheon. Das Marsfeld war gewissermaßen das Freizeitgelände der Römer.

Capito: Titus Roscius Capito; angesehener Verwandter von Sextus → Roscius Amerinus, der vermutlich von → Chrysogonus bestochen wurde, um die Rückgabe der konfiszierten Güter zu verhindern; er erhielt drei Landgüter aus dessen früherem Besitz.

Capitolium: Kapitol; einer der sieben Hügel Roms; auf ihm befanden sich der Tempel der Capitolinischen Trias (→ Iuppiter Capitolinus, → Iuno, → Minerva) und der Tempel der Iuno Moneta.

Cato: Marcus Porcius Cato Censorius, auch Cato der Ältere genannt (234–149 v. Chr.); röm. Politiker, Feldherr und Schriftsteller; er galt als eher altmodischer Politiker und war wegen seiner Strenge berühmt-berüchtigt. Bekannt wurde er durch seinen Satz, mit dem er jede seiner Reden beendete: »*Ceterum censeo Carthaginem esse delendam.*« (»Im Übrigen bin ich der Meinung, dass Karthago zerstört werden muss.«).

Cerberus: dreiköpfiger Hund, der darüber wacht, dass kein Lebender die Unterwelt betritt und kein Verstorbener sie wieder verlässt.

Chiron: Kentaur, der → Iason aufgezogen hat.

Chlodwig I.: 466–511 n. Chr.; fränkischer König aus der Familie der Merowinger, Begründer des Frankenreichs.

Christoph Columbus: 1451–1506 n. Chr.; er entdeckte 1492 Amerika.

Christus: Jesus von Nazareth (geb. zwischen 7 und 4 v. Chr., gest. ca. 30 n. Chr.); jüdischer Schriftgelehrter, der in Konflikt mit der jüdischen Geistlichkeit und der römischen Staatsmacht geriet und deshalb durch Pontius Pilatus zum Tod am Kreuz verurteilt wurde. Von den Christen wird er als Sohn Gottes verehrt.

Chrysogonus: Freigelassener und Günstling → Sullas. Er wollte sich die politischen Verhältnisse unter Sulla zunutze machen, um sich an Sextus → Roscius Amerinus zu bereichern. Dessen Namen ließ er nachträglich auf die Proskriptionsliste setzen und kaufte seine Güter zu einem Spottpreis.

Chrysomallus: fliegender Widder, auf dem → Phrixos und → Helle flohen.

Cicero: Marcus Tullius Cicero, römischer Redner, Philosoph und Schriftsteller, geb. 106 v. Chr., Konsul des Jahres 63 v. Chr., 43 v. Chr. ermordet. Im Jahr 80 v. Chr. übernahm er die Verteidigung des Sextus → Roscius Amerinus, der des Vatermordes angeklagt war. Damit bewies Cicero in politisch sehr unruhigen Zeiten großen Mut, da die Gefahr bestand, als Gegner → Sullas wahrgenommen und selbst verfolgt zu werden.

Circe: Zauberin auf der Insel → Aiaia; sie verwandelte die Gefährten des Odysseus in Schweine.

Circus Maximus: größter Circus Roms; Veranstaltungsort für Wagenrennen.

Claudius: Tiberius Claudius Caesar Augustus Germanicus war röm. Kaiser von 41–54 n. Chr. Er starb durch einen Giftanschlag, der von → Agrippina initiiert worden war.

Cloelia: sagenhafte Frauengestalt aus der Zeit des Umbruchs von der Königszeit zur Republik. Sie bewahrt während der Belagerung Roms durch → Porsenna mit ihrem Mut zahlreiche junge Mädchen vor Gefangenschaft und Vergewaltigung.

Cordus: von Juvenal erfundene Figur; Inbegriff des »armen Poeten«.

Creta: größte der griechischen Inseln; die Hauptstadt Kretas in der Antike war Knossos. Hier soll der sagenhafte König → Minos in einem gewaltigen Palast residiert haben.

Cumae: Ort in Mittelitalien, nach → Vergil der Eingang zur Unterwelt.

Daedalus: Athener, der als großer Erfinder und Handwerker gilt; da König → Minos ihm die Rückkehr nach → Athen verweigerte, konstruierte er für sich und seinen Sohn → Icarus Flügel aus Federn und Wachs, mit denen sie versuchten, über das Meer zu fliegen.

Daker: Volk im westlichen Schwarzmeergebiet.

Daphne: Nymphe; sie floh vor dem liebestollen → Apollo und wurde in einen Lorbeerbaum verwandelt; seitdem ist der Lorbeerkranz Zeichen des Apoll.

Delphi: berühmtestes Orakel Griechenlands; nach antiker Auffassung spricht → Apoll durch die → Pythia, eine hellseherisch begabte Priesterin, zu den Menschen. Ihre Orakelsprüche sind oft zweideutig.

Diana: Tochter des → Iuppiter und der Latona; jungfräuliche Göttin der Jagd und Hüterin der Frauen und Kinder, wird als Göttin der Geburt beim *carmen saeculare* angerufen.

Dido: Königin von → Karthago. Sie nahm die schiffbrüchigen Trojaner gastfreundlich auf und verliebte sich in deren Anführer → Aeneas. Aeneas, von den Göttern zur Weiterfahrt nach Italien aufgefordert, verließ Dido, die ihn deswegen verfluchte und sich anschließend das Leben nahm.

Diokletian: Marcus Aurelius Gaius Valerius Diocletianus (geb. zwischen 236 und 245 n. Chr.), römischer Kaiser 284–305 n. Chr.; er verlegte seinen Regierungssitz in das heutige Split und teilte das Römische Reich in vier Regierungsbezirke; 303 n. Chr. begann er die letzte und schlimmste Christenverfolgung.

Dis: → Pluto

Discordia: Göttin der Zwietracht; sie warf den goldenen Apfel zwischen die Göttinnen und provozierte so das Urteil des → Paris.

Domitian: Titus Flavius Domitianus (geb. 51 n.Chr, gest. 96 n. Chr.); römischer Kaiser, der nach Aussage seiner Zeitgenossen ein Terrorregime in Rom führte und den Senat politisch mundtot machte.

Drusus: Nero Claudius Drusus (38–9 v. Chr.); röm. Politiker und Heerführer; er eroberte Teile Süd- und Westgermaniens.

Elysium: Insel der Seligen im Fluss → Lethe, vergleichbar mit unserem Paradies.

Epikur: ca. 341–280 v. Chr.; Begründer der epikureischen Philosophie.

Erucius: römischer Anwalt und Ankläger, der uns aus → Ciceros Verteidigungsrede für → Sextus Roscius aus → Ameria bekannt ist.

Europa: Sie wird von → Iuppiter nach Kreta entführt, nachdem er sich in einen Stier verwandelt und so ihr Vertrauen gewonnen hat.

Eurylochus: Gefährte des → Odysseus.

Fabius: Quintus Fabius Maximus Verrucosus Cunctator (um 275–203 v. Chr.); er war fünfmal Konsul und zweimal Diktator, durch seine Hinhaltetaktik zwang er → Hannibal 204 v. Chr. zum Aufgeben.

Forum Romanum: politisches, religiöses, kulturelles und wirtschaftliches Zentrum Roms am Fuße des → Capitolium.

Franci: die »Kühnen« – germanisches Volk, das sich aus verschiedenen Stämmen zu einem Großstamm zusammengeschlossen hat.

Gallia: das heutige Frankreich, Belgien und die westlichen Gebiete des Rheins; fließende Grenze zu den Gebieten der Germanen.

Germania: Magna Germania, das Gebiet östlich des Rheins; nach der Varusschlacht zogen sich die Römer auch aus den eroberten Gebieten zurück.

Glauke: zweite Frau → Iasons, die → Medea aus Eifersucht tötete.

Graecia: Griechenland; für Bildungsreisende in röm. Zeit ein absolutes Muss wegen seiner bedeutenden Architektur und Kunst und wegen seiner herausragenden Philosophen und Redner.

Hannibal: Hannibal Barkas (um 246–183 v. Chr.); im Jahre 218 v. Chr. überquerte er mit seinem Heer und 37 Kriegselefanten die Alpen und drang von Norden nach Italien vor. Nach zahlreichen militärischen Erfolgen wurde er von → Fabius Maximus 204 v. Chr. zur Aufgabe gezwungen und kehrte nach Nordafrika zurück, wo er 202 v. Chr. bei → Zama von → Scipio Africanus maior besiegt wurde.

Hecuba: Mutter des → Paris und Gattin des trojanischen Königs → Priamus.

Hekate: in der griech. Mythologie die Göttin der Magie, auch zuständig für Nekromantie und Gespensterspuk.

Hektor: ältester Sohne des → Priamus und Held von → Troja; er wurde von → Achill im Kampf getötet und anschließend um die Stadtmauern Trojas geschleift; erst nach zwölf Tagen gab Achill die Leiche frei.

Helena: Gattin des spartanischen Königs → Menelaos und schönste Frau der Welt; sie floh mit → Paris nach → Troja und löste so den Krieg der Griechen gegen Troja aus.

Helle und Phrixos: Zwillingsgeschwister in der griechischen Mythologie; als ihre Stiefmutter die beiden töten lassen wollte, flohen sie auf einem fliegenden Widder namens → Chrysomallus. Helle stürzte auf der Flucht ins Meer, das daraufhin den Namen → Hellespont erhielt.

Hellespont: Dardanellen; Meerenge in der heutigen Türkei, benannt nach → Helle, die dort ins Meer fiel.

Herculaneum: antike Stadt am Golf von Neapel; 79 n. Chr. beim Ausbruch des Vesuvs verschüttet.

Herkules: Sohn des → Iuppiter und der Alkmene; weil er in einem Anfall von Jähzorn seine Gattin Megara und seine Kinder tötete, wurde er vom delphischen Orakel verurteilt, sich zwölf Jahre in den Dienst seines Halbbruders Eurystheus zu stellen.

Hippokrates: geboren um 460 v. Chr. in Kos; berühmter Arzt, auf dessen Eid heute die Ärzte noch schwören.

Homer: griechischer Dichter, der um 800 v. Chr. in Kleinasien gelebt haben soll. Er gilt als Verfasser der Ilias und der Odyssee.

Horaz: Quintus Horatius Flaccus (65–8 v. Chr.); röm. Dichter, er gilt als einer der bedeutendsten Dichter der augusteischen Epoche. Horaz zählte später zum unmittelbaren Freundeskreis des → Augustus.

Iacobus: »der Gerechte«, ältester der vier Brüder Jesu; nach dessen Kreuzigung eine der zentralen Führungspersönlichkeiten der frühen Christen; er wurde 62 n. Chr. gesteinigt.

Iason: der Sage nach Sohn des → Aison, eines Königs von → Iolkos. Er wurde von → Pelias losgeschickt, um das Goldene Vlies zu holen. Mit 50 Gefährten segelte er auf dem Schiff → Argo nach → Kolchis. Doch der König von Kolchis, → Aietes, wollte ihm das Vlies nur geben, wenn er eine schwierige Aufgabe erfüllte: Er sollte feuerspeiende Stiere anspannen und Drachenzähne auf einem Feld aussäen. Aus diesen wuchsen Krieger, die ihn angriffen. Doch dank → Medeas Hilfe überlebte Iason. Da Aietes sich trotzdem weigerte, ihm das Vlies zu geben, half ihm Medea es zu stehlen. Sie schläferte den Drachen ein, der das Vlies bewachte.

Icarus: Sohn des → Daedalus; er starb, als er sich bei seiner Flucht zu sehr der Sonne näherte und seine Flügel schmolzen, sodass er ins Meer stürzte.

Iolkos: antike Stadt im griechischen → Thessalien; Heimat von → Iason.

Ithaka: ionische Insel im Westen Griechenlands; Heimat von → Odysseus.

Iuno: griech. Hera; Göttin der Ehe und Geburt; Gattin des → Iuppiter.

Iuppiter: griech. Zeus; Göttervater und Herrscher des Olymp; seine Attribute sind Adler, Zepter und Blitzbündel. Auf dem → Capitolium befand sich der wichtigste Tempel Roms, der Tempel des Iuppiter Capitolinus.

Juvenal: röm. Dichter (um 60–127/138 n. Chr.); er beschrieb mit scharfer Zunge die Verhältnisse seiner Zeit.

Kalkriese: Ausgrabungsstätte in der Nähe von Osnabrück, mutmaßlicher Ort der Varusschlacht.

Kampanien: Gebiet südwestlich von Latium, der Landschaft in der Umgebung Roms.

Kapitol: → Capitolium.

Karl der Große: fränkischer Herrscher, geb. 748 n. Chr., gest. 814 n. Chr. in Aachen; er wurde an Weihnachten im Jahr 800 durch Papst Leo III. zum Kaiser gekrönt und übernahm im Westen Europas die Schutzherrschaft über Rom und die Christenheit.

Karthago: Stadt im Norden Afrikas im heutigen Tunesien; lange Zeit Konkurrentin Roms, bis sie 146 v. Chr. von → Scipio Aemilianus zerstört wurde.

Kassandra: Tochter des Priamus und Seherin; infolge eines Fluchs wurden ihren richtigen(!) Vorhersagen nicht geglaubt => Kassandrarufe.

Kentaur: Wesen, das halb Mensch, halb Pferd ist.

Kirke: → Circe.

Kleanthes: ca. 331–232 v. Chr.; griech. Philosoph der Stoa und Verfasser eines berühmten Hymnus auf → Zeus; Nachfolger des → Zenon.

Kolchis: Königreich an der Ostküste des schwarzen Meeres; in der Argonautensage Heimat der → Medea und → Iasons Ziel auf der Suche nach dem Goldenen Vlies.

Konstantin: Flavius Valerius Constantinus (geb. zwischen 272 und 285 n. Chr.), röm. Kaiser (306–337 n. Chr.). Er verlegte den Regierungssitz nach Byzanz (= Konstantinopel, heute Istanbul), betrieb die Anerkennung des Christentums und machte sich selbst zum Oberhaupt der Kirche, um so die Einheit des Reiches zu gewährleisten.

Korinth: griech. Stadt ca. 80 km westlich von → Athen, an der Meerenge gelegen, die die Peloponnes mit dem griech. Festland verbindet.

Lacus Nesa: Loch Ness

Laokoon: trojanischer Priester, der die Trojaner vor dem hölzernen Pferd warnte und dafür von zwei Seeschlangen getötet wurde, die von der Göttin → Minerva geschickt wurden.

Latium: Landschaft in Mittelitalien mit der Hauptstadt Rom.

Leda: sterbliche Geliebte des → Iuppiter, der sich ihr in Gestalt eines Schwans nähert und mit ihr die schöne → Helena zeugt.

Lethe: Fluss des Vergessens; aus ihm trinken die Seelen, wenn sie ihre Sünden gebüßt haben, um entweder neu wiedergeboren zu werden oder in das → Elysium einzugehen.

Limes: befestigter römischer Grenzwall.

Livius: Titus Livius, röm. Geschichtsschreiber aus Padua (59 v. Chr.–7 n. Chr.).

Lollius: Marcus Lollius, gest. 2 n. Chr.; röm. Politiker und Feldherr, Niederlage 17 v. Chr. in Gallien (clades Lolliana).

Lukanien: Landschaft in Süditalien.

Lysipp: aus Sikyon, griech. Bildhauer im 4. Jhdt. v. Chr.

Maecenas: Gaius Cilnius Maecenas (70–7 v. Chr.); enger Vertrauter des Augustus und Förderer junger Dichter, darunter → Horaz, dem er ein Landgut in den Sabiner Bergen schenkte.

Magnus: Titus Roscius Magnus; Verwandter des Sextus → Roscius Amerinus mit schlechtem Ruf; angeblich hat er im Auftrag des → Chrysogonus den Mord in Auftrag gegeben und verwaltete dann die ersteigerten Güter.

Marina: nach einer Legende aus dem 5. Jahrhundert lebte sie in Bithynien und wurde als Junge verkleidet unter dem Namen Marinus in ein syrisches Kloster aufgenommen.

Mars: griech. Ares; Gott des Krieges; Vater von → Romulus und Remus.

Marsfeld: → Campus Martius.

Medea: in der griech. Mythologie die zauberkundige Tochter des Königs → Aietes. Aus Liebe verließ sie ihre Heimat und half → Iason, das Goldene Vlies zu stehlen. Doch dann ließ er sie sitzen und heiratete → Glauke, die Tochter des Königs von Korinth. Aus Rache ermordete Medea nicht nur Glauke, sondern auch ihre eigenen, von Iason gezeugten Kinder.

Menelaos: König von Sparta und Gatte der schönen → Helena.

Merkur: griech. Hermes; Götterbote, erkennbar an seinem Flügelhut, seinen Flügelschuhen und seinem caduceus (Heroldstab).

Metella: Caecilia Metella war Vestalin und Priesterin der Juno. Sie verhalf Sextus → Roscius Amerinus zu einem fairen Prozess gegen → Chrysogonus.

Minerva: griech. Athene; Schutzgöttin der Handwerker, Dichter und Lehrer; ihre Symbole sind Helm, Rüstung, Speer und die Eule.

Minos: Sohn des → Iuppiter und der Europa, sagenhafter König von Kreta.

Misenum: antike Hafenstadt im Golf von Neapel; hier lag die stärkste römische Flotte vor Anker; zur Zeit des Vesuvausbruchs war → Plinius d. Ä. Flottenkommandant in Misenum.

Molon: Apollonius, bedeutender Redner des 1. Jhdts. v. Chr.; er lebte und lehrte auf → Rhodos und weigerte sich bis zu seinem Lebensende, Latein zu lernen. Aufgrund seines Ruhmes wurde ihm in Rom gestattet, eine Rede auf Griechisch im Senat zu halten. Neben → Cicero war sein bekanntester Schüler Gaius Iulius → Caesar.

Neptun: griech. Poseidon; Gott des Meeres; sein Symbol ist der Dreizack.

Nero: Nero Claudius Caesar Augustus Germanicus Lucius Domitius Ahenobarbus, geb. 37 n. Chr., gest. 68 n. Chr.; er hielt sich für einen großen Künstler und war römischer Kaiser von 54 bis 68 n. Chr. Die ersten Jahre seiner Regierung begannen positiv, da er von → Seneca und → Burrus beraten wurde. Doch der Einfluss seiner Berater schwand. Als man ihn 64 für den Brand Roms verantwortlich machte, schob er die Schuld den Christen in die Schuhe und ließ sie auf grausamste Weise töten (erste Christenverfolgung). Auch die Ermordung seiner Mutter → Agrippina und der Tod von Seneca geschahen auf seinen Befehl.

Nerva: Marcus Cocceius Nerva (geb. 30 n. Chr.); als Nachfolger Domitians von 96–98 n. Chr. röm. Kaiser.

Nikeros: Romanfigur im Satyricon des → Petron.

Octavian: → Augustus.

Odysseus: König von → Ithaka; er ersann die List mit dem hölzernen Pferd, mit dessen Hilfe → Troja nach zehn Jahren besiegt wurde. Da er sich aber den Zorn → Neptuns zugezogen hatte, brauchte er zehn Jahre, bis er zu seiner Frau Penelope zurückkehren konnte.

Orbilius: Lucius Orbilius Pupillus, angesehener Grammatiklehrer und Pädagoge (113–13 v. Chr.).

Ovid: Publius Ovidius Naso, geb. 43 v. Chr., gest. 17 n. Chr.; er war einer der bedeutendsten Dichter der augusteischen Zeit. Zu seinen bekanntesten Werken zählen die *Metamorphosen,* in denen er Verwandlungsgeschichten aus der griechischen Mythologie erzählt. Im Jahre 8 n. Chr. fiel er bei → Augustus in Ungnade und wurde ans Schwarze Meer verbannt.

Pantheon: Rundtempel auf dem Marsfeld; berühmt wegen seiner Kuppel; einzige Lichtquelle bildet eine Öffnung in der Kuppel mit einem Durchmesser von 9 m.

Paris: Sohn des → Priamus und der → Hecuba; durch seine Wahl der Göttin → Venus zur schönsten Göttin bekommt er die schöne → Helena und löst durch ihre Entführung die Tragödie um → Troja aus.

Paulus: Paulus von Tarsus, hebräisch Saul, von Beruf Zeltmacher; nach seiner Bekehrung der für die Ausbreitung des Christentums wichtigste Apostel und Verfasser zahlreicher Briefe. Während der Christenverfolgung unter → Nero ist er vermutlich zu Tode gekommen. Sein Grab wurde 2006 in Rom freigelegt.

Peleus: Gatte der → Thetis und Vater des → Achill.

Pelias: in der Mythologie Halbbruder von → Iasons Vater → Aison; vertrieb diesen vom Thron, um selbst über → Iolkos zu herrschen; in der Hoffnung, dass Iason nie wieder zurückkommen würde, schickte er ihn los, um das Goldene Vlies zu besorgen.

Penelope: Frau des → Odysseus.

Petron: Titus Petronius Arbiter (ca. 14–66 n. Chr.), Autor des Romans Satyrica, war »Schiedsrichter des feinen Geschmacks« am Hofe → Neros.

Philippi: antike Stadt in Makedonien (Griechenland), Ort der Entscheidungsschlacht zwischen Marcus Antonius und → Octavian auf der einen und den Caesarmördern auf der anderen Seite (42 v. Chr.).

Philolaches: in der Plautuskomödie Mostellaria der Sohn des Theopropides, der für seine Geliebte und Saufgelage seinen Vater in den Ruin getrieben hat.

Phrixos und Helle: Zwillingsgeschwister in der griechischen Mythologie; als ihre Stiefmutter die beiden töten lassen wollte, flohen sie auf einem fliegenden Widder namens → Chrysomallus. Helle stürzte auf der Flucht ins Meer (→ Hellespont), während Phrixos nach → Kolchis gelangte. Dort opferte er den Widder dem Gott Zeus und hing sein Fell, das Goldene Vlies, in einem heiligen Hain auf.

Platon: geboren 427 v. Chr. in → Athen, dort auch 347 v. Chr. gestorben; Schüler des Sokrates und Vertreter der Ideenlehre; Gründer der Philosophenschule im Hain des → Akademos.

Plautus: Titus Maccius Plautus (ca. 254–184 v. Chr.) war einer der ersten und produktivsten Komödiendichter Roms. Dabei ließ er sich vom griechischen Komödiendichter Menander inspirieren.

Plinius d. Ä.: Onkel von → Plinius, d. J., Kommandant der Flotte von → Misenum, starb 79 n. Chr. beim Ausbruch des Vesuv.

Plinius d. J.: Gaius Plinius Caecilius Secundus (ca. 61–113 n. Chr.), Schriftsteller und Politiker; er beschrieb den Vesuvausbruch 79. n. Chr.; während seiner Zeit als Statthalter in Bithynien musste er sich u. a. mit dem Problem der Christen auseinandersetzen.

Plutarch: griechischer Schriftsteller und Historiker (45–125 n. Chr.).

Pluto: griech. Hades; Herrscher der Unterwelt, verheiratet mit → Proserpina, der Tochter von Ceres.

Polyphem: einäugiger Sohn des → Neptun, von → Odysseus geblendet; → Neptun strafte Odysseus damit, dass er ihm die Heimkehr nach → Ithaka verwehrte.

Pompeji: antike Stadt in → Kampanien (Italien), die am 24. August 79 n. Chr. durch den Ausbruch des Vesuvs zerstört wurde.

Porsenna: Lars Porsenna, etruskischer König, belagerte 508 v. Chr. Rom.

Poseidon: → Neptun

Priamus: König von → Troja und Vater des → Paris.

Proserpina: griech. Persephone; Göttin der Unterwelt und Gattin des → Pluto.

Punische Kriege: drei Kriege zwischen Rom und → Karthago um die Vorherrschaft im Mittelmeer; 1. Punischer Krieg 264–241 v. Chr., 2. Punischer Krieg 218–201 v. Chr., 3. Punischer Krieg 149–146 v. Chr.; die Punischen Kriege enden mit der endgültigen Zerstörung Karthagos.

Pythia: Priesterin und Seherin des → Apollo in → Delphi.

Quintilian: Marcus Fabius Quintilianus (35–96 n. Chr.); röm. Lehrer der Rhetorik.

Rhea Silvia: Tochter des Königs Numitor; Vestalin; Mutter von → Romulus und Remus.

Rhodos: Insel in der südlichen Ägäis; wurde besonders berühmt durch den Koloss von Rhodos, einer gewaltigen Bronzestatue, die zu den sieben Weltwundern der Antike zählt.

Romulus und Remus: Zwillingsbrüder, Söhne der → Rhea Silvia und des → Mars; Romulus tötet Remus, als dieser die Furche übersprungen hat, mit der Romulus die Grenze für die neue Stadt gezogen hatte.

Roscius: Sextus Roscius Amerinus wurde im Jahr 81 v. Chr. wegen Vatermordes angeklagt. → Cicero hat ihn erfolgreich verteidigt und als eigentliche Nutznießer des Verbrechens die beiden Verwandten des Roscius, → Capito und → Magnus, sowie einen Günstling → Sullas namens → Chrysogonus überführt.

Sabinerinnen: Sabiner: Volk aus den Sabiner Bergen; lebten der Sage nach ursprünglich auf dem Quirinal, einem der Hügel Roms; die Sabinerinnen wurden von Romulus und seinen Männern geraubt, weil es bei ihnen zu wenig Frauen gab.

Saturnalien: beliebtestes Fest im alten Rom. Es dauerte mehrere Tage. Eigentlicher Festtag war der 17. Dezember: An diesem Tag erinnerte man an das Zeitalter des → Saturn, als es noch keine Standesunterschiede gab. Deshalb besaßen auch viele Sklaven am Saturnalientag Freiheiten, die ihnen sonst nicht gewährt wurden.

Saturnus: Herrscher des Goldenen Zeitalters und Vater von → Iuppiter; ihm sind die → Saturnalien geweiht.

Scaevola: Gaius Mucius Scaevola; er soll die Stadt Rom im 6. Jhdt. v. Chr. vor dem Etruskerkönig → Porsenna gerettet haben, indem er seine rechte Hand im Feuer verbrannte, worauf Porsenna von der Belagerung Roms abließ.

Scipio Africanus: Publius Cornelius Scipio Africanus maior (235–183 v. Chr.) besiegte → Hannibal 202 v. Chr. während des 2. Punischen Krieges in der Schlacht bei → Zama; Publius Cornelius Scipio Aemilianus Africanus minor Numantinus (185–129 v. Chr.) errang im 3. Punischen Krieg 146 v. Chr. den endgültigen Sieg über → Karthago.

Segestes: Schwiegervater des → Arminius.

Seneca: Lucius Annaeus Seneca, geb. etwa 1 v. Chr., gest. 65 n. Chr.; Redner, Philosoph, Schriftsteller und Tragödiendichter. Seit 49 n. Chr. war er Lehrer des Kaisers → Nero, dem er während seiner ersten Regierungsjahre als Berater zur Seite stand. Im Jahr 65 wurde er aufgrund des Verdachts einer Verschwörung gegen Nero zum Selbstmord gezwungen.

Sibylle: Seherin von → Cumae, begleitete → Aeneas in die Unterwelt, nachdem sie → Cerberus mit Honig und magischen Kräutern betäubt hat.

Sirenen: weibliche Wesen, halb Vogel, halb Mensch; mit ihren unwiderstehlichen Stimmen lockten sie vorbeifahrende Seefahrer an und töteten sie.

Sol: griech. Helios; Sonnengott.

Styx: Fluss in der Unterwelt, über den die Verstorbenen in den Hades übersetzen.

Subura: Stadtviertel in Rom.

Sulla: Lucius Cornelius Sulla Felix (ca. 138–78 v. Chr.) gehörte zur konservativen Partei der Optimaten und ließ sich 82 v. Chr. zum *dictator* ernennen. Er führte ein Schreckensregiment und ließ auf sog. Proskriptionslisten zahlreiche Gegner veröffentlichen und für vogelfrei erklären. Sie wurden gejagt, ermordet und ihre Köpfe auf dem Forum aufgespießt. Ihr Vermögen wurde beschlagnahmt.

Tacitus: ca. 55–115 n. Chr.; römischer Historiker und Politiker; enger Freund von → Plinius d. J. und Schwiegersohn des → Agricola.

Tarentum: die Stelle in Rom (heutiges Marsfeld), wo der Sage nach die erste Säkularfeier stattgefunden hat.

Tarquinius Superbus: Lucius Tarquinius, Etrusker und der Sage nach siebter und letzter König von Rom; er wurde 509 v. Chr. wegen seiner grausamen Amtsführung von → Brutus aus Rom verjagt.

Tartaros: Ort der Unterwelt, an dem diejenigen bestraft wurden, die nie wieder begnadigt werden dürfen.

Themse: lat. Tamesis; zweitlängster Fluss Großbritanniens; fließt durch London (lat. Londinium).

Theopropides: in der Plautuskomödie Mostellaria ein alter athenischer Kaufmann, der nach langer und gefährlicher Reise von Ägypten heimkehrt.

Theseus: Sohn des Aigeus aus → Athen; er besiegte mit der Hilfe → Ariadnes und des → Daedalus den Minotaurus.

Thessalien: Landschaft in Griechenland.

Thetis: Gemahlin des → Peleus und Mutter des → Achill; auf der Hochzeit von Peleus und Thetis löst die Göttin → Discordia einen Streit aus, wer die schönste Göttin sei. → Paris muss entscheiden.

Thurkillus: Bauer in der Nähe von London; angeblich wird er im Jahr 1206 von Iulianus hospitator auf eine Reise ins Jenseits abgeholt.

Tiber: Fluss in Rom; wegen seiner schlechten Wasserqualität bauten die Römer schon früh Wasserleitungen nach Rom.

Tiberius: Tiberius Caesar Augustus; nach seiner Adoption durch → Augustus römischer Kaiser (14–37 n. Chr.), eroberte mit seinem Bruder Drusus weite Teile Westgermaniens.

Tiro: Marcus Tullius Tiro (um 103–4 v. Chr.); erst Sklave, seit 53 v. Chr. Freigelassener und Vertrauter → Ciceros, Erfinder einer bis in die Neuzeit gebräuchlichen Kurzschrift, Nachlassverwalter von Ciceros Reden und Briefen.

Trajan: Marcus Ulpius Traianus (geb. 53 n. Chr., gest. 117 n. Chr.). Seine Regierungszeit gilt als die glücklichste der römischen Kaiserzeit.

Tranio: in der Plautuskomödie Mostellaria ein Sklave von Theopropides, der einen Gespensterfluch erdenkt, um die Wahrheit zu verbergen.

Trimalchio: Romanfigur in den Satyrica des → Petron; Gastgeber der »cena Trimalchionis«.

Troja: Stadt im heutigen Westanatolien, türkisch *Hisarlık,* deren Ursprünge bis in die frühe Bronzezeit (ca. 3000 v. Chr.) reichen. Die Stadt wurde 1868 durch Heinrich Schliemann ausgegraben.

Der Sage nach wurde die Stadt zehn Jahre lang von den Griechen unter Führung des → Menelaos belagert und fiel schließlich durch → Osysseus' List mit dem Trojanischen Pferd. Nach der Zerstörung Trojas soll → Aeneas mit einigen Überlebenden von hier nach Italien geflohen sein.

Tyndareus: König von Sparta und Gatte der → Leda.

Ulixes: → Odysseus.

Varus: Publius Quinctilius Varus, geb. 47/46 v. Chr., gest. 9 n. Chr.; er beging nach der Varusschlacht in Germanien Selbstmord, da er die verheerende Niederlage entscheidend zu verantworten hatte – es fanden mehr als 20 000 Menschen (darunter auch viele Frauen und Kinder) den Tod.

Venus: griech. Aphrodite; Göttin der Liebe; Mutter von → Aeneas.

Vergil: Publius Vergilius Maro (70–19 v. Chr.); neben zahlreichen anderen Dichtungen verfasste er das römische Nationalepos *Aeneis.*

Vespasian: Titus Flavius Vespasianus; röm. Kaiser (69–79 n. Chr.).

Vesta: Göttin des Herdfeuers und der Familie; ihr Feuer wurde von unverheirateten Priesterinnen in einem Tempel auf dem → Forum Romanum bewacht, weil es nie ausgehen durfte.

Vesuv: Vulkan am Golf von Neapel; während des Ausbruchs 79 n. Chr. wurden u. a. die Städte → Pompeji, → Herculaneum und Stabiae verschüttet.

Via Sacra: »Heilige Straße«; Prachtstraße, die durch das Forum Romanum hoch zum → Capitolium hinaufführt; über die Via Sacra zogen die Triumphzüge zum Tempel der Capitolinischen Trias.

Vindolanda: Auxiliarlager am Hadrianswall, berühmt durch die *tablets,* kleine Holztäfelchen, die sich durch Zufall erhalten haben und einen Einblick in das Alltagsleben eines römischen Militärlagers geben.

Vulcanus: griech. Hephaistos; hinkender Gott des Feuers und der Schmiedekunst, Gatte der → Venus.

Wulfila: »Wölflein«, griech. Ulfilas (ca. 311–383 n. Chr.) westgotischer Bischof; übersetzte das Neue Testament aus dem Griechischen ins Gotische.

Xanten: Stadt am Niederrhein, ursprünglich die Colonia Ulpia Traiana.

Zama: Stadt in der Nähe Karthagos und 202 v. Chr. Ort der Niederlage → Hannibals gegen → Scipio Africanus maior.

Zenon von Kition: ca. 333–264 v. Chr.; Begründer der Philosophenschule der Stoa.

Zeus: → Iuppiter.

Alphabetisches Verzeichnis des Lernwortschatzes

ā, ab *(+ Abl.)* 5	von; von *etw.* her
abdere, -dō, -didī, -ditum 30	verbergen
abesse, absum, āfuī 38	weg sein
abīre, abeō 11	weggehen
abscēdere, -cēdō, -cessī, -cessum 40	weggehen
absēns *(Gen.* absentis) 40	abwesend
absūmere, -sūmō, -sūmpsī, -sūmptum 39	1. verbrauchen 2. vernichten
ac/atque 7	und
accēdere, -cēdō, -cessī, -cessum 34	hingehen
accendere, -cendō, -cēnsī, -cēnsum 43	anzünden
accēpī, acceptum 14	→ accipere
accidere, -cidō, -cidī 23	sich ereignen; geschehen
accipere, accipiō, accēpī, acceptum 4, 14	1. annehmen; bekommen 2. erfahren
accūsāre *(+ Gen.)* 33	anklagen
accūsātor, ōris *m.* 34	Ankläger
ācer, ācris, ācre 18	scharf; heftig
āctum 13	→ agere
ad *(+ Akk.)* 4	zu; nach; bei; an
addūcere, -dūcō, -dūxī, -ductum 35	1. heranführen 2. veranlassen
timōre adductus 35	aus Furcht
adeō *(Adv.)* 37	so sehr
adesse, adsum, affuī, – 1, 13	1. da sein 2. helfen
adhibēre 29	anwenden; hinzuziehen
adhūc *(Adv.)* 26	noch
adīre, -eō, -iī, -itum 11, 13	[»*jmdn.* an-gehen«]: 1. zu … gehen 2. angreifen
adiuvāre, adiuvō, adiūvī, adiūtum 27	unterstützen; helfen
administrāre 34	verwalten
adulēscēns, ntis *m.* 39	junger Mann
advenīre, -veniō, -vēnī, – ventum 35	ankommen
adversārius, ī 5	Gegner
adversus, a, um 34	1. zugewandt 2. feindlich 3. ungünstig
aedēs, is *f.* *(Gen. Pl.* aedium) 39	Raum: 1. Tempel 2. *(im Plural:)* Wohnhaus
aedificāre 12	bauen
aequor, aequoris *n.* 37	Meer
aequus, a, um 33	gleich; gerecht
āēr, āeris *m.* 43	Luft
aes, aeris *n.* 40	Bronze; Geld
aes aliēnum, aeris aliēnī 40	Schulden *(Pl.)*
aestimāre 37	(ein)schätzen; meinen
parvī aestimāre 37	gering schätzen
magnī aestimāre	hoch schätzen
aetās, tātis *f.* 33	Alter: 1. Zeitalter 2. Lebensalter
afficere, -ficiō, -fēcī, -fectum *(+ Abl.)* 36	mit *etw.* versehen; mit *etw.* ausstatten
affuī 13	→ adesse
āfuī 38	→ abesse
agere, agō, ēgī, āctum 11, 13	»treiben«: 1. tun; handeln 2. verhandeln
agmen, agminis *n.* 21	Heereszug; Schar
ait 27	er, sie, es sagt(e)
aliēnus, a, um 40, 44	fremd
aliquandō *(Adv.)* 17	irgendwann
aliquis (Gen. alicuius) 33	irgendjemand
aliquot *(indekl.)* 19	einige
alius, alia, aliud 10	ein anderer
alter, altera, alterum *(Gen.* alterīus) 23	der andere; der zweite
altus, a, um 11	1. tief 2. hoch
amāre 9	lieben; mögen
ambō, ambae, ambō 40, 43	beide
amīca, ae 41, 45	Freundin
amīcitia, ae 38	Freundschaft
amīcus, ī 12	Freund
āmittere, -mittō, -mīsī, -missum 5, 16	verlieren
amor, amōris *m.* 15	Liebe
amplus, a, um 15	1. weit 2. groß; bedeutend
an 44	1. ob 2. oder
utrum … an … 36	ob … oder (ob)
ancilla, ae 3	Sklavin
angustus, a, um 28	eng
anima, ae 20	1. Atem 2. Seele 3. Leben

animal, ālis *n.* (*Gen. Pl.* animalium) 31 — Lebewesen; Tier

animus, ī 17 — [»das tätige Innenleben«] Geist; Sinn; Gesinnung; Herz; Mut

annus, ī 7 — Jahr

ante 25 — 1. (+ *Akk.*): vor 2. *Adv.*: vorher

anteā (*Adv.*) 13 — vorher; früher

antequam 40 — bevor

antīquus, a, um 12 — alt

aperīre, aperiō, aperuī, apertum 25 — öffnen; aufdecken

apertus, a, um 25 — offen; offenkundig

appārēre 25 — erscheinen; sich zeigen

appellāre 20 — nennen

appetere, -petō, -petīvī, petītum 27 — *verstärktes* petere

apportāre 2 — herbeitragen; (über)bringen

appropinquāre 28 — sich nähern

apud (+ *Akk.*) 18 — bei

aqua, ae 7 — Wasser

āra, ae 4 — Altar

arbitrārī, arbitror, arbitrātus sum 39 — meinen

arbor, arboris *f.* 27 — Baum

ārdēre, ārdeō, ārsī, – 7, 13 — brennen; glühen

argenteus, a, um 43 — silbern; aus Silber

argentum, ī 21 — Silber

arma, ōrum *n. Pl.* 5 — Waffen (*Pl.*)

armātus, a, um 31 — bewaffnet

arripere, -ripiō, -ripuī, -reptum 34 — an sich reißen; rauben

ars, artis *f.* 35 — 1. Geschicklichkeit 2. Kunst

ārsī 7 — → ārdēre

arx, arcis *f.* 28 — Burg

asinus, ī 8 — Esel

asper, aspera, asperum 24 — rau; streng

aspicere, aspiciō, aspexī, aspectum 22 — erblicken

at 28 — aber

atque/ac 7 — und

attinēre, -tineō, -tenuī, -tentum 41 — *jdn.* betreffen, angehen

auctor, ōris *m.* 31 — 1. Urheber; Veranlasser 2. Stammvater

auctōritās, tātis *f.* 33 — 1. Ansehen 2. Einfluss; Macht

auctum 13 — → augēre

audācia, ae 35 — Kühnheit: 1. Frechheit 2. Mut

audāx (*Gen.* audācis) 24 — kühn: 1. frech 2. mutig

audēre, audeō 22 — wagen

audīre 3 — hören

augēre, augeō, auxī, auctum 13 — vergrößern

aureus, a, um 35 — golden

auris, is *f.* (*Gen. Pl.* aurium) 29 — Ohr

aurum, ī 21 — Gold

aut 16 — oder

autem 5 — aber

auxī 13 — → augēre

auxilium, ī 7 — Hilfe

avārus, a, um 40 — habsüchtig; geizig

avis, is *f.* (*Gen. Pl.* avium) 29 — Vogel

avus, ī — Großvater

barbarus, a, um 17 — 1. ausländisch 2. unzivilisiert

beātus, a, um 43 — glücklich

bellum, ī 12 — Krieg

bene (*Adv.*) 17 — gut

bene ēvenīre 30 — ein gutes Ende nehmen; gut ausgehen

beneficium, ī 13 — Wohltat

bēstia, ae 2 — Tier; Raubtier

bibere, bibō, bibī, – 23 — trinken

bona, ōrum *n. Pl.* 7 — Hab und Gut; Besitz

bonum, ī 7 — das Gute

bonus, a, um 3 — gut

bōs, bovis *m./f.* (*Abl. Pl.* bōbus) 42, 45 — Ochse; Kuh; Rind

brevis, e 38 — kurz

cadere, cadō, cecidī 43 — fallen

caedere, caedō, cecīdī, caesum 31 — fällen; niederhauen; töten

caedēs, is *f.* (*Gen. Pl.* caedium) 33 — Mord; Blutbad

caelum, ī 44 — Himmel

calamitās, tātis *f.* 13 — Unglück; Schaden

callidus, a, um 39 — schlau

campus, ī 4 — Feld; freier Platz

cantāre 4 — singen

caper, caprī 1 — Ziegenbock

capere, capiō, cēpī, captum 8, 17	»packen«: 1. erobern 2. nehmen 3. erhalten
captīvus, ī 19	Gefangener
caput, capitis *n.* 32	1. Kopf 2. Hauptstadt
carmen, carminis *n.* 4	Lied; Gedicht; Gebet
carpere, carpō, carpsī, carptum 22	pflücken; abreißen
carrus, ī 2	Karren
cārus, a, um 10	1. teuer; wertvoll 2. lieb
castra, ōrum *n. Pl.* 31	Lager (Sg.)
castra movēre 31	aufbrechen
castra pōnere 31	ein Lager aufschlagen
cāsū 24	zufälligerweise
cāsus, ūs *m.* 24	Fall; Zufall; Ereignis
causa, ae 20	»Motiv; Beweg-grund«: 1. Grund; Ursache 2. (juristisch:) Fall; Prozess 3. (allg.:) Sachverhalt; Sache
causā + *vorangestellter Gen.* 35	wegen
causā *(nach nd-Form im Gen.)* 35	um *etw.* zu *tun*
cavēre *(+ Akk.)* 19	sich *vor etw.* hüten
cecidī 43	→ cadere
cecīdī 31	→ caedere
cēdere, cēdō, cessī, cessum 26	gehen; weichen; nachgeben
celer, celeris, celere 26	schnell
cēna, ae 37	(Abend)Essen
cēnsēre 9	1. meinen 2. beschließen
cēpī 17	→ capere
cernere, cernō, crēvī, crētum 21	wahrnehmen; sehen; bemerken
certāre 27	streiten; (wett-)kämpfen
certē *(Adv.)* 3	sicherlich
certus, a, um 44	sicher
cessī, cessum 26	→ cēdere
cēterī, ae, a 27	die anderen; die übrigen *(adj.);* die Übrigen *(subst.)*
cibus, ī 2	Nahrung; Speise; Futter
cinis, cineris *m.* 25	Asche
circum *(+ Akk.)* 44	um … herum
circumdare, -dō, -dedī, -datum 20	umgeben
cīvis, is *m.* 17	Bürger
cīvitās, tātis *f.* 33	1. Bürgerschaft 2. Stadt; Staat
clādēs, is *f.* 14	1. Niederlage 2. Katastrophe
clam *(Adv.)* 23	heimlich
clāmāre 2	rufen; schreien
clāmor, ōris *m.* 7	Geschrei
clārus, a, um 6	1. hell; strahlend 2. berühmt
claudere, claudō, clausī, clausum 25	(ab-/ein-)schließen
clēmēns *(Gen.* clēmentis) 41	mild
coāctum 42	→ cōgere
coēgī 42	→ cōgere
coepī 18	→ incipere
cōgere, cōgō, coēgī, coāctum 42	zusammentreiben: 1. versammeln 2. zwingen
cōgitāre 36	denken
cognōscere, cognōscō, cognōvī, cognitum 20	kennenlernen; erkennen
colere, colō, coluī, cultum 16	»sich intensiv beschäftigen mit«: 1. bewirtschaften 2. pflegen 3. verehren
collum, ī 45	Hals
comes, comitis *m.* 39, 45	Begleiter
committere, -mittō, -mīsī, -missum 32	1. veranstalten 2. überlassen; anvertrauen
scelus committere 32	ein Verbrechen begehen
commovēre, -moveō, -mōvī, -mōtum 28	(innerlich) bewegen; veranlassen
comparāre 27	1. beschaffen 2. vergleichen
comperīre, comperiō, comperī, compertum 14	erfahren
complectī, -plector, -plexus sum 38	umarmen
complēre, -pleō, -plēvī, -plētum 13	anfüllen
complexus sum 38	→ complectī
complūrēs, ium 25	mehrere; einige
compōnere, -pōnō, -posuī, -positum 37	zusammenstellen →: 1. sich ausdenken; abfassen 2. ordnen 3. vergleichen
comprehendere, -prehendō, -prehendī, -prehēnsum 8, 17	1. ergreifen; festnehmen 2. begreifen
cōnārī, cōnor, cōnātus sum 44	versuchen
conclūdere, -clūdō, -clūsī, -clūsum 40	1. (ab-, ein-)schließen 2. folgern
condere, condō, condidī, conditum 20	1. gründen; erbauen 2. verwahren; verstecken
cōnfitērī, cōnfiteor, cōnfessus sum 45	bekennen; gestehen

conicere, -iciō, -iēcī, -iectum 29	1. (zusammen)werfen 2. folgern; vermuten
coniūnx, coniugis *m./f.* 16	Ehemann/Ehefrau
cōnservāre 38	retten; bewahren
cōnsīdere, -sido, -sēdī, -sessum 22	sich setzen; sich niederlassen
cōnsilium, ī 37	Versammlung; Rat (1): 1. Beratung 2. Plan 3. Beschluss; Rat (2)
cōnsistere, -sistō, -stitī, – 31	1. sich aufstellen 2. stehenbleiben
cōnsistere in (+ Abl.) 31	bestehen aus
cōnstat (+ AcI) 9	es steht fest, dass
cōnstituere, -stituō, -stituī, -stitūtum 30	wie *statuere* (vgl. Lektion 26): 1. aufstellen 2. festsetzen; beschließen
cōnsuēscere, cōnsuēscō, cōnsuēvī, cōnsuētum 42	sich gewöhnen; *Perf.:* gewohnt sein
cōnsuētūdō, dinis *f.* 31	Gewohnheit
cōnsul, is *m.* 17	Konsul
cōnsūmere, -sūmō, -sūmpsī, -sūmptum 39	verbrauchen
contendere, -tendō, -tendī, -tentum 14	»sich anstrengen«: 1. kämpfen 2. eilen 3. behaupten
contentus, a, um 34	zufrieden
contingere, -tingō, -tigī, -tāctum 22	1. berühren 2. gelingen 3. zuteil werden
contrā (+ Akk.) 12	gegen
convenīre, -veniō, -vēnī, -ventum 15	»zusammenkommen«: 1. *jmdn.* treffen 2. sich einigen
convīva, ae *m.* 39	Gast
convīvium, ī 31	Gastmahl; Fest
cōpia, ae 14	1. Menge; Vorrat 2. Möglichkeit; *Pl.:* Truppen
cor, cordis *n.* 16	Herz
corpus, corporis *n.* 5	Körper
crās (*Adv.*) 16	morgen
creāre 23	erschaffen; wählen
crēber, crēbra, crēbrum 32	zahlreich; häufig
crēdere, crēdō, crēdidī, crēditum 14	1. glauben 2. anvertrauen
crēscere, crēscō, crēvī, crētum 31	wachsen
crēvī, crētum 31	→ crēscere
crēvī, crētum 21	→ cernere
crīmen, minis *n.* 33	1. Beschuldigung 2. Schuld 3. Verbrechen
crūdēlis, e 32	grausam
crūdēlitās, tātis *f.* 32	Grausamkeit
culpa, ae 21	Schuld
cultum 16	→ colere
cum (+ Abl.) 5	mit
cum (+ Ind.) 15	als; immer, wenn
cum (+ Konj.) 22	1. *(temporal):* als; nachdem 2. *(kausal):* weil 3. *(konzessiv):* obwohl
cūnctī, ae, a 41, 42	alle
cupere, cupiō, cupīvī, cupītum 2, 13	wünschen; wollen
cupiditās, tātis *f.* 10	Begierde (nach *etw.*); Leidenschaft
cupidus, a, um (+ Gen.) 10	gierig (auf *etw.*)
cūr? 1	warum?
cūra, ae 20	Sorge; Pflege
cūrāre 2	1. behandeln; pflegen 2. sich *um etw.* kümmern; sorgen *(für)*
currere, currō 2	laufen; eilen
cursus, ūs *m.* 29	Lauf; Kurs
custōdīre 35	bewachen
damnāre 36	verurteilen; rächen
dare, dō, dedī, datum 4, 13	geben
dē (+ Abl.) 6	von *etw.* herab; von *etw.* weg; über *etw.*
dea, ae 16	Göttin
dēbēre 1	1. müssen 2. schulden 3. verdanken
dēcernere, dēcernō, dēcrēvī, dēcrētum 27	entscheiden; beschließen
decet (+ Inf./AcI) 23	es gehört sich *für jdn., etw. zu tun*
dēcidere, -cidī, – 25	herabfallen
sē dēdere, dēdō, dēdidī, dēditum (+ Dat.) 18	sich *jmdm.* ausliefern; sich *einer Sache* widmen
dedī 13	→ dare
dēfendere, dēfendō, dēfendī, dēfēnsum 24	verteidigen; abwehren
dēferre, -ferō, -tulī, -lātum 42	1. wegtragen 2. überbringen 3. melden
deinde (*Adv.*) 25	dann; darauf
dēlātum 42	→ dēferre
dēlectāre 6	erfreuen; *jmdm.* Spaß machen

dēlēre, dēleō, dēlēvī, dēlētum 7, 13	zerstören
dēliberāre 12	überlegen
dēmōnstrāre 11	(deutlich) zeigen; beweisen
dēmum *(Adv.)* 26	endlich
dēnique *(Adv.)* 8	zuletzt; schließlich
dēpōnere, -pōnō, -posuī, -positum 26	1. ablegen 2. aufgeben
dēscendere, -scendō, -scendī, -scēnsum 20	herabsteigen
dēsīderāre 42	vermissen; sich sehnen nach
dēsinere, -sinō, -siī, -situm 3, 14	aufhören
dēspērāre 13	verzweifeln
dētulī 42	→ dēferre
deus, ī 4	Gott
diabolus, ī 43	Teufel
dīcere, dīcō, dīxī, dictum 2, 13	sagen
didicī 18	→ discere
diēs, diēī *m.* 24	Tag
differre, differō, distulī, dīlātum 31	1. auseinandertragen 2. aufschieben *(zeitl.)* 3. (sich) unterscheiden
difficilis, e 27	schwierig
dignus, a, um *(+ Abl.)* 10	*einer Sache* würdig
dīlātum 31	→ differre
dīligere, dīligō, dīlēxī, dīlēctum 16	schätzen; lieben
dīmittere, -mittō, -mīsī, -missum 43	entsenden; entlassen
discēdere, -cēdō, -cessī, -cessum 39, 45	auseinandergehen; weggehen
discere, discō, didicī, – 18	lernen; erfahren
discipulus, ī 18	Schüler
distulī 31	→ differre
diū *(Adv.)* 9	lange *(zeitl.)*
dīversus, a, um 36	entgegengesetzt
dīves *(Gen.* dīvitis, *Abl.* dīvite) 39	reich
dīvīnus, a, um 43	göttlich
dīvitiae, ārum *Pl.* 39	Reichtum *(Sg.)*
dīxī 13	→ dīcere
docēre, doceō, docuī, doctum 20	lehren; unterrichten
doctus, a, um 18	gelehrt; gebildet
dolor, dolōris *m.* 17	Schmerz
dolus, ī 5	List

domī *(Adv.)* 36	zu Hause
domicilium	Wohnsitz; Haus
domina, ae 1	Herrin
dominus, ī 1	Herr; Hausherr
domō *(Adv.)* 16	von zu Hause
domum *(Adv.)* 15	nach Hause
domus, ūs *f.* (*Abl. Sg.* domō, *Gen. Pl.* domōrum, *Akk. Pl.* domōs) 25	Haus
dōnāre 39	(be)schenken
dōnec 45	(solange) bis
dōnum, ī 2	Geschenk
dormīre 39	schlafen
dōs, dōtis *f.* 15	Mitgift
dubitāre 27	1. zögern 2. (be)zweifeln
dūcere, dūcō, dūxī, ductum 12, 15	1. führen 2. meinen; für *etw.* halten
dulcis, e 18	süß; angenehm
dum *(+ Ind. Präs.)* 18	während
duo, duae, duo 16	zwei
dūrus, a, um 20	hart; beschwerlich
dux, ducis *m.* 31	(Heer-)Führer
dūxī 15	→ dūcere
ē, ex *(+ Abl.)* 5	aus *etw.* heraus; von *etw.* her
ecce! *(indekl.)* 3	sieh/seht da! da ist
ecclesia, ae 42	Kirche
ēdere, -dō, -didī, -ditum 38	herausgeben; bekanntmachen
ēducāre 39, 42	erziehen
effugere, -fugiō, -fūgī 19	entfliehen
ēgī 13	→ agere
egō 6	ich
ēgredī, -gredior, -gressus sum 38	hinausgehen
ēgregius, a, um 27	hervorragend
ēicere, ēiciō, ēiēcī, ēiectum 42	hinauswerfen; vertreiben
ēlegāns *(Gen.* ēlegantis) 18	geschmackvoll
ēloquentia, ae 18	Beredsamkeit
emere, emō, ēmī, ēmptum 3, 39	kaufen
ēmittere, -mittō, -mīsī, -missum 25	hinausschicken
enim *(nachgestellt)* 23	nämlich; denn
eques, equitis *m.* 10	1. Reiter 2. Ritter
equus, ī 8	Pferd
ēreptum 14	→ ēripere

ergō 10	also
ēripere, -ripiō, -ripuī, -reptum 14	entreißen
errāre 3	sich irren; umherirren
ēruptiō, tiōnis f. 25	Ausbruch
esse, sum, fuī 1, 12	1. sein. *als Vollverb:* existieren; vorhanden sein (»es gibt«)
et ... et 17	sowohl ... als auch
et 1	1. und 2. auch
Et quod nōmen est tibī?	Und wie heißt du?
etiam 1	auch
etiamsī 6	auch wenn
etsī 29	auch wenn, obwohl
ēvenīre, -veniō, -vēnī, -ventum 30	1. herauskommen 2. sich ereignen
bene ēvenīre 30	ein gutes Ende nehmen; gut ausgehen
ēvertere, -vertō, vertī, -versum 32	1. umkehren; umstürzen 2. zerstören; vernichten
ēvītāre 35	vermeiden
ex (+ Abl.) 5	aus *etw.* heraus; von *etw.* her
excipere, -cipiō, -cēpī, -ceptum 31	1. aufnehmen 2. eine Ausnahme machen
excitāre 26	antreiben; ermuntern; wecken
exemplum, ī 38	Beispiel; Vorbild
exercitus, ūs m. 24	Heer
exilium, ī 36	Verbannung
exīre, -eō, -iī, -itum 16	hinausgehen
exīstimāre 28	einschätzen; meinen
experīrī, experior, expertus sum 43, 44	erproben → erfahren
expertus sum 43	→ experīrī
exspectāre 1	(er)warten
exstinguere, -stinguō, -stīnxī, -stīnctum 13	auslöschen; vernichten
fābula, ae 11	Geschichte; Erzählung
facere, faciō, fēcī, factum 9, 13	tun; machen
faciēs, faciēī f. 24	1. Gesicht 2. Gestalt
facilis, e 38	leicht
facinus, oris n. 34	Tat; Verbrechen
facultās, tātis f. 33	1. Möglichkeit 2. Fähigkeit 3. Besitz
fallere, fallō, fefellī, – 36	täuschen
falsus, a, um 33	falsch

fāma, ae 13	(guter/schlechter) Ruf; Gerücht
familia, ae 3	Hausgemeinschaft; Familie; Sklavenschar
familiāris, e 37	1. zur Familie gehörig 2. befreundet; vertraut; *Subst.:* Freund
fatērī, fateor, fassus sum 42	bekennen; gestehen
fātum, ī 19	Götterspruch; Schicksal
favēre, faveō, fāvī, fautum (+ Dat.) 27	*jdm.* geneigt sein
fēcī 13	→ facere
fefellī 36	→ fallere
fēlīx (*Gen.* fēlīcis) 36	glücklich
fēmina, ae 37	Frau
ferre, ferō, tulī, lātum 29	1. tragen 2. ertragen 3. berichten (*im Passiv:* man erzählt)
ferrum, ī 37	1. Eisen 2. Schwert; Waffe
ferus, a, um 24	wild
fidēlis, e 34	treu
fidēs, eī f. 32	1. Vertrauenswürdigkeit; Vertrauen; Treue 2. Glaube
fīdus, a, um 11	treu
fierī, fīō, factus sum 38	1. gemacht werden 2. werden; geschehen
fīlia, ae	Tochter
fīlius, ī	Sohn
fingere, fingō, fīnxī, fictum 22	1. gestalten 2. sich *etw.* ausdenken
fīnis, is m. 12	1. Grenze (*im Pl. auch* Gebiet); Ende 2. Ziel; Zweck
flāgitium, ī 42	Schandtat
flamma, ae 7	Flamme; Feuer
flēre, fleō, flēvī, flētum 4, 13	(be)weinen
flōs, flōris m. 22	Blume
flūctus, ūs m. 37	Welle
flūmen, flūminis n. 11	Fluss
foedus, a, um 32	scheußlich; abstoßend
forās (*Adv.*) 26	heraus; hinaus
forēs, forium f. Pl. 40	Tür; Eingang
fōrma, ae 16	Form; Gestalt; Schönheit
fortasse (*Adv.*) 6	vielleicht
fortis, e 20	stark; tapfer
fortūna, ae 3	Zufall; Glück; Schicksal
forum, ī 10	Forum; Marktplatz

frangere, frangō, frēgī, frāctum 40 — zerbrechen (= *etw.* kaputt machen)

frāter, frātris *m.* 4 — Bruder

frēgī 40 — → frangere

frequēns (*Gen.* frequentis) 42 — häufig

frūctus, ūs *m.* 38 — Ertrag: 1. Frucht 2. Nutzen

frūmentum, ī 2 — Getreide

frūstrā (*Adv.*) 42, 43, 44 — vergeblich

fūdī 14 — → fundere

fugere, fugiō, fūgī, fugitum 17 — fliehen

fuī 12 — → esse

fundere, fundō, fūdī, fūsum 7, 14 — 1. (ver)gießen 2. zerstreuen; in die Flucht schlagen

furere 36 — umherwüten; verrückt sein

furor, furōris *m.* 32 — Wut; Raserei

gaudēre (+ *Abl.*) 5 — sich (über *etw.*) freuen

gaudium, ī 9 — Freude

gēns, gentis *f.* 12 — 1. (vornehme) Familie; Geschlecht 2. Volk; Stamm

genus, generis *n.* 20 — Abstammung; Geschlecht; Art

gerere, gerō, gessī, gestum 27 — tragen; führen; ausführen

Germānus, ī 14 — Germane

gessī 27 — → gerere

gestum 27 — → gerere

gladius, ī 5 — Schwert

glōria, ae 27 — Ruhm; Ehre

Graecus, a, um 15 — griechisch

Graecus, ī 15 — Grieche

grātia, ae 13 — *Positives Verhältnis zwischen Menschen:* 1. Ausstrahlung 2. Beliebtheit; Sympathie 3. Gefälligkeit 4. Dank

grātiās agere 13 — danken

gravis, e 20 — schwer; ernst; wichtig

habēre 8 — haben

habitāre 1 — (be)wohnen

habitus, ūs *m.* 27 — 1. Haltung; Zustand; Aussehen 2. Kleidung

haerēre 11 — hängen; stecken bleiben

haud (*Adv.*) 11 — nicht; nicht gerade

herba, ae 2 — Gras; Pflanze

herī (*Adv.*) 15 — gestern

heus! 35 — Hallo!

hīc (*Adv.*) 1 — hier

hic, haec, hoc 29 — dieser, diese, dieses

hiems, hiemis *f.* 30 — Winter

hinc (*Adv.*) 39 — von hier

hodiē (*Adv.*) 5 — heute

homō, hominis *m.* 4 — Mensch; *Pl.:* die Leute

honestus, a, um 15 — ehrenhaft; angesehen

honōs, honōris *m.* 17 — Ehre; Ehrenamt

hōra, ae 5 — Stunde

hortārī, hortor, hortātus sum 38 — auffordern; ermahnen

hortus, ī 8 — Garten

hospes, hospitis *m.* 15 — Fremder; Gast

hostia, ae 4 — Opfertier

hostis, is (*Gen. Pl.* hostium) 21 — Feind

hūc (*Adv.*) 35 — hierhin

humānitās, tātis *f.* 18 — Menschlichkeit; Bildung

hūmānus, a, um 44 — 1. menschlich 2. gebildet

iacēre 5 — liegen

iactāre 28 — werfen; schleudern

iam (*Adv.*) 1 — schon

iānua, ae 40 — Tür; Eingang

ibī (*Adv.*) 2 — dort

idōneus, a, um 10 — geeignet (für *etw.*)

igitur (*nachgestellt*) 23 — also; folglich

īgnārus, a, um (+ *Gen.*) 38 — unwissend; ohne Kenntnis

ignis, is *m.* (*Gen. Pl.* ignium) 35 — Feuer

īgnōrāre 9 — nicht kennen; nicht wissen

ille, illa, illud 29 — jener, jene, jenes

imāgō, ginis *f.* 22 — Bild; Abbild

immō 23 — nein, vielmehr; ja, sogar

immolāre 4 — opfern

imperāre 37 — befehlen; herrschen (über)

imperātor, ōris *m.* 4 — 1. Oberbefehlshaber 2. Kaiser; Herrscher

imperium, ī 27 — 1. Befehl 2. Herrschaft 3. Reich

impetus, ūs *m.* 24 — Angriff; Schwung

implōrāre 4 — *jmdn.* anflehen

impōnere, -pōnō, -posuī, -positum 20 — auferlegen

imprīmīs (*Adv.*) 6 — vor allem

improbus, a, um 33 — schlecht; unverschämt

imprōvīsus, a, um 25 — unvorhergesehen

impūne (*Adv.*) 41, 45 — ungestraft

in (+ *Abl.*) 5 — in *etw.* (*wo?*); an; auf; bei

in (+ Akk.) 4 — 1. in etw. hinein (wohin?) 2. nach; gegen; zu

ināmis, e 20 — leer; wertlos

incendere, incendō, incendī, incēnsum 29 — in Brand stecken

incendium, ī 7 — Brand

incipere, incipiō, coepī, coeptum 5, 18 — anfangen

incitāre 2 — 1. erregen 2. antreiben

incola, ae m. 25 — Einwohner

incolumis, e 29 — unverletzt, wohlbehalten

inde (Adv.) 30 — 1. von dort 2. seitdem; daraufhin 3. daher; deshalb

indignus, a, um (+ Abl.) 14 — einer Sache unwürdig

īnfēlix (Gen. īnfēlīcis) 36 — unglücklich

īnferī, ōrum 20 — Unterirdische; Bewohner der Unterwelt

īnferior, inferius (Gen. īnferiōris) 29 — der untere

ingenium, ī 33 — 1. Begabung 2. Charakter

ingēns (Gen. ingentis) 20 — riesig; ungeheuer

ingredī, -gredior, -gressus sum 44 — hineingehen

inicere, -iciō, -iēcī, -iectum 43 — hineinwerfen

inimīcus, a, um 43 — feindlich

inimīcus, ī 43 — Feind

inīquus, a, um 3 — 1. ungleich 2. ungerecht

iniūria, ae 33 — Unrecht; Ungerechtigkeit

innocēns (Gen. innocentis) 34 — unschuldig

innocentia, ae 32 — Unschuld

inquit 8 — er, sie, es sagt(e)

īnsānus, a, um 40 — unvernünftig; verrückt

īnsidiae, ārum 44 — Falle; Hinterhalt

īnspicere, -spiciō, -spexī, -spectum 41 — hineinschauen; besichtigen

īnstāre, īnstō, īnstitī + Dat. 35 — jdm. bevorstehen; drohen

īnstitūtum, ī 33 — Einrichtung

īnstruere, -struō, -strūxī, -strūctum 35 — 1. aufstellen 2. ausrüsten 3. unterrichten

īnsula, ae 18 — 1. Insel 2. Wohnblock

intellegere, intellegō, intellēxī, intellēctum 10, 15 — bemerken; verstehen

inter (+ Akk.) 37 — zwischen; unter; während

interesse, -sum, -fuī 36 — »dazwischen sein«: 1. sich dazwischen befinden 2. teilnehmen; dabei sein 3. einen Unterschied machen für jmd.; wichtig sein für

mea interest 36 — es ist wichtig für mich

interficere, -ficiō, -fēcī, -fectum 28 — töten

interim (Adv.) 26 — inzwischen

interīre, -eō, -iī, -itum 40 — umkommen

intermittere, -mittō, -mīsī, -missum 30 — unterbrechen

interrogāre 42 — fragen

intrā (+ Akk.) 25 — innerhalb von etw.

intrāre 1 — eintreten; betreten

invenīre, -veniō, -vēnī, -ventum 2, 14 — (er)finden

invītāre 12 — einladen

invītus, a, um 36 — ungern; gegen den Willen

ipse, ipsa, ipsum (Gen. ipsīus) 31 — 1. selbst 2. betonend: persönlich; eben; genau; gerade

īra, ae 9 — Zorn

īrāscī, īrascor, īrātus sum 39 — zornig werden; zornig sein

īre, eō, iī, itum 11, 18 — gehen

is, ea, id 10 — der; dieser; er

iste, ista, istud (Gen. istīus) 32 — dieser (da)

istīc (Adv.) 41 — dort

ita (Adv.) 2 — so

itaque 8 — deshalb

item (Adv.) 34 — ebenso

iter, itineris n. 20 — Weg; Marsch; Reise

iterum 6 — wiederum; noch einmal

iterum atque iterum 7 — immer wieder

iubēre, iubeō, iussī, iussum 9, 15 — befehlen

iūcundus, a, um 16 — angenehm

iūdex, dicis m. 34 — Richter

iūdicāre 27 — 1. (als etwas) beurteilen 2. entscheiden

iūdicium, ī 33 — 1. Gericht 2. Urteil

Iuppiter, Iovis 21 — Jupiter

iūrāre 37 — schwören

iūs, iūris n. 33 — Recht

iussī; iussum — → iubēre

iussū (+ Gen.) 20 — auf jmds. Befehl

iussum, ī 36 — Befehl

iūstitia, ae 34	Gerechtigkeit
iūstus, a, um 21	gerecht
iuvāre, iuvō, iūvī, iūtum 7, 16	1. unterstützen; helfen 2. erfreuen
iuvenis, is *m./f.* 26	jung; *Subst.:* junger Mann/ junge Frau
labor, labōris *m.* 29	1. Anstrengung 2. Arbeit
labōrāre 9	1. sich bemühen; arbeiten 2. in Not sein; leiden
lacrima, ae 38	Träne
lacus, ūs *m.* 24	See
laedere, laedō, laesī, laesum 28	verletzen; beleidigen
laetus, a, um 4	fröhlich
lapis, lapidis *m.* 25	Stein
latēre 28	versteckt sein
lātum 29	→ ferre
laudāre 18	loben
laus, laudis *f.* 18	Lob; Ruhm
lectus, ī 43, 45	Bett
legere, legō, lēgī, lēctum 15	1. sammeln; auswählen 2. lesen
legiō, legiōnis *f.* 14	Legion
lēx, lēgis *f.* 36	Gesetz
libenter *(Adv.)* 9	gern
līber, lībera, līberum 19	frei
līberāre 29	befreien
līberī, ōrum 1	Kinder
lībertās, tātis *f.* 23	Freiheit
licet *(+ Inf.)* 2	es ist erlaubt
licet *(+ Konj.)* 35	wenn auch; selbst wenn
lignum, ī 28	Holz
littera, ae 15	Buchstabe; *Pl.:* »Geschriebenes«: 1. Brief 2. Wissenschaften 3. Literatur
lītus, lītoris *n.* 22	Strand; Küste
locus, ī 18	Ort
locūtus sum 38	→ loquī
longus, a, um 28	lang
loquī, loquor, locūtus sum 38	sprechen; reden
lucrum, ī 7	Gewinn
lūdere, lūdō, lūsī, lūsum 9, 22	spielen
lūdus, ī 6	1. Spiel 2. Wettkampf 3. Schule
lūmen, lūminis *n.* 45	1. Licht 2. Auge
lūna, ae 45	Mond
lupus, ī 44, 45	Wolf
lūsī 22	→ lūdere
lūx, lūcis *f.* 32	Licht
maestus, a, um 38	traurig
magis *(Adv.)* 8	mehr
magnitūdō, dinis *f.* 28	Größe
magnus, a, um 4	1. groß 2. bedeutend
māior, māius *(Gen.* māiōris) 33	1. größer; bedeutender 2. älter
mālle, mālō, māluī, – 40	lieber wollen
malus, a, um 3	schlecht; böse
manēre, maneō, mānsī, – 36	bleiben
manus, ūs *f.* 24	1. Hand 2. Gruppe
mare, maris *n. (Abl. Sg.* marī, *Nom. Pl.* maria) 20	Meer
marītus, ī 6	Ehemann
māter, mātris *f.*	Mutter
maximē *(Adv.)* 8	am meisten; sehr; besonders
maximus, a, um 27	1. der größte 2. sehr groß; sehr bedeutend
mē	mich
mēcum 8	mit mir
medicus, ī 45	Arzt
medius, a, um 21	der mittlere *(räuml. u. zeitl.);* Mittel-
melior, melius *(Gen.* meliōris) 18	besser
membrum, ī 43	Glied
meminisse, meminī *(+ Gen./ Akk.)* 24	sich erinnern an *(im Dt. Präsens, im Lat. Perfektformen!)*
memor, memoris *(+ Gen.)* 42	»sich erinnernd«; in Erinnerung an
memor sum 42	ich erinnere mich (an)
mēns, mentis *f.* 36	Verstand
mēnsa, ae 44	Tisch
mēnsis, is *m.* 40	Monat
mercātor, ōris *m.* 7	Kaufmann
merx, mercis *f.* 7	Ware
metuere, metuō, metuī, – 16	(sich) fürchten
metuere, nē	fürchten, dass
metus, ūs 26	Furcht; Besorgnis
meus, a, um 7	mein
mihī (8)	mir
Mihī nōmen est …	Ich heiße …
mīles, mīlitis *m.* 14	Soldat
mīlitāris, e 31	militärisch; Kriegs-…

minimē *(Adv.)* 10	ganz und gar nicht; am wenigsten
minimus, a, um 32	der kleinste, sehr klein
minor, minus *(Gen.* minōris) 43, 44	kleiner; geringer
mīrārī 43, 45	sich wundern
mīrus, a, um 21	1. merkwürdig; erstaunlich 2. wunderbar
miscēre, misceō, miscuī, mixtum 37	mischen; verwirren
miser, misera, miserum 3	bedauernswert; unglücklich
miseria, ae 7	Unglück
mīsī	→ mittere
mittere, mittō, mīsī, missum 24	schicken
mixtum 37	→ miscēre
modo *(Adv.)* 14	1. nur 2. gerade eben (noch)
modus, ī 17	Art (und Weise)
monēre 10	(er)mahnen
mōns, montis *m.* 20	Berg
mōnstrum, ī 24	1. Ungeheuer 2. göttliches Zeichen
monumentum, ī 45	Grabmal; Denkmal
morārī 42	sich aufhalten
morī, morior, mortuus sum 38	sterben
mors, mortis *f.* 33	Tod
(mortem) obīre 35	sterben
mortālis, e 29	sterblich; *als Substantiv:* Mensch
mortuus, a, um 9	tot
mortuus sum 38	→ morī
mōs, mōris *m.* 23	Sitte; Brauch; *Pl. auch:* Charakter
mōtum 17	→ movēre
mōtus, ūs *m.* 25	1. Bewegung 2. Erregung 3. Aufruhr
movēre, moveō, mōvī, mōtum 2, 17	1. bewegen 2. beeindrucken
castra movēre 31	aufbrechen
mox *(Adv.)* 15	bald
mulier, ris *f.* 7	Frau
multī, ae, a 3	viele
multum *(Adv.)* 12	1. viel; sehr 2. oft
mūnīre 30	befestigen
mūrus, ī 13	Mauer
mūtāre 42, 44	(ver)ändern; verwandeln
nactus sum 44	→ nancīscī
nam 9	denn
nancīscī, nancīscor, na(n)ctus sum 44, 45	1. erreichen 2. bekommen
nārrāre 11	erzählen
nāscī, nāscor, nātus sum 42	geboren werden; entstehen
nātiō, tiōnis *f.* 14	Volk; Volksstamm
nātūra, ae 30	Natur; Beschaffenheit
nātus sum 42	→ nāscī
nātus, ī/nāta, ae 42	Sohn/Tochter
nauta, ae *m.* 29	Seemann
nāvis, is *f.* 19	Schiff
nē *(+ Konj.)* 23	dass nicht; damit nicht
-ne …? 6	*Fragepartikel*
nē … quidem 42	nicht einmal
nec/neque 8	und nicht; aber nicht
necāre 11	töten
necessārius, a, um 43	notwendig; befreundet; verwandt
necessārius, ī 43	Verwandter; Freund
necesse est *(+ Inf.)* 2	es ist notwendig
nefārius, a, um 28	gottlos; verbrecherisch
nefās 44	Frevel; Unrecht
negāre 36	verneinen
negāre + *AcI* 36	sagen, dass … nicht
neglegere, neglegō, neglēxī, neglēctum 10, 17	1. nicht beachten; missachten 2. vernachlässigen
negōtium, ī 1	1. Arbeit; Aufgabe 2. Geschäft; Handel
nēmō, nēminis 19	niemand
neque … neque 8	weder … noch
neque/nec 8	und nicht; aber nicht
nescīre, nesciō, nescīvī, nescītum 15	nicht wissen
nēve 34	und nicht; oder nicht
nex, necis *f.* 37	Mord
niger, nigra, nigrum 43	schwarz
nihil 13	nichts
nimis *(Adv.)* 30	zu sehr; zu *(+Adj.)*
nisī 21	wenn nicht
nōn … nisī/nihil … nisī	nicht(s) außer, nur
nihil … nisī/nōn – nisī	nicht(s) … außer; nur
nōbilis, e 18	berühmt; adlig
nōbīs (8)	uns
nōlle, nōlō, nōluī, – 40	nicht wollen

nōlī/nōlīte + *Inf.* 40	*verneinter Imperativ* (nōlī flēre = weine nicht!)
nōmen, nōminis *n.*	Name
nōn 1	nicht
nōn iam 3	nicht mehr
nōn īgnōrāre 9	genau kennen; genau wissen
nōn sōlum …, sed etiam 6	nicht nur …, sondern auch
nōndum *(Adv.)* 35	noch nicht
nōnne …? 6	etwa nicht? (*man erwartet die Antwort:* doch)
nōnnūllī, ae, a 31	einige; manche
nōs 6	wir
noster, nostra, nostrum 7	unser
nostrī, ōrum 14	unsere Leute; die Unsrigen
nōtus, a, um 11	bekannt
novus, a, um 10	neu
nox, noctis *f.* 25	Nacht
nūbere, nūbō, nūpsī, nūptum (+ *Dat.*) 15	heiraten
nūdus, a, um 45	nackt
nūllus, a, um 6	kein; keiner
num …? 6	denn; etwa? (*man erwartet die Antwort:* nein)
nūmen, nūminis *n.* 31	göttliche Macht; Gottheit
numerāre 45	zählen
numquam *(Adv.)* 10	niemals
nunc *(Adv.)* 4	jetzt; nun
nūntiāre 39	melden
nūntius, ī 17	Bote; Nachricht
nūper *(Adv.)* 13	kürzlich
nūpsī 15	→ nūbere
nūptiae, ārum 15	Hochzeit
nūptum 15	→ nūbere
ob (+ *Akk.*) 28	wegen
obīre, -eō, iī, itum 35	1. entgegengehen 2. übernehmen
(mortem) obīre 35	sterben
obscūrus, a, um 25	1. dunkel 2. unklar
obsecrāre 24	anflehen; beschwören
obses, obsidis *m./f.* 19	Geisel
obtinēre, -tineō, -tinuī, -tentum 23	innehaben; (besetzt) halten
occāsiō, ōnis *f.* 35	Gelegenheit
occidere, occidō, occidī 36	umkommen
occīdere, occīdō, occīdī, occīsum 34	töten

occidī 34	→ occīdere
occidī 36	→ occidere
occīsum 34	→ occīdere
occultāre 28	verstecken
occultus, a, um 32	verborgen; geheim
occurrere, -currō, -currī, -cursum 43	entgegenlaufen
octōgintā *(indekl.)* 41	achtzig
oculus, ī 16	Auge
odium, ī 36	Hass
offendere, offendō, offendī, offēnsum 39	anstoßen: verletzen; beleidigen
officium, ī 9	Dienst; Pflicht(erfüllung)
omnīnō *(Adv.)* 25	überhaupt; ganz und gar
omnis, e 18	1. jeder 2. ganz; *Pl.:* alle
operīre 45	schließen
opīnārī, opīnor, opīnātus sum 40	meinen
oportet 14	es gehört sich; es ist nötig
oppidum, ī 19	Stadt; befestigte Siedlung
opprimere, -primō, -pressī, -pressum 19	1. niederdrücken; bedrohen 2. überfallen
oppūgnāre 21	angreifen
ops, opis *f.* 16	Kraft; Hilfe; *Pl.:* Macht; Streitkräfte; Reichtum
optāre 23	wünschen
optimus, a, um 16	der beste; sehr gut
opus est (+ *Abl.*) 13	man braucht; es ist nötig
ōra, ae 35	Küste
ōrāre 16	bitten
ōrātiō, tiōnis *f.* 18	Rede
ōrātor, ōris *m.* 33	Redner
orbis, is *m.* 19	Kreis
orbis terrārum 19	Erdkreis
ōrnāmentum, ī 10	Schmuck
ōs, ōris *n.* 16	Mund; Gesicht
ōsculum, ī 22	Kuss
ostendere, ostendō, ostendī, ostentum 30	zeigen
ōstium, ī 39	Eingang; Mündung
ōtium, ī 16	1. Ruhe 2. freie Zeit 3. Frieden
paene *(Adv.)* 31	fast
paenitet (+ *Akk.* + *Gen. der Sache*) 41	es reut *jdn. einer Sache*
palam *(Adv.)* 33	öffentlich

palūs, palūdis *f.* 30	Sumpf
pānis, is *m.* 10	Brot
pār (*Gen.* paris) 18	gleich
parāre 12	(vor)bereiten
parcere, parcō, pepercī (+ *Dat.*) 21	1. *etw./jdn.* schonen; auf *jdn.* Rücksicht nehmen 2. sparen
parentēs *m. Pl.* 31	Eltern
pārēre 1	gehorchen
parere, pariō, peperī, partum 11, 16	1. gebären 2. hervorbringen; erwerben
pars, partis *f.* 24	Teil; Seite
parum (*Adv.*) 26	zu wenig; wenig
parvus, a, um 37	klein
parvī aestimāre 37	gering schätzen
passus sum 38	→ patī
pater, patris *m.*	Vater
patī, patior, passus sum 38	(er)leiden; ertragen
patientia, ae 42	Geduld
patria, ae 17	Heimat
patrōnus, ī 33	Schutzherr; Patron; Anwalt
pauper (*Gen.* pauperis, *Abl.* paupere) 40	arm
pāx, pācis *f.* 4	Friede
peccāre 42	einen Fehler machen; sündigen
pectus, pectoris *n.* 22	1. Brust 2. Herz 3. Seele
pecūnia, ae 10	Geld
pecus, pecoris *n.* 8	Vieh
pellere, pellō, pepulī, pulsum 24	1. stoßen; schlagen 2. vertreiben
penātēs, ium *m. Pl.* 44	1. Hausgötter 2. Haus
pepercī 21	→ parcere
peperī 16	→ parere
pepulī 24	→ pellere
per (+ *Akk.*) 4	1. durch; über (… hinaus) 2. während
perdere, perdō, perdidī, perditum 35	zugrunde richten
perficere, -ficiō, -fēcī, -fectum 37	[»etwas zu Ende tun«]: fertigstellen; vollenden
pergere, pergō, perrēxī, perrēctum 14	1. weitermachen; fortsetzen 2. aufbrechen (≈ sich auf den Weg machen)
perīculum, ī 19	Gefahr
perīre, -eō, -iī, -itum 25	zugrunde gehen
permittere, -mittō, -mīsī, -missum 34	erlauben
permovēre, -moveō, -mōvī, -mōtum 36	(innerlich) stark bewegen: 1. beunruhigen 2. veranlassen
perniciēs, perniciēī *f.* 24	Verderben; Untergang
persuādēre, persuādeō, persuāsī, persuāsum (+ *Dat.*) 27	1. überzeugen 2. überreden
perterrēre 28	gewaltig erschrecken
perturbāre 40	(völlig) verwirren
pervenīre, -veniō, -vēnī, -ventum 17	hinkommen; erreichen
pēs, pedis *m.* 35	Fuß
pedem referre 35	sich zurückziehen
petere, petō, petīvī, petītum 5, 14	[»anpeilen«] 1. aufsuchen; sich begeben 2. verlangen; (er)bitten 3. angreifen
pietās, tātis, *f.* 20	»Respekt«: 1. Gottesfurcht 2. Pflichtgefühl
pius, a, um 20	»respektvoll«: fromm; pflichtbewusst
plācāre 4	beruhigen
placēre 1	gefallen
placidus, a, um 22	friedlich; sanft
plēnus, a, um (+ *Gen.*) 21	voll von *etw.*
plūrēs *Pl.* 30	mehrere
plūrimum 33	am meisten; sehr
plūrimum posse 33	größten Einfluss haben
plūs 13	mehr
poena, ae 19	Strafe
poenam dare 19	für *etw.* büßen; für *etw.* bestraft werden
poēta, ae *m.* 6	Dichter
pondus, ponderis *n.* 43	Gewicht
pōnere, pōnō, posuī, positum 11, 31	stellen; legen
castra pōnere 31	ein Lager aufschlagen
pōns, pontis *m.* 30	Brücke
poposcī 19	→ poscere
populus, ī 5	Volk
porta, ae 20	Tor
portāre 28	tragen; bringen
poscere, poscō, poposcī, – 19	fordern
positus, a, um 31	gelegen
positum 31	→ pōnere
posse, possum, potuī, – 8, 13	können; Einfluss haben
plūrimum posse 33	größten Einfluss haben
possessiō, iōnis *f.* 34	Besitz

post *(+ Akk.)* 17	nach; hinter
posteā *(Adv.)* 33	später
postquam 12	nachdem
postrēmō *(Adv.)* 38	zuletzt
postulāre 29	fordern
posuī 31	→ pōnere
potestās, tātis *f.* 32	1. Amtsgewalt 2. Macht 3. Möglichkeit
potius *(Adv.)* 34	eher; lieber
potuī 13	→ posse
praebēre 8	geben
sē praebēre *(+ Akk.)* 32	sich erweisen als
praeceps *(Gen.* praecipitis) 29	1. kopfüber 2. überstürzt 3. steil
praecipere, -cipiō, -cēpī, -ceptum 29	vorschreiben; belehren
praeclārus, a, um 14	hochberühmt; ausgezeichnet
praedicāre 18	laut verkünden; rühmen
praeesse, -sum, -fuī *(+ Dat.)* 24	an der Spitze stehen; *jdn.* kommandieren; *etw.* verwalten
praemium, ī 27	Belohnung
praesēns *(Gen.* praesentis) 31	anwesend; gegenwärtig
praestāre, -stō, -stitī, -stitum 27	1. *mit Dat.:* (»vor *jdm.* stehen«) → *jdn.* übertreffen 2. *mit Akk.: etw.* geben; *etw.* leisten
praeter *(+ Akk.)* 13	außer
praetor, ōris *m.* 17	Prätor
precārī 42, 44	bitten; beten
precēs, precum *Pl. f.* 28	Bitten; Gebet
pretium, ī 10	Preis; Lohn
prīmō *(Adv.)* 22	zuerst; anfangs
prīmum *(Adv.)* 16	zuerst; zum ersten Mal
prīmus, a, um 21	der erste; der wichtigste
prīnceps, prīncipis *m.* 32	der erste; der vornehmste; *Subst.:* Anführer; Kaiser
prīvāre *(+ Abl.)* 35	1. *einer Sache* berauben 2. von *etw.* befreien
prō *(+ Abl.)* 17	1. vor 2. für; an Stelle von *etw.* 3. im Verhältnis zu *etw.*
probāre 34	1. prüfen 2. gut finden; billigen 3. beweisen
probus, a, um 3	tüchtig; anständig; gut
prōcēdere, -cēdō, -cessī, -cessum 30	1. vorrücken 2. Fortschritte machen
procul *(Adv.)* 28	von fern; weit weg
profectō *(Adv.)* 10	in der Tat; sicherlich
profectus sum 39	→ proficīscī
prōferre, -ferō, -tulī, lātum 30	1. vorwärtstragen 2. erweitern
proficīscī, proficīscor, profectus sum 39, 43, 45	(ab)reisen; aufbrechen
prōgredī, -gredior, -gressus sum 43	vorrücken; weitergehen
prohibēre, -hibeō, -hibuī, -hibitum 25	fernhalten; abhalten; hindern
prōmittere, -mittō, -mīsī, -missum 15	versprechen
prope *(Adv.)* 37	nah
properāre 8	eilen; sich beeilen
prōpōnere, -pōnō, -posuī, -positum 19	vorlegen; vorschlagen
propter *(+ Akk.)* 16	wegen
prōvidēre, -videō, -vīdī, -vīsus 44	1. vorhersehen 2. *(mit Dativ)* sorgen für
proximus, a, um 43, 44	der nächste; der letzte
pūblicus, a, um 32	öffentlich; staatlich
puella, ae 3	Mädchen
puer, puerī 3	Junge
pūgna, ae 5	Kampf; Schlacht
pūgnāre 5	kämpfen
pulcher, pulchra, pulchrum 3	schön
pulchritūdō, dinis *f.* 27	Schönheit
pulsum 24	→ pellere
pūnīre 28	bestrafen
putāre 9	1. glauben; meinen 2. für *etw.* halten
quā dē causā 20	aus welchem Grund? weshalb? *(rel. Satzanschluss:* deshalb)
quā rē/quārē 23	weshalb? *(rel. Satzanschluss:* deshalb)
quadrāgintā *(indekl.)* 39	vierzig
quaerere, quaerō, quaesīvī, quaesītum 8, 15	suchen
quaerere ex *(+ Abl.)* 8	*jmdn.* fragen
quālis 44	wie; von welcher Art
quālis ... tālis 44	wie ... so
quam *(nach einem Komparativ)* 36	als
quam 13	als; wie
quam ob rem 31	warum? weshalb? *(rel. Satzanschluss:* deshalb)

quamquam 11	obwohl	rēctum 19	→ regere
quamvīs *(+ Konj.)* 26	obwohl; wenn auch	recūsāre 41	ablehnen
quandō *(Adv.)* 15	wann	reddere, reddō, reddidī, redditum 17	1. zurückgeben 2. zu *etw.* machen
quantopere *(Adv.)* 40	wie sehr	redīre, -eō, -iī, -itum 17	zurückgehen
quantum 40	wie viel; wie sehr	redūcere, -dūcō, -dūxī, -ductum 20	zurückführen
quantus, a, um 35	wie groß; wie viel	referre, referō, rettulī, relātum 35	1. (zurück)bringen 2. berichten
quārtus, a, um 41	der vierte		
quasi 44	wie; als ob	pedem referre 35	sich zurückziehen
quattuor 40	vier	regere, regō, rēxī, rēctum 19	lenken; leiten; beherrschen
-que 10	und	rēgnum, ī 11	1. Königsherrschaft; Allein- herrschaft 2. Königreich
quemadmodum *(Adv.)* 34	auf welche Weise; wie		
quī, quae, quod 19	der, die, das *(Relativpronomen)*	relātum 35	→ referre
		religiō, religiōnis *f.* 31	Ehrfurcht; Gottesverehrung
quia 5	weil	religiōsus, a, um 42	gottesfürchtig; fromm
quid? 10	was?	relinquere, relinquō, relīquī, relictum 2, 17	1. verlassen 2. unbeachtet lassen
quīdam, quaedam, quoddam 35	jemand; ein gewisser		
quidem *(Adv.)* 22	allerdings	remanēre, -maneō, -mānsī, – 13	(zurück)bleiben
quidquid 28	was auch immer		
quiēscere, quiēscō, quiēvī, quiētum 43	(aus)ruhen; schlafen	removēre, -moveō, -mōvī, -mōtum 13	entfernen
quiētus, a, um 25	ruhig	renovāre 41	erneuern
quīnque *(undekl.)* 24	fünf	reparāre 13	wiederherstellen; reparieren
quīntus, a, um 41	der fünfte	repellere, repellō, reppulī, repulsum 14	vertreiben; zurückschlagen
quis? 22	wer?		
quisquam *(Gen.* cuiusquam) 42	irgendjemand	reperīre, reperiō, repperī, repertum 35	(wieder)finden
quisque, quaeque, quidque 42	jeder	reprehendere, reprehendō 8	tadeln
quod 6	weil	repulsum 14	→ repellere
quōmodo 15	wie	rērī, reor, ratus sum 44	meinen
quondam *(Adv.)* 45	einst	rēs, reī *f.* 24	1. Sache; Ding 2. Angelegenheit
quoniam 38	weil		
quoque *(nachgestellt)* 3	auch	rēs pūblica 32	Staat; Gemeinwesen; Politik
rapere, rapiō, rapuī, raptum 12, 17	rauben; (weg)reißen	rēs mīlitāris *f.* 31	Kriegswesen
		resistere, resistō, restitī – 5, 18	1. stehen bleiben 2. Widerstand leisten
ratiō, ōnis *f.* 35	Überlegung: 1. Vernunft 2. Methode; Art und Weise 3. Grund		
		respicere, -spiciō, -spexī, -spectum 45	zurückschauen
ratus sum 44	→ rērī	respondēre, respondeō, respondī, respōnsum 8, 15	antworten
rē vērā 11	wirklich; tatsächlich		
recēns *(Gen.* recentis) 36	neu; frisch	restāre, -stō, -stitī, – 34	1. übrig bleiben 2. Widerstand leisten
recipere, -cipiō, -cēpī, -ceptum 14	zurücknehmen; empfangen		
		restituere, -stituō, -stituī, -stitūtum 13	wiederherstellen
sē recipere 14	sich zurückziehen	rettulī 35	→ referre
rēctē *(Adv.)* 19	richtig, zu Recht	reus, ī 34	Angeklagter
rēctus, a, um 29	gerade; recht; richtig		

revertī, revertor, revertī, reversum 39, 42	zurückkehren
rēx, rēgis *m.* 11	König
rēxī 19	→ regere
rīdēre, rīdeō, rīsī, rīsum 15	lachen
rogāre 8	1. fragen 2. bitten
Rōmānus, a, um 9	römisch
Rōmānus, ī 9	Römer
ruere, ruō, ruī, rutum 26	1. eilen; stürmen 2. einstürzen; herabstürzen
rumpere, rumpō, rūpī, ruptum 13	(zer-)brechen
rūrsus *(Adv.)* 13	wieder
rūs, rūris *n.* 44	Feld; Land *(im Gegensatz zur Stadt)*
sacer, sacra, sacrum 28	heilig; *(einer Gottheit)* geweiht
sacerdōs, dōtis *m./f.* 4	Priester/Priesterin
sacrificium, ī 6	Opfer
saeculum, ī 35	Zeitalter; Jahrhundert
saepe *(Adv.)* 16	oft
saevus, a, um 17	schrecklich
salūs, salūtis *f.* 7	1. Wohlergehen 2. Rettung
salūtāre 5	grüßen
salvē!	Sei gegrüßt! Hallo!
salvēte! 6	Seid gegrüßt! Guten Tag!
salvus, a, um 17	gesund; am Leben
sānctus, a, um 43	heilig
sanguis, sanguinis *m.* 32	Blut
sapere, sapiō, sapīvī – 22	1. Geschmack haben 2. Verstand haben
sapiēns *(Gen.:* sapientis) 27	klug; weise; *Subst.:* der Weise
sapientia, ae 27	Klugheit; Weisheit
satis *(Adv.)* 44	genug
saxum, ī 29	Felsen
scelerātus, a, um 32	verbrecherisch; *Subst.:* Verbrecher
scelus, sceleris *n.* 32	Verbrechen
scelus committere 32	ein Verbrechen begehen
scīre, sciō, scīvī, scītum 15	wissen
scrībere, scrībō, scrīpsī, scrīptum 36	schreiben
scrīptor, ōris *m.* 38	Schreiber; Schriftsteller
sē dēdere, dēdō, dēdidī, dēditum *(+ Dat.)* 18	sich *jmdm.* ausliefern; sich *einer Sache* widmen
sē praebēre *(+ Akk.)* 32	sich erweisen als
sē tenēre 34	sich aufhalten
secūtus sum 38	→ sequī
sed 1	aber; sondern
sedēre, sedeō, sēdī, sessum 22	sitzen
sēdēs, is *f.* 23	1. Sitz 2. Wohnsitz 3. Heimat
semper *(Adv.)* 2	immer
senātor, ōris *m.* 14	Senator
senex *(Gen.* senis) 39	alt; *Subst.:* alter Mann
sentīre, sentiō, sēnsī, sēnsum 42	1. fühlen; merken 2. meinen
septem *(indekl.)* 20	sieben
sepulchrum, ī 42	Grab
sequī, sequor, secūtus sum *(+ Akk.)* 38	*jdm.* folgen
sermō, sermōnis *m.* 23	1. Gespräch 2. Redeweise 3. Sprache
sērō *(Adv.)* 21	spät; zu spät
servāre 11	retten; bewahren
servīre 45	dienen; Sklave sein
servus, ī	Sklave
sevērus, a, um 39	ernst; streng
sex 41	sechs
sextus, a, um 41	der sechste
sī 9	falls; wenn
sī *(in indirekten Fragen)* 43	ob
sīc *(Adv.)* 11	so
sīcut *(Adv.)* 26	so wie
sīgnum, ī 5	1. Zeichen 2. Feldzeichen 3. Statue
silentium, ī 1	Stille; Schweigen
silva, ae 30	Wald
similis, e *(+ Gen./Dat.)* 21	*jdm./einer Sache* ähnlich
simul *(Adv.)* 18	zugleich; gleichzeitig
simulācrum, ī 45	Standbild; Abbild
simulāre 11	vortäuschen
sīn 21	wenn aber
sine *(+ Abl.)* 12	ohne
sinere, sinō, sīvī, situm 37	lassen; zulassen
singulāris, e 18	einzeln; einzigartig
socius, ī 21	Bündnispartner; Verbündeter; Kamerad
sōl, sōlis *m.* 31	Sonne
solēre 23	gewöhnlich tun, gewohnt sein
solum, ī 35	Erdboden

sōlus, a, um 12	allein
solvere, solvō, solvī, solūtum 19	1. lösen 2. bezahlen
somnium, ī 40	Traum
somnus, ī 18	Schlaf
soror, ōris *f.* 4	Schwester
sors, sortis *f. (Gen. Pl.* sortium) 34	Schicksal; Orakel
spectāre 1	betrachten; (hin)schauen
spērāre 14	hoffen
spēs, speī *f.* 24	Hoffnung
spoliāre *(+ Abl.)* 34	plündern; *(einer Sache)* berauben
sponte (meā, tuā, suā …) 19	freiwillig
stāre, stō, stetī, statum 4, 18	stehen
statim *(Adv.)* 2	sofort
statuere, statuō, statuī, statūtum 26	1. aufstellen 2. festsetzen; beschließen
stetī 18	→ stāre
stringere, stringō, strīnxī, strictum 45	1. ziehen 2. (ab-)streifen
gladium stringere 45	das Schwert ziehen
studēre *(+ Dat.)* 15	sich bemühen (um)
studium, ī 18	Eifer; Interesse; Beschäftigung
stultus, a, um 11	dumm
sub 27	1. *m. Akk.:* unter *etw. (wohin?)* 2. *m. Abl.:* unter *etw. (wo?);* unten an *etw.*
subicere, -iciō, -iēcī, -iectum 44	unterwerfen; unter *etw.* legen
subitō *(Adv.)* 1	plötzlich
sublātum 18	→ tollere
sūmere, sūmō, sūmpsī, sūmptum 41	nehmen
summus, a, um 32	der oberste; der höchste; der letzte
sūmpsī 41	→ sūmere
sūmptum 41	→ sūmere
sūmptus, ūs *m.* 41	Aufwand; Kosten
super 43	auf; über *(mit Abl.:* wo?; *mit Akk.:* wohin?)
superāre 17	besiegen; übertreffen
superesse, -sum, -fuī 38	übrig sein
superior, superius (*Gen.* superiōris) 29	der obere

supplicium, ī 32	1. flehentliches Bitten 2. Opfer 3. Todesstrafe; Hinrichtung
surgere, surgō, surrēxī, surrēctum 43	sich erheben
suscipere, -cipiō, -cēpī, -ceptum 32	übernehmen; auf sich nehmen
suspīciō, iōnis *f.* 33	Verdacht; Vermutung
sustulī 18	→ tollere
suus, a, um 7	sein/ihr
taberna, ae 7	1. Laden; Werkstatt 2. Gasthaus
tabula, ae 21	1. Brett; Tafel 2. Verzeichnis; Karte
tacēre 3	schweigen
tāctum 22	→ tangere
tālis, e 23	solch ein
quālis … tālis 44	wie … so
tam *(Adv.)* 6	so
tamen 9	trotzdem
tamquam *(Adv.)* 12	wie
tandem *(Adv.)* 2	endlich
tangere, tangō, tetigī, tāctum 22	berühren
tantopere *(Adv.)* 40	so sehr
tantum *(Adv.)* 31	1. nur 2. so sehr; so viel
tantus, a, um 14	so groß; so viel
taurus, ī 22	Stier
tē	dich
tēctum, ī 25	1. Dach 2. Haus
tēlum, ī 28	Wurfgeschoss
temperāre 23	Maß halten
templum, ī 21	Tempel
temptāre 35	betasten: 1. versuchen 2. angreifen
tempus, temporis *n.* 17	Zeit
tendere, tendō, tetendī, tentum 26	1. spannen; ausstrecken 2. streben
tenebrae, ārum 26	Dunkelheit *(Sg.)*
tenēre 19	halten; haben
sē tenēre 34	sich aufhalten
tergum, ī 14	Rücken
terra, ae 19	Land; Erde
terrēre 19	*jmdn.* erschrecken
terror, terrōris *m.* 28	Schrecken
tertius, a, um 41, 44	der dritte

testis, is *m./f.* 41	Zeuge/Zeugin
tetigī 22	→ tangere
tibī	dir
timēre 4	(sich) fürchten (vor)
timēre, nē	fürchten, dass
timor, ōris *m.* 25	Furcht; Angst
toga, ae 10	Toga
tolerāre 3	ertragen
tollere, tollō, sustulī, sublātum 18	1. aufheben: hochheben 2. aufheben: beseitigen
tot *(indekl.)* 33	so viele
tōtus, a, um 5	ganz; gesamt
trāctum 28	→ trahere
trādere, trādō, trādidī, trāditum 11, 17	1. übergeben 2. überliefern
trādūcere, -dūcō, -dūxī, -ductum 30	hinüberführen; *mit dopp. Akk.: jdn.* über *etw.* führen
trahere, trahō, trāxī, trāctum 2, 28	ziehen
trāns *(+ Akk.)* 30	jenseits *einer Sache;* über *etw.* hinaus/hinüber
trānsīre, -eō, -iī, -itum 14	hinübergehen; überqueren
trāxī 28	→ trahere
trēs, trēs, tria 16	drei
tribuere, tribuō, tribuī, tribūtum 13	zuteilen
triennium, ī 39	(Zeitraum von) drei Jahre(n)
trīgintā *(indekl.)* 41	dreißig
trīstis, e 21	traurig
triumphus, ī 21	Triumph; Siegeszug
tū 6	du
tulī 29	→ ferre
tum *(Adv.)* 4	dann; damals; darauf
tunc *(Adv.)* 38	dann
turba, ae 4	1. Menschenmenge 2. Lärm; Verwirrung
turpis, e 31	hässlich; schändlich; (moralisch) schlecht
tūtus, a, um 25	sicher; geschützt
tuus, a, um 7	dein
tyrannus, ī 44	Tyrann
ubī? 1	wo?
ubīque *(Adv.)* 26	überall
ultimus, a, um 18	der letzte; der äußerste
umbra, ae 20	Schatten
umquam *(Adv.)* 36	jemals

unda, ae 29	Welle
undique *(Adv.)* 26	von allen Seiten
ūnicus, a, um 42	einzig
ūnus, a, um 12	1. ein (einziger) 2. einzigartig
urbs, urbis *f.* 12	(sehr bedeutende) Stadt; Rom
ūsque ad *(+ Akk.)* 30	bis zu
ūsus sum 38	→ ūtī
ut *(+ Indikativ)* 29	wie
ut *(+ Konj.)* 22	dass; damit; sodass
ut (prīmum) *(+ Ind.)* 45	sobald; als
uterque, utraque, utrumque *(Gen.* utrīusque, *Dat.* utrīque) 41, 43	beide *(Pl.)*
ūtī, ūtor, ūsus sum *(+ Abl.)* 38	*etw.* benutzen; *etw.* haben
utinam 34	hoffentlich; wenn doch
utrum … an … 36	ob … oder (ob)
uxor, ōris *f.* 6	Ehefrau
valdē *(Adv.)* 42, 45	sehr
valēre 26	1. gesund sein 2. stark sein 3. imstande sein
valē! 26	lebe wohl!
validus, a, um 31	stark, gesund
vallum, ī 30	Palisaden; Wall (mit Palisaden)
varius, a, um 10	1. verschieden 2. bunt; vielfältig
vāstus, a, um 24	1. ungeheuer weit 2. öde; wüst
vehemēns *(Gen.* vehementis) 35	heftig
vel 16	oder
velle, volō, voluī, – 40	wollen
vēndere, vēndō 3	verkaufen
venēnum, ī 37	Gift
venia, ae 41, 42	Erlaubnis; Verzeihung
venīre, veniō, vēnī, ventum 1, 13	kommen
ventus, ī 37	Wind
verberāre 2	prügeln
verbum, ī 3	Wort
vērē *(Adv.)* 3	wirklich
verērī, vereor, veritus sum 39	1. fürchten 2. verehren
verērī, nē 39	fürchten, dass
vērō 26	aber; wirklich

vertere, vertō 2	drehen; wenden
vērus, a, um 16	1. wahr 2. richtig; echt
vester, vestra, vestrum 7	euer
vestīgium, ī 44	Spur
vestis, is *f.* 10	Bekleidung
vetus (*Gen.* veteris; *Abl.* vetere) 26	alt
via, ae 26	Weg; Straße
vīcī 14	→ vincere
vīcīnus, ī 41	Nachbar
victōria, ae 17	Sieg
victum 14	→ vincere
vīcus, ī 30	Dorf
vidēre, videō, vīdī, vīsum 2, 17	sehen
vidērī, videor, vīsus sum 39, 42, 43, 44	scheinen
vigilia, ae 44	Nachtwache
vīgintī *(indekl.)* 19	zwanzig
vīlla, ae 16	Haus
vincere, vincō, vīcī, victum 7, 14	(be)siegen
vinculum, ī 19	Band; Fessel
vindicāre 33	bestrafen; rächen
vīnum, ī 23	Wein
violāre 42	verletzen; vergewaltigen
violentia, ae 44	Gewalt
vir, virī 3	Mann
virgō, virginis *f.* 11	(junge) Frau
virtūs, tūtis *f.* 9	*alles, was einen echten* vir *auszeichnet:* Tapferkeit; Tüchtigkeit; Tugend; Vortrefflichkeit
vīs *f.* (*Akk.* vim, *Abl.* vī; *Pl.* vīrēs, vīrium) 5	1. Kraft 2. Gewalt *Pl. auch:* Streitkräfte
vīsum 17	→ vidēre
vīsus sum 39	→ vidērī
vīta, ae 5	Leben
vitium, ī 23	Fehler; schlechte Eigenschaft
vīvere, vīvō, vīxī 12, 29	leben
vīvus, a, um 40	lebendig
vix *(Adv.)* 14	kaum
vīxī 29	→ vīvere
vōbīs (8)	euch
vocāre 7	1. rufen 2. nennen
volāre 12	fliegen
voluī 40	→ velle

voluntās, tātis *f.* 37	Wille
voluptās, tātis *f.* 14	Lust; Vergnügen
volvere, volvō, volvī, volūtum 36	wälzen; rollen
sēcum volvere 36	nachdenken über
vōs 6	ihr
vōtum, ī 44	Wunsch; Gebet
vōx, vōcis *f.* 5	1. Stimme 2. Wort; Äußerung
vulgus, ī *n.* 22	Volk; Menge; die große Masse
vulnus, vulneris *n.* 36	Wunde
vultus, ūs 44	Gesicht(sausdruck)

Rondogramme

Theo Wirth, Christian Seidl, Christian Utzinger: Sprache und
Allgemeinbildung © Lehrmittelverlag Zürich

Abbildungen

akg/Bildarchiv Monheim: 68, Abb. 1
akg/Bildarchiv Steffens: 35, Abb. 2; 89, Abb. 5; 104, Abb. 2; 105,
Abb. 5, 6; 132, Abb. 1; 146, Abb. 2; 290; 292/293, Abb. 3
akg/De Agostini Pict.Lib.: 29, Abb. 8; 48, Abb. 2; 49, Abb. 5; 147, Abb. 5;
165; 171; 173, Abb. 4; 226, Abb. 3, 250, Abb. 1; 265; 281
akg-images: 74, Abb. 1; 146, Abb. 3, 167, Abb. 2; 205; 209; 226, Abb. 1;
260, Abb. 1, 2; 261, Abb. 4
akg-images/Album/Joseph Martin: 300
akg-images/British Library: 293, Abb. 2; 298
akg-images/Cameraphoto: 34, Abb. 1
akg-images/De Agostini Picture Lib./G. Dagli Orti: 259
akg-images/Electa: 88, Abb. 2;197
akg-images/Elizabeth Disney: 172, Abb. 2
akg-images/Erich Lessing: 48, Abb. 1; 49, Abb. 6, 7; 69, Abb. 4;
110, Abb. 1; 124, Abb. 2, 3; 125, Abb. 5; 146, Abb. 1; 147, Abb. 4;
173, Abb. 3; 192, Abb. 1; 193, Abb. 3; 206, Abb. 1; 208; 250, Abb. 2;
276, Abb. 1
akg-images/Gerard Degeorge: 104, Abb. 1
akg-images/Gilles Mermet: 34/35, Abb. 2, 3; 193, Abb. 2; 226, Abb. 2
akg-images/Mondadori Portfolio/Luciano Pedicini: 255
akg-images/MPortfolio/Electa: 250/251, Abb. 3
akg-images/Museum Kalkriese: 125, Abb. 4
akg-images/Nimatallah: 53; 152, Abb. 3
akg-images/Peter Connolly: 34, Abb. 6; 68, Abb. 2; 69, Abb. 3;
105, Abb. 4; 211
akg-images/Pirozzi: 133 Abb. 3; 167, Abb. 3
akg-images/Werner Forman 48, Abb. 3
bpk | RMN – Grand Palais | Les frères Chuzeville: 251, Abb. 4
bpk | RMN – Grand Palais | Musée du Louvre | Hervé Lewandowski:
153, Abb. 5
bpk | Scala: 110, Abb. 2
www.digitalstock: PRILL Mediendesign & Foto: 124, Abb. 1
fotolia, © Gerard Dussoubs: 292, Abb. 1
www.shutterstock.com, nikidel: 282/283
Agnete: 111, 212, Abb. 1
AlMare: 75, Abb. 2
Archäologie Baselland, Liestal (Schweiz): 34, Abb. 1
Augusta Raurica – römische Speisen (Foto: Roland de Versal):
152, Abb. 2
BBC: 234/235
BeBo86: 74, Abb. 3

Bibi Saint-Pol: 207, Abb. 4
CRYptex: 244, Abb. 2
DerHexer: 277, Abb. 3
Helmut Drieger (Verein Vetoniana): 213, Abb. 2
© Errance, 2006: 125, Abb. 6
Matthias Gerth: 167, 4; 291
Steve Haasis (© courtesy of Ancientvine): 94/95, Abb. 1
Hess-Divo AG: 267, Abb. 2
Johann Jaritz: 187, Abb. 4
Matthias Kabel: 166, Abb. 1
Köln, Römisch-Germanisches Museum – Rheinisches Bildarchiv:
    153, Abb. 4
Anthony Majanlahti: 227, Abb. 4
Mailand, Museo Teatrale alla Scala: 29, Abb. 6
Leo Mauldin: 266, Abb. 1
Metropolitan Museum of Art: 206, Abb. 2 und 3
© Madrid, Museo Nacional del Prado: 301, Abb. 2
Numismatica Ars Classica NAC AG, Zürich: 267, Abb. 4
Petronell, Freilichtmuseum: 95, Abb. 2
Prähistorische Staatssammlung München (Manfred Eberlein):
    35, Abb. 3, 4, 5
Rama: 271
Rita 1234: 227, Abb. 5
Roma, Museo della Civilta Romana: 132, Abb. 1
Roma, Vatikanische Museen: Rekonstruktion des Augustus
    von Paolo Liverani: 132, Abb. 2
Rom, Museo Nazionale Romano: 28, Abb. 3
Rom, Museo della Civilta Romana: 29, Abb. 4
Marc Ryckaert: 221
Christian Schöffel: 191; 245, Abb. 3
Jutta Schweigert: 89, Abb. 3; 244, Abb. 1
Giorgio Sommer: 172, Abb. 1
Szilas: 95, Abb. 3; 245, Abb 4
© The Trustees of the British Museum: 28/29, Abb. 2, 7; 49, Abb. 4;
    88, Abb. 1; 105, Abb. 3
The VRoma Project (www.vroma.org): 201
Txo: 249
Villa Borg: © Archäologiepark Römische Villa Borg
    (Foto: Brigitte Krauth): 54, Abb. 4
Frank Vincentz: 213, Abb. 3
Edward J. Waddell, Ltd.: 267, Abb. 3
Michael Wal: 187, Abb. 3
Jeremy Weate, Xeno, Archeology Museum, Naples: 277, Abb. 2
Elke Wetzig: 186, Abb. 2
Guenter Wieschendahl: 186, Abb. 1

Zeittafel

myth. Vorzeit	Bestrafung des Menschengeschlechts durch Jupiter (Lycaon) Fahrt der Argonauten nach Kolchis
ca. 1200 v. Chr.	Zerstörung Trojas; Flucht des Aeneas (Mythos)

Königszeit

753 v. Chr.	Gründung Roms durch Romulus (Mythos)

Republik

ca. 500 v. Chr.	Vertreibung des letzten Königs Tarquinius Superbus; Entstehung der Republik
264–146 v. Chr.	drei Punische Kriege; Rom wird Vormacht im Mittelmeerraum Kontakt zur griechischen Kultur (→ Komödien des Plautus)
133–31 v. Chr.	Jahrhundert der Bürgerkriege wichtige Persönlichkeiten: Caesar, Cicero

Kaiserzeit/Prinzipat

1. Jahrhundert

27 v. Chr.–14 n. Chr.	Alleinherrschaft des Augustus
9 n. Chr.	Schlacht im Teutoburger Wald; Niederlage des Varus gegen die Germanen
14–68 n. Chr.	Kaiser der julisch-claudischen Dynastie: Tiberius, Caligula, Claudius, Nero
69–96 n. Chr.	Kaiser der flavischen Dynastie: Vespasian, Titus, Domitian
79 n. Chr.	Ausbruch des Vesuvs

2. Jahrhundert

98–117 n. Chr.	Trajan
117–138 n. Chr.	Hadrian

3. und 4. Jahrhundert

	Völkerwanderung; Teilung des Reichs in ein West- und ein Ostreich
284–305 n. Chr.	Diokletian
303–311 n. Chr.	große Christenverfolgung
306–337 n. Chr.	Konstantin
313 n. Chr.	Toleranzedikt erlaubt den Christen die freie Religionsausübung
380/81 n. Chr.	Kaiser Theodosius erklärt das Christentum zur Staatsreligion
476 n. Chr.	Ende des Weströmischen Reiches

Mittelalter

800 n. Chr.	Kaiserkrönung Karls des Großen
1453 n. Chr.	Untergang des Oströmischen Reiches

Das Römische Reich
zur Zeit seiner größten Ausdehnung unter Trajan